油气与新能源蓝皮书
BLUE BOOK OF PETROLEUM, GAS & NEW ENERGY

中国油气与新能源产业发展报告

（2022—2023）

ANNUAL REPORT ON CHINA'S PETROLEUM, GAS AND NEW ENERGY INDUSTRY (2022-2023)

中国国际石油化工联合有限责任公司
中国社会科学院数量经济与技术经济研究所 / 编著
北京大学能源研究院

主　编 | 王宇宁　刘　强　杨　雷
副主编 | 王　佩　胡安俊　孙　慧

中国经济出版社
CHINA ECONOMIC PUBLISHING HOUSE
·北京·

图书在版编目（CIP）数据

中国油气与新能源产业发展报告．2022—2023／中国国际石油化工联合有限责任公司，中国社会科学院数量经济与技术经济研究院，北京大学能源研究院编著．--北京：中国经济出版社，2023．5

ISBN 978－7－5136－7301－3

Ⅰ．①中… Ⅱ．①中…②中…③北… Ⅲ．①石油工业－产业发展－研究报告－中国－2022－2023 ②天然气工业－产业发展－研究报告－中国－2022－2023 ③新能源－产业发展－研究报告－中国－2022－2023 Ⅳ．①F426．2

中国国家版本馆 CIP 数据核字（2023）第 078007 号

策划编辑 海 毅
责任编辑 孙晓霞
责任印制 马小宾
封面设计 任燕飞

出版发行 中国经济出版社
印 刷 者 北京富泰印刷有限责任公司
经 销 者 各地新华书店
开 本 710mm×1000mm 1/16
印 张 25．5
字 数 390 千字
版 次 2023 年 5 月第 1 版
印 次 2023 年 5 月第 1 次
定 价 98．00 元
广告经营许可证 京西工商广字第 8179 号

中国经济出版社 **网址** www．economyph．com **社址** 北京市东城区安定门外大街 58 号 **邮编** 100011
本版图书如存在印装质量问题，请与本社销售中心联系调换（联系电话：010－57512564）

编委会

主编

王宇宁　刘　强　杨　雷

副主编

王　佩　胡安俊　孙　慧

编委会成员

（以姓氏笔画排列）

丁奕如　于　斌　方　焯　牛建杰　王　恰
王　梦　王子缘　王炜玮　王冠华　王倩钰
付广斌　白　俊　任　娜　邬佳益　闫奕好
吴　迪　张　扬　张仲军　张国刚　张雄君
李　涵　李　想　李艾洁　杨卫东　杨乾纯
杨富强　闵　剑　陈文凤　武国庆　郑　平
郑博月　金子儿　胡　迪　赵　盈　赵吉诗
唐喜庆　夏潇远　秦治圆　袁浩峻　康俊杰
章凯强　黄　微　龚　娟　龚凯军　韩沁珂
韩雨佳　蒙青山　蔡　艺　潘　晨　薛晓舟
戴先知

研创单位简介

中国国际石油化工联合有限责任公司

中国国际石油化工联合有限责任公司（以下简称联合石化公司）成立于1993年2月，是中国石油化工股份有限公司的全资子公司，总部位于中国北京。目前，联合石化公司是全球领先的大型国际石油贸易公司之一，在全球100多个国家和地区开展业务，经营规模接近4亿吨，是中国最大的贸易公司。

作为一家能源贸易企业，联合石化公司以高度负责任的态度做好能源安全保供，并积极致力于能源转型，经营活动包含原油贸易、成品油贸易、天然气贸易、物流仓储、碳交易和电交易等业务板块。目前，公司原油进口量近2亿吨，约占我国原油进口量的40%，为保障国家能源安全作出了积极贡献。

联合石化公司在中国青岛、宁波等地拥有子公司，境外机构分布在美国、英国、新加坡、中国香港等地。公司拥有一支专业化的市场战略研究团队，研究范围涵盖油气贸易领域和新能源领域。

公司致力于依靠油气碳电贸易方面的专业优势，服务于能源和大宗商品领域，实现与客户的共同成长。

中国社会科学院数量经济与技术经济研究所

中国社会科学院数量经济与技术经济研究所（以下简称数技经所）是中国社会科学院经济学部八个经济类研究所之一，也是国内唯一一家集数量经济与技术经济理论方法和应用研究为一体的综合性国家级研究机构。研究所在经济模型、资源与能源、环境与旅游规划、技术进步与生产率研究、信息化等领域有很强的研究力量，是社科院作为国家思想库、智囊团的重要组成部分，承担了大量来自中央和地方政府、企业、国际组织的研究任务，在国内外有重要的学术影响。

数技经所在能源经济学理论与政策、低碳与循环经济、环境影响评价、区域经济、产业研究等领域有深厚的研究基础，与联合国、世界银行、国际能源署、国际能源宪章等国际组织和国外智库保持多方面的学术合作与交流，参与过国家多项有关政策、规划的起草工作，并承担了多项地方政府与企业发展规划的制订。

自 2012 年起，数技经所联合美国全球安全分析研究所、美国能源安全理事会共同发起“全球能源安全智库论坛”，每年举办一次，至今已成功举办九届。该论坛宗旨为推动全球智库在能源安全方面的研究与学术交流，传播可持续发展的理念，促进全球能源安全合作与政策协调。

自 2017 年起，数技经所每年举办“一带一路”倡议与能源互联国际研修班，为来自相关国家的学员提供政策与项目培训，推动“一带一路”倡议框架下的投资与经贸交流。

北京大学能源研究院

北京大学能源研究院（以下简称北大能源研究院）是北京大学下属的独立科研实体。研究院以国家能源发展战略需求为导向，立足能源领域全局及国际前沿，利用北京大学学科门类齐全的优势，聚焦制约我国能源行业发展的重大战略和科技问题，按照“需求导向、学科引领、软硬结合、交叉创新、突出重点、形成特色”的宗旨，推动能源科技发展，促进传统能源向清洁能源转型，开展专业级教育，致力于打造具有国际水平的能源智库和能源科技研发推广平台。

北大能源研究院主要研究方向包括能源战略与政策、智慧能源、页岩油气、地热、新能源及能源国际合作等领域，初步形成了“软硬结合”的学科特色。目前研究院已经开展了碳中和与能源转型路径、油气清洁勘探开发技术、智慧油田、天然气市场化改革政策、全球能源治理等领域的研究，逐步搭建了由院士、教授、研究员、兼职教授、特聘研究员及博士后、博士等中青年学者组成的能源研发平台。

前言
preface

2022年以来，俄乌冲突导致全球地缘政治格局和国际贸易格局深刻调整，国际油价中高位运行，呈现大起大落剧烈震荡之势。与此同时，后疫情时代，绿色低碳和可持续发展成为国际共识，天然气、新能源发展稳步推进。本书紧紧围绕世界油气产业和新能源产业发展变化，对后疫情时代的全球经济、石油产业、天然气产业、新能源产业、低碳市场、电力市场等进行了深刻剖析，以期观大势、谋新局、创新篇，为行业人士和研究人员提供更多专业参考。

从石油业发展来看，2022年上半年，俄乌冲突激化导致市场对供应中断的担忧加剧，国际油价一度逼近130美元/桶，创14年新高；下半年，俄乌冲突陷入胶着，叠加美国等国际能源署成员国释放战略石油储备，国际油价回落至80美元/桶以下。2023年，受通胀高企、经济下行的抑制，欧美石油需求增幅有限，亚太地区需求温和复苏。此外，“欧佩克+”减产意愿坚定，地缘政治扰动频发，全球总供应增长放缓，国际油价波动区间下行至70~90美元/桶。中长期来看，在全球能源转型步伐加快的背景下，传统能源消费将受到抑制并有望提前达峰；但油气上游资本支出减少，或导致部分时间或出现供应短缺。

从天然气发展来看，在俄乌冲突影响下，全球天然气市场基本面出现显著变化，LNG贸易格局发生深刻变革。2022年，三大区域天然气价格再度创下新高，欧洲TTF期货价格一度涨至99.02美元/百万英热单位。2022年下半年以后，天然气市场交易重心从年初对供应短缺的担忧逐渐转向进入取暖季后天然气需求不及预期，气价随之承压下行。与此同时，俄乌冲突爆发后，全球天然气贸易格局重塑，LNG资源加速流向欧洲以填补俄罗斯管道气缺口。中长期来看，天然气作为相对清洁低碳的一次能源，仍将在未来十年的能源转型中扮演重要角色。我国天然气市场正在发生深刻变化，上中下游基本形成“管住中间、放开两头”的市场格局。

从新能源发展来看，在全球低碳转型的浪潮下，能源转型呈现多元化、电力化、清洁化、可再生化、低碳化等趋势特点。各大经济体都在加大新能源发展力度，主要石油公司都在努力研究和利用清洁能源。随着关键技术不断突破，可再生能源消费比例有望逐步提高。诸多新技术中，可再生能源制氢是21世纪最具发展潜力的清洁能源技术之一，许多国家和地区都将发展氢能纳入国家能源转型战略。我国各行各业对氢能产业的关注度持续提升，全国各地纷纷制定完善氢能相关政策、加快示范应用。此外，具有良好降碳属性的生物燃料将成为交通领域减排的重要手段，是化石燃料向电气化和氢燃料过渡阶段的理想替代燃料。

从电力市场发展来看，我国电力市场改革步伐显著加快，预计未来我国将在建立全国统一电力市场、继续推进电力市场化改革、逐步完善电力现货市场、推进电力清洁低碳转型等方面进一步发力。未来新能源行业的高质量发展是我国实现电力行业清洁、低碳、安全、高效发展的重要保障。为加快构建以新能源为主体的新型电力系统，我国要持续加强电力系统的灵活调节能力、构建公平高效的电力市场、充分发挥电力多元转换的互补效应、强化分布式能源与微电网的发展格局，以及促进循环经济和“新能源+”的发展。

总体而言，全球低碳减排时代已经到来，低碳转型将渗透到全社会生产生活的方方面面，我们每个人都正在参与这场能源变革。然而，在能源大转型和百年未有之大变局的双重影响下，传统能源供需之间的结构性矛盾难以根本缓解，保障国家能源安全仍是我国经济发展的重要前提。习近平总书记在“二十大”报告中强调，要积极稳妥推进碳达峰碳中和，坚持先立后破，深入推进能源革命，加快建设新型能源体系。当前和未来一段时间，大力实施可再生能源替代，同时兼顾绿色低碳与能源保供的平衡，仍是我国能源发展的主要思路。

目录

contents

宏观篇

石油篇

天然气篇

新能源篇

电力篇

宏观篇

俄乌冲突背景下的全球能源展望

刘强　潘晨①

摘　要　2022年初，俄乌冲突的爆发给受到疫情重创的全球经济带来又一个重大冲击。冲突对全球政治经济格局产生深刻影响，又因俄罗斯是重要的油气资源输出国，所以对全球能源市场的冲击尤为严重。这一冲击将对全球能源发展产生怎样的影响？是否会违背全球碳中和目标？这些是本文旨在探讨的问题。为此，本文从俄乌冲突爆发的背景出发，首先分析俄乌冲突对全球政治经济的影响，其次重点探讨俄乌冲突对全球能源发展的影响，包括对全球油气市场的直接冲击和预期走向，以及对全球各区域能源结构和能源转型进程的影响。分析认为，俄乌冲突引发全球能源供需格局变化，美国和沙特阿拉伯两个油气生产大国的"能源话语权"将显著提升，俄罗斯的油气产量受到影响将无法恢复往日地位。通过此次危机，不少国家再次意识到能源安全的重要性，而在碳中和目标下，新能源无疑是降低国家对化石燃料进口依赖的一个较为适合的选择。俄乌冲突虽然可能在短期内对能源绿色低碳转型进程造成一定影响，但长期来看，这一转型趋势不会改变。

关键词　俄乌冲突；全球油气市场；能源结构；能源转型

---

①　刘强，中国社会科学院数量经济与技术经济研究所能源安全与新能源研究室主任、研究员；潘晨，中国社会科学院数量经济与技术经济研究所助理研究员。

2022 年 2 月 24 日，俄罗斯军队多路进入乌克兰，展开“特别军事行动”，俄乌冲突全面爆发。俄乌冲突的爆发具有复杂的地缘政治背景。俄罗斯此次军事行动的原因根植于其主流的国际关系思想——“新欧亚主义”，核心是通过领土控制并在周边形成势力范围，以维持俄罗斯的地缘战略安全与全球影响力。在这一思想的深远影响下，俄罗斯跨界民族问题、乌克兰大饥荒与“二战”的历史影响、乌克兰弃核与《布达佩斯条约》、黑海控制权与克里米亚问题、北约东扩与俄罗斯反制等特殊的历史政治背景，都酝酿了此次冲突的爆发。

俄乌冲突爆发后，西方国家对俄罗斯展开力度空前的制裁，并对乌克兰给予全面援助和支持，未来两国可能围绕边界线形成长期的低烈度战争。俄罗斯是全球油气市场的主要供应方，冲突持续至今，不仅对全球的政治、经济造成巨大影响，也对全球能源市场造成了巨大冲击。鉴于此，本文分析俄乌冲突对全球政治经济格局的影响，进而在俄乌冲突的背景下探讨全球能源发展前景。

一、俄乌冲突对全球政治经济格局的影响

俄乌冲突成为 21 世纪以来最大的地缘政治事件，开启了对“后冷战”时代国际政治经济秩序的重组，势必推动世界地缘政治、政治秩序和国际规则体系、经济关系的改变和调整。西方国家对俄罗斯的遏制是从政治、经济、科技、人文等全方位的围堵与切割。其主要手段一方面对俄罗斯进行全方面的经济金融制裁；另一方面，对乌克兰展开全方面的援助，包括

军事、财政、人道主义等。俄乌冲突的爆发与持续，将对世界政治格局产生深刻的影响，也可以说，将重塑全球政治结构。

（一）全球政治格局

俄乌冲突不但没有削弱北约和欧洲的势力，没有离间美国和欧洲的关系，反而使得欧洲国家，尤其是东欧国家再次认识到美国与北约的重要性，使俄罗斯在国际政治上被空前孤立。冲突爆发以来，承平已久的欧洲各国，尤其是临近俄罗斯的芬兰、瑞典、波兰等波罗的海国家和东欧国家感受到来自俄罗斯的威胁，纷纷提高军事预算，购买武器装备和扩军。向来中立的芬兰、瑞典等也申请加入北约。在美国和北约的推动下，西方世界形成了援乌反俄联盟。俄罗斯周边区域也出现与俄对立的情况。即使在政局动荡期间受到过俄罗斯支持的哈萨克斯坦，在俄乌冲突爆发后的态度也基本中立，随后俄哈几乎开启对立模式。俄罗斯主导的欧亚联盟、集体安全条约组织等前独联体国家参与的区域组织，都将面临解体和摩擦的风险。

俄乌冲突推动了美国更加重视建立全球政治联盟的步伐，除欧洲、东亚和大洋洲的经合组织（OECD）国家这些天然盟友之外，对新兴市场和发展中国家的拉拢与地缘政治整合步伐也在加快。从东盟国家在外交关系上的总体风格来看，其自主性越来越强。近几年，在联合国的一些决议中，东盟国家很少盲目跟随西方国家，而是基于自身利益考量做出选择。此次俄乌冲突，东盟十国除新加坡之外，没有对俄罗斯做出实质性的制裁。在利益平衡下，中东、北非国家在对俄乌冲突的态度上偏向中立。例如，在有关谴责俄罗斯进攻乌克兰的联合国大会紧急会议投票中，叙利亚投了反对票，伊拉克、伊朗和阿尔及利亚弃权，大多数中东国家未加入对俄制裁行动。拉丁美洲国家普遍对世界其他地区的国际事务不热心。例如，巴西在俄乌局势上保持中立，并表示经济制裁无助于和平解决俄乌问题，与其一贯的温和外交政策相统一。

(二) 全球经济格局

俄乌冲突对世界经济造成了严重的影响，既有战争带来的对大宗商品价格和欧洲能源供应的直接影响，也将通过国际政治经济格局的改变而产生长期的全局性影响。它使得刚要摆脱疫情打击的世界经济雪上加霜。俄乌冲突未来何时结束、结局如何尚无定数，但从全球经济格局来看，无论俄乌冲突何时结束、以何种方式结束，都无疑增加了全球经济的不确定性。

1. 全球大宗商品价格剧烈波动

俄罗斯是重要的能源、粮食、金属等大宗商品出口国，乌克兰也是全球粮食生产和出口大国。俄乌冲突的爆发毫无疑问地推高了全球大宗商品价格，随后欧美国家有针对性的经济金融手段又使得大宗商品价格回落。大宗商品价格的剧烈波动迅速传导到全球各产业，除造成短期剧烈冲击外，还使得投资预期更加不稳定，有时候比单纯的涨价对经济的伤害更大。

俄罗斯和乌克兰的葵花油出口量全球占比约 80%，玉米出口量全球占比约 19%，小麦出口量全球占比约 29%。俄乌冲突爆发后，对农作物播种和收割也产生了巨大影响，黑海沿岸乌克兰最大港口敖德萨港暂停商业航运，出口运输受阻，粮食减产和海运受限等一系列因素推高了全球粮食价格。粮食出口协议的达成虽使全球粮食危机有所缓解，但是不确定性仍然存在。

俄罗斯是全球第二大原油出口国，也是欧洲最大的天然气供应国，俄乌冲突和美欧国家制裁持续推高全球能源价格。俄罗斯也是钯、镍和铝等金属主要出口国，2021 年其钯、镍和铝的出口额占全球比重分别为 24.6%、21.9%和 9.9%。俄乌冲突爆发后，市场剧烈震荡，金属交易价格大幅上涨，也推升了电子产业、汽车零部件、军工航天等下游企业成本。

随后，美国通过推动美元升值、增加国内和其他产油国的供给量、释放库存等措施，使原油价格逐步回落，目前原油价格已经回落至冲突爆发前的油价水平。与此同步，铜、铝、镍、黄金等金属的价格也基本回到了冲突爆发前的价格水平。

2. 全球供应链危机加剧

俄乌冲突加剧了新冠疫情暴发以来已经显得韧性不足的全球供应链危机。短期内，国际航运、物流价格飙升，推高了运输成本。影响更为深远的是，美欧国家对俄罗斯实施金融制裁、禁运石油、关闭领空等措施，欧洲各国紧急调整能源和其他相关物资的进口渠道，同时对俄罗斯禁止出口尖端科技产品，取消最惠国待遇等。

陆上运输方面，俄罗斯和乌克兰都是“一带一路”重要的节点国家，战争导致陆路交通线几乎中断，中欧班列的运行无法继续。中国与黑海沿岸国家的经贸往来也受到严重影响。俄乌冲突一方面使中欧班列途经乌克兰的运输中断，另一方面部分客户为防止制裁风险而出现退单现象。通过中欧班列向欧洲运输的多为高价值的电子类商品和其他制成品，因此势必影响到中国相关的制造业。

管道运输方面，欧洲国家对俄罗斯最大的依赖是能源进口，主要是石油和天然气，其中天然气的依赖程度最大，因为它更依赖于管道基础设施。冲突爆发后，欧洲第一时间宣布缩减从俄罗斯进口石油和天然气的计划，但是这种转变尚需要一定时日，以修建新的进口设施，主要是 LNG 进口终端。

在金融领域，西方国家迅即把俄罗斯的主要银行踢出环球银行金融电讯系统（SWIFT），并冻结俄罗斯在海外的金融资产。这一措施对俄罗斯的对外贸易造成了严重影响，并影响到俄罗斯的国际投资贸易合作。

在科技领域，欧美国家限制对俄罗斯出口芯片等电子产品和相关制造业产品；同时，西方国家的大型电子商务公司、社交平台（如亚马逊、推特、谷歌等），也纷纷离开俄罗斯，并且开展了对俄罗斯的自主制裁措施。

3. 世界经济陷入滞胀

俄乌冲突对各国的货币政策产生影响，引起滞胀风险。俄乌冲突和对俄制裁，打击了欧洲消费者和投资者的信心，加之欧盟高度依赖俄罗斯的能源进口，能源价格高企，迫使欧盟加快退出宽松货币政策。美国也同样为了降低高油价导致的高通货膨胀，加快了货币缩表操作，存在引起滞胀的风险。俄乌冲突爆发后，国际金融领域迅速作出反应，作为紧急避险保值和长期预期的反应，美元开始升值，相应地，欧元兑美元汇率快速贬值。到 2022 年 7 月中旬，美元与欧元几乎等值，这是 20 年来的第一次。俄罗斯卢布在冲突发生后迅速贬值，后又在俄罗斯政府的强力干预下迅速回升，目前已超过了冲突发生前的币值。

俄乌冲突打击了风险资产和私人部门的信心，进而影响实体需求，最终将延缓全球经济修复进程。目前全球处于后疫情时代，经济正在从新冠疫情的寒冬中逐渐回温，但经济复苏基础薄弱。俄乌冲突及美欧国家对俄罗斯的制裁进一步加大了全球经济复苏前景的不确定性。俄乌冲突在助推通胀预期的同时削弱了经济恢复前景，令抑制通胀和支持经济的权衡挑战变得更为复杂。冲突严重打击了投资者的信心，大幅降低跨国公司投资意愿。市场避险情绪上升，新兴国家金融风险上升。

4. 加快世界经济逆全球化趋势

在俄乌冲突爆发之前，全球经济已经出现区域化和本土化的发展态势，新冠疫情导致的全球供应链中断促使这一态势发展加快。及至俄乌冲突爆发，全球政治格局受到冲击。短期来看，西方阵营在利益权衡下更进一步地向美国靠拢，相当数量的发展中国家则出于自身利益的考量选择在中立中保持观望；长期来看，欧洲国家推动“战略自主”的决心将更加坚定，未来欧洲国家将在更多经贸领域提升自己的独立自主地位，积极扩大自己的地缘政治影响力，发展中国家的外交态度也将更加自主。可以预见，战乱和以美欧为主的国家对俄罗斯的经济制裁更是加速了全球经济格局的重构，全球经济在更大的不确定性中进一步走向区域化和本土化。

世界经济逆全球化趋势不可避免地为深度参与其中的中国带来不容小觑的影响。美西方国家开始刻意重塑国际产业链，试图借此在国际经济领域削弱中国的影响。美国开始鼓励制造业回流，对不能回流美国的制造业和供应链，鼓励向印度和东南亚国家转移，未来在科技领域还会有更多的限制和打压措施，这将对中国经济的长期可持续发展形成新的挑战。同时，美西方国家努力按照西方市场规则建立世界贸易组织（WTO）之外的贸易与经济一体化体系，这将大大改变未来我国将要面对的国际经济环境。

二、俄乌冲突对全球能源发展的影响

俄乌冲突对全球油气市场造成直接冲击，冲突后的能源价格飙升加剧了主要经济体的通胀危机，与此同时，世界经济也站在了另一个十字路口。能源供给结构的改变将重塑全球能源市场格局。对绝大多数国家尤其是欧盟国家而言，俄乌冲突带来了更加长期的能源安全议题，促使各国将能源安全作为其未来能源政策的首要目标。

（一）对全球油气市场的直接冲击

1. 原油市场及原油价格预测

俄乌冲突导致原油价格剧烈波动，严重影响了全球能源供需秩序。冲突迫使对俄罗斯油气资源依赖程度较高的欧洲国家转换进口来源，将改变全球油气供需格局。受俄乌冲突影响最大的欧洲，包括欧盟和英国都提出了减少和最终摆脱从俄罗斯进口油气的计划。欧盟于 2022 年 3 月 8 日发布《欧洲廉价、安全、可持续能源联合行动》（REPowerEU：Joint European action for more affordable，secure and sustainable energy，《能源独立行动》）。《能源独立行动》在“Fit For 55”的基础上提出了欧盟于 2022 年内减少

2/3的俄罗斯天然气进口，尽早于2030年前摆脱对俄罗斯油气资源的依赖。主要措施是近期推动天然气进口多元化（占到替代方案的一半以上），中远期着重提高可再生能源利用和能效提升。3月11日，欧盟27成员国领导人同意了该行动计划，欧盟委员会将进一步出台实施细则。

而对美国来说，俄乌冲突则是其油气行业一次难得的商机。俄罗斯石油仅占2021年抵达美国的所有原油进口量的3%左右，美国不进口任何俄罗斯天然气，对俄罗斯的能源进口禁令对美国国内的能源供应体系影响不大。冲突爆发后，美国第一时间宣布停止进口俄罗斯能源产品，而作为俄罗斯天然气的替代，美国液化天然气将因俄乌冲突迎来更大的国际市场。近期，美国又开始对俄罗斯石油出口进行限价。目前，美国和欧洲、日本等发达国家的基本政策是，推动欧洲国家摆脱对俄罗斯油气的依赖；对于中国、印度等发展中国家，正在试图说服其限价进口俄罗斯石油。

对于原油价格而言，俄乌冲突毫无疑问地会在短期内推高其价格，这是供给紧张和心理紧张的必然反应。但从长期来看，随着局势逐渐明朗化，原油价格在冲高之后将向市场供求关系的基本面回归。

近几个月，美国和欧洲国家的政策目标已经非常明显，一是要尽可能减少俄罗斯在全球石油市场的份额；二是要降低石油价格。即使不能彻底把俄罗斯从石油市场上剥离出去，也要减少它的石油出口收入，这有助于降低美欧国家高企的通货膨胀率，减轻因支持乌克兰而给国内经济带来的压力。为此，美国既在国内推动缩表，减少美元供给量，又在国际上争取沙特阿拉伯这一石油输出国组织（OPEC）产量枢纽国的支持。这两种手段在近期都开始奏效，所以国际石油价格在进入7月之后出现明显回落（见图1），目前已经跌回到96美元/桶左右。2022年下半年，国际油价将会继续回落。

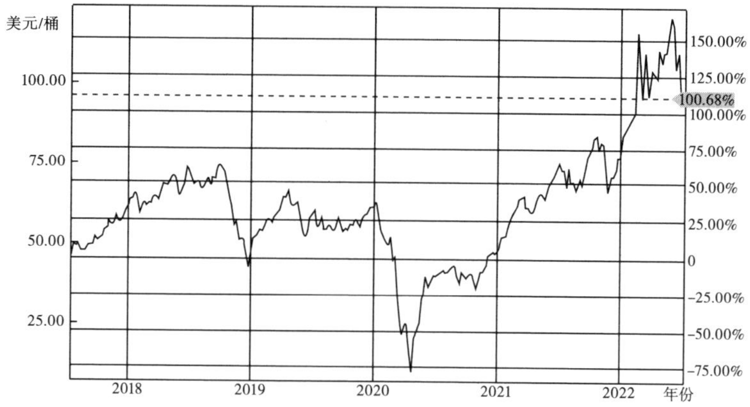

图 1　原油价格（WTI）波动

资料来源：https：//markets. businessinsider. com/commodities/oil－price/usd？ type＝wti

2. 天然气市场及天然气价格预测

欧洲对俄罗斯的天然气资源依赖程度较高（见表 1），因而俄乌冲突对欧洲天然气市场影响最为显著，对德国更是如此。反过来，失去欧洲市场对俄罗斯的伤害也很大：2020 年，俄罗斯对欧出口占欧洲总进口量的 51.4%，占俄罗斯总出口量的 70.4%（见表 1），如果扣除过境转口，占俄罗斯净出口的 73.8%。但相对而言，俄乌冲突对俄影响大于欧洲。欧盟可以在牺牲“廉价”的情况下找到替代天然气来源，而俄罗斯天然气出口依赖管道设施，若想转移其天然气出口国，需要建设 LNG 设施或者超远距离的管道设施。在西方制裁的背景下，这种长期投资难度很大。

表 1　2020 年欧洲与俄罗斯的天然气国际贸易

项目	贸易量/10 亿立方米	占全球份额/%
欧洲		
管道气进口	211.3	22.5
其中：俄罗斯	167.7	17.8
非洲国家	25.2	2.7
其他 CIS 国家	13.4	1.4
中东	5.1	0.5

续表

项目	贸易量/10亿立方米	占全球份额/%
LNG 进口	114.8	12.2
总进口	326.1	34.7
LNG 出口 *	5.6	0.6
总出口	5.6	0.6
俄罗斯		—
管道气进口	11.0	1.2
总进口	11.0	1.2
管道气出口	197.7	21.0
其中：欧洲	167.7	17.8
其他 CIS 国家	26.1	2.8
LNG 出口	40.4	4.3
总出口	238.1	25.3
全球管道贸易	452.2	48.1
全球 LNG 贸易	487.9	51.9
全球贸易总量	940.1	100.0

注：* LNG exports include re – exports

资料来源：BP 能源统计 2021

未来，欧洲为摆脱对俄罗斯天然气资源的依赖，将不得不寻求新的天然气供应源。从欧洲的进口结构看其实有很多选择，差异主要表现在价格上。从来源地看，里海地区的阿塞拜疆、土库曼斯坦的天然气可以通过巴库—第比利斯—杰伊汉管线到达黑海终端再输送到欧洲，东地中海和黑海（战争之后）的天然气储量也可以成为东南欧地区天然气进口来源。此外，阿尔及利亚、利比亚也可以通过海底管线向欧洲南部的国家增加天然气出口。例如，提高连通阿尔及利亚和西班牙的 Medgaz 天然气管道的输送能力，保加利亚将天然气网络连接到罗马尼亚和塞尔维亚，波兰连接丹麦，以及保加利亚推动与希腊的进一步连接。最大的增量将来自美国页岩气 LNG，冲突爆发后美国第一时间协调了向欧洲国家的紧急出口，并将持续增建终端设施，以便在未来更多地满足欧洲国家的天然气需求。2022 年上半年，美国出口的天然气达到112亿立方米，同比增长了25.7%。国际能源署表示，2022年6月，美国液化天然气对欧洲国家的供应量已经超过了俄罗斯的管道输送量，这是历史上的第一次。

在全球石油价格飙升的同时，天然气价格也不断创下历史新高。冲突爆发后，欧盟马上提议将对俄罗斯的天然气依赖程度减少到一半以上，以迅速应对制裁。这项提议在反映欧洲国家对能源制裁担忧提升的同时，也大大提升了欧洲国家对现货市场上液化天然气的依赖程度，从而将液化天然气的价格进一步拉高。欧洲国家天然气价格标杆——荷兰TTF天然气期货价格在3月初达到了200欧元/兆瓦时的高价位。7月16日，TTF价格为159.57欧元/兆瓦时（见图2）。

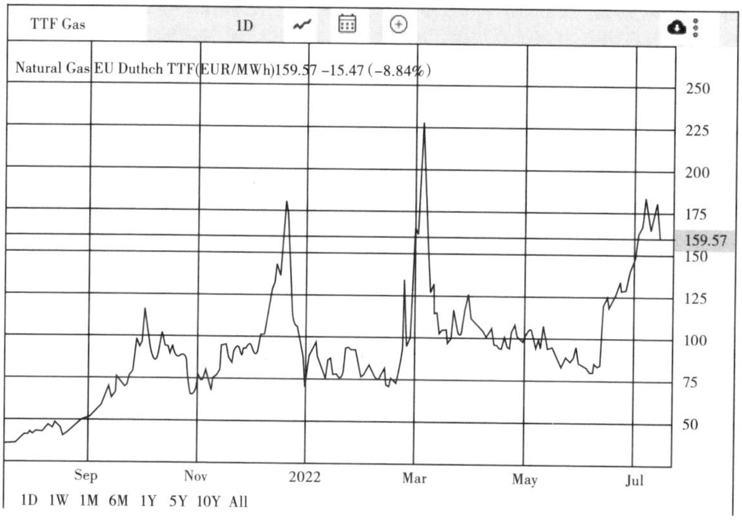

图2 荷兰TTF天然气价格波动（欧元/兆瓦时）

资料来源：https://tradingeconomics.com/commodity/eu-natural-gas

未来，由于俄乌冲突持续而且前景难测，不能排除还将有较大的价格波动。也许只有等到冲突结束或者前景明朗的时候，欧洲国家的天然气价格才会趋于稳定。由于调整供给结构需要较长的时间，估计未来2~3年欧洲国家乃至全球都将面临天然气价格的大幅度波动。

3. 全球油气市场格局

毫无疑问，在冲突发生之后，尤其是西方国家对俄罗斯油气出口的抵制逐步生效之后，国际石油和天然气两个市场将发生根本性的变化。这种变化主要表现在以下两个方面。

（1）美国和沙特阿拉伯两个油气生产大国的“能源话语权”将显著提升。美国是世界上最大的石油生产国和天然气生产国，尽管由于巨大的国内需求，其油、气出口量均未排名全球首位，但仍有很大的出口潜力。2020 年数据显示，美国是第五大原油出口国（排在沙特阿拉伯、俄罗斯、加拿大、伊拉克之后）、第二大天然气出口国（仅次于俄罗斯，甚至比整个中东地区总和还多）。美国实现了页岩气革命的同时，还保留着很多近海油藏和阿拉斯加保护区内的油藏未开采，未来的增产潜力仍然值得关注。沙特阿拉伯则是传统的 OPEC 产量枢纽国，保留着巨大的机动产能。7 月 16 日，美国总统拜登访问沙特阿拉伯，与沙特阿拉伯国王会谈基本上达成了增产协议，体现了沙特阿拉伯作为油价决定者的角色。

美国和沙特阿拉伯在国际油气市场上这种举足轻重的地位是由其各自特点决定的。美国掌握了美元霸权，也就相当于掌握了国际油价很大程度的定价权，可以通过美元汇率以及自身巨大的产能对油价进行操控。沙特阿拉伯则拥有世界上最大石油储量和产能（2020 年沙特阿拉伯的石油产量占全球的 16.6%），并且沙特阿拉伯的石油开采成本几乎全球最低，这两个因素决定了沙特阿拉伯在国际石油市场上一言九鼎的地位。

（2）俄罗斯油气产量受到影响无法恢复往日地位。冲突爆发前俄罗斯是世界上除沙特阿拉伯之外最重要的石油出口国和最大的天然气出口国，由于基础设施的绑定，欧洲国家难以快速与俄罗斯的油气脱钩。但是，经济上的代价让位于政治上的恐惧，欧洲已经制订了坚定的计划要实现脱钩目标。这种脱钩措施一旦开始实施，旧有炼油厂进行调整后就可以冶炼其他来源的原油，新的 LNG 接收终端将开始接收来自美国、非洲国家和中东国家的天然气，碳中和计划的继续推进也将导致对油气需求的减少，那么与俄罗斯油气的脱钩就会变成永久性的。一旦失去了欧洲这个大市场，俄罗斯就很难在其他地方找到替代市场。

就中国市场而言，目前俄罗斯油气的份额，实际上是中国为了支持俄罗斯而从其他竞争者手中分让的，基本上已经达到了极限。2020 年上半年，俄罗斯超越沙特阿拉伯成为中国最大的原油进口来源国，但每个炼油厂适合的原油不一样，俄油的高价格对中国炼油厂构成了很大的成本压力。在天然气领域，由于俄罗斯在东西伯利亚的产能有限，所以很难增加对华供应。西西伯利亚的天然气还没有通往中国的管线。在西方国家的制裁之下，资金和技术的缺乏导致原计划的中俄天然气西线几乎不再可能开工了。

因此，俄乌冲突对俄罗斯油气出口的影响可以说是不可逆的。寻不到替代市场的俄罗斯油气，除了减价抛售之外别无他选。随着时间延长，可能不得不关闭某些油气井。

（二）对能源结构与能源转型的影响

油气价格上升和全球能源供需格局的潜在变化，或将对各国未来的能源结构产生影响，但从长远来看，各国能源结构向绿色低碳化转型的大趋势不会改变。俄乌冲突带来的油气价格暴涨和潜在供应不足向各国警示能源安全的重要性。未来，无论各国的能源结构如何调整，能源安全都已成为能源转型的一个重要出发点。

1. 欧洲和美国

俄乌冲突对欧洲国家的影响无疑是最大的，将对其能源安全、能源转型政策和相关产业产生深刻的影响。欧洲国家能源的对外依存度较高，而俄罗斯是欧洲石油和天然气的主要供应国（见图 3、图 4）。

可再生能源在欧盟各国能源结构中的占比逐年上升。从电力结构来看，欧洲各国的电力结构相异（见图 5），总体上低碳能源电力所占比例较高。德国大力有序发展低碳电力，到 2020 年，风电、太阳能发电等新能源

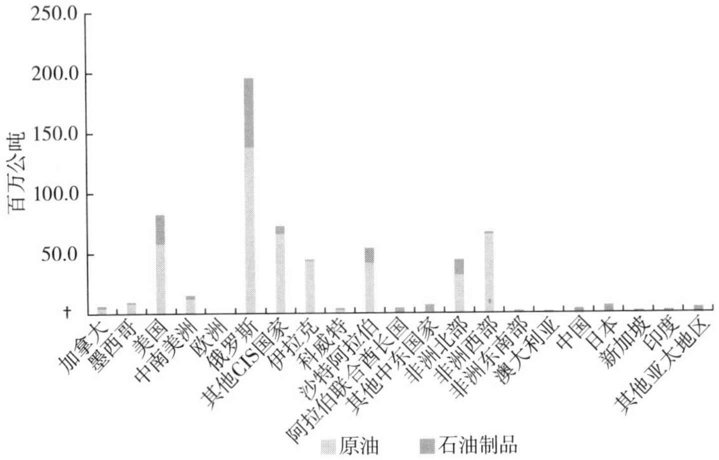

图 3　欧洲石油及其制品进口来源（2020 年）

资料来源：BP 能源统计 2021

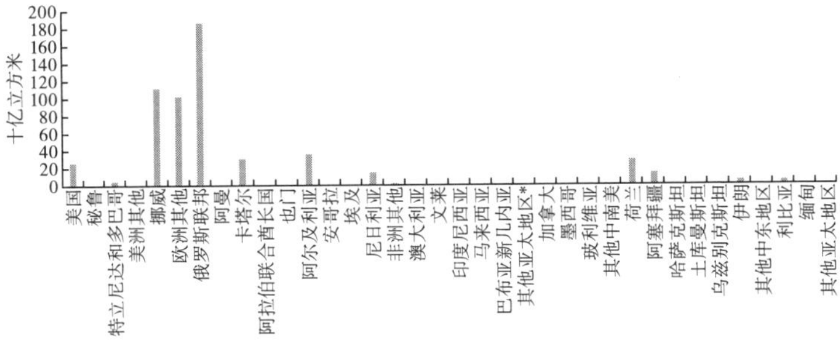

图 4　欧洲天然气进口来源（2020 年）

资料来源：BP 能源统计 2021

发电方式已在其电力结构中占有较高比重。乌克兰则以核电和煤电为主。英国天然气发电占比较高，2020 年的占比达到 36%，但英国的天然气进口主要依赖挪威①，因此俄乌冲突对其天然气供应安全影响不大。

欧洲国家显然已经决意将此次危机视为一个加速向新能源转型的机会。从短期看，未来 5 ~ 10 年，煤炭和核电等基荷电源的比例可能有所提高。由于同一热值下天然气的碳排放量仅仅是煤炭的一半，导致天然气成为欧洲国

① UK：oil and gas imports | Statista。

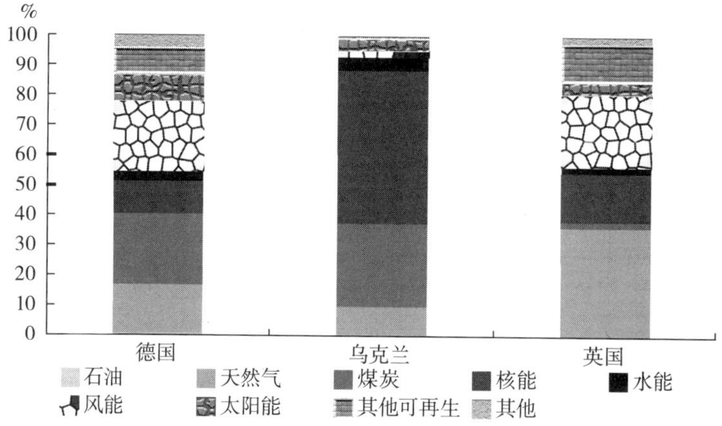

图 5　部分欧洲国家电力结构（2020 年）

资料来源：BP 能源统计 2021

家一个重要的绿色转型能源。天然气供需结构的改变将对欧洲的电源结构产生影响。首先，为保障能源安全供应，更多的国家可能会决定减缓关闭煤电和核电厂的速度。虽然用燃煤或石油代替天然气将导致更大的温室气体排放量，但在能源安全为首要的情况下，高碳化石能源可能会短期内在欧洲各国能源结构中占有更高比例，进而暂缓其能源绿色转型进程。德国等欧洲国家对高碳排放的煤电的态度已经出现重大转变——2020 年 3 月，作为欧元区最大经济体的德国呼吁欧洲应该建立煤炭储备以解决电力问题。同时，欧洲各国也将尽力加快可再生能源发电的建设进程，以实现能源供应安全与绿色低碳转型相协调。目前来看，风电、太阳能发电等新能源发电方式在没有规模化储能的配套支撑下仍不能完美替代燃气发电。

长期来看，欧洲各国的能源结构将加速向以风、光等新能源为主转型。同时，俄乌冲突也坚定了以法国为代表的以核电为主的国家坚持这一能源转型道路的信心，以兼顾能源供应的自主可控与向绿色低碳转型。此外，俄乌冲突导致的化石燃料价格上涨可能会进一步提高碳捕集与封存（CCS）和绿色氢能等净零排放技术的价值。欧盟也制订了一个雄心勃勃的计划，要在 2030 年前用清洁氢能取代近半数的俄罗斯天然气（见图 6）。

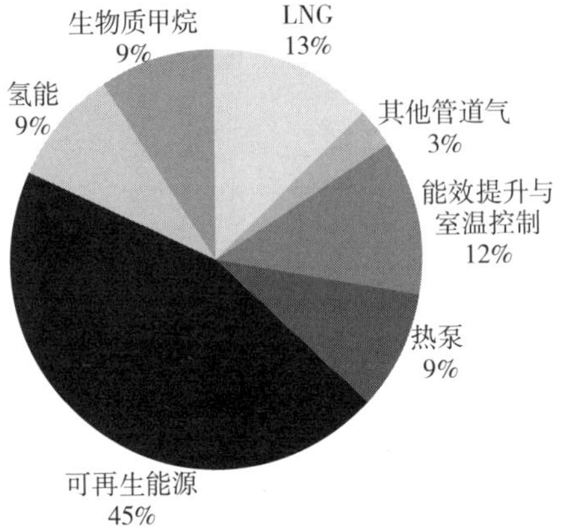

图6 到2030年欧盟的俄气替代方案

资料来源：Communication from the EU Commission：REPowerEU：Joint European Action for more affordable，secure and sustainable energy

俄乌冲突对美国的能源结构影响虽然十分有限，但新能源是未来能源增量主体的这一认识，不仅在欧洲，在全球范围内都已经达成共识。美国2022年新增光伏装机将占总新增装机的近一半。按照2030年清洁电力使用比重达80%的目标，届时美国累计可再生能源装机将升至8.85亿千瓦。俄乌冲突不仅使清洁、便宜、安全这个“能源不可能三角”中的安全权重提升，而且新能源对于提升能源独立和能源安全的潜力也被进一步关注。正如欧盟气候事务负责人弗兰斯·蒂默曼斯在2022年1月所说，可再生能源就是确保能源安全和可负担的答案。

2. 中东和北非

除土耳其以外，大部分中东和北非国家主要受到俄乌冲突的次生影响。大多数中东和北非国家有着丰富的油气资源，油气的对外依存度不高（见图7）。例如，2020年，埃及的天然气进口量几乎为零。阿联酋和科威特的天然气进口分别占其天然气消费量的31.3%和27.5%，主要来源国是卡塔尔。但土耳其天然气资源的对外依存度很高，几乎所有的天然气消费量均依赖进口，且俄罗斯是其天然气的最大来源国，占其天然气进口量的34%。因此，俄乌冲突对土耳其的天然气供应造成直接冲击。

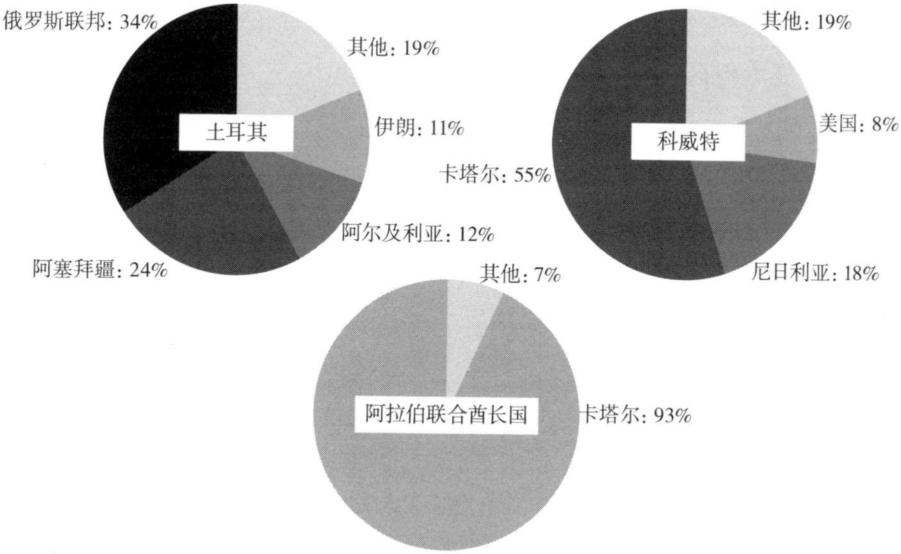

图 7　部分中东国家天然气进口来源（2020 年）

资料来源：BP 能源统计 2021

中东和北非国家的电力结构与本地的资源优势紧密相关。这一区域的国家油气资源较为丰富，其电力结构以油气为主（见图 8）。2020 年，油气发电占到伊朗总发电量的 91%，沙特阿拉伯则几乎是 100%。考虑到俄乌冲突带来的油气价格上涨，新能源电力相比较燃气燃油发电的经济性增强，加之该地区具有比较丰富的太阳能资源，未来在这一地区的能源结构

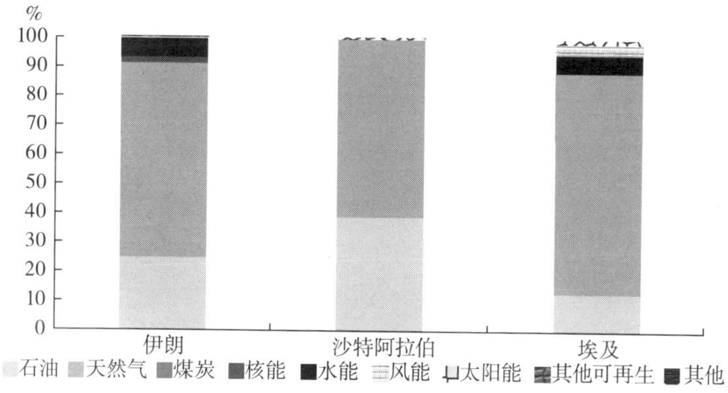

图 8　部分中东和北非国家电力结构（2020 年）

资料来源：BP 能源统计 2021

可能会向可再生能源电力，尤其是光伏电力的方向调整。

3. 亚太地区

亚太区域主要受到俄乌冲突的间接影响，化石能源价格的大幅波动可能推动可再生能源的发展。澳大利亚、马来西亚、印度尼西亚都是天然气的出口国，此外，太平洋东岸的美国、加拿大、墨西哥也具备向中国和亚太地区销售天然气（包括 LNG）的能力。因此，总体上看，亚太区域的石油、天然气供应并不会受到太大影响，这一地区面对的风险是价格问题。短期内，这些地区的能源结构不会有太大调整，但高涨的油气价格将在长期推动非化石能源的发展，包括核能、水能和其他可再生能源。

东亚各国的进口来源地较为丰富，在一定程度上分散了天然气供应风险（见图 9）。澳大利亚是东亚地区天然气的主要供应国，占到中国天然气进口的 29%、日本的 39%、韩国的 20%、中国台湾的 27%；其次是中东地区，如土库曼斯坦、卡塔尔等。俄罗斯对东亚各国天然气的供应量不高，占到中国和日本天然气进口的 8%，中国台湾的 13%。

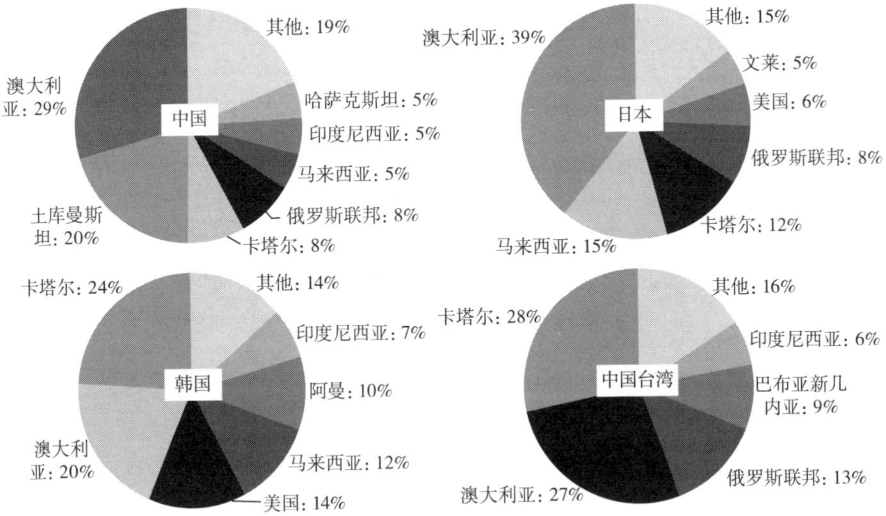

图 9　部分东亚国家天然气进口来源（2020 年）

资料来源：BP 能源统计 2021

南亚的印度和巴基斯坦的天然气进口主要来自中东国家，对俄罗斯天然气的依赖程度也相对较低。图 10 展示了两国天然气进口来源地构成中进口量累计达到 80% 的国家，可以看到，俄罗斯并未出现在其中。因此，俄乌冲突对这些国家当前天然气供应的影响较为有限。

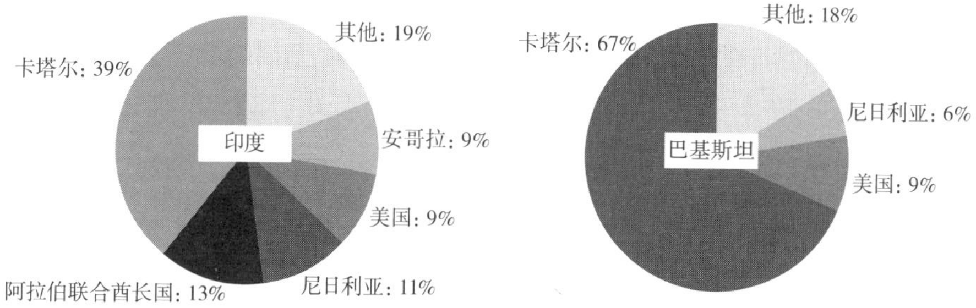

图 10　部分南亚国家天然气进口来源（2020 年）

资料来源：BP 能源统计 2021

东南亚国家天然气进口来源地的集中度高于东亚国家（见图 11）。2020 年，俄罗斯对该地区天然气的出口几乎为零。澳大利亚、中东地区及缅甸、马来西亚等东南亚国家是该地区天然气进口的主要来源国。因此，

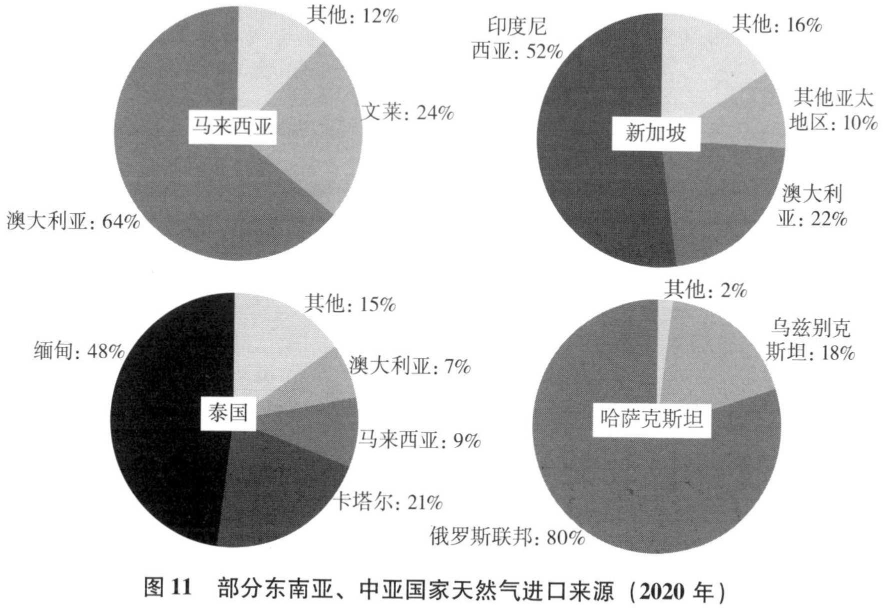

图 11　部分东南亚、中亚国家天然气进口来源（2020 年）

资料来源：BP 能源统计 2021

俄乌冲突对这些国家当前天然气供应的影响较为有限。煤电在东南亚国家电力结构中占比较高，其次是天然气发电和水电。由于东南亚区域的清洁能源储备丰富，在其产业发展对电力需求的潜在拉动下，该地区的能源结构可能会向光伏等新能源方向调整。

澳大利亚的煤炭和天然气资源丰富，能源自给率高。煤电在其电力结构中占54%，其次是天然气发电，约为20%（见图12）。澳大利亚是全球天然气主要输出国之一，2020年，其出口总量约为106亿立方米，主要供给亚太地区，其中中国和日本占绝对比重（76%，见图13）。俄乌冲突抬高了天然气价格，刺激消费国寻求替代来源，短期内对于油气输出国有利好。对澳大利亚的能源结构而言，其煤炭资源丰富，煤电是其重要供电来源。但其煤电设施相对老旧低效，成本偏高，难以满足电力系统现代化和高灵活性的需求。澳大利亚太阳能资源丰富，在其能源转型中，光伏发电可能成为一个主要发展方向。

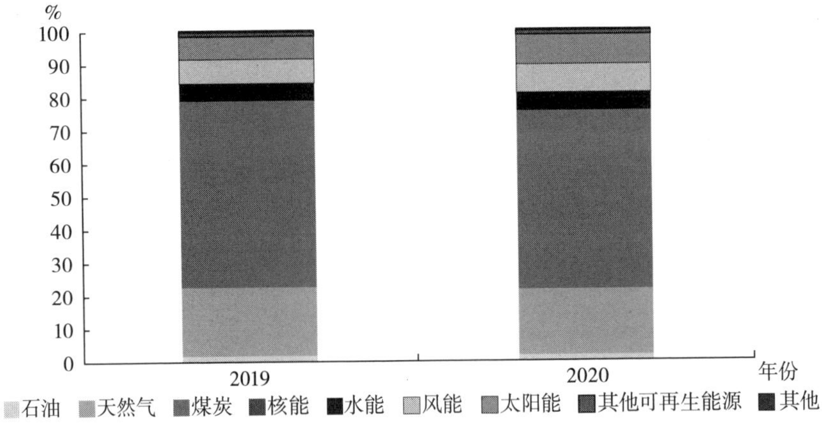

图12　澳大利亚电力结构

资料来源：BP能源统计2021

总的来说，对于以印度、东南亚国家为典型代表的发展中国家来说，保障能源安全的需求更为迫切。俄乌冲突短期内不会使这些国家的能源政策发生方向性改变。然而，如果天然气价格长期维持高位，就可能会引起

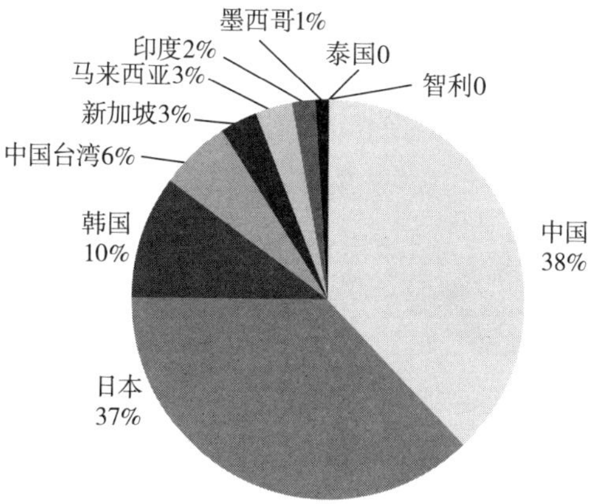

图 13　澳大利亚天然气出口目的国（2020 年）

资料来源：BP 能源统计 2021

发展中国家能源选择的改变，比如改善可再生能源的经济性，从而使得这些国家有更多的可再生能源电力。

4. 其他国家和地区

拉丁美洲和非洲等地区对俄罗斯的油气资源几乎没有依赖，但剧烈波动的油气价格给这些地区带来间接影响。对拉丁美洲而言，动荡的油气价格可能将其能源结构推向水能、核能、其他可再生能源等方向；而对于撒哈拉以南的非洲国家而言，则可能因欧洲寻求新的油气资源以及全球新能源发展的矿产需求而获得发展机遇。

拉丁美洲可以分为两个单元：中美洲与加勒比海地区、南美洲。中美洲的墨西哥是石油和天然气生产大国，可以满足自身和区域内的油气需求，并向美国和其他地区（包括中国）出口。南美洲国家的天然气进口依存度不高，2020 年进口天然气分别占到阿根廷和巴西天然气消费量的约 16% 和 30%。智利的这一比例稍高，达到 60%，但智利的天然气消费量很小。南美洲天然气进口的主要来源地是美国和玻利维亚，从俄罗斯进口的天然气几乎为零（见图 14）。南美洲的巴西水资源丰富，其电力结构以水电为主，2020 年水电占到巴西电力结构的 64%。阿根廷则以天然气发电为主，2020 年天然气发电占其总发电量的 56%（见图 15）。

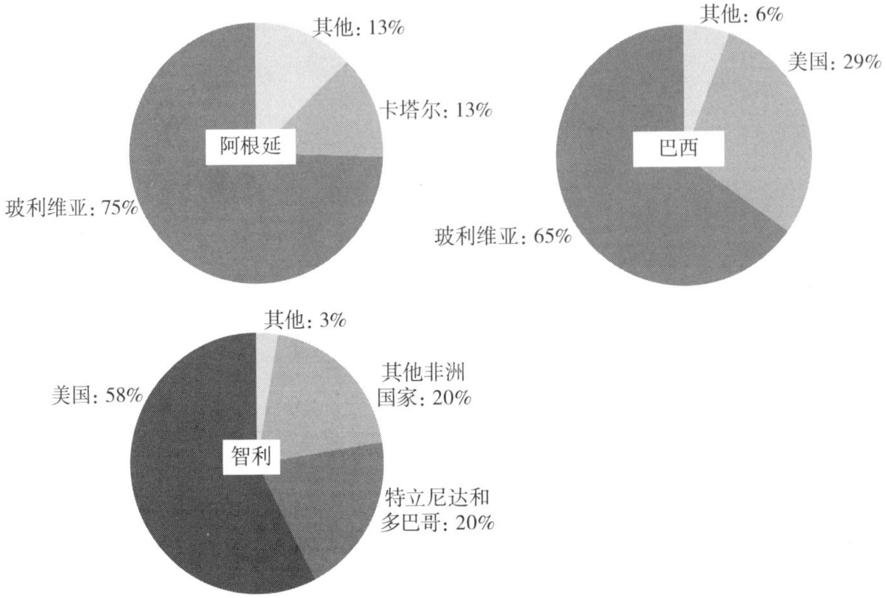

图 14　部分拉美国家天然气进口来源（2020 年）

资料来源：BP 能源统计 2021

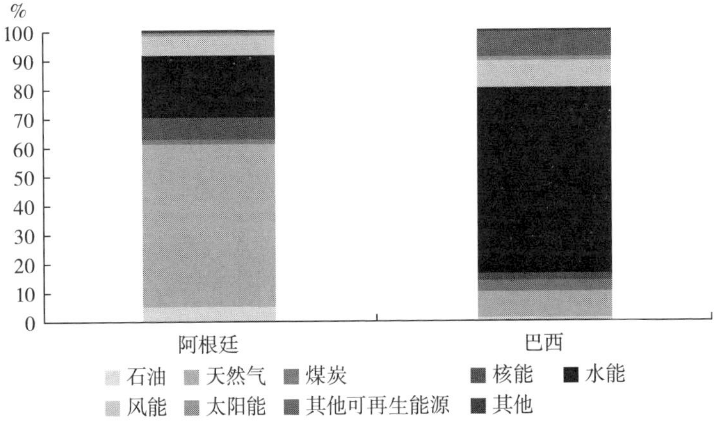

图 15　部分南美国家电力结构（2020 年）

资料来源：BP 能源统计 2021

大多数撒哈拉以南非洲在此次俄乌冲突爆发时都没有足够的政策空间来应对冲击的影响，很可能会加剧社会经济压力，增加公共债务的脆弱性，使数百万家庭和企业的疫情创伤更趋恶化。石油和天然气价格上涨将损害非洲的电力市场，利率上升也会给可再生能源项目带来不利影响。但与此同时，亟须摆脱对俄罗斯的需求将重新激发欧洲对非洲石油和天然气出口生产的兴趣，这为非洲带来了新的机遇；而全球的碳中和需求所引起的对铜、镍、铂等关键矿产的需求，也将刺激非洲矿业的发展。

三、结语

本文从俄乌冲突爆发的背景出发，分析了俄乌冲突对全球政治经济的影响，进而重点探讨了俄乌冲突对全球能源发展的影响，包括对全球油气市场的直接冲击和预期走向，以及对全球各区域能源结构和能源转型进程的影响。

总的来看，俄乌冲突的爆发与持续对世界政治经济格局具有深刻的影响，将重塑全球政治经济结构。冲突直接导致全球大宗商品价格剧烈波动，加剧全球供应链危机，使世界经济陷入滞胀，加快了世界经济的逆全球化发展趋势。

俄乌冲突引发了全球能源危机。全球能源供需格局发生变化，美国和沙特阿拉伯两个油气生产大国的“能源话语权”将显著提升，俄罗斯的油气产量受影响将无法恢复往日地位。俄乌冲突虽然可能在短期内对能源的绿色低碳转型进程造成一定影响，但从长期来看，这一转型趋势不会改变。相反地，经过此次全球能源价格暴涨，一方面，化石燃料价格上升刺激绿色能源技术创新；另一方面，不少国家意识到了提升能源独立性的重要性，在碳中和目标下需通过独立性相对更高的清洁能源，降低对化石燃料的进口依赖。

参考文献

[1]Internation Energy Agency. Oil Market Report[R]. 2022.

[2]S&P Global Commodity Insights. World Oil Market Forecast[R]. 2022.

[3] OPEC. Monthly Oil Market Report[R]. 2022.

[4] 美国能源信息署. Short Term Energy Outlook[R]. 2022.

[5] Internation Energy Agency. World Energy Investment 2022[R]. 2022.

中国的碳达峰：目标、策略与政策

胡安俊①

摘　要　中国的能源供给结构高碳、碳排放基数大、碳达峰时经济发展水平较低、从碳达峰到碳中和的时间间隔短，这些特征决定了中国实现碳达峰与碳中和目标需要付出艰苦的努力。碳达峰是碳中和的前提，碳达峰的时间和峰值直接决定着碳中和的实施成本。由于我国仍处于并将长期处于社会主义初级阶段，面对巨大的碳减排压力，需要平衡经济增长、就业稳定、环境改善、产业升级、安全运行等多维目标，需要协调绿色转型过程中涉及的资产存量、未来增量、技术路径、资金约束、规范标准、政策措施等多个环节，其多重矛盾相互交织、十分复杂。因此，实现碳达峰必须抓好主要矛盾。我国的碳排放具有显著的产业与空间集中性，改善高排放产业与高排放区域的碳排放是实现碳达峰目标的关键。推动我国尽早实现碳达峰，要坚持稳中求进和因地制宜的原则，以高排放产业与高排放区域为重点，综合运用价格机制与政府规制等措施，促进碳减排。

关键词　碳排放；产业空间重点；碳达峰

①　胡安俊，中国社会科学院数量经济与技术经济研究所副研究员、中国经济社会发展与智能治理实验室副研究员，主要研究领域包括人工智能与创新经济、产业布局与区域不平衡、能源消费革命等。

一、中国的碳达峰目标

近年来，全球温室气体水平不断突破历史纪录，整个气候系统的变化规模在数千年内前所未有。地球是一个非线性的复杂系统，温室气体排放浓度持续增加会触发大量冰盖迅速融化、大洋环流大规模变化、全球变暖正向反馈等，使得地球出现突发或不可逆的变化。时下全年复杂多变的气候状态已经让人类提前体验了全面爆发气候危机和生态系统崩溃给经济、社会、地缘政治等带来的巨大破坏性影响。为保护人类共同的家园，国际社会一致行动，作为正在崛起的大国，我国一直积极承担国际责任。2020年9月，习近平主席在第七十五届联合国大会一般性辩论上向国际社会承诺，“中国将提高国家自主贡献力度，采取更加有力的政策和措施，二氧化碳排放力争于2030年前达到峰值，努力争取2060年前实现碳中和”。习近平主席的讲话明确了我国“碳达峰、碳中和”的时间表，彰显了我国加快生态文明建设的战略决心和积极应对气候变化、推动构建人类命运共同体的大国担当。

与发达经济体相比，我国的能源供给结构高碳、碳排放基数大、碳达峰时经济发展水平较低、从碳达峰到碳中和的时间间隔短，这些特征决定了实现碳达峰与碳中和目标需要付出艰苦的努力。第一，能源供给结构高碳。2019年，英国、欧盟、美国和日本的煤炭消费占一次能源消费的比重分别为3.3%、11.2%、12.0%和26.3%，而我国这一比重为57.6%。第二，碳排放基数大。英国、欧盟、美国和日本碳达峰时，碳排放量占世界碳排放量的比重分别为 4.5% 、25.0% 、19.6% 和 4.3% ，而我国 2019 年碳排放量占世界碳排放量的比重已达到 28.8% 。第三，碳达峰时经济发展水平较低。按照 2010 年不变价美元计算，英国、欧盟、美国和日本实现碳达峰时，人均 GDP 分别达到 20421.0 美元、19395.9 美元、49856.3 美元和 45165.8 美元，而 2030 年我国人均 GDP 预计达到 14118.0 美元。第四，从碳达峰到碳中和的时间间隔短。英国、欧盟、美国和日本先后于 1973 年、1979 年、2007 年和 2008 年实现了碳达峰，并承诺 2050 年实现碳中和。从碳达峰到碳中和分别间隔 77 年、71 年、43 年和 42 年，而我国仅有约 30 年的时间（见表 1）。

表 1　代表性国家和地区的碳排放特征比较

单位：2010 年不变价美元

国家和地区	2019 年煤炭消费/一次能源消费（%）	碳达峰时碳排放量占世界碳排放量比重（%）	碳达峰时人均 GDP	从碳达峰到碳中和的时间
英国	3.3	4.5	20421.0	1973—2050 年
欧盟	11.2	25.0	19395.9	1979—2050 年
美国	12.0	19.6	49856.3	2007—2050 年
日本	26.3	4.3	45165.8	2008—2050 年
中国	57.6	28.8 *	8254.5 * 14118.0 **	2030—2060 年

资料来源：英国石油公司世界能源统计评论，世界银行 WDI 数据库 2021，Energy & Climate Intelligence Unit. Net Zero Emissions Race，2021. https：//eciu. net/netzero-tracker/map

注：* 代表因新冠疫情冲击，选择 2019 年数据；** 代表按 5% 实际增长率计算 2030 年预测值

碳达峰是碳中和的前提，碳达峰的时间和峰值直接决定着碳中和的实施成本。因此，提前实现碳达峰、降低碳排放峰值对于更好地实现碳中和具有十分重大的意义。由于我国仍处于并将长期处于社会主义初级阶段，面对巨大的碳减排压力，需要平衡经济增长、就业稳定、环境改善、产业升级、安全运行等多维目标，需要协调绿色转型过程中涉及的资产存量、未来增量、技术路径、资金约束、规范标准、政策措施等多个环节，其多

重矛盾相互交织、十分复杂。因此，实现碳达峰必须抓好主要矛盾。我国的碳排放具有显著的产业与空间集中性，改善高排放产业与高排放区域的碳排放是实现碳达峰目标的关键。从各个省域看，碳排放也呈现出较为显著的产业与空间集中性。推动我国尽早实现碳达峰，要在稳中求进和因地制宜的基础上，以高排放产业与高排放区域为重点，综合运用价格机制与政府规制等措施，促进碳减排。

二、中国的碳达峰策略

（一）全国层面碳排放的产业空间集中度

1. 碳排放集中度

研究产业与区域集中度的方法主要包括 CRn 指数、赫芬达尔—赫希曼指数（HHI）、哈莱—克依指数（HK 指数）、熵指数、基尼系数、集聚指数、空间统计与空间计量等。本文选择碳排放比重来测度碳排放集中度，这一指标不仅能够更为直接地从整体上反映碳排放的集中度，而且能够清晰地了解哪些个体属于高排放产业和高排放区域。碳排放比重本质上与 CRn 指数相同，是产业或区域的碳排放量与整体碳排放量的比值，计算公式如下：

$$R_i = C_i / \sum_i C_i$$

式中，i 代表产业或区域；R_i 为 i 产业或 i 区域的碳排放比重；C_i 为 i 产业或 i 区域的碳排放量；$\sum_i C_i$ 为整体的碳排放量。

基于数据的可获得性，选择 2000—2018 年的数据计算碳排放比重，在全国和省域两个空间尺度上筛选高排放产业与高排放区域。其中，产业数据包括涵盖三次产业的 44 个细分产业，空间数据包括全国、省份和地级行政区三级空间单元，全国和省份的数据覆盖 2000—2018 年，而地级行政区的数据覆盖 2000—2017 年。碳排放结构具有较强的稳定性，高碳能源供给结构的转变是一个长期过程，因此运用2000—2018年的数据能够较为全面地展现碳排放格局的转变。

2. 碳排放的产业集中性

通过比较2000—2018年44个细分产业的碳排放比重，发现电力、蒸汽和热水的生产和供应业，黑色金属冶炼及压延加工业，非金属矿物制品业，运输、仓储和邮电服务业，化学原料和化学制品业，石油加工和炼焦业六大产业的碳排放比重占比较大，长期位居前列，并且显著高于其他产业。为此，本文将这六大产业定义为六大高排放产业。

全国层面的碳排放呈现出显著的产业集中性。2000—2018年，六大高排放产业的碳排放量占全国碳排放量的比重快速增长，从2000年的69.2%增长到2018年的87.6%。其中，2010年以来六大高排放产业的碳排放量占全国碳排放量的比重一直处于80%以上的高位，2013年更是达到88.3%。随着我国经济进入新常态，高质量发展成为时代主题，2018年这一比重略有下降（见图1）。我国碳排放总体呈现不断增长的产业集中性主要有两方面原因：第一，我国的能源供给结构以煤炭为主，能源利用效率较低，六大高排放产业的高耗能特性决定了我国碳排放的产业集中性。第二，改革开放以来，尤其是加入世界贸易组织以来，我国主动加入国际分工体系，逐步发展为世界制造基地，这是我国六大高排放产业的碳排放比重快速增长的重要原因。

3. 碳排放的空间集中性

全国层面的碳排放呈现出高度的空间集中性。从2018年碳排放量的省份分布看，碳排放量最大的9个省份占全国碳排放量的55.6%，碳排放量最大的18个省份占全国碳排放量的81.7%。其中，河北省等10个省份不仅碳排放量大，而且碳排放强度高，均高于全国的平均水平（1.0吨/万元，见图2、图3）。

高碳的能源供给结构与较低的能源利用效率决定了高碳的产业结构，而高碳产业的空间分布决定了碳排放的空间格局。六大高排放产业是碳排

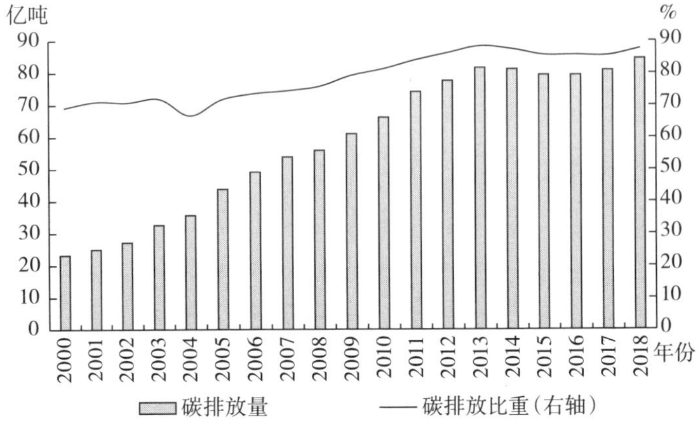

图 1　2000—2018 年我国六大高排放产业的碳排放量与碳排放比重演变

资料来源：中国碳核算数据库（CEADs）和 Wind 数据库

放的主体，2018 年碳排放量最大的 9 个省份六大高排放产业的碳排放量占到全国碳排放量的 53.3%，碳排放量最大的 18 个省份六大高排放产业的碳排放量占到全国碳排放量的 76.4%，这两个比重都与对应省份的碳排放量占全国碳排放量的比重高度接近，说明六大高排放产业的空间分布决定着碳排放的省份空间格局。

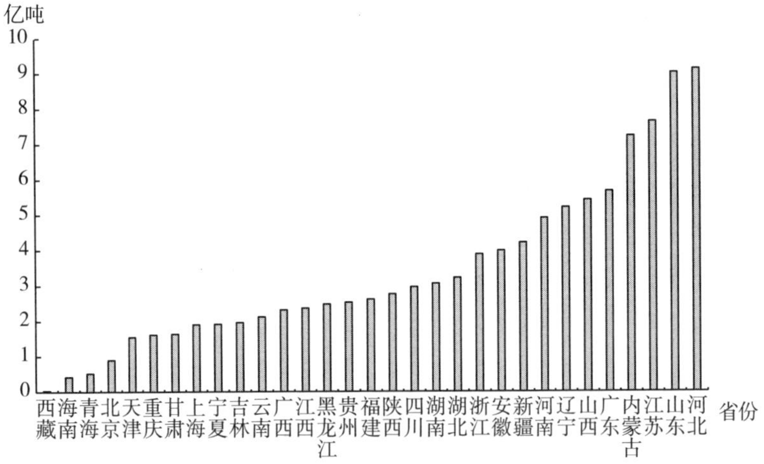

图 2　2018 年各个省份的碳排放量

注：西藏自治区为 2015 年数据

资料来源：中国碳核算数据库（CEADs）和 Wind 数据库

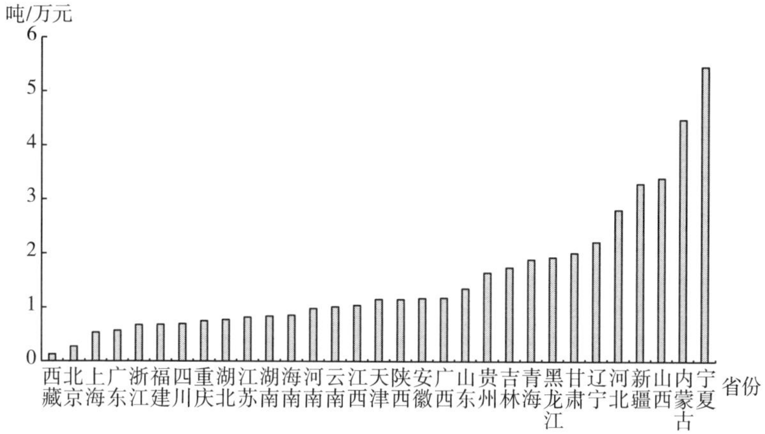

图3　2018 年各个省份的碳排放强度

注：西藏自治区为 2015 年数据

资料来源：中国碳核算数据库（CEADs）和 Wind 数据库

（二）省份层面碳排放的产业空间集中度

1. 碳排放的产业集中性

各个省份的碳排放也具有高度的产业集中性。通过比较 2018 年各个省份 44 个细分产业的碳排放比重，筛选出各个省份碳排放累计百分比达到 80% 的产业，研究发现每个省份仅涉及 2 ~9 个产业，总计 11 个产业。其中，六大高排放产业的分布范围最广，其他产业的省份分布较少（见图4）。

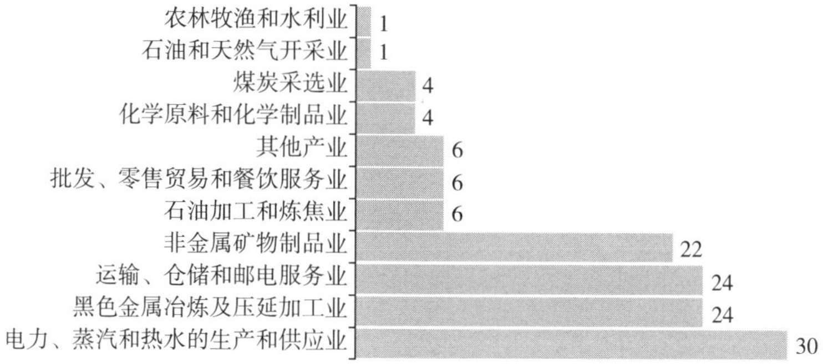

图4　2018 年碳排放累积百分比达到 80%的 11 个产业的分布省份数量（单位：个）

注：西藏自治区数据缺失

资料来源：中国碳核算数据库（CEADs）和 Wind 数据库

为了进一步验证六大高排放产业的碳排放在省份空间的集中性，计算2000—2018年各个省份六大高排放产业的碳排放量占各个省份碳排放量的比重。结果表明，2000—2018年六大高排放产业的碳排放量占各个省份碳排放量的比重具有高度集中性和稳定性。从比重的均值看，在68.1%（北京市）~90.9%（江苏省），较大的均值反映出碳排放的产业集中性。从比重的标准差看，在1.0（广东省）~9.4（新疆维吾尔自治区），较小的标准差反映出六大高排放产业的碳排放比重比较稳定（见图5）。因此，同全国层面一样，六大高排放产业也是省份层面碳排放高度集中的产业。

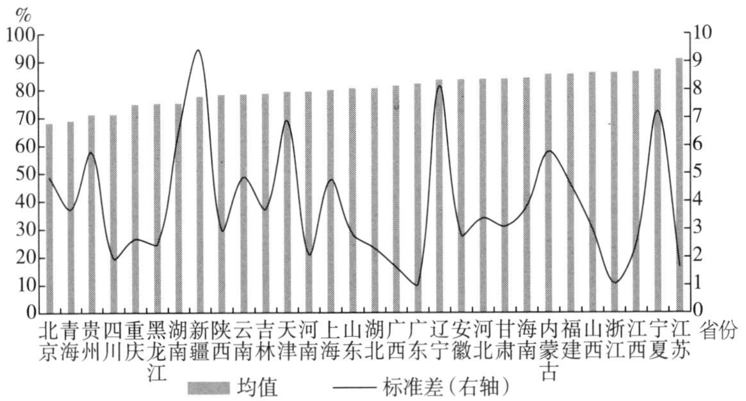

图5　2000—2018年六大高排放产业碳排放占各个省份碳排放比重的均值与标准差

注：西藏自治区数据缺失

资料来源：中国碳核算数据库（CEADs）和Wind数据库

2. 碳排放的空间集中性

（1）城乡空间的碳排放。

2020年，我国城市化率达到63.9%，省级行政区中只有西藏自治区的城市化率不足50%，地级以上城市市辖区GDP占到全国的61.3%。根据诺瑟姆S型曲线的演变规律与当前我国城市化所处的由快速到不断减速的发展阶段，引入城市化率的一次项和二次项，预测2030年我国城市化率将达到71.6%。作为人口和经济活动的主要集聚区，城市是碳排放的重点区域。

由于城乡经济发展水平不同、高排放产业的城乡空间分布不同等，各个省份的城乡碳排放呈现出一定的差异性。2018 年，云南省、贵州省、河北省、新疆维吾尔自治区、甘肃省、内蒙古自治区、山西省和吉林省等 8 个省份的农村碳排放量大于城市碳排放量（见图 6）。这些省份大多位于北方或煤炭储量丰富，农村碳排放量较大。一方面与农村工业化的快速推进有关，另一方面与北方农村的冬季供暖有关。降低农村的碳排放既要降低农村工业的碳排放，也要支持农村的清洁能源开发，实施清洁取暖工程，提升农村电气化水平。

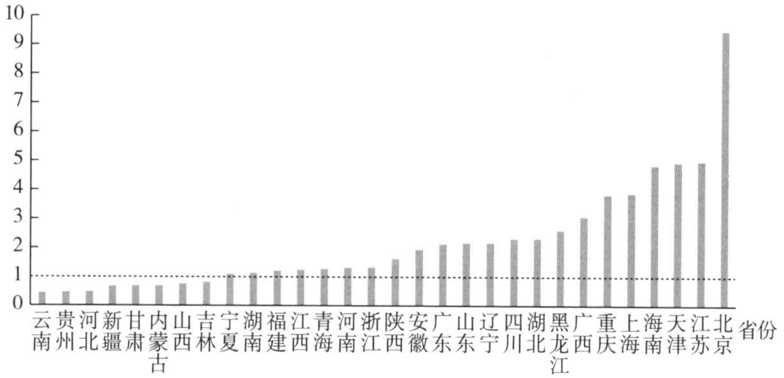

图 6　2018 年各个省份城乡碳排放之比

注：西藏自治区数据缺失。虚线表示城乡碳排放之比为 1

资料来源：中国碳核算数据库（CEADs）和 Wind 数据库

（2）地级行政区的碳排放。

为了识别各个省份内部碳排放的空间结构，基于数据的可获得性，计算 2017 年各个地级行政区的碳排放占所在省份碳排放的比重，筛选出碳排放累计百分比达到 80% 的区域（见表 2）。碳排放累计百分比达到 80% 时，除重庆市外，其他所有省份的地级行政区数量累计百分比皆小于碳排放的累计百分比（见图 7）。其中，9 个省份以小于 60% 的地级行政区数量排放了超过 80% 的二氧化碳，24 个省份以小于 70% 的地级行政区数量排放了超过 80% 的二氧化碳，这表明尽管各个地级行政区在经济发展水平、资源禀赋、产业结构、生态定位等方面存在较大差异，碳排放量具有较大的差别，但是省份层面的碳排放也呈现出较强的空间集中性。

表2　2017年各个省份碳排放累计百分比达到80%的地级行政区分布

省份	地级行政区名称 （按排放量由大到小排序）	地级行政区数量/个，碳排放累计百分比/%	省份地级行政区数量/个
北京	通州区、顺义区、朝阳区、大兴区、昌平区、房山区、海淀区、丰台区	8，80.4	16
天津	滨海新区、武清区、静海区、东丽区、西青区、北辰区、宝坻区、蓟州区、津南区	9，84.8	16
河北	唐山市、石家庄市、保定市、沧州市、邯郸市、廊坊市、邢台市	7，81.9	11
山西	临汾市、吕梁市、大同市、太原市、晋中市、运城市、忻州市、长治市	8，82.6	11
内蒙古	鄂尔多斯市、呼伦贝尔市、呼和浩特市、包头市、赤峰市、通辽市、锡林郭勒盟、乌兰察布市	8，84.5	12
辽宁	沈阳市、大连市、鞍山市、铁岭市、盘锦市、营口市、锦州市、辽阳市、葫芦岛市、朝阳市	10，82.5	14
吉林	长春市、吉林市、四平市、延边朝鲜族自治州、通化市、松原市	6，84.7	9
黑龙江	哈尔滨市、大庆市、绥化市、齐齐哈尔市、佳木斯市、双鸭山市、牡丹江市、鸡西市	8，82.3	13
上海	浦东新区、奉贤区、青浦区、松江区、嘉定区、崇明区、闵行区、金山区	8，83.5	16
江苏	苏州市、南京市、无锡市、南通市、徐州市、盐城市、常州市、扬州市、泰州市	9，80.8	13
浙江	宁波市、杭州市、金华市、温州市、嘉兴市、台州市、绍兴市	7，84.8	11
安徽	合肥市、阜阳市、滁州市、宿州市、六安市、芜湖市、亳州市、安庆市、淮南市、蚌埠市、宣城市	11，84.4	16

续表

省份	地级行政区名称 （按排放量由大到小排序）	地级行政区数量/个，碳排放累计百分比/%	省份地级行政区数量/个
福建	泉州市、福州市、漳州市、厦门市、莆田市、龙岩市	6，83.8	9
江西	南昌市、赣州市、九江市、上饶市、宜春市、吉安市、抚州市	7，84.8	11
山东	潍坊市、青岛市、临沂市、烟台市、济南市、济宁市、德州市、滨州市、东营市、淄博市、菏泽市、聊城市	12，84.1	16
河南	郑州市、南阳市、新乡市、洛阳市、安阳市、周口市、平顶山市、商丘市、驻马店市、许昌市、焦作市、濮阳市	12，82.6	17
湖北	武汉市、襄阳市、宜昌市、黄冈市、荆州市、孝感市、十堰市、黄石市、荆门市	9，82.5	13
湖南	长沙市、郴州市、岳阳市、衡阳市、株洲市、常德市、湘潭市、永州市、娄底市	9，83.4	14
广东	广州市、佛山市、东莞市、惠州市、深圳市、江门市、中山市、汕头市、清远市、湛江市、揭阳市、肇庆市、茂名市	13，80.1	21
广西	南宁市、柳州市、桂林市、玉林市、北海市、贵港市、百色市、来宾市、钦州市	9，80.1	14
海南	海口市、三亚市、儋州市、万宁市、陵水黎族自治县、琼海市、文昌市、澄迈县、昌江黎族自治县	9，83.7	4
重庆	渝北区、沙坪坝区、九龙坡区、南岸区、涪陵区、北碚区、长寿区、万州区、巴南区、永川区、江北区、璧山区、江津区、合川区、铜梁区、大足区、开州区、荣昌区、垫江县、綦江区、大渡口区	21，80.5	26
四川	成都市、绵阳市、攀枝花市、德阳市、凉山彝族自治州、南充市、达州市、乐山市、广元市、遂宁市、眉山市、内江市	12，80.0	21
贵州	贵阳市、遵义市、六盘水市、黔西南布依族苗族自治州、黔南布依族苗族自治州、黔东南苗族侗族自治州、毕节市	7，86.4	9

续表

省份	地级行政区名称（按排放量由大到小排序）	地级行政区数量/个，碳排放累计百分比/%	省份地级行政区数量/个
云南	昆明市、曲靖市、大理白族自治州、红河哈尼族彝族自治州、玉溪市、保山市、楚雄彝族自治州、德宏傣族景颇族自治州、丽江市	9，83.1	16
西藏	拉萨市、山南市、日喀则市	3，86.8	7
陕西	榆林市、延安市、西安市、渭南市、咸阳市	5，81.1	10
甘肃	兰州市、庆阳市、酒泉市、天水市、定西市、白银市、平凉市、陇南市、张掖市	9，82.6	14
青海	海西蒙古族藏族自治州、西宁市、海东地区、海南藏族自治州	4，86.9	8
宁夏	银川市、吴忠市、石嘴山市、中卫市	4，89.4	5
新疆	阿克苏地区、巴音郭楞蒙古自治州、昌吉回族自治州、伊犁哈萨克自治州、喀什地区、乌鲁木齐市、克拉玛依市、塔城地区、吐鲁番市	9，81.5	14

注：海南省包括4个地级市和15个省直辖县级行政单位。西藏自治区使用的是2014年数据

资料来源：中国碳核算数据库（CEADs）和Wind数据库

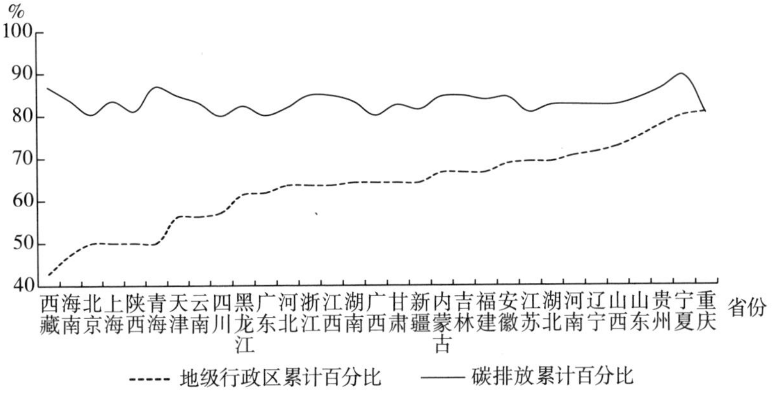

图7 2017年碳排放累计百分比达到80%时地级行政区累计百分比与碳排放累计百分比

注：海南省包括4个地级市和15个省直辖县级行政单位。西藏自治区使用的是2014年数据

资料来源：中国碳核算数据库（CEADs）和Wind数据库

三、中国实现碳达峰的政策建议

我国的碳排放呈现出较强的产业与空间集中性，并在省份之间存在较大规模和较大范围的碳转移。实现碳达峰受到经济、就业、环境等的综合约束，需要处理好发展和减排、整体和局部、短期和中长期的关系。为此，要坚持稳中求进和因地制宜的原则，以高排放产业与高排放区域为重点，综合运用价格机制与政府规制等措施激励碳减排。基于这些认识，本文提出以下建议。

（一）综合多种措施，促进高排放产业平稳减排

碳排放的产业集中性决定了降低六大高排放产业的碳排放量是实现碳达峰的关键。第一，促进六大高排放产业平稳减排，需要完善市场机制，形成激励企业节能减排的微观环境。建立完善的国家、地方、企业温室气体排放基础统计和核算工作体系，明确碳预算，完善碳市场。发挥养老金等资金池的作用，创新碳金融市场，为企业绿色转型提供资金支持。在此基础上，积极开展碳排放权交易并征收碳税，提高二氧化碳价格，激励企业发明低碳或零碳技术，加大绿色投资，提高能源利用效率，开展能源替代，降低碳排放。

第二，促进六大高排放产业平稳减排，需要根据产业特点制定适宜的碳减排方案。①电力产业需要重塑发电、输配电和用电等各个环节，形成“横向多能互补，纵向源网荷储协调”的新型电力系统，以降低碳排放。具体而言，严格审批新建燃煤电厂，分阶段淘汰煤电落后产能，理顺价格机制，提高现有燃煤电厂的效率，使煤电从“主体电源”向“基荷电源与调节电源并重”转变；推动一批有前景的储能设备和技术实现商业化，积极发展智能电网，提升对新能源电力的吸纳能力；深入实施分时电价政策，激励大型用电用能单位建设冷热电联供及储能设施，削峰填谷，增强需求响应能力，提高用电效率。②蒸汽和热水的生产与供应业需要提高能

源利用效率，全面推广“气改电”，增加可再生能源使用比例，改造非节能建筑等，以减少碳排放。③黑色金属冶炼及压延加工业、非金属矿物制品业、化学原料和化学制品业、石油加工和炼焦业等四大制造业面临落后产能较多、就业压力较大、高端产品供给不足等共性问题。减少四大制造业的碳排放，要统筹考虑碳达峰和碳中和目标、行业长远发展与短期平稳运行、就业稳定等因素。一要健全市场化、法治化化解过剩产能长效机制，重点压减环保绩效水平差、耗能高、工艺装备水平相对落后的产能，以减少碳排放。二要瞄准新一代生产工艺、节能减碳、循环经济和二氧化碳循环利用技术等，增加科技创新投入，着力突破一批核心和关键技术，形成一批“领航型”企业，将节能减排与产业升级结合起来，改变高端产品不足、低端产品过剩的局面。三要完善法律、法规和配套政策，通过企业兼并重组、产业转移、产能置换等方式，加快产能整合，推动生产要素向优质企业和工业园区集中，以减少碳排放。④运输、仓储产业，一方面需要发展清洁能源，推动运输动力低碳化；另一方面需要推动交通运输技术创新，优化运输网络，提高组织效率，以减少碳排放。⑤邮电服务业，一要加强碳排放信息披露，加强公众监督与政府监管，强化碳减排动力。二要促进技术创新，提升算力，优化算法，提高算效，提升能源利用效率。三要开展氢能、储能等技术的研发应用，提高可再生能源利用比例，以减少碳排放。

第三，促进六大高排放产业平稳减排，需要稳定就业、保障民生。就业是民生之本、发展之基。碳达峰过程中既有因去产能导致的失业，也有因智能化升级导致的失业，尤其是六大高排放产业中的四个制造业去产能压力较大，需要优化配置的人员较多。为此，一要加大力度向高排放产业的企业与员工宣传国家碳达峰的意义、压减产能的标准、产业碳达峰的路径等，使得企业和员工明确行业发展方向，形成稳定预期。二要坚持稳中求进的工作总基调，把就业放在突出位置，抓住第三次工业革命对由通信、能源、交通等构成的物联网基础设施的巨大需求，适度超前加大投资，增加绿色新政的就业吸纳能力。加强员工的人工智能技术培训，提升员工在新经济、新产业、新业态、新模式中的就业能力。妥善解决失业员工帮扶、内部退养费用缺口等问题，以减少转型的阵痛。

（二）紧扣空间特征，压减高排放区域的碳排放

以高排放区域为重点，紧扣空间特征，有序压减碳排放。第一，从区域空间看。各级政府要以高排放区域为重点，根据各个区域在经济发展水平、资源禀赋、产业结构、人口就业、生态功能定位等方面的特点，因地制宜、实事求是地制定碳达峰的时间表与路线图，科学有序地推动不同区域梯次实现碳达峰。经济发展水平较高、碳排放稳定的高排放区域，通过产业升级，率先实现碳达峰。经济发展水平较低、产业结构偏重、能源结构偏煤的高排放区域，加大资金、技术、人才等方面的支持力度，优化调整产业结构和能源结构，力争与全国同步实现碳达峰。由于碳达峰过程中高排放区域的大量化石能源资产面临搁浅风险，仅靠市场力量压减碳排放会面临激励不足的问题。因此，降低碳排放需要积极发挥中国特色行政管理体制的优势。加强舆论引导，强化地方党委、政府责任，借助巡视、回头看等方式增大环境规制强度，压减高排放省份与地级行政单元的碳排放。

第二，从城乡空间看。城市的碳减排，要在考虑城市的发展阶段、资源禀赋、就业压力、城市所在区域和产业链中的角色与分工的基础上，围绕高排放产业加大技术支持和加强监督考核，激励经济发达城市尽早实现碳达峰，促进欠发达城市碳减排。同时，加强城市规划，优化城市空间结构，也是降低碳排放的重要手段。具体而言，以提升城市宜居宜业品质为目标，探索精明增长的土地利用方式，科学确定各类用地比例，大力推动职住平衡，促进住房资源与产业布局平衡配置，推动优质公共服务向郊区新城均衡布局，将大幅减少居民通勤，降低能源消耗，促进碳减排。农村的碳减排，除了研发减排技术、开发节能装备、改善土壤质量、提高农田

和草地固碳增汇能力以外，重点实施清洁取暖工程，建立减污降碳的协同机制。在实施清洁取暖工程过程中，要因地制宜，鼓励采用分布式采暖、生物质供暖、“分散式生物质成型燃料 + 专用环保炉具”“太阳能 +”、水源热泵等多种方式，遵循企业为主、政府推动、居民可承受的方针，着力降低供暖成本，避免清洁取暖改而未用等情况的发生。同时，积极发挥“自下而上”的实践探索优势，开展低碳园区、低碳社区等试点示范，形成可复制、可推广的减排路径与经验，促进其他区域更好地减排。

此外，大力研发地球工程技术，提升生态碳汇能力，也是促进碳达峰实现路径的重要补充。地球工程技术可分为碳移除（CDR）和太阳辐射管理（SRM）两大类。目前，可推广的地球工程技术主要是二氧化碳捕集、利用和封存（CCUS）技术和生物质能碳捕集与封存（BECCS）技术。研究开发地球工程技术，加强国际合作，推动各环节的技术成熟和产业化，可以助力碳达峰。生态碳汇也是一种积极有效的减排途径，但受自然环境的影响，我国大幅提高生态碳汇的潜力有限。强化森林、草原、湿地、荒漠的修复和治理，能够增加生态碳汇能力，形成碳达峰实现路径的有益补充。

参考文献

[1]Nordhaus W. The Climate Casino[M]. New Haven: Yale University Press, 2013.

[2]习近平在第七十五届联合国大会一般性辩论上发表重要讲话[EB/OL]. [2020-09-23]. http://www.xinhuanet.com/mrdx/2020-09/23/c_139389875.htm.

[3]王子龙,谭清美,许箫迪. 产业集聚水平测度的实证研究[J]. 中国软科学,2006(3):109-116.

[4]杜雯翠,陈博. 环境规制、产业集中度与环境污染[J]. 西安交通大

学学报(社会科学版),2021(1):69－77.

[5]戚聿东．中国产业集中度与经济绩效关系的实证分析[J]．管理世界,1998(4):99－106.

[6]赵作权．空间格局统计与空间经济分析[M]．北京:科学出版社,2014.

[7]王劲峰．空间数据分析教程[M]．北京:科学出版社,2019.

[8]胡安俊,孙久文．空间计量:模型、方法与趋势[J]．世界经济文汇,2014(6):111－120.

[9]王怡．能源安全新战略指引能源发展取得历史性成就:国家能源局党组书记、局长章建华回应全国两会热点[J]．中国电业,2021(3):4－5.

[10]马骏．绿色金融如何支持中国“30·60目标”[J]．国际金融,2021(5):3－7.

[11]孙榕．激活碳市场金融属性:访全国政协委员人民银行上海总部副主任上海分行行长金鹏辉[J]．中国金融家,2021(3):69－70.

[12]潘家华．碳排放交易体系的构建、挑战与市场拓展[J]．中国人口·资源与环境,2016(8):1－5.

[13]内森·罗森伯格．探索黑箱:技术、经济学和历史[M]．王文勇,吕睿,译．北京:商务印书馆,2004.

[14]李新创．构建钢铁新格局　开启低碳新征程[J]．中国产经,2021(7):21－24.

[15]闵楠,黄昊英．“碳达峰·碳中和”背景下的煤化工产业发展[J]．化工管理,2021(11):83－84.

[16]陈国峰．山东:对高耗能行业做好“关、升、疏”三篇文章[J]．中国有色金属,2021(7):24.

[17]孔祥忠．提高晋冀鲁豫水泥市场的区域集中度是关键[J]．中国水泥,2019(12):11－13.

[18]宋杨．低端拥挤高端短缺局面如何改变?[N]．中国环境报,2020－

10 -22(3).

[19]刘家国. 多措并举推动交通碳达峰碳中和[N]. 中国交通报,2021 -04 -08(3).

[20]GATES B. How to Avoid a Climate Disaster[M]. New York: Random House, 2021.

[21]单佳雯."双碳"目标驱动交通绿色转型[N]. 中国交通报,2021 -03 -17(3).

[22]杰里米·里夫金. 零碳社会:生态文明的崛起和全球绿色新政[M]. 赛迪研究院专家组,译. 北京:中信出版社,2020.

[23]郭巍. 科学有序推动全国各省市实现梯次达峰[J]. 中国发展观察,2021(21):11 -12.

[24]柴麒敏. 美丽中国愿景下我国碳达峰、碳中和战略的实施路径研究[J]. 环境保护,2022(6):21 -25.

[25]朱妍. 碳达峰背景下的清洁取暖走向[N]. 中国财经报,2021 -11 -06(2).

[26]樊静丽,李佳,晏水平,等. 我国生物质能:碳捕集与封存技术应用潜力分析[J]. 热力发电,2021(1):7 -17.

[27]庄贵阳. 中国经济低碳发展的途径与潜力分析[J]. 国际技术经济研究,2005(3):8 -12.

全球碳中和背景下的碳市场展望

任娜　蔡艺　秦治圆　赵盈

摘　要　为应对气候变化的严峻挑战，绿色低碳和可持续发展已成为国际共识，碳市场成为实现低碳减排的重要抓手，目前强制减排市场覆盖约16%的温室气体排放量。欧盟碳市场是流动性最好、成交量最大的市场，近年来，欧盟加大温室气体减排力度、ESG吸引更多资金投资碳市场、煤炭对天然气发电替代增加、金融衍生品交易更加活跃等因素推动欧盟碳价格大幅攀升。我国从2013年开始先后设立了8个试点碳市场，并于2021年正式推出全国碳市场。整体来看，我国碳市场成交量小、流动性差、市场化机制尚待完善，建议我国强化数据质量监管和运行管理，稳步扩大碳市场的覆盖范围，纳入更多类型的交易主体，营造良好的碳市场交易环境。

关键词　碳交易；碳价格；低碳减排；履约

一、全球碳中和发展背景

气候变化是当今世界面临的最严峻的安全问题，严重威胁着人类社会的生存和发展。从人类开启工业化革命以来，由于煤炭、石油等化石能源的广泛使用，大量二氧化碳被排放到大气中，而随着二氧化碳浓度升高，温室气体效应使得全球气候变暖形势不断加剧。2010 年以来，全球温室气体排放量平均每年增长 1.4%，2019 年全球温室气体排放总量达到 591 亿吨二氧化碳当量，创下历史最高水平。

为应对气候变化的严峻挑战，绿色低碳和可持续发展已成为国际共识。1997 年，全球 100 多个国家签署了《京都议定书》，规定了发达国家的减排义务并提出碳排放权交易等减排机制。2015 年 12 月，178 个国家在《联合国气候变化框架公约》第二十一届缔约方会议巴黎大会上通过了《巴黎协定》，要求缔约方提交到 21 世纪中叶长期温室气体低排放发展战略。截至 2021 年底，全球 51% 的国家设立碳中和目标，其中 46 个国家承诺在 2050 年前实现碳中和。随着更多国家加入碳减排和碳中和队伍，全球能源转型加速，清洁可再生能源对化石燃料的替代加速，绿色低碳已经成为未来人类发展的主要趋势。

二、国际碳市场发展现状

自《京都议定书》生效后，碳交易体系发展迅速，各国及地区纷纷开始建立区域内的碳交易体系以实现碳减排承诺的目标。目前，全球已有 25

个强制减排市场，覆盖约16%的温室气体排放量，其中中国碳交易市场是全球覆盖温室气体排放量规模最大的市场，欧盟碳交易市场是流动性最好、成交量最大的市场。根据路孚特统计，2021年全球碳市场成交规模为158.11亿吨，其中欧盟碳市场占比77%；全球碳市场成交额为7593亿欧元，其中欧盟碳市场占比90%。国际碳交易市场表现如图1所示。

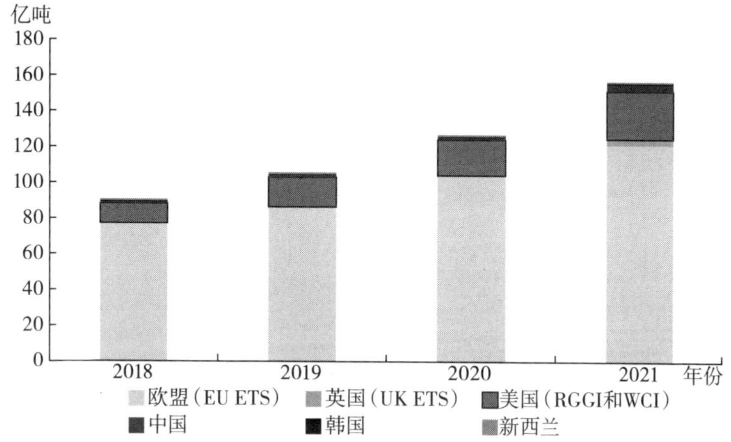

图1 全球主要碳市场成交量

资料来源：Refinitive，成交量包括拍卖量、二级市场成交量等

（一）欧盟碳市场价格稳步攀升

1. 市场成交情况

一级买卖市场方面，2005年欧盟碳市场成立之初，碳配额以全额免费分配为主，此后免费配额逐渐减少，当前已过渡到50%以上进行拍卖，欧盟计划于2027年实现全部配额的有偿分配。2021年欧洲能源交易所（EEX）总计举行了230次碳配额拍卖，拍卖总量为5.87亿吨（见图2），较2020年的拍卖总量减少13%，拍卖均价为54.13欧元/吨。

二级市场方面，欧洲现有3个交易所提供欧盟碳配额EUA（Europe Union Allowance）期货、现货及衍生品的交易，包括荷兰的ICE Endex交易所、德国的EEX交易所以及挪威的Nasdaq Oslo交易所。3个交易所的

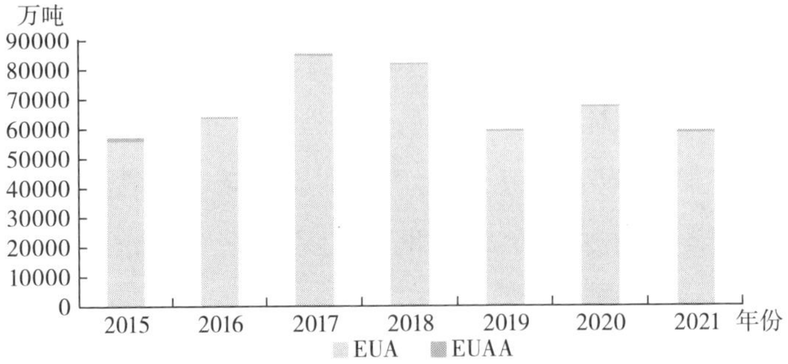

图 2　欧盟碳市场拍卖量

资料来源：Refinitive，Unipec Research & Strategy（URS）

EUA 期货合约设计不同，均包括未来几年的季度合约，但以 2022 年 12 月合约为主力合约。2021 年 ICE Endex 交易所碳配额期货全部合约成交量为 99.7 亿吨，同比增加 12%。

2. 欧盟碳价格大幅攀升

近年来，随着欧洲加大低碳转型力度，碳市场总量目标逐年收紧，欧盟碳价格逐步攀升。从历史走势来看，2005—2020 年，欧盟碳配额价格基本在 10～30 欧元/吨波动；2021 年起欧盟碳市场进入第四阶段，欧洲碳价屡屡创下历史纪录，2022 年 8 月接近 100 欧元/吨，较 2020 年底上涨了 200%（见图 3）。2021 年以来欧洲碳价大幅上涨的原因主要有以下几个方面：

一是欧盟加大温室气体减排力度。2020 年 9 月，欧盟委员会提出 2030 年之前温室气体排放量较 20 世纪 90 年代的水平降低至少 55%，高于之前制订的减排 40% 的目标；德国 2021 年 5 月宣布，要将实现碳中和的时间从 2050 年提前至 2045 年。为实现欧洲更高的减排目标，欧盟委员会“Fit for 55”计划提出了针对 EU ETS 更加严格的修订方案，收紧配额发放总量，使得欧洲企业更加意识到配额的稀缺，进一步推高了市场对配额的需求。

二是 ESG 吸引了更多资金投资碳市场。随着全球主要经济体提升对碳

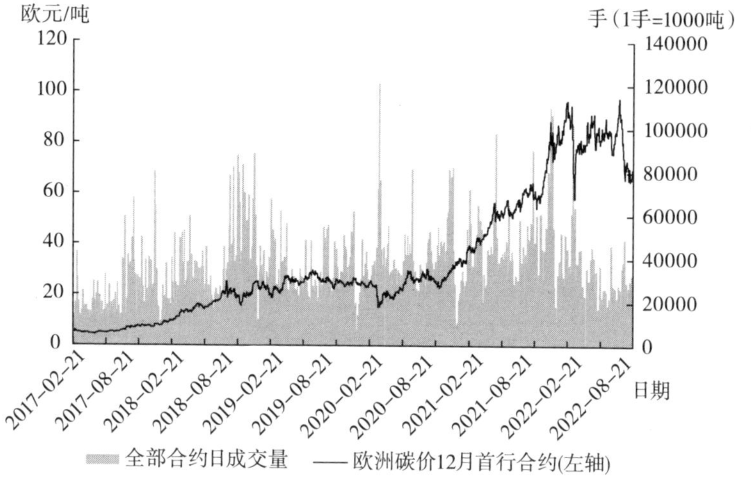

图 3　欧洲碳配额期货价格

资料来源：Refinitive，Unipec Research & Strategy（URS）

达峰、碳中和的重视水平，强有力的气候政策和减排目标吸引了更多的机构投资者入市，ESG（Environment、Social Responsibility、Corporate Governance）吸引更多资金投资碳市场。ESG 基金将碳期货作为气候风险投资的标杆。据统计，2021 年 1—12 月，全球范围内有 6850 亿美元的资金流入 ESG 基金，远高于 2020 年的 5420 亿美元和 2019 年的 2850 亿美元，目前 ESG 基金已占全球基金总规模的 10%。

三是煤炭对天然气发电的替代增加。后疫情时代的欧盟能源需求快速复苏，叠加俄乌冲突导致俄罗斯减少对欧洲国家的供气量，欧洲国家的煤价、气价、电价维持历史高位，市场对冬季欧洲能源危机再度重演的预期升温。欧洲国家的发电市场主要考虑煤电和气电的替代，尽管天然气发电的度电碳排放系数只有煤炭发电的 50%，但当天然气价格达到一定程度时，就会使煤炭发电更具有竞争力。当前欧洲电价已经抬升到 400 欧元/兆瓦时以上（折合每千瓦时电超过 3 元），同等热值单位的欧洲天然气价格是煤炭价格的 2. 2 倍。天然气价格飙升促使电厂转向燃煤发电（见图 4），从而增加欧洲碳排放配额的需求。

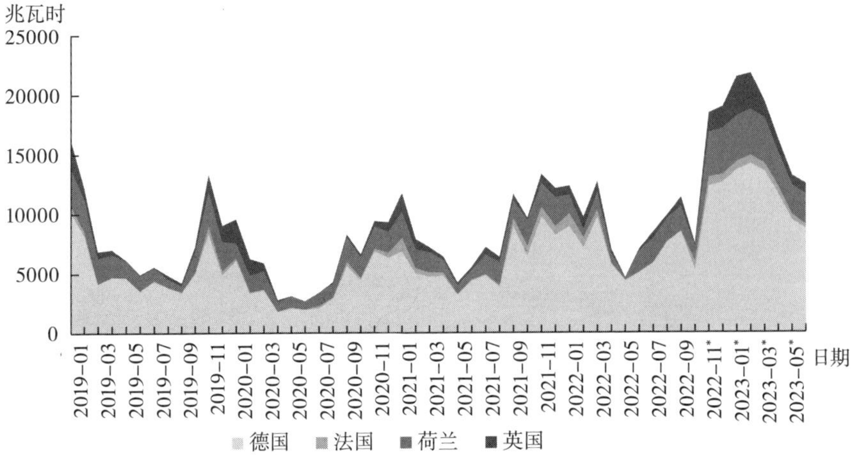

图4　欧洲四国煤炭发电量

资料来源：Refinitive，Unipec Research & Strategy（URS）

四是欧洲碳市场金融衍生品交易更加活跃。2021 年 11 月格拉斯哥气候峰会（COP26）后，全球投资者对气候类投资更为热衷，欧盟碳市场交易更加活跃。据路透社数据显示，2021 年欧盟碳配额期货合约日均成交量为 3.88 万手，同比增加 13%。与此同时，市场看涨情形仍在发酵，EUA 2022 年 12 月合约 100 欧元/吨看涨期权的持仓量已经从 2021 年 8 月的 3700 手增加至 2022 年 9 月的 1.71 万手。

（二）其他国际碳市场成交情况

1. 美国加州碳市场

美国加州碳交易市场成立于 2013 年，先后于 2014 年和 2018 年与加拿大魁北克省和安大略省的碳市场实行了链接，成为覆盖范围广、影响大的北美地区碳市场。加州碳市场覆盖 CO_2、CH_4、N_2O、SF_6、HFCs、PFCs、NF_3 七种温室气体，纳入每年温室气体排放量超过 25000 吨的工厂设施。加州碳市场初始配额发放采用免费碳配额与拍卖相结合的方式，以拍卖为主，每个季度举行一次拍卖，拍卖底价 = 上一年的拍卖底价 ×（5% + 最近 12 个月的 CPI 同比增速）。2022 年 8 月，加州—魁北克碳市场举行第 32 次拍卖，拍卖价格为27.37美元/吨，处于历史较高水平，总成交量为6490万吨，其中现货拍卖量为5696万吨，远期拍卖量为794万吨（见图5）。

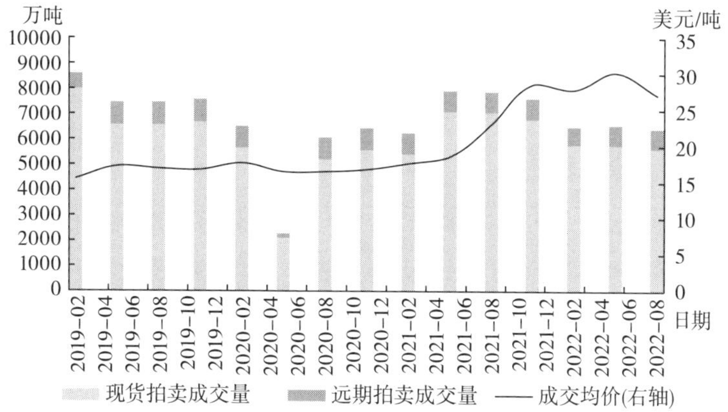

图5 加州—魁北克碳市场拍卖情况

资料来源：California Air Resources Board，Unipec Research & Strategy（URS）

2. 美国RGGI（区域温室气体减排）市场

2005年12月，美国特拉华州和缅因州等7个州签订了RGGI框架协议，形成了世界上首个主要通过拍卖形式分配配额的碳交易体系。当前，RGGI市场覆盖康涅狄克州、特拉华州、缅因州、马里兰州、马萨诸塞州、新罕布什尔州、新泽西州、纽约州、罗德岛州、佛蒙特州、弗吉尼亚州等11个州。RGGI纳入容量大于等于25兆瓦的化石燃料发电机组，初始配额总量由各成员州的配额总量加总确定，大部分初始配额以拍卖的形式发放。RGGI规定3年是一个履约控制期，每年控排电厂只需要提交50%的配额，到第三年需要缴纳当年全部的碳配额以及前两年剩余未提交的配额。RGGI市场每季度的拍卖时间分别为3月、6月、9月、12月。2022年9月，美国区域温室气体减排（RGGI）市场举行第57次拍卖，成交均价为13.45美元/吨，处于历史较高水平，总成交量为2240万吨（见图6）。

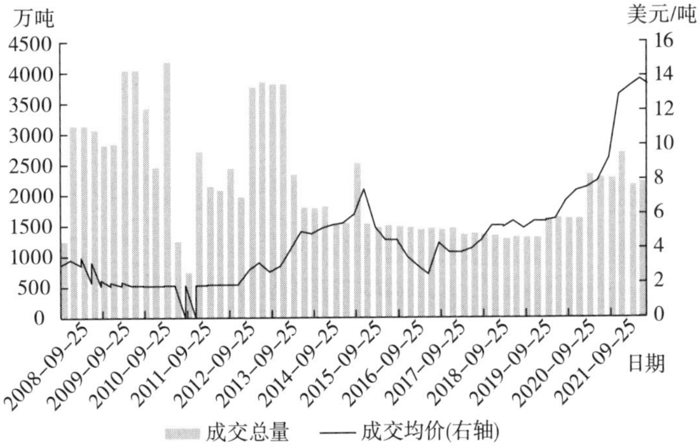

图 6　RGGI 市场拍卖情况

资料来源：北美区域温室气体倡议，Unipec Research & Strategy（URS）

3. 韩国碳市场

韩国碳交易市场成立于 2015 年，是亚洲第一个国家级别的碳市场，也是目前全球唯一允许使用国外碳信用履约的国家级碳市场。2021—2025 年为韩国碳市场第三阶段，覆盖电力、工业、建筑、交通、废弃物处理和公共部门，总计排放量约 6 亿吨，约占韩国总排放量的 73.5%。韩国的配额 KAU、碳信用 KCU 带有年份，KAU 只能用于当期履约，KCU 只能用于当年履约，履约年度自结束之日起 6 个月内应当尽快注销该年份的碳配额。以 2022 年下半年为例，韩国碳市场可交易品种包括 2022—2025 年的配额（KAU）、2022 年碳信用（KCU）和海外碳信用（i-KCU）。从成交情况来看，市场交易量几乎全部来自 2022 年配额 KAU，其他品种极少成交。据 KRX（韩国交易所）统计，2022 年 7 月至 9 月 15 日，韩国 2022 年配额 KAU 成交价格平均为 20 美元/吨（26603 韩元/吨），总计成交 125 万吨（见图 7）。

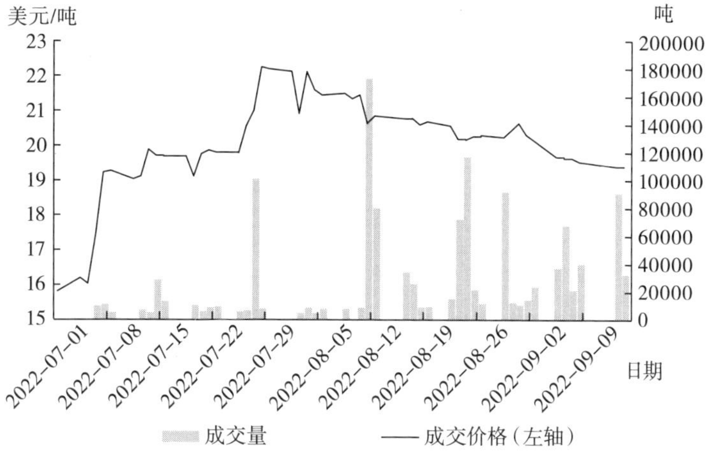

图 7　韩国碳市场碳配额（2022 年 KAU）成交情况

资料来源：KRX（韩国交易所），Unipec Research & Strategy（URS）

（三）国际自愿减排交易

自愿减排市场是强制减排市场的重要补充。全球自愿减排市场的主要机制为联合国清洁发展机制（CDM）、核证减排标准（Verified Carbon Standard，VCS）、黄金标准（Gold Standard，GS）、中国核证自愿减排量（CCER）、美国碳注册（American Carbon Registry，ACR）、美国气候行动储备方案（Climate Action Reserve，CAR）。其中，CDM 项目产生 CER，VCS 方法学开发产生 VCU，GS 方法学开发产生 VER，ACR 项目开发产生 ERT，CAR 项目开发产生 CRT。目前，国际减排项目没有统一的交易市场，主要是线下交易。CDM 是最早期的减排项目，在 CDM 价格崩盘之后国际市场转为使用 VCS 和 GS，VCS 和 GS 的方法学最初主要引用自 CDM 方法学，之后也在不断改进。

从签发量来看，当前核证减排标准（VCS）、黄金标准（GS）、美国碳注册（ACR）、美国气候行动储备方案（CAR）四大独立第三方自愿减排机制占主导地位，几乎占据全球自愿减排信用总量的 3/4，其中 VCS 是国际上使用最广泛的自愿减排方法学。据世界银行统计，2021 年全球碳减排项目新签发的碳减排量达到4.78亿吨，其中VCS新注册项目110个，签发减排量2.9亿吨，是国际市场最大的独立碳减排机制（见表1）。

表1　全球主要自愿减排机制

方法学	减排量	总签发量/亿吨	注册地址	现状
VCS/VERRA	核证减排量VCU	9.17	美国华盛顿	国际上使用最广泛
GS	自愿减排量VER	2.06	瑞士日内瓦	国际上第二大减排机制
ACR	碳减排量ERT	2.09	美国阿灵顿	可用于GEO交割
CAR	抵销信用CRT	1.71	美国洛杉矶	主要适用于北美国家项目
CDM	核证减排量CER	16	—	当前处于停滞状态
UERV	上游减排UER	—	德国柏林	主要针对上游油气项目

资料来源：VERRA、CDM、ACR、CAR等，Unipec Research & Strategy（URS）

2021年3月以来，芝加哥商品交易所（CME）相继推出全球碳中和期货合约GEO、基于自然减排项目的全球碳中和期货合约N-GEO、核心全球排放抵销期货合约C-GEO，这些期货合约逐步成为国际核证减排量的定价参考标准。从交割结算来看，N-GEO和C-GEO只允许VCS项目交割，而GEO则允许VCS、ACR、CAR三类减排项目的交割。2022年上半年，N-GEO首行合约均价为11.72美元/吨，N-GEO全部期货合约日均成交量为58万吨，其中2022年12月的合约日均成交量占比近50%。

（四）国际碳关税发展现状

在国际碳市场如火如荼地发展的同时，欧盟和美国对征收碳关税跃跃欲试。2022年6月22日，欧洲议会通过了碳边境调节机制（CBAM）的修正案，为2021年7月欧盟委员会公布立法提案的正式修改意见。根据欧洲议会最新提案，从2027年开始钢铁、水泥、化肥、铝、电力、有机化学品、塑料、氢和氨将被纳入碳关税，2030年之前将产品范围扩展至欧盟碳市场覆盖的所有行业。欧洲议会通过后，欧盟委员会、欧盟理事会与欧洲议会将就碳关税内容进行最终协商，内容达成一致后，将形成最终的法律文本。与此同时，2022年6月7日，美国民主党提出设立碳边境调节机制的立法提案《清洁竞争法案》。该法案提出，从2024年开始对进口产品超出基准线（美国同类产品的平均碳含量）部分的排放征收边境碳税，覆盖范围包括化石燃料、石油产品、石化产品、化肥、氢气等，超出部分征收55美分/吨的碳税，碳税标准每年上浮5%。

在全球低碳转型的背景下，碳关税或将发展成为一种新型贸易壁垒。为提前做好应对国际碳关税的准备，我国不仅需要提前参与国际碳市场交易，熟悉国际碳交易规则，还要完善国内碳排放核算机制，尽快发展国内碳交易市场。

三、国内碳市场发展现状

（一）地方试点碳市场简介

1. 我国碳交易市场发展历程

2011年10月，国家发展改革委下发《关于开展碳排放权交易试点工作的通知》，同意在北京、天津、上海、重庆、广东、湖北、深圳7个省市开展碳排放权交易试点，探索市场化的节能减排路径，加快经济发展方式转变和产业结构升级。2013—2016年，三省五市相继启动碳市场交易。2013年，深圳、上海、北京、广东、天津市场分别启动碳排放交易，2014年湖北、重庆正式启动碳排放交易，2016年福建启动碳交易市场。8个试点地区既有东部地区，也有中部地区和西部地区，经济发展、产业结构、能源消费、温室气体排放各有特点。

2. 试点碳市场运行情况

自2011年以来，试点碳交易控排主体行业覆盖面逐步增加，碳配额线上交易已达到一定规模。截至2021年底，8个试点碳市场配额现货累计成交量5.06亿吨，累计成交金额126亿元，共覆盖钢铁、电力、水泥等20多个行业、3000多家企业。但整体来看，我国地方碳市场整体成交量不大，活跃度较低，多以线下成交为主。2021年，随着全国碳市场的启动，发电企业从地方试点市场退出，广东、湖北、上海、深圳、福建试点地区成交量降低，部分试点市场开始新增纳入行业参与地方履约。

由于不同区域、不同试点之间碳配额无法流通，导致区域间价格分歧较大。北京的成交均价2015年以来在试点碳市场中一直处于最高位，天津的碳价则处于较低水平。广东碳价前期相对稳定，2021年起受政策收紧影响呈现快速上涨趋势，一度超越北京碳价，2022年稳定在77～80元/吨；湖北碳价相对比较稳定，2022年在40～50元/吨波动；2021年以来重庆碳价基本在30～40元/吨波动（见图8）。整体来看，我国碳交易试点的碳价呈现出自然的波动状态，市场成熟度不断提高。

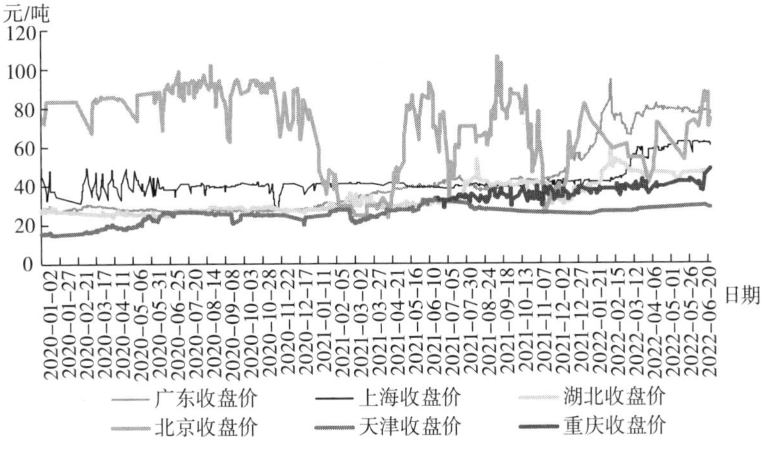

图8　地方试点碳市场挂牌价格走势

资料来源：北京绿色交易所、上海环交所等，Unipec Research & Strategy（URS）

（二）全国碳交易市场简介

2021年5月17日，生态环境部印发《碳排放权登记管理规则（试行）》《碳排放权交易管理规则（试行）》《碳排放权结算管理规则（试行）》；2021年7月16日，全国碳市场正式上线启动，并形成在上海交易、在湖北登记和结算的双中心格局。

在全国碳市场第一个履约期（2019—2020年）内，仅将发电行业纳入了履约和交易范围。截至2022年7月16日，全国碳市场上线交易一周年，

242 个交易日累计成交量为 1.94 亿吨，其中挂牌成交量为 3259.28 万吨，大宗协议成交量为 1.61 亿吨，累计成交额为 84.91 亿元。成交量主要集中在履约期，除履约期外整体盘面较为冷清；收盘价呈现两边高、中间低的微笑曲线，挂牌收盘价在上线初期全国碳配额价格最高冲至 58.7 元/吨，随后价格下滑至 41 元/吨附近，临近 2021 年底履约日期截止时价格再次快速走高至 58 元/吨附近（见图 9）。

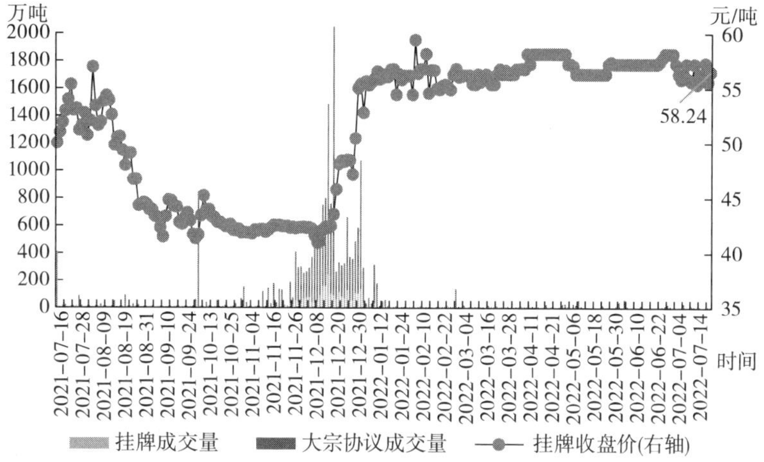

图 9　全国碳市场收盘价及成交量

资料来源：上海环境能源交易所，Unipec Research & Strategy（URS）

全国碳市场启动具有重大意义。中国一直是全球应对气候变化事业的积极参与者，全国碳市场上线交易是中国对国际社会的承诺，体现了我国积极应对气候变化的大国担当；全国碳市场设定强制性的碳排放总量控制目标，利用市场机制调节二氧化碳排放分布，将资金引导至减排潜力大的行业企业；全国碳市场实现了电力行业碳交易和碳配额履约从“地方粮票”到“全国粮票”的统一，有助于控排企业在全国范围内通过合理资产配置降低碳减排成本。

（三）国家核证自愿减排量（CCER）简介

1. 国家核证自愿减排量（CCER）的发展历程

随着2012年《京都议定书》第一阶段结束，在供大于求的背景下，核证减排量（Certified Emission Reduction，CER）价格不断下跌。由于参与联合国清洁发展机制（Clean Development Mechanism，CDM）受限，此后我国开始筹建国内自愿减排碳交易市场。随着区域性碳交易所开启试点，对标曾经的CER，中国的CCER市场也应运而生。自2013年起，区域性试点的CCER交易逐渐取代了已经开始全面受限的CDM，但与配额交易不同的是，CCER的交易不再局限于参与当地碳市场的企业之间，而是能够在全国范围内的不同试点场所之间流通。2017年3月，由于市场交易量小、部分项目不够规范等，国家发展改革委暂停了对CCER项目的审批备案。

2. CCER用于碳市场履约的情况

2021年，全国第一个履约周期规定CCER可以用于全国碳市场履约，大幅推高了CCER的价格。在全国碳市场将CCER纳入履约抵销范围之前，不同项目类型的CCER价格存在一定的差异，但基本维持在30元/吨以下。由于全国碳市场规定所有项目类型的CCER都可用于配额清缴抵销，不同类型CCER价格逐渐趋同，并与碳配额价格走势保持一致。此外，CCER还可继续用于8个试点碳市场的履约，叠加部分企业自愿购买CCER用于抵扣排放，导致CCER更加紧俏，推动CCER价格进一步走高，2022年CCER的报价超过80元/吨。目前市场上有消息称，2023年CCER有望重启签发，未来随着CCER的再度重启，市场存量得到补充之后，CCER价格有望回落。

整体来看，我国碳市场起步晚、价格低、覆盖范围小、参与主体单一，真正的市场化交易机制尚未完全形成。当前，全国碳市场交易主体单一，仅局限于2162家发电企业；地方碳市场尽管纳入投资者，但是市场范围很小，活跃度较低。此外，我国碳市场交易品种不健全，除了碳配额现货交易外，极少有衍生品交易。

四、国内碳市场发展建议

（一）建议纳入更多类型的交易主体，增加交易流动性

目前，全国碳市场仅纳入了发电行业重点排放单位，地方碳市场范围很小、活跃度较低。在当前的碳市场机制下，碳市场交易非常不活跃，配额盈余一方面留存在企业不愿出售，另一方面被碳商集中收购，市场流动性较低。例如，北京市场 80% 左右的碳配额集中在太铭碳资产、金诺碳投、中碳能投三大碳商手中，导致履约成本大幅增高。为此，建议明确关于合格投资机构和个人的具体规则，逐步允许金融机构、各类投资者参与交易，提升碳交易市场流动性。

（二）建议增加交易品种，丰富碳资产管理手段

目前，全国碳市场交易产品相对单一，市场结构分散，不利于统一规模化发展，例如仅为碳配额现货，CCER 仍不能与碳配额在同一平台交易，缺乏碳配额与减排量在交易选择、定价机制等方面的协同。此外，全国碳市场尚未推出多元化的碳资产管理工具，交易主体融资融碳、资产管理、风险管理等需求尚无法实现。从欧盟碳市场的发展经验来看，碳金融衍生品尤其是远期与期货产品对提高碳市场非履约期交易的活跃度起到了重要作用，欧洲市场的期货成交量远大于现货成交量。建议增加碳金融衍生品等品种，为市场主体提供对冲价格风险的工具，让企业得以更好地管理碳资产风险敞口。

（三）强化数据质量管理水平，建立科学的核算体系

我国碳市场出现部分控排企业排放数据弄虚作假、核查单位履职不到位、核查工作走过场、核查结论明显失实等问题，我国生态环境部已经就

第一个履约周期的数据造假问题进行了整治。碳市场的数据质量公平、真实、合规是碳市场运转的基石，建议强化数据质量监管和运行管理，设定更加科学的实测值测算方法，建立健全信息公开和征信惩戒管理机制，加大对违法违规行为的惩处力度。

（四）明确碳交易发票处理，规范碳市场税务要求

目前，国内关于碳市场交易的发票制度尚不完善。湖北、广东碳市场属于匿名交易，线上摘单时无法获取增值税专用发票；全国碳市场尚在运行初期，国家税务部门尚未出台关于碳交易业务的税务制度。此外，部分中介机构利用交易双方信息不对称而收取居间费，进一步增加了交易成本。如果市场参与主体在碳配额买入时无进项税增值税发票，不仅无法进行销项税抵扣，而且会面临一定的审计风险。建议生态环境主管部门与税务等部门联合发文，尽快明确碳配额发票相关税务处理事宜。

参考文献

[1]REFINITIVE. Carbon Market Year in Review[R]. 2022.

[2]ICAP, Emission Trading Worldwide[R]. 2022.

[3]汪军. 碳中和时代[M]. 北京：中国工信出版集团，2021.

[4]生态环境部. 2019—2020年全国碳排放权交易配额总量设定与分配实施方案(发电行业)[EB/OL]. [2021-10-26]. https://www.mee.gov.cn/xxgk2018/xxgk/xxgk06/202110/t20211026_957871.html.

石 | 油 | 篇

全球石油市场新特点与新格局演变

王佩　李艾洁

摘　要　近年来，全球宏观经济与地缘政治形势复杂多变，国际油价整体呈现震荡攀升态势，在俄乌冲突升级、全球需求旺盛、库存低位运行等多重因素的影响下，2022年国际油价时隔8年再度突破100美元/桶大关，下半年受宏观经济下行影响，国际油价虽震荡下行，但仍处于历史相对高位。全球石油市场整体呈现高油价、高贴水、高毛利、高需求、低库存、低供应、强结构的“四高两低一强”特征。本文在对比分析历史上两次高油价与本轮高油价异同点的基础上，总结本轮高油价下石油市场出现的一些新特征，并提出相关政策建议，包括我国在高油价下应保持战略定力，持续推进国内增储上产，牢牢端稳能源饭碗；发挥消费市场潜力，持续增强贸易能力；完善战略石油储备轮换机制，尝试开展市场化操作；加快可再生能源发展，推动石油行业绿色低碳转型。

关键词　高油价；俄乌冲突；供需；战略石油储备；能源转型

一、历史上三次高油价对比

自 20 世纪 80 年代原油期货诞生以来，在供需、金融、地缘政治等多重因素的影响下，历史上布伦特原油价格共有 3 次突破 100 美元/桶大关，分别是 2008 年（持续 7 个月）、2011—2014 年（持续 3 年多）和 2022 年（持续 4 个月）（见图 1）。

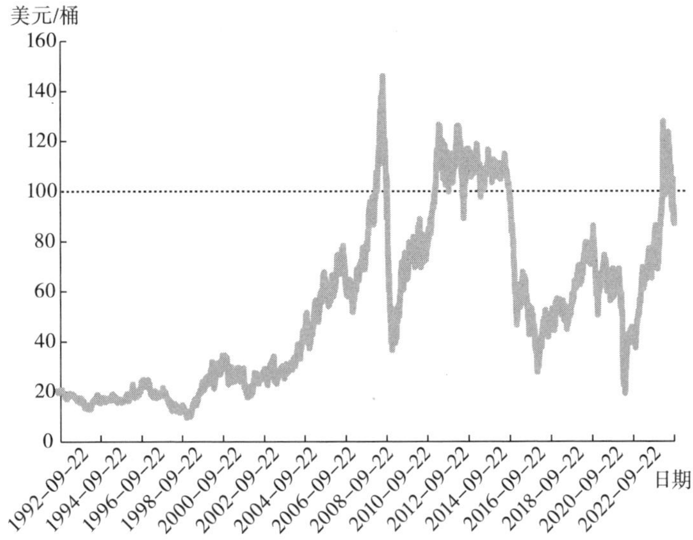

图 1　近 30 年布伦特原油价格走势

资料来源：路透社，联合石化市场战略部

（一）2008 年：油价最高飙升至 146 美元/桶

2008 年 2—9 月，布伦特原油价格突破 100 美元/桶大关，其中 7 月 3

日飙升至146.08美元/桶的历史最高水平。2008年油价快速上涨的原因主要是受供需面推动，一是全球宏观经济向好，新兴经济体的经济高速增长带动全球石油需求快速攀升；二是地缘政治不稳定使短期供应中断频发，欧佩克产量增长低于预期；三是全球库存水平维持低位，经济合作与发展组织（OECD）国家原油和成品油库存均呈现下降趋势；四是美元持续贬值，全球呈现流动性过剩的局面，基金转而投向大宗商品市场寻求暴利。

（二）2011—2014年：油价维持长达3年半的3位数运行

2011—2014年，国际油价维持了长达3年半的3位数运行，布伦特油价自2011年1月31日突破100美元/桶大关，在2011年4月8日触及126.65美元/桶高点，直至2014年9月9日才跌破100美元/桶关口。2011年油价大涨主要由于地缘政治和供应主导了市场走势，特别是“阿拉伯之春”民主化运动席卷北非和西亚地区，中东产油国供应大幅减少。此外，美国以及新兴经济体国家的石油需求均迎来强劲增长，全球主要发达经济体国家的货币政策持续保持宽松，大量资金涌入石油市场等因素也对国际油价构成较强支撑。

（三）2022年2月底至7月：俄乌冲突推动油价迅速迈上100美元/桶大关

2022年2月下旬开始，国际油价急剧飙升，布伦特油价于2月28日突破100美元/桶关口，3月7日盘中一度飙升至139美元/桶，3月8日收盘价上涨至127.98美元/桶，此后在100~120美元/桶波动。直至7月12日，由于美元指数再创20年以来新高，大宗商品价格全面下跌，投资者对全球经济放缓的担忧持续升温，宏观经济压力再次占据上风，国际油价跌破100美元/桶大关。本轮油价大幅上涨主要受到地缘政治动荡和供需基本面偏紧的共同推动作用，一是俄乌冲突骤然升级且有长期化倾向，欧盟及7国集团对俄罗斯的能源制裁升级加码；二是高油价及低剩余产能导致“欧佩克+”缺乏增产意愿和增产能力，美国产量增长缓慢；三是全球大部分国家陆续放开封锁措施，欧美国家的石油需求持续复苏；四是全球石油库存低位运行，对供应中断的缓冲空间有限。

（四）三次高油价对比分析

从相同点来看，一是三次高油价均体现出欧佩克对石油市场的影响举足轻重，2008 年的欧佩克限产、2011 年的利比亚内战以及本轮高油价下的“欧佩克 +”减产，都是国际油价快速上涨的重要推手；二是三次高油价均伴随石油需求表现良好，2008 年之前全球石油需求持续增加、2011—2014 年石油需求重新回暖、2022 年后疫情时代需求复苏，都是国际油价高位运行的关键支撑（见表 1）。从不同点来看，2008 年全球金融危机爆发导致油价 7 个月后冲高回落，2011 年开始的全球经济复苏则支撑油价维持了 3 年的高位运行，而 2022 年开始的俄乌冲突则成为油价迈上 100 美元/桶的导火索。此外，值得关注的是，本轮高油价伴随着全球能源大转型，世界向清洁和低碳能源迈进，传统化石能源上游投资显著下降，在新旧能源转换过程中造成供应结构性失衡，成为油价上涨的根本原因。同时，正是因为全球能源转型，石油需求峰值越来越近，不排除本轮高油价是石油市场最后的“狂欢”，2022 年以及未来的两三年或成为最后一个高油价时代。

表 1　三次高油价对比

时期	持续时间	布伦特油价最高点/（美元/桶）	特点	核心支撑因素
2008 年 2 月 28 日至 9 月 9 日	6 个多月	146.08	油价暴涨暴跌，冲高后迅速回落	欧佩克限产；新兴经济体需求旺盛；投机资金大量买盘
2011 年 1 月 31 日至 2014 年 9 月 8 日	3 年 7 个月	126.65	高油价黄金期，100 美元/桶以上运行时间最长	中美经济复苏强劲；美国开启量化宽松；利比亚内战影响
2022 年 2 月 28 日至 7 月 12 日	4 个半月	127.98	油价宽幅震荡，或是最后一个高油价时代	俄乌冲突加剧；疫情缓解，需求向好；供应增长缓慢；石油库存偏低

资料来源：路透社，联合石化市场战略部

二、本轮高油价下全球石油市场新特点

2022年以来，受全球石油需求强劲复苏、供应增长乏力、俄乌冲突升级等影响，国际油价大幅攀升，3月布伦特和WTI油价一度突破130美元/桶；二季度以来，美国和国际能源署（IEA）联合释放石油储备，叠加我国疫情升温导致防控措施升级，油价一度回落至100美元/桶左右；6月初，在欧盟出台第六轮制裁、我国疫情显著好转的情况下，油价再度迈上120美元/桶大关。7月以来，受各国央行加息、宏观经济下行压力较大影响，国际油价在疲软的经济面和紧张的供应面来回拉锯中震荡下行，油价虽承压下行，但仍位于90美元/桶上方，处于历史高位。12月末仍位于85美元/桶上方，处于历史相对高位。整体而言，石油市场呈现高油价、高贴水、高毛利、高需求、低供应、低库存、强结构的“四高两低一强”特征，动荡的地缘政治局势使该特征更加凸显。

（一）高油价：俄乌冲突推动油价迅速迈上100美元/桶大关

2022年以来，受俄乌冲突升级、欧美对俄罗斯加大制裁的影响，市场对供应中断的担忧加剧，国际油价急剧飙升，布伦特和WTI油价双双突破100美元/桶关口。布伦特油价于2月28日达到100美元/桶，3月7日飙升至139美元/桶，呈现巨幅震荡、极高波动率的特征。3月8日，布伦特油价上涨至127.98美元/桶，较2月23日（俄乌冲突升级前）上涨了32%，创2008年7月以来的最高水平；WTI油价上涨至123.70美元/桶，较2月23日上涨了34%，创2008年8月以来的最高水平。4月初以来，受美国联合国际能源署大规模放储的影响，叠加中国疫情恶化，市场基本面显著走弱，但欧美持续对俄的制裁加码令市场情绪再度升温，5—6月国际油价剧烈波动并继续呈高位震荡走势。

下半年以来，由于各国央行不断加大货币政策紧缩力度，流动性抽紧，宏观经济景气度较低，叠加俄罗斯供应下降低于预期、利比亚产量快

速回升、美国释放历史最大规模战略储备，一定程度上缓解了市场供应紧张局面，国际油价整体呈震荡下行趋势。布伦特原油价格由6月下旬的高点123.58美元/桶回落至85.91美元/桶，WTI原油期货价格由6月下旬的高点122.11美元/桶回落至80.26美元/桶，跌幅分别达30%和34%，回吐2月底俄乌冲突爆发以来的全部涨幅，但整体而言仍处于历史相对高位。

（二）高贴水：原油现货贴水大幅走高

随着原油期货价格持续上涨，除俄罗斯原油以外的其他原油的现货价格也呈水涨船高态势。欧美对俄罗斯的制裁层层加码，近日欧盟已通过10轮制裁，其中第六轮制裁明确12月5日停止俄罗斯原油进口，2023年2月5日停止俄罗斯成品油进口。当前，买家采购俄罗斯原油在信用证开立、油轮租用、船运保险等方面面临诸多困难，越来越多的炼油商和贸易商已经停止采购俄罗斯原油，转而寻求其他地区的资源来替代俄罗斯原油，导致全球其他区域原油升水大幅上涨，其中北海Forties原油较即期布伦特原油升水一度上涨至3.35美元/桶，创1995年路透社创立该数据以来的最高水平；5月，沙特阿拉伯轻质原油官价为普氏迪拜和迪拜商品交易所（DME）阿曼原油的均价升水9.35美元/桶，创历史最高水平，西非、南北美等产油区主要油种现货贴水全面上涨。制裁叠加恐慌令市场担忧情绪有增无减，2022年原油现货价格总体维持较高水平。

下半年以来，中东地区官价高位回调，西非地区贴水有所回落。2022年，沙中官价平均为阿曼/迪拜+4.87美元/桶，同比高3.51美元/桶。近期沙特阿拉伯大幅下调10月官价，沙中官价回落4美元/桶至阿曼/迪拜+3.75美元/桶。与此同时，受驾驶季需求不及预期叠加检修季节来临影响，实货市场整体看弱，西非地区油种贴水冲高回落。此外，由于美国国内需求平稳，欧洲炼厂秋季检修从而减少对美国轻质油的需求，叠加战略储备大规模释放，市场持续走弱，北美市场报价也呈走低态势。

（三）高毛利：炼油毛利持续走强，下半年小幅回落

2022年以来，在全球石油需求复苏的拉动下，美国墨西哥湾、欧洲地区、新加坡的炼油毛利均创历史最高水平，其中美国墨西哥湾地区炼油毛利一度攀升至50美元/桶，欧洲地区炼油毛利一度飙升至35美元/桶，新加坡地区炼油毛利一度回升至26美元/桶，几乎是正常水平的2～3倍（见图2）。柴油裂解价差大幅走高，成为表现最亮眼的品种。俄乌冲突导致贸易商减少采购俄罗斯柴油，西方国家柴油市场迅速走强，欧洲柴油裂解价差在4月29日达到53.23美元/桶的历史新高，亚太柴油裂解价差也在5月5日飙升至58.12美元/桶的历史最高水平。

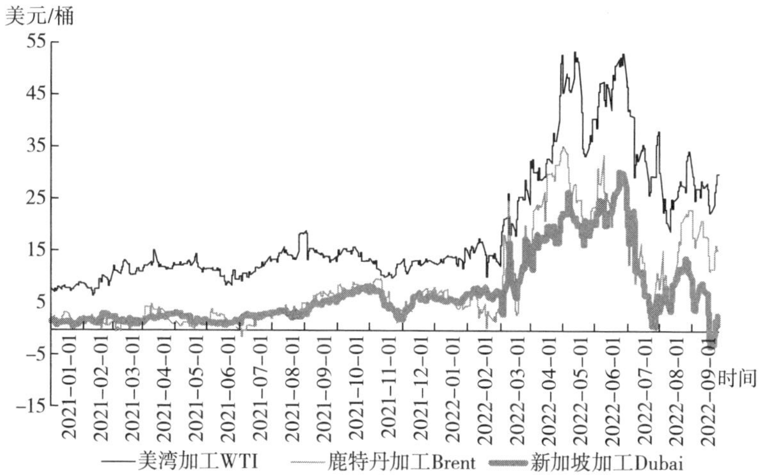

图2 美国墨西哥湾、欧洲地区、新加坡复杂型炼厂加工收益变化

资料来源：路透社，联合石化市场战略部

2022年下半年以来，由于全球石油需求不及预期，三地炼油中心毛利整体大幅回落，美国墨西哥湾地区炼油毛利从53.22美元/桶的历史相对高位大幅回落至14.6美元/桶，降幅达73%，12月末回升至近30美元/桶；欧洲鹿特丹炼油毛利大跌87%至4美元/桶左右，为2020年2月以来最低水平，12月末回升至约17美元/桶；新加坡地区炼油毛利从30美元/桶以上的高点，一度跌至仅-2.5美元/桶，跌幅高达108%，12月末回升至约

11 美元/桶。从主要油品表现来看，新加坡汽油裂解价差较历史相对高位的 42 美元/桶下跌 108% 至 -3.18 美元/桶，为 2022 年 3 月下旬以来最低水平，年底回升至约 14 美元/桶；柴油裂解价差下跌 67% 至 24.94 美元/桶，年底回升至约 37 美元/桶；航煤裂解价差回落 71% 至 18.07 美元/桶，年底回升至约 37 美元/桶；总体而言，中质馏分油裂解价差仍位于历史较高水平。

（四）高需求：全球需求整体呈稳步复苏态势

2022 年上半年，随着全球主要地区和国家陆续放松管控，新冠疫情给全球经济和石油需求带来的边际影响逐渐消退，美国和欧洲主要国家的石油需求呈现强势回升，汽油与柴油需求甚至超过疫情前水平。2022 年 1—5 月，美国石油需求量平均为 2000 万桶/日左右，接近疫情前的 2054 万桶/日水平，其中 3 月美国石油需求量为 2051 万桶/日，已基本恢复至疫情之前。欧洲国家石油需求量基本恢复至疫情前的 95%，法国、英国和德国等主要国家的柴油消费强劲增长。此外，东南亚多国放宽入境限制，新加坡于 3 月底全面解封并取消出入境限制，印度也恢复国际客运航班，为停飞两年之后的首次恢复，印度石油需求已经恢复至 500 万桶/日左右的正常水平。2022 年 3—5 月中国疫情出现明显反弹，多个省份和地区重新实施严格的封锁和限制措施，对道路交通和航空用油造成显著影响。

下半年以来，受疫情反复和高油价影响，2022 年驾驶季（5 月底至 9 月初）主要国家的石油需求呈现旺季不旺态势。美国石油需求自 5 月开始反季节下行，7 月美国汽油需求降至 859 万桶/日，同比减少 72 万桶/日，较 2015—2019 年同期下降近 100 万桶/日；欧洲主要国家道路交通用油环比基本持平，6 月英国汽油需求较 2017—2019 年同期平均水平下降 12%。航空出行陷入停滞，德国和英国航空出行指数维持在疫情前正常水平的 65% 左右；7 月我国部分地区疫情反复对暑假驾车出行构成抑制，汽油需求未出现报复性反弹，整体呈趋稳态势。2022 年我国入汛时间早、暴雨多、灾害重，工程基建进程明显受阻，叠加夏季农业用油结束、进入休渔期，令柴油需求承压，在下半年呈回落态势，但降幅在合理预期内。此外，随着 12 月初防疫措施的逐步放开，中国石油需求逐步复苏。12 月，我国道路交通指数恢复至 2019 年的 93%，航空交通指数恢复至 2019 年的 43%。随着社会经济恢复，我国需求回暖有望引领全球石油需求复苏。

（五）低供应：欧佩克增长乏力，全球石油供应显著放缓

随着国际油价攀升至近年来高位，“欧佩克 +”主要产油国成为最大受益方，其增产意愿明显不足，原油产量仍低于协议规定的产量上限（见图 3）。与此同时，欧佩克产油国剩余产能也呈现持续下降态势，仅沙特阿拉伯和阿联酋拥有充足产能，以沙特阿拉伯为代表的欧佩克组织 7—8 月坚持履行逐月小幅增产 40 万桶/日左右协议，增产规模为 64.8 万桶/日，增幅较为有限。10 月，欧佩克 + 部长级会议达成减产 200 万桶/日协议，并维持该减产协议至 2023 年底，体现出欧佩克 + 限产保价的强烈意愿。此外，伊核谈判再生变数，伊朗回归市场或推迟至 2023 年

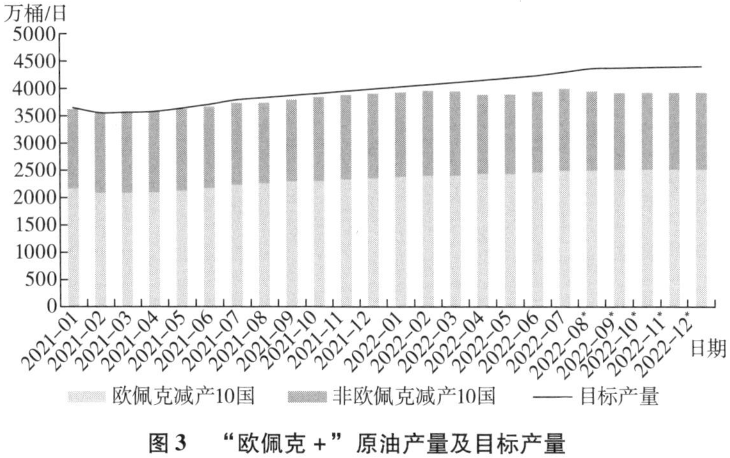

图 3 “欧佩克 +”原油产量及目标产量

资料来源：欧佩克，联合石化市场战略部

下半年。非欧佩克方面，2021 年以来美国原油产量并未出现显著回升，12 月美国周度原油产量平均为 1208 万桶/日，较年初仅增加 38 万桶/日，总体增幅显著低于预期。受制于生产商控制资本支出并提高股东回报、高通胀带来的上游人力和原材料成本增加等，预计 2023 年美国原油产量增幅仍然有限。

（六）低库存：全球石油库存低位运行，欧美联合释放储备

2022 年以来，新冠疫情影响逐步消退令全球石油需求继续向好，而供应端增长并未出现加速回升态势，全球石油库存维持低位运行。2022 年，经济合作与发展组织（OECD）国家的商业石油库存创下 8 年新低，战略石油库存创 12 年新低，全球原油库存创 5 年新低，全球成品油库存也显著低于 5 年均值（见图 4）。为缓解石油市场供应短缺压力，美国联合国际能源署宣布从 5 月开始释放石油储备近 2.4 亿桶，释放期限为 6 个月，相当于半年内供应增加 133 万桶/日，创历史最大投放规模。美国政府于 7 月末再次宣布释放 2000 万桶战略石油储备，对缓解供应压力起到积极作用，发挥了稳定石油市场的压舱石作用。12 月，美国能源部宣布将招标采购 300 万桶战略储备原油，2023 年 2 月交付，这是自 1.8 亿桶战储原油释放后，

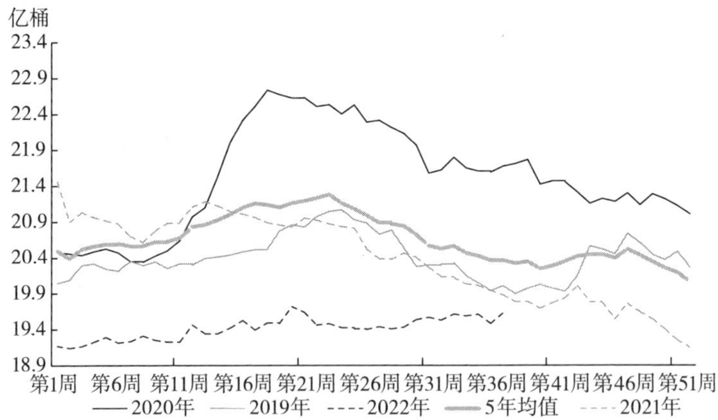

图 4　全球陆上原油库存（除中国）

资料来源：Kayrros，联合石化市场战略部

首次宣布回购战储，对油价构成一定支撑。然而，随着战略石油储备释放，2022 年底美国的战略储备已降至3.72 亿桶，为1983 年12 月以来最低水平，意味着全球能够用来应对突发性供应中断的能力显著下降，后期的补库需求也日渐增加。

（七）强结构：基准原油价格结构走强，首次行价差显著拉宽

从基准原油价格结构来看，2022 年上半年，随着市场对供应的担忧推动基准原油价格走高，布伦特首次行价差从年初的0.8 美元/桶大幅拉宽至5 月的7.2 美元/桶，WTI 原油首次行价差从年初的0.3 美元/桶拉宽至3 月的4.05 美元/桶，普氏迪拜（DTD Brent/Platts Dubai）首次行价差从年初的0.57 美元/桶拉宽至3 月的4.7 美元/桶。下半年，由于经济衰退拖累需求走弱的担忧持续加剧，布伦特和 WTI 首次行价差逐渐收窄，前端价差时隔两年一度转入负值区间。总体来看，2022 年全年布伦特首次行价差平均为1.83 美元/桶，同比拉宽1.29 美元/桶；WTI 首次行价差平均为1.34 美元/桶，同比拉宽1.02 美元/桶；普氏迪拜首次行价差平均为2.35 美元/桶，同比拉宽1.59 美元/桶。2022 年迪拜原油价格结构最强，布伦特原油次之，WTI 原油偏弱。

从基准原油价差来看，俄乌冲突背景下供需基本面趋紧对布伦特价格构成较强支撑，美国为平抑其国内高油价释放战略储备石油一定程度令WTI 价格承压，美国库存不断消化、库欣库存持续低位运行，2022 年基准原油价差整体拉宽，WTI 与布伦特平均价差为 -4.63 美元/桶，同比拉宽1.79 美元/桶；2022 年轻重质原油价差显著拉宽，布伦特现货与普氏迪拜平均价差为4.92 美元/桶，同比拉宽3.40 美元/桶；布伦特与普氏迪拜期货转掉期（EFS）平均价差为7.75 美元/桶，同比拉宽4.57 美元/桶。

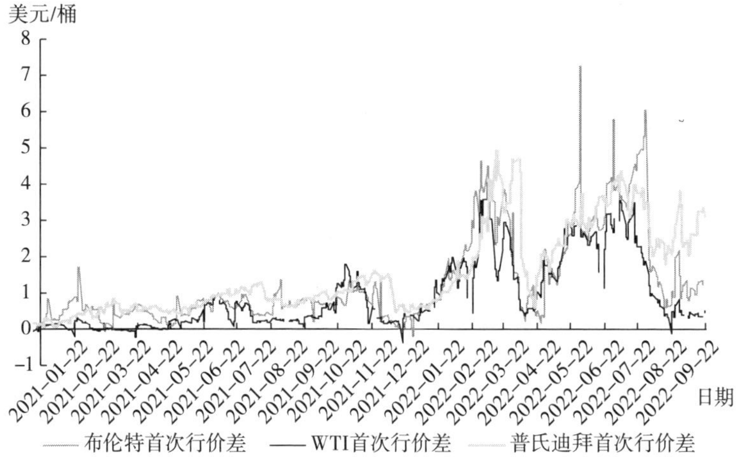

图5　三大基准原油首次行价差

资料来源：路透社，联合石化市场战略部

三、中国石油行业应对举措建议

面对俄乌冲突带来的全球石油市场巨变和不断演化的全球百年未有之大变局，我国石油行业应保持战略定力。对内，要持续加大增储上产，完善战略储备轮换机制，并加快推动新能源行业发展；对外，要持续增强贸易能力，发挥以融促产优势，持续提升能源安全保供能力。

（一）推进增储上产，深化油气体制改革

能源安全是关系国计民生的重要课题，是国家战略安全的重要基石，只有把能源的饭碗端在自己手里，才能充分保障国家能源安全。近年来，我国持续加大油气勘探开发和科研资金投入力度，千方百计推进油气增储上产，以三大石油公司为首的石油企业油气生产关键指标明显上升。同时，我国老油田开发已整体处于中高含水阶段，稳产和增产难度大、成本高。建议国家适当提高石油特别收益金起征点，减轻国内油气上游项目成本；给予页岩油气勘探开发政策扶持和补贴，挖掘我国页岩油气资源潜力；同时，继续深化油气体制改革，进一步打破社会资本进入上游勘探开

发领域的壁垒。

（二）发挥国内市场消费潜力，持续增强贸易能力

中国是全球最大的原油和天然气进口国，对国际油价的影响具有举足轻重的地位。随着我国国民经济持续发展、人民生活水平不断提高，14 亿多人口带来较大的市场消费潜力，我国有望保持全球最大油气进口国地位。当前，中国是中东、西非地区原油的最大采购商，占北海窗口成交量的1/3。近几年，中国在全球能源市场的话语权逐渐提高，逐步参与或引领国际油气市场规则的制定，在能源市场上传递中国声音。此外，上海期货交易所（INE）推出上海原油期货（SC），有望成为反映中国及亚太市场供求关系的重要原油定价基准。未来，我国仍需要不断开拓新市场、挖掘新机会，多元化油气供给主体，持续拓宽油气进口来源，持续提升全球化贸易能力；积极做好国际原油市场分析，并合理利用金融工具开展套期保值，以缓解地缘政治等不确定因素对国内油气供应的负面冲击，提升油气安全供应的能力。

（三）完善战略石油储备轮换机制，保障能源安全

战略储备是一国应对突发性供应中断、保障能源安全的重要手段。通过多年的建设，我国能源储备体系不断健全，庞大的储备规模运营成本虽然很高，但启用频率偏低，特别是我国战略石油储备自 2008 年收储以来，仅在 2021 年有过一次公开的小规模放储的经历。近年来，国际油价大幅波动，石油市场经历了供应紧张、贴水飙升、运费暴涨等各种局面，但我国石油储备在这些市场变化中发挥的作用相对有限。此外，原油的物理特征决定了其在储存 7 年后会发生较明显的沉淀，严重影响品质。建议进一步完善战略石油储备轮换和释放机制，出台明确的管理办法，形成固定的操作流程，在国际社会出现突发性供应中断和油价大幅飙升之际，充分发挥战略石油储备的缓冲功能，切实保障能源安全。

（四）发挥金融资本优势，助推人民币国际化

本次俄乌冲突凸显了“金融战”的意义。欧美国家出台多项金融制裁措施，并祭出“金融核武器”大旗，将多家俄罗斯银行踢出环球银行金融电讯系统（SWIFT），对俄能源出口造成致命打击。近年来，我国产业资本在“走出去”的同时，金融资本却并未同步“走出去”，产融结合力度不足。过去7年，中国央行打造的人民币跨境支付系统（CIPS）在人民币结算和境内报文传送方面取得较大进展，但是在跨境清算方面还主要依赖SWIFT系统。建议金融资本在支持能源企业获取一手资源、对冲市场风险、进行金融结算等方面发挥更积极的作用，以融促产、产融结合，统一对外，提升能源领域定价权，助推人民币国际化。

（五）加快全国碳市场建设，推动石油行业绿色低碳发展

根据习近平总书记提出的“四个革命、一个合作”能源安全新战略，践行绿色发展理念，推动能源低碳转型已经成为社会共识；积极参与全球能源治理，引导应对气候变化国际合作，体现了我国积极应对气候变化的大国担当。自2020年9月22日我国提出“双碳”目标以来，各行各业都加速推进碳减排计划，石油行业快速推出绿色低碳发展战略，中国石化提出打造“油气氢电服”综合加能站，中国石油推动向“油气热电氢”综合型能源公司转型。建议我国加快全国碳市场建设，探索推出碳交易金融工具，吸纳更多参与主体，提高碳市场活跃度，并为应对国际碳关税提前做好准备；继续加快可再生能源发展，逐步减少对传统化石能源的需求依赖；加大对能源结构转型的资金和技术支持力度，为石油行业绿色低碳发展提供更多支撑。

参考文献

[1]王佩,任娜,蔡艺,等. 高油价下全球石油市场新特点和石油贸易新趋势[J]. 国际石油经济,2022,30(6):35-44.

[2]IEA. Oil Market Report[R]. 2022.

[3] OPEC. Monthly Oil Market Report[R]. 2022.

[4] 李晓. 后布雷顿森林体系的国际货币格局[J]. 中国外汇,2021(11).

[5]美国边境碳调节 BCA 解读[R/OL]. 广东碳排放权交易所网站,2021-08-04 . http://www.cnemission.cn/article/jydt/scyj/202108/20210800002259.shtml.

[6] 任平. 能源的饭碗必须端在自己手里[N]. 人民日报,2022.

[7] 美国环保协会(EDF),上海环境能源交易所.2021 国内碳价格形成机制研究报告[R]. 2021.

俄乌冲突下的全球石油供应分析与展望

任娜　蔡艺

摘　要　2022 年，随着国际油价的上涨和减产配额的缩减，“欧佩克 +”呈现大幅增产态势；俄乌冲突爆发成为 2022 年最大的“黑天鹅事件”，但俄罗斯原油供应仍保持较强韧性；伊核谈判无疾而终，委内瑞拉仍受制裁，利比亚偶发供应中断；此外，在生产商资本支出控制的约束下，美国原油产量保持缓慢回升态势。2022 年全球石油供应同比增加 447 万桶/日至 9964 万桶/日，55% 的增幅来自“欧佩克 +”成员国。2023 年，“欧佩克 +”再度采取限产保价措施，俄罗斯原油出口或将受到欧美国家制裁影响，叠加美国原油产量难以大幅回升，预计全球石油供应增幅大幅放缓至 173 万桶/日。从中长期来看，低碳减排成为全球主旋律，上游油气资本投资减少，油田老化会导致产量衰减加快；地缘政治动荡频发，部分时间或出现供应短缺，短期供应中断将加剧石油市场动荡格局。

关键词　“欧佩克 +”；减产联盟；石油供应；俄乌冲突

从全球供应来看，2022 年，全球石油供应总量为 9964 万桶/日，同比增加 447 万桶/日；原油供应总量为 7704 万桶/日，同比增加 320 万桶/日，其中“欧佩克 +”、减产豁免国家（委内瑞拉、利比亚、伊朗）、美国的原油产量占到全球原油供应的 72%，除美国以外的其他非“欧佩克 +”国家占比 28%。2023 年，预计国际油价回升会推动主要产油国继续增产，但全球石油供应增幅总体放缓，“欧佩克 +”联盟产量政策走向、欧盟对俄罗斯的原油制裁能否落地、伊核谈判何去何从、美国原油产量增速快慢，都是影响全球原油供应的关键因素。

一、“欧佩克 +”原油产量情况

（一）“欧佩克 +”成员国限产保价意愿强烈

“欧佩克 +”（“OPEC +”）是指欧佩克产油国与非欧佩克主要产油国组成的合作组织，该组织主要通过达成减产协议以实现限产保价。“OPEC +”现有成员国 20 个，分别是欧佩克 10 国沙特阿拉国、伊拉克、安哥拉、科威特、阿联酋、刚果、赤道几内亚、加蓬、尼日利亚、阿尔及利亚和非欧佩克 10 国阿塞拜疆、哈萨克斯坦、墨西哥、阿曼、俄罗斯、巴林、文莱、马来西亚、苏丹、南苏丹，其中沙特阿拉国和俄罗斯两只“领头羊”是“OPEC +”会议产量决策的关键。自 2016 年 12 月达成减产协议以来，“OPEC +”减产协议经过多次延长和调整，几乎没有中断。从执行效果来看，“欧佩克 +”联盟通过定期组织会议对未来的产量政策进行调整，在限产保价和保护成员国利益方面发挥了较好的作用。

2020 年 4 月，新冠疫情在全球范围内蔓延，全球石油需求受到较大冲击，布伦特原油价格跌破 20 美元/桶，WTI 原油价格也史无前例跌至负值，在此背景下“欧佩克 +”成员国达成历史上最大规模减产协议。本轮减产协议第一阶段的减产规模为 970 万桶/日（相较于减产基数①），此后随着新冠疫情形势好转，国际油价逐步攀升，减产配额逐步缩小（见图 1）。2022 年 8 月底，本轮减产协议到期，但“欧佩克 +”会议依旧对增产保持谨慎态度。2022 年 10 月，“欧佩克 +”会议再次达成减产协议，在现有减产基数上削减 200 万桶/日产量，并将减产合作延长至 2023 年底。随着全球新冠疫情形势好转、石油需求复苏，国际油价开启了长达两年多的上涨周期，其中“欧佩克 +”减产协议发挥了举足轻重的作用，“欧佩克 +”联盟的合作也使得成员国享受了高油价的红利。

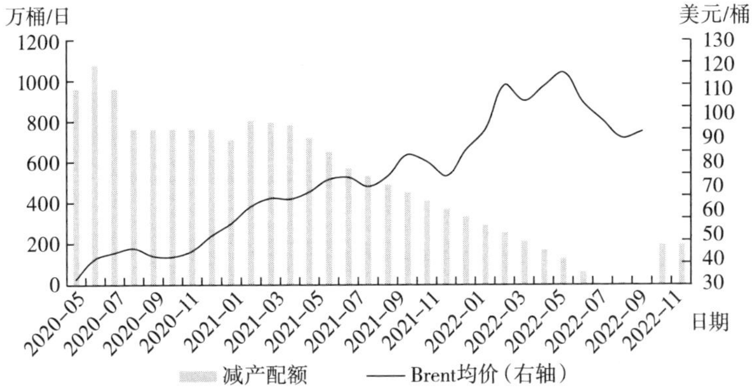

图 1 “欧佩克 +”减产配额与布伦特原油价格走势

资料来源：欧佩克，Unipec Research & Strategy（URS）

（二）“欧佩克 +”实际增产未实现目标

从实际产量来看，2021 年“欧佩克 +”的原油产量平均为 3726 万桶/日，同比减少 43 万桶/日。除了 2021 年 4 月以外，其他月份的原油产量均低于减产协议允许的目标产量。其中，欧佩克 10 国的产量为 2221 万桶/

① 以 2018 年 10 月产量为减产基数，其中沙特阿拉伯和俄罗斯的减产基数设定为 1100 万桶/日。

日，同比减少 60 万桶/日；非欧佩克 10 国的产量为 1505 万桶/日，同比增加 17 万桶/日。2022 年，预计“欧佩克+”的原油产量平均为 3972 万桶/日，同比增加 247 万桶/日，月度产量均未达到产量上限。其中，欧佩克 10 国的产量为 2464 万桶/日，同比增加 243 万桶/日；非欧佩克 10 国原油产量为 1469 万桶/日，同比增加 4 万桶/日（见图 2）。

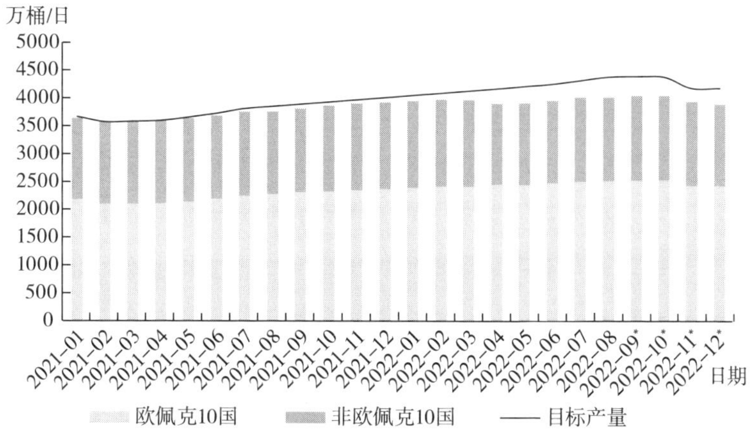

图 2 “欧佩克+”产量及目标产量

资料来源：欧佩克，IEA，Unipec Research & Strategy（URS）

沙特发挥重要引领作用，但剩余产能有限。从历史来看，沙特仅有两个月的产量超过 1100 万桶/日。自本轮减产协议执行以来，沙特减产执行率基本均超过 100%。由于过去几年的低钻探率未能弥补现有产能的损失，当前沙特的产能可能不超过 1100 万桶/日。近一年来，沙特的原油产量均低于协议要求的产量上限。2021 年沙特原油产量为 908 万桶/日，同比减少 10 万桶/日；2022 年的原油产量为 1052 万桶/日，同比增加 144 万桶/日。

阿联酋提高产量目标，增产意愿强烈。阿联酋计划到 2025 年将原油产量提高至 500 万桶/日，叠加需要确保穆尔班的原油实货交割数量，阿联酋一度拒绝延长减产协议。此后，“欧佩克+”会议同意上调减产基数，阿联酋最终同意减产协议。2021 年阿联酋原油产量为 272 万桶/日，同比减少8.5万桶/日；2022年阿联酋原油产量为305万桶/日，同比增加33万桶/日。

伊拉克国内政治趋于稳定，原油产量稳步增加。2021年10月，伊拉克大选“反美派”萨德尔胜选，其既反美又反伊朗的主张，无疑起到了关键作用。自大选以来，伊拉克国内政治趋于稳定。2021年伊拉克原油产量为402万桶/日，同比减少3万桶/日；2022年原油产量为443万桶/日，同比增加41万桶/日。然而，伊拉克北部的土耳其与库尔德工人党（PKK）的冲突未减、恐怖主义风险仍然存在，预计原油产量仍有中断的风险。

哈萨克斯坦供应风险频发，CPC管道停运风险增加。自2022年以来，哈萨克斯坦国内政局动荡风险增加。2022年1月，因液化石油气价格大幅上涨，哈萨克斯坦多个城市接连爆发抗议活动，其全境进入紧急状态；2022年3月，风暴袭击导致CPC里海管道海上两个系泊点遭到破坏，2/3的原油出口受到影响；2022年7月，因哈萨克斯坦拒绝承认卢甘斯克和顿涅茨克的独立，俄罗斯法院下令暂停CPC输油管线运营30天，哈萨克斯坦原油产量再次面临中断风险。2021年，哈萨克斯坦原油产量为151万桶/日，同比基本持平，减产执行率仅有87%；2022年，哈萨克斯坦原油产量为154万桶/日，同比仅增加3万桶/日。

随着“欧佩克+”国家逐步增加产量，叠加上游投资减少，油田老化加快，“欧佩克+”国家剩余产能逐步递减（见图3）。2022年7月，“欧佩克+”成员国剩余产能仅为280万桶/日（与历史上最高的月度产量相比），其中沙特有93万桶/日，伊拉克有28万桶/日，阿联酋有71万桶/日。在较低的剩余产能下，“欧佩克+”对供应中断的缓冲空间较为有限。

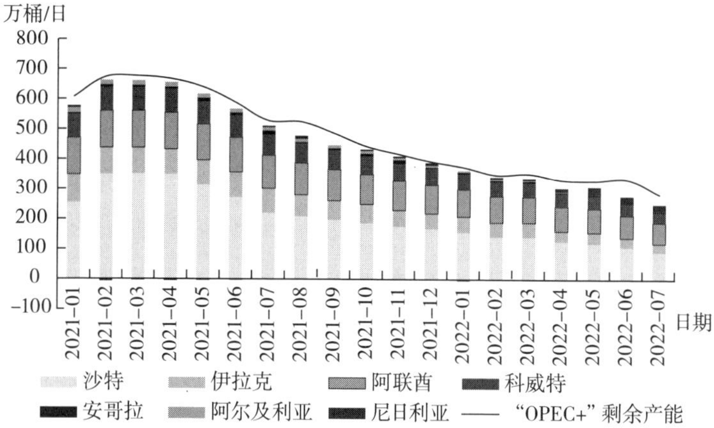

图3 "OPEC+"国家剩余产能（除去俄罗斯）

资料来源：欧佩克，IEA，Unipec Research & Strategy（URS）

（三）俄乌冲突成为2022年最大的"黑天鹅事件"

自2022年2月24日俄乌冲突爆发以来，双方冲突呈现胶着化、长期化趋势，成为2022年原油市场最大的"黑天鹅事件"，欧美国家对俄罗斯的制裁层层加码，大幅加剧了市场对供应短缺的担忧。

1. 欧美对俄罗斯制裁现状

欧盟针对俄罗斯连续出台了8轮制裁措施，制裁范围从官员扩大到企业，从金融领域蔓延至能源领域，制裁持续升级，影响逐步增加，俄罗斯石油面临"制裁+限价"的双重考验。2022年6月4日，欧盟宣布对俄罗斯的第六轮制裁：6个月内停止俄罗斯海运原油进口，但豁免管道原油进口，8个月内停止成品油进口，并禁止为俄油运输提供保险。除欧盟对俄罗斯实施严格制裁之外，包括美国、英国、加拿大以及日本和澳大利亚等国也陆续对俄罗斯出台各项制裁措施。2022年9月，七国集团财长会议就对俄罗斯出口石油的价格设置上限达成了一致，美国财政部外国资产控制办公室发布了关于俄油限价的初步指南；2022年10月，欧盟正式批准针对俄罗斯的第八轮制裁，为俄罗斯石油设定限价提供法律基础。

2. 俄罗斯原油出口情况

俄罗斯是全球主要的原油生产国和出口国，2021 年，俄罗斯原油产量为 1050 万桶/日，占全球的 10% 左右，是全球第二大原油生产国；原油出口量 464 万桶/日，占全球原油出口总量的 12%，为全球仅次于沙特的第二大原油出口国。从出口流向来看，欧洲地区和亚太地区是俄罗斯原油的最大出口流向地区，2021 年对欧洲地区出口占俄罗斯原油出口总量的 53%，对亚太地区出口占比 39%（见图 4）。此外，美洲和独联体国家也少量进口俄罗斯原油，进口量占比分别为 4.3% 和 3.9%。从出口方式来看，俄罗斯原油出口 1/3 为管道，2/3 为海运。2021 年，俄罗斯通过管道出口原油 160 万桶/日，主要通过友谊管线、ESPO 管线、中哈管线出口；通过海运出口原油 304 万桶/日，其中西向出口通过 Novorossiysk、Ust Luga、Primorsk 三个港口，东向出口通过 Kozmino、Sakhalin Ⅰ、Sakhalin Ⅱ、Umba FSO、Kola KSO 五个港口。俄乌冲突升级以来，俄罗斯原油供应表现出较强的韧性。2022 年前三季度，俄罗斯海运出口量为 366 万桶/日，同比增加 40 万桶/日，亚洲进口的增加全部抵销欧盟进口的下降。

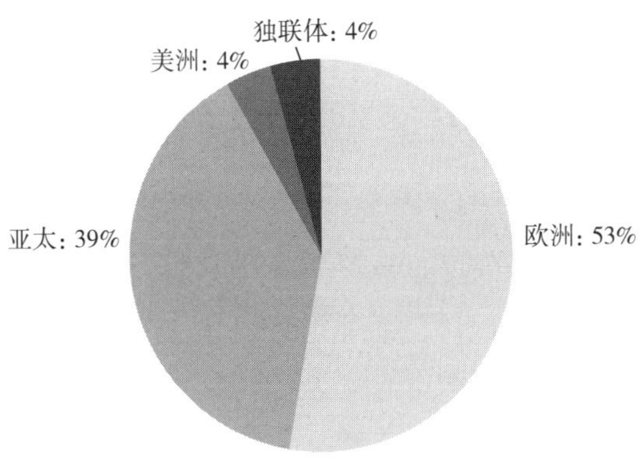

图 4　2021 年俄罗斯原油出口流向分布

资料来源：路透社，BP，Unipec Research & Strategy（URS）

3. 欧美禁运对俄罗斯供应的影响

俄乌冲突导致全球石油贸易格局进行深刻调整，俄罗斯在全球贸易格局中的地位有所下降，欧佩克和美国的地位则显著上升。俄罗斯的乌拉尔原油属于中质酸油，与北海 Forties 原油、挪威 Johan Sverdrup 原油、沙特阿拉伯中质原油品质较为相似。预计制裁力度的持续加码将导致大量俄罗斯原油退出市场，中东、北海、西非、美洲地区等的大量替代资源流向欧洲，长距离运输取代短距离运输成为输欧贸易的主要形式，亚洲市场获得上述地区原油资源的难度加大，实货市场竞争更加激烈。

随着 2022 年 12 月欧美禁令和限价的双双生效，俄罗斯将处于两难境地，如果拒绝向执行 G7 限价的客户出售原油，则受制于保险禁令；如果向 G7 限价妥协，则只能低价出售原油。初步预计，G7 限价的作用有限，俄罗斯原油可能通过使用其他保险或者灰色渠道流入市场。从贸易量来看，预计 2022 年 12 月俄罗斯海运原油出口将降至 250 万桶/日，较 9 月低 120 万桶/日，此后缓慢增加。从贸易流向来看，预计俄油流入欧洲地区将出现大幅下降，亚洲地区成为俄油出口的主要市场，全球原油贸易流向出现较大转变。

二、伊核谈判前景不明，委内瑞拉仍受制裁

伊核谈判自 2021 年 4 月重启以来，两国政府已经开展 8 轮谈判，美伊均有回归伊核协议的意愿。伊核协议是美国民主党重要的外交成果，拜登政府想要带领美国重返伊核协议。与此同时，经过近 4 年的制裁后，伊朗有意愿重回伊核协议，增加石油出口收入。然而，双方在关键条款上僵持不下，从美国来看，将恢复伊核协议形成法律难以实现，很难保证新一任美国总统不会再次退出该协议；从伊朗来看，美国提出的限制伊朗浓缩铀、离心机的要求几乎全面取消伊朗的核活动，预计伊朗不会轻易作出妥协。后续谈判结果仍待观察，但美国可能放松对伊朗石油出口的部分限制，伊朗原油可以通过灰色渠道增加出口。当前，伊朗原油产量基本稳定在 255 万桶/日左右，一旦达成协议，伊朗原油供应有望在 4 ~ 6 个月内增

加 100 万桶/日左右，这也将对全球石油供应造成显著影响。

受美国长期制裁影响，委内瑞拉的原油产量自 2016 年以来持续回落，并在 2020 年下降至 30 万桶/日左右的历史最低水平。2022 年初俄乌冲突爆发以来，全球石油供应紧张令美国考虑放松对委内瑞拉的制裁。2022 年 5 月，拜登政府宣布授权雪佛龙公司就其在委内瑞拉业务运营与该国石油公司开展谈判，且允许意大利 ENI 和西班牙 Repsol 两家石油公司运输委内瑞拉原油至欧洲地区。目前来看，随着雪佛龙在委内瑞拉的合资企业恢复产能，委内瑞拉的石油生产能力将进一步提升，但受限于投资不足以及设施老旧，其原油产量很难快速回升，预计 2022 年委内瑞拉原油产量将同比增长 16 万桶/日至 72 万桶/日。

利比亚的原油供应受该国政局影响呈现大幅波动。2022 年 4 月以来，因西部民族团结政府与东部国民代表政府陷入激烈内斗，民众在主要油田产区举行长时间抗议示威活动，导致石油生产被迫关停。利比亚国家石油公司相继宣布油田和港口遭遇不可抗力而停止运营，利比亚原油产量从 120 万桶/日快速下降至不足 10 万桶/日，第二季度原油产量平均仅为 75 万桶/日，较年初减少 40 万桶/日；7 月下旬，该国政局出现缓和，有关官员与抗议者和部落领袖达成协议，重新开放大部分已关闭数月的油田和出口码头，原油产量显著回升并在 8 月初恢复至 120 万桶/日正常水平。目前该国原油产量总体保持稳定，但未来政局动荡风险仍然存在，不排除产量或再度出现大幅下滑。

三、“非欧佩克+”产油国仍有小幅增产

美国原油产量缓慢回升。尽管新冠疫情对全球石油市场的影响在逐步消退，国际油价也呈现稳步上涨态势，但因上游投资回升缓慢，且页岩油生产商削减资本支出以及提高股东回报，美国页岩油生产复苏显著不及预期，包括活跃石油钻机数以及压裂队伍数均增长较慢。2021 年，美国原油

产量同比小幅下降 8 万桶/日，至 1124 万桶/日，为连续两年同比下降。2022 年，国际油价持续高位运行，全球各大石油生产商盈利状况显著改善，并推动上游投资以及石油生产继续回升，但美国石油产量并未出现大幅增长，主要页岩油公司继续控制资本支出以及提高股东回报。此外，美国通胀持续高企导致上游原材料以及人工成本均显著上涨，叠加供应链瓶颈难以有效缓解，使得美国原油产量总体回升不及预期。截至 9 月底，美国原油产量恢复至 1200 万桶/日左右，较年初仅增长 40 万桶/日，远低于 2020 年疫情前近 1300 万桶/日的水平（见图 5）。从钻机数来看，截至 9 月底，美国活跃石油钻机数增加至 604 座，较年初增加 123 座，但相比 2020 年初仍减少 70 座，预计美国活跃石油钻机数有望维持逐步增加态势。整体来看，美国页岩油生产仍将保持缓慢回升态势，生产商控制资本支出以及钻机数回升速度不及预期，将限制原油产量恢复进程，预计 2022 年美国原油产量同比增长 70 万桶/日，至 1195 万桶/日。

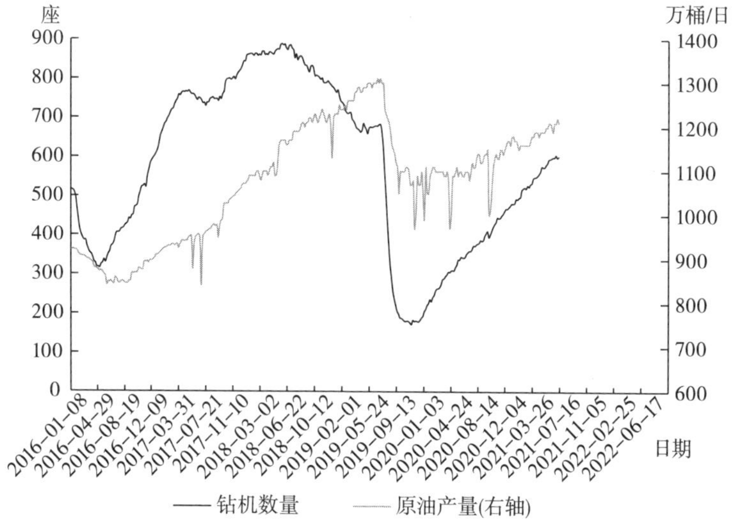

图 5　美国石油钻机数量和原油产量变化趋势

资料来源：EIA，Baker Hughes，Unipec Research & Strategy（URS）

加拿大产量稳步增加。2021 年，随着国际油价持续回升，加拿大石油生产商的经营状况显著改善，自由现金流出现大幅增加并刺激生产商加大上游投资力度，资本支出同比上涨 20%。此外，因管输瓶颈得到缓解，从加拿大西部运输至美国 PADD Ⅱ的 Line 3 管道投产，新增 37 万桶/日输送量为该国西部油砂产量的增长提供支撑。随着主要油砂产区检修季结束以及 Fort Hills 二号油砂项目满负荷运行，2021 年底加拿大石油产量增长至历史最高水平。2021 年，加拿大原油产量为 427 万桶/日，同比增加 24 万桶/日。2022 年，加拿大石油产量总体仍呈现稳步增长态势，高油价的利好也刺激了加拿大石油公司继续加大上游投资并扩建新油砂项目。在管输瓶颈继续得到改善的条件下，包括 TC 能源公司 Keystone 管道以及 Trans Mountain 扩建项目增加近 60 万桶/日运输能力，为阿尔伯塔省多个油砂项目投产并提高产能提供支撑，预计 2022 年加拿大原油产量为 442 万桶/日，同比增加 15 万桶/日。

挪威产量增幅不及预期。作为西欧地区最大的油气生产国，挪威原油产量近两年呈现稳步增长态势，得益于巨型油田 Johan Sverdrup 第一阶段已在 2021 年全面投产，原油产量也攀升至超 50 万桶/日。尽管挪威由于部分成熟油田老化导致产量出现下滑态势，但新油田的投产以及产量的稳定增长将支撑该国产量的回升。2021 年，挪威原油产量为 177 万桶/日，同比增长 10 万桶/日。2022 年，因 Johan Sverdrup 油田以及 Ekofisk 区块迎来长时间检修，对原油生产造成显著影响，挪威原油产量整体呈现稳步下滑态势，6 月挪威产量环比大幅下降 27 万桶/日，至 130 万桶/日。随着检修季结束，主要油田生产恢复以及 Johan Sverdrup 油田二期在 2022 年第四季度投产，预计下半年挪威原油产量有望逐步回升至 180 万桶/日以上。整体来看，受上半年拖累，预计 2022 年挪威原油产量将同比小幅下降 5 万桶/日，至 172 万桶/日。

巴西产量下半年集中回归。巴西原油产量增长不及预期，2021 年原油产量平均为 290 万桶/日，同比小幅下降 4 万桶/日。尽管 Sepia 以及 Buzios 等主力油田产量继续增长，但第三季度、第四季度大规模油田检修对生产造成较大冲击，特别是较为严格的疫情防控措施导致生产平台运行受到影响。此外，部分生产项目延期以及成熟油田的衰减也造成总体产量的下降。2022 年上半年，由于油田检修时间延长导致产量回升缓慢，巴西国家石油公司第二季度的石油产量同比下降 5%，至 211 万桶/日；下半年，随着盐下桑托斯盆地 Mero－1 区块以及 Peregrino－2 区块产量增长，Tupi 油田产量加速回升，包括位于坎波斯盆地的 Peregrino－1 区块，此前因设备故障停产也将恢复生产，巴西石油产量有望迎来显著增长，并在年底回升至 310 万桶/日左右。2022 年，巴西产量预计同比增长 10 万桶/日，至 310 万桶/日，增产主要集中在下半年。

圭亚那新油田保持稳定增长。圭亚那海上油田自 2019 年底投产以来，产量总体呈现稳步增长态势。2021 年 Liza 油田第一阶段生产保持稳定并处于 12 万桶/日，2022 年初二期项目提前投产，产量已接近 30 万桶/日水平。2021 年圭亚那原油产量同比增长 5 万桶/日至 12 万桶/日。考虑到 2022 年圭亚那 Liza 油田一期项目生产设施已进行升级优化，二期产量稳步提升、第三个项目 Payara 的生产储油船 Prosperity FPSO 或将在 2023 年底之前启用，预计产能也将达到 22 万桶/日。2022 年圭亚那原油产量预计同比增加 15 万桶/日，至 27 万桶/日。

四、2023 年全球石油供应增幅放缓

2023 年，国际油价回升推动主要产油国继续增产，但预计全球石油供应增幅总体放缓。2023 年，“欧佩克＋”再度采取限产保价措施，中东地区成熟油田衰减率加大，主要产油国剩余产能降至谷底；欧美国家对俄罗斯制裁和限价措施尘埃落地，俄罗斯原油出口或将受到影响，原油产量有望大幅减少；随着钻井活跃度回升以及压裂队伍增加，包括供应链以及人工成本等问题逐步得到缓解，预计美国原油产量将继续稳定回升。此外，高油价刺激加拿大石油公司继续加大上游投资并扩建新油砂项目，挪威主要油田生产恢复、Johan Sverdrup 油田二期逐步增产，圭亚那新油田保持稳

定增长，除美国外的其他非欧佩克产油国也有望贡献部分产量增幅。2023年，预计全球石油供应将达到10137万桶/日，为疫情后首次迈上1亿桶/日大关，但同比仅增加170万桶/日，远远小于2022年的增幅。

五、中长期全球石油供应预判

（一）低碳减排成为全球主旋律，上游油气资本投资减少

过去几年，全球上游勘探开发资本支出处于历史低位。2021年，全球油气上游投资仅3410亿美元，较2019年疫情前降低约25%，新增油气勘探储量创75年来新低。据国际能源署发布的《2022年全球能源投资报告》，自俄乌冲突爆发以来，石油和天然气价格飙升，预计2022年上游油气资本支出将增长10%，仍低于疫情前的水平，原材料价格上涨是资本支出增加的原因之一；大多数资本转向短周期投资，以尽快将新的供应推向市场。从长期来看，在低碳减排的大背景下，未来全球石油勘探开发的投资逐步减少已经成为业内共识，根据国际能源署测算，如果世界各国严格遵守碳中和的承诺，那么2020—2050年，全球油气投资额的年平均值只有2100亿美元，远低于疫情前5000亿美元左右的水平。在上游油气资本投资减少的情况下，油田老化会导致产量衰减加快。

（二）地缘政治动荡频发，部分时间或出现供应短缺

从中长期来看，地缘政治动荡仍将对国际石油市场产生显著影响，包括中东地区、俄罗斯以及利比亚、委内瑞拉等主要产油国政治格局的变化均会对石油市场造成较大冲击。目前，俄乌冲突引发的欧美对俄罗斯石油制裁措施即将落地，国际石油公司纷纷中止在俄油气投资，未来俄罗斯原油供应能否保持稳定仍存在不确定性。此外，沙特仍面临也门胡赛武装袭击的风险，对石油设施的破坏也将在短期内造成供应中断威胁。而利比亚近年来因国内政局动荡，原油产量呈现大幅波动并一度下降至10万桶/日，

未来该国局势如果再度陷入动荡将继续对石油生产造成显著冲击。整体来看，全球主要产油国的政局问题仍是市场不可忽视的因素，短期供应中断将加剧石油市场动荡格局。

参考文献

[1]IEA. Oil Market Report[R]. 2022.

[2]PIRA. World Oil Market Forecast[R]. 2022.

[3]OPEC. Monthly Oil Market Report[R]. 2022.

[4]EIA. Short Term Energy Outlook[R]. 2022.

[5]IEA. World Energy Investment 2022[R]. 2022.

后疫情时代的全球石油需求展望

胡 迪 赵 盈①

摘 要 新冠疫情期间，全球经济和需求出现断崖式下跌。为应对疫情带来的重创，世界多国实施经济刺激计划以提振经济，全球金融市场和石油市场呈复苏态势。2022 年以来，在通胀飙升和加息风暴下，全球经济衰退压力大增，俄乌冲突更加剧了金融市场和石油市场的动荡，全球石油需求恢复进程遭受打击。2022 年全球石油需求增幅放缓，尤其是夏季以来，在高通胀、高油价、能源危机、经济衰退、疫情反复等多重因素的影响下，石油需求呈现旺季不旺的特点，为市场情绪蒙上一层阴影。展望后市，2022 年第四季度，欧洲能源危机下石油替代需求的增加，以及冬季取暖需求的来临，全球石油需求有望得到一定提振。2023 年，全球经济前景仍然堪忧，但随着全球疫情形势继续好转，石油需求有望得到进一步增长。从中长期来看，在全球能源转型步伐加快及碳减排呼吁下，传统能源消费将受到抑制并更早达峰，这给石油市场带来巨大挑战。

关键词 石油需求；需求恢复；通胀危机；能源危机

① 胡迪，硕士，中国国际石油化工联合有限责任公司市场战略部分析员，主要研究方向为国际宏观市场及国际油价走势；赵盈，硕士，中国国际石油化工联合有限责任公司市场战略部分析员，主要研究方向为碳市场及国际油价走势。

一、2022年全球石油需求呈恢复态势

（一）全球经济触底反弹

2021年，在各国央行大规模经济刺激政策下，全球经济活动呈复苏态势。2022年以来，以美国为首实行的超量货币宽松政策的副作用开始显现，随着大量热钱流入市场，商品价格不断飙升，叠加俄乌冲突爆发引发石油、天然气等主要能源价格飙升，全球主要国家通货膨胀率不断突破市场预期，并屡屡创下历史新高。为应对持续高企的通胀压力，各国央行纷纷启动史无前例的加息规模，对全球经济造成打击，主要国家经济增速大幅放缓（见图1）。2022年上半年，美国GDP连续两个季度出现负增长；美国、中国、欧元区等经济体制造业指数表现疲软，宏观市场前景黯淡。

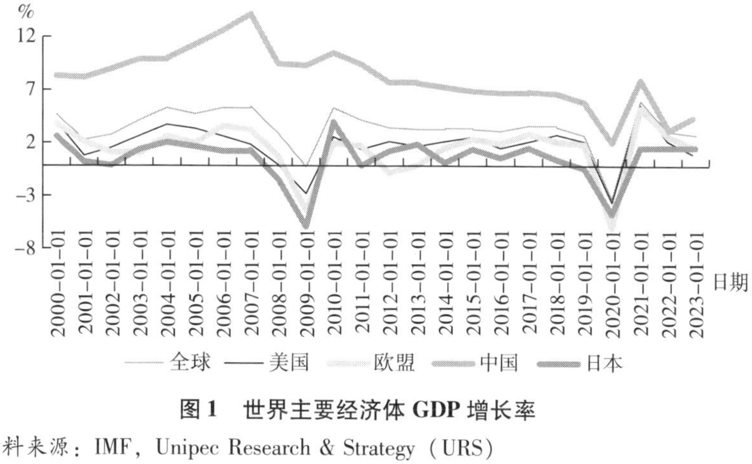

图1　世界主要经济体GDP增长率

资料来源：IMF，Unipec Research & Strategy（URS）

世界货币基金组织（IMF）2022 年 7 月发布的最新世界经济展望报告，预计 2022 年全球经济增速将从 2021 年的 6.1%，放缓至 3.2%，为该组织连续第三次下调 2022 年全球经济增速。

（二）主要国家需求呈恢复态势，但中国石油需求遭受严重打击

2022 年以来，随着能源价格不断飙升、全球经济增长前景黯淡、疫情反复冲击市场，在多种因素影响下，全球石油需求增速放缓。国际能源署（IEA）、欧佩克（OPEC）以及美国能源信息署（EIA）等主要机构不断调整 2022 年全球石油需求预期。IEA 在 9 月的月报中预计，2022 年全球石油需求为 9970 万桶/日，较年初最高预测下调了 88 万桶/日，全年石油需求增幅仅为 200 万桶/日，较上年的 605 万桶/日大幅收窄（见图 2）。

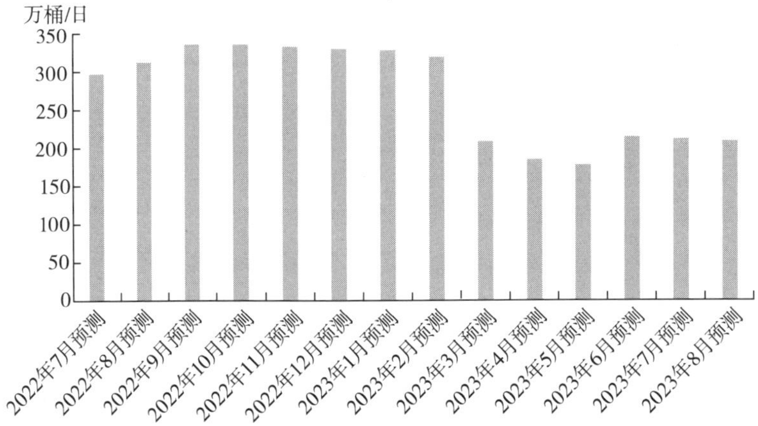

图 2 2022 年全球石油需求变化预测调整

资料来源：IEA，Unipec Research & Strategy Dept（URS）

2022 年，受到高油价、高通胀的影响，全球石油需求表现不及预期。具体来看，第一季度，疫情的影响快速消退，全球石油需求强劲增长，亚太、西方主要国家的石油需求基本接近或超过疫情前水平，全球石油需求同比大增，接近 500 万桶/日；第二季度，在俄乌危机、中国疫情复发，叠加季节性变化的影响下，全球石油需求小幅回落，但仍同比增加 200 万桶/日，上半年全球石油需求整体表现出“西强东弱”的特点；第三季度进入

夏季，高通胀、高油价对经济和需求的影响开始显现，北半球驾驶季欧美国家石油需求表现不及预期，体现出旺季不旺的特点，全球石油需求仅同比小幅增加108万桶/日；第四季度，欧洲能源危机提振石油替代需求，叠加冬季取暖需求增加，预计全球石油需求有一定回升的空间。

在央行极度货币宽松政策的副作用下，全球范围内通胀飙升，经济形势越发黯淡，甚至面临衰退危机。与此同时，一方面俄乌冲突爆发，西方主要国家频频出台对俄制裁政策，欧盟能源危机再现，能源价格飙升；另一方面，中国疫情不断反复，多地相继升级疫情防控措施，对道路交通运输及航空运输造成较大影响，全球石油需求表现不及预期，主要机构不断下调需求增幅。主要区域表现如下：

2022年，亚太石油需求预计为3671万桶/日，同比增长52万桶/日，在全球总石油需求占比高达36.8%，整体占比进一步提高。从主要国家来看，2022年1—8月，中国整体石油需求同比回落51万桶/日，至1358万桶/日，降幅为3.6%，主要由于2022年以来疫情不断反复，持续呈现多点频发态势，我国实行严格的“动态清零”政策，对出行造成严重影响，对需求构成较大打击。其中，汽油及航煤因疫情封锁管制措施分别同比下降10%和42%；柴油在我国基建及经济刺激措施的推动下，整体表现优于汽油，1—8月同比小幅增加4%；而石脑油、LPG、燃料油等产品受化工需求旺盛及基建投资的支撑出现不同程度增长。印度作为亚太地区仅次于中国的石油消费国，2022年预计整体石油需求同比增长37万桶/日，至514万桶/日。一方面，2022年以来，印度经济与制造业快速恢复，IMF预计2022年印度GDP将同比增加7.4%，为全球增速最快的国家，推动石油需求增加。但另一方面，2022年印度遭遇了较往年更为严重的季风雨季，多地雷电暴雨天气频发，甚至遭遇洪水侵袭。数据显示，2022年印度雨季降雨量较往年增加6%，极端天气在一定程度上对出行需求构成压力。2022年第四季度，随着雨季结束，预计需求有望翘尾回升。日本在经济和货币遭受严重打击的影响下，预计2022年需求将同比小幅回落3万桶/日。

韩国有望小幅增加 4 万桶/日。

北美地区，预计 2022 年石油需求为 2500 万桶/日，同比增加 67 万桶/日，成为全球需求增幅最为显著的国家，占全球石油需求比重较上年略升至 25%。其中，尽管疫情影响已逐步消退，但美国在美联储不断加息，叠加汽油价格飙涨的影响下，经济发展疲软。自 2022 年上半年以来，美国 PMI 指数不断下滑，经济也面临连续两个季度萎缩，石油需求遭受严重冲击。2022 年以来，美国汽油需求与柴油需求同比分别下降 15 万桶/日和 9 万桶/日，而航煤需求虽同比恢复 23 万桶/日，但仍较疫情前水平低近 30 万桶/日。预计全年美国石油需求为 2075 万桶/日，同比增加 35 万桶/日。此外，加拿大及墨西哥受经济影响程度不一，预计加拿大全年石油需求同比小幅增加 10 万桶/日，至 244 万桶/日；墨西哥全年石油需求同比小幅下降 4 万桶/日。

欧洲方面，预计 2022 年石油需求为 1361 万桶/日，同比增加48 万桶/日。具体来看，一方面在能源危机、通胀暴涨、央行加息、货币跳水的多重影响下，欧洲经济表现不及预期，令石油需求承压。但另一方面，自 2022 年 3 月以来，俄乌冲突爆发颠覆全球能源供应，欧盟对俄罗斯先后出台 8 轮制裁措施，涉及金融、煤炭、石油领域。此举加剧了欧洲能源供应危机，煤炭价格飙升、欧洲天然气价格一度创下历史新高，一定程度上促进了石油替代需求的增加，预计 2022 年第四季度至 2023 年第一季度，能源替代需求有望增加 70 万桶/日。

2022 年以来，其他地区如中东、苏联地区、非洲及南美洲的需求均呈现小幅恢复态势。中东地区整体石油需求同比增加 53 万桶/日，至 901 万桶/日；苏联地区需求同比小幅下降 10 万桶/日，至 475 万桶/日；非洲地区同比增加 11 万桶/日，至 410 万桶/日。

（三）2022 年航煤需求回升显著，汽油需求恢复不及预期

分品种来看，2021 年，随着疫情形势好转，各国放松封锁政策，成品油需求将稳步回升，并有望恢复至疫情前水平。其中，汽柴油需求将迎来

强势增长，但航煤仍承压。2022 年，因俄罗斯能源受西方国家制裁影响，油气基本面供应紧张，随着天然气价格飞涨，夏季部分地区持续高温，冬季大概率为冷冬，石油发电需求增加，但受俄乌冲突影响及中国疫情封锁政策影响，全球经济增速减缓，叠加美国、欧洲通胀高企，成品油需求恢复缓慢。其中，汽油需求恢复不及预期，航煤需求恢复向好。

汽油方面，2021 年全球汽油需求为 2560 万桶/日，同比增加 33 万桶/日，涨幅为 1.3%。2022 年全球汽油需求进一步恢复增长，国际能源署预计，2022 年全球汽油需求为 2590 万桶/日，同比上涨 28 万桶/日，涨幅为 1.1 个百分点。具体来看，2022 年美国汽油价格上涨，6 月中旬价格一度飙升至 5 美元/加仑，叠加通胀高企，抑制出行需求，驾驶季汽油需求不及预期，6—9 月美国汽油需求平均为 891 万桶/日，同比减少 43 万桶/日，较过去 5 年均值低 42 万桶/日，较 2017—2019 年均值低 71 万桶/日。欧洲方面受俄乌冲突、全球经济增速放缓影响，各国汽油需求出现不同程度的下降，但德国、法国、爱尔兰、荷兰、挪威等多国政府计划增加石油补贴或实施减税措施，减缓了需求降幅。数据显示，6—8 月欧洲汽油需求为 604 万桶/日，同比下降 75 万桶/日，较 5 年均值下降 60 万桶/日，较 2017—2019 年均值下降 66 万桶/日（见图 3）。

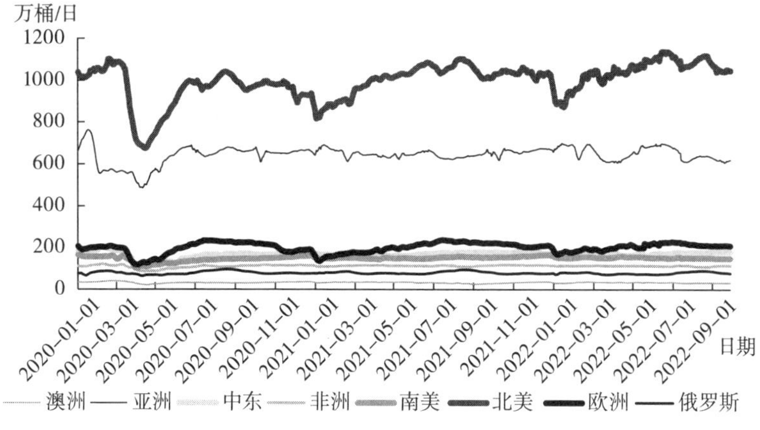

图 3 全球汽油需求走势变化情况

资料来源：Rystad Energy，IEA，Unipec Research & Strategy Dept（URS）

柴油方面，随着疫情影响减弱和工业恢复，2021 年全球柴油需求整体复苏，需求总量为 2764 万桶/日，同比上升 44 万桶/日，涨幅为 1.6%，成为全年表现最好的品种。2022 年，全球柴油需求仍然表现强劲，柴油裂解价差成为表现最为强劲的品种，美国、中国、印度等多个国家的柴油需求都恢复乃至超出疫情前的水平。国际能源署（IEA）预计，2022 年全球柴油需求为 2805 万桶/日，同比上涨 38 万桶/日，涨幅为 1.4%。从热值角度计算，当前石油成为最便宜的一次能源，工业企业使用石油代替天然气发电的需求增加，对工业柴油需求构成支撑。国际能源署预计，以炼厂为代表的工业用户，其石油替代天然气需求有望达到 30 万桶/日，其中燃料油 15 万桶/日，柴油 14 万桶/日。值得关注的是，受能源价格高企和经济增长放缓的影响，欧洲柴油需求表现不及预期，6—8 月欧洲柴油需求为 1838 万桶/日，同比下降79 万桶/日，较 5 年均值下降78 万桶/日，较 2017—2019 年均值下降 120 万桶/日（见图 4）。

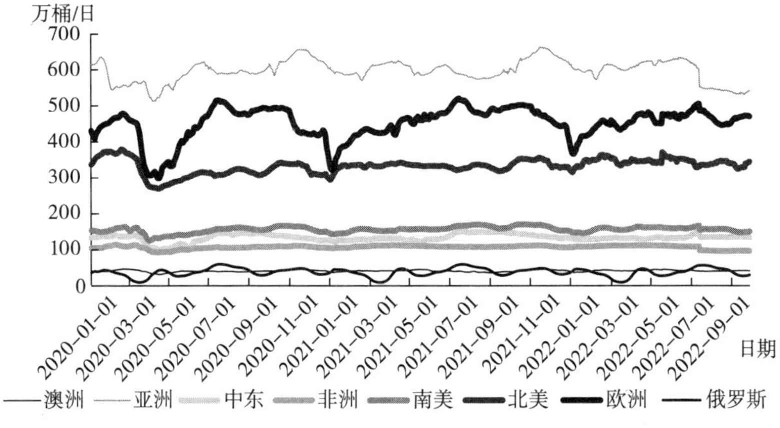

图 4　全球柴油需求走势变化情况

资料来源：Rystad Energy，IEA，Unipec Research & Strategy Dept（URS）

具体而言，航煤方面，2020 年受新冠疫情暴发影响，全球各国出台旅行禁令，严重影响国际航班往来，主要国家的航班数同比降幅高达 70%，导致包括美国、欧洲以及亚太地区在内的主要国家航煤需求均创下最大跌幅；

2021 年，随着疫情好转，各国开始陆续放开防疫措施，取消旅行禁令，航煤需求随之好转。2021 年美国平均航煤需求为 136.5 万桶/日，同比上涨 29.7 万桶/日，较 2019 年疫情前仍下降 40.7 万桶/日；欧洲平均航煤需求为 86 万桶/日，同比上涨 12 万桶/日。2022 年，随着更多国家开放，边境国际航线进一步恢复，旅行及商务出行带动航煤需求显著回升，其间航煤需求为 334 万桶/日,同比上涨 94 万桶/日，较 5 年均值下降 20 万桶/日，但较 2017—2019 年均值仍下降 128 万桶/日。国际能源署预计，2022 年全球航煤需求为 611 万桶/日，同比上涨 91.9 万桶/日，涨幅为 17.7%（见图 5）。

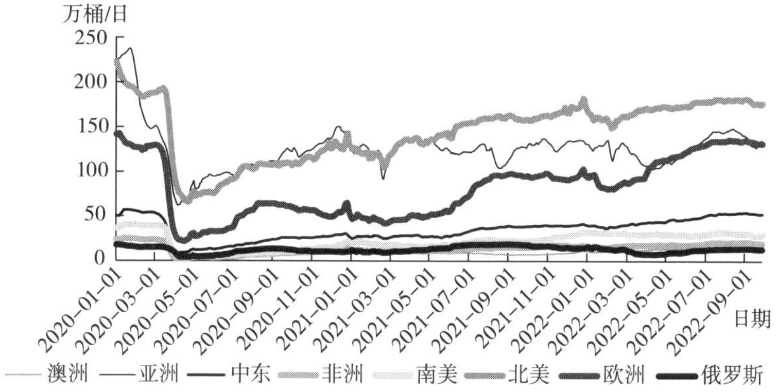

图 5 全球航煤需求走势变化情况

资料来源：Rystad Energy，IEA，Unipec Research & Strategy Dept（URS）

二、2023 年全球石油需求有望维持平稳增长

（一）全球宏观经济面临的下行风险增加，通胀仍然居高不下

进入 2023 年，以美联储为首的全球央行很可能继续加息，以抑制通胀压力，给全球经济带来持续性的打击。市场预计美联储加息行为或持续至 2024 年，为全球经济蒙上一层阴影。主要机构不断下调 2023 年全球经济增速，IMF 表示，2023 年全球经济增长 2.9%，较上年增速收窄 0.3 个百分点。其中，新兴经济体增速将从 2022 年的 3.6% 小幅增加至 3.9%，而

发达国家增速将由 2.5% 下降至 1.4%，新兴经济体增速高于发达国家的态势在全球经济稳步复苏的阶段仍将延续。

分国家来看，2023 年，高通胀及加息行为对欧美等发达经济体影响最为严重，而中国等发展中国家经济有望进一步复苏。具体来看，美国和欧元区经济分别仅增长 1.0% 和 1.2%，不及疫情前水平；中国经济增速将加快至 4.6%，印度则小幅回落至 6.1%（见表 1）。未来，通胀压力持续及央行加息引发全球融资环境收紧、俄罗斯能源制裁生效产生的溢出效应以及全球供应链及劳动力短缺问题将进一步给经济带来下行风险。

表 1 IMF 最新世界经济增速展望预测 （%）

国家	2022 年	2023 年
中国	3.3	4.6
美国	2.3	1.0
日本	1.7	1.7
英国	3.2	0.5
德国	1.2	0.8
巴西	1.7	1.1
印度	7.4	6.1
全球	3.2	2.9

资料来源：IMF，Unipec Research & Strategy Dept（URS）

（二）全球主要经济体石油需求有望增加，但增幅有限

进入 2023 年，随着疫情防控措施逐步放松，全球石油需求有望增加，但受制于宏观经济仍面临较大风险，需求上行动力有限。从主要机构的预期来看，国际能源署预计，2023 年全球石油需求将突破 1 亿万桶/日，至 1.01 亿桶/日，同比增长 212 万桶/日。其中，第四季度石油需求将回升至 1.03 亿桶/日，超过疫情前水平。此外，欧佩克对 2023 年全球石油需求维持乐观态度，预计需求增速为 270 万桶/日，至 1.03 亿桶/日，超过疫情前水平；美国能源信息署预计，2023 年全球石油需求将同比增长 200 万桶/日。分阶段来看，2023 年上半年全球石油需求回升，但仍笼罩在经济疲软

的阴影下，加之第二季度需求进入传统淡季，需求增速有限。但从第三季度开始，随着疫情影响的消退，加之全球央行抑制通胀措施的成效显现，预计驾驶旺季全球石油需求将出现快速增长，第四季度在取暖需求的提振下石油需求仍有一定回升动力（见图6）。

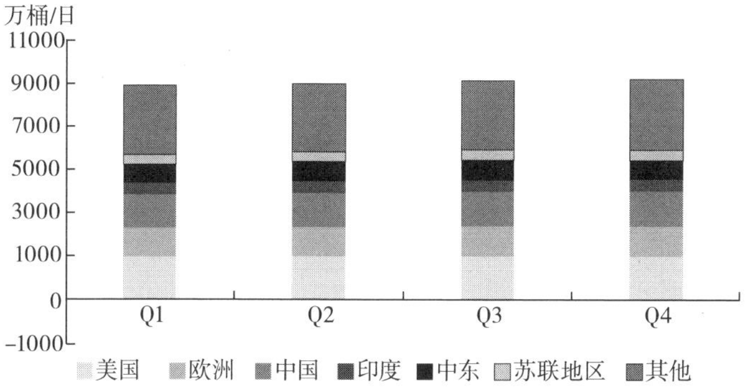

图6　2023年部分国家石油需求预测

资料来源：IEA，Unipec Research & Strategy Dept（URS）

从欧美国家来看，进入2023年，一方面，在央行紧缩政策下，终端需求将遭到打击，并进一步打击传统能源消费；另一方面，随着2022年底欧盟对俄罗斯的能源制裁生效，能源供应危机进一步恶化，能源价格飙升及通胀压力或进一步对欧洲经济造成打击，对其他国家的溢出效应也难以避免。预计，2023年美国石油需求为2040万桶/日，同比增加10万桶/日，增幅较2022年大幅放缓；而欧洲国家的石油需求则同比下降14万桶/日，至1374万桶/日。

从亚太地区来看，2023年随着疫情形势逐步好转，东亚地区经济体将复苏，绝大多数的石油需求增长将集中在亚洲，占全球总需求的96%。印度方面，在外部环境恶化和内部政策紧缩的影响下，预计2023年印度经济增速将有所回落，一定程度上会限制石油需求增速。预计2023年印度石油需求将同比小幅增加22万桶/日，增幅较前一年小幅收窄。从我国的情况来看，我国疫情防控效果成效显现，加之政府不断推出经济刺激计划，预计2023年，疫情对我国经济和出行影响有望减弱，经济将继续快速发展，需求或许出现显著增加。从原油端来看，近两年我国逐步淘汰落后炼能，大型一体化民营炼厂陆续投产，提振了原油需求，但自去年以来，在疫情频发、国内能源供应保障、国内成品油市场整顿等多方面影响下，我国原油进口及成品油出口连续下降，大进大出的格局发生转变，将给全球原油市场带来一定影响。

（三）2023 年柴油需求恢复缓慢，航煤需求恢复向好

2023 年，汽油方面，预计全球短途出行需求有望继续恢复，以及上班通勤增加，对汽油需求构成支撑。国际能源署预计，2023 年全球汽油需求为 2604 万桶/日，同比上涨 13.7 万桶/日，涨幅为 0.5 个百分点，增量主要来自亚太区域。其中，中国汽油需求预计为 352 万桶/日，同比上升 9.6 万桶/日，涨幅为 2.8 个百分点；印度汽油需求预计为 90 万桶/日，同比上升 3.6 万桶/日，涨幅为 4.1 个百分点。

柴油方面，全球主要经济体经济增长乏力，经济活动或将放缓；但天然气价格高企，支撑石油发电需求的增加，总体来看，预计柴油需求结束高增长态势，但仍维持相对强势。国际能源署预计，2023 年全球柴油需求为 2798 万桶/日，同比基本持平，仅小幅上涨 0.9 万桶/日，接近疫情前水平。其中，中国柴油需求预计为 349 万桶/日，同比上升 19.1 万桶/日，涨幅为 5.8 个百分点；印度柴油需求预计为 179 万桶/日，同比上升 8.4 万桶/日，涨幅为 4.9 个百分点。美国受低迷的宏观经济影响，柴油需求总体保持稳定。

航煤方面，随着疫情影响的进一步消退，2023 年航煤需求有望进一步复苏，并成为拉动全球石油需求增长的主要引擎。国际能源署预计，2023 年全球航煤需求为 689 万桶/日，同比大幅上升 77 万桶/日，涨幅为 12.6%。其中，中国航煤需求预计为 74 万桶/日，同比大幅上升 17.6 万桶/日，涨幅为 31.2%；印度航煤需求预计为 20.4 万桶/日，同比上升 5.2 万桶/日，涨幅为 34.2%。

三、全球中长期石油需求走势

当前，在经济前景黯淡及疫情的打击下，全球石油需求仍有一定的恢复空间，但未来随着能源转型步伐加快，能源转型战略成为传统能源需求的重要影响因素之一。

从中长期来看，BP 发布的最新能源展望报告显示，在基准情景下，受到交通效率提高及能源转型的影响，全球道路出行下降；在航空和海运领域，航煤及燃料油需求下降主要受到生物燃料及氢能的影响，令全球石油需求承压。其中，到 2035 年，因出行效率提高而对需求造成影响的比例达到 60% ~70% 。

此外，随着各国低碳能源转型呼声高涨，碳中和将加速市场对传统能源的需求。自 2019 年 12 月欧盟委员会发布“欧洲绿色协议”后，多个欧洲大型能源集团先后制定了零碳转型路线。我国也宣布力争 2030 年前实现碳达峰，2060 年前实现碳中和的重大战略决策。在百年未有之大变局下，国际政治经济格局加速演变，全球大力推进低碳可持续发展目标，给传统能源需求带来巨大挑战。但值得注意的是，自 2021 年以来，世界多国尤其是欧洲国家经历了严重的能源危机，欧盟政府有望放松激进的碳排放政策，对传统能源需求给予提振，能源转型或短暂让渡于能源安全。对中长期而言，随着西方主要国家快速实现碳达峰，2050 年，发展中国家在全球石油需求的占比将增加至接近 80% 。未来，随着能源技术创新进入高度活跃期，能源技术发生突破性进展，以风能、太阳能为主的清洁能源将迅速崛起，大规模储能技术的开发应用将带动绿色低碳能源加快发展。这些都将导致全球范围内的原油需求进一步下降。

四、结语

进入后疫情时代，全球石油市场进入快速变化时期，随着疫情对全球的影响逐步消退，社会经济活动增加，全球石油需求呈恢复态势，多国石油需求已恢复，甚至超过疫情前的水平。自2020年以来，全球石油需求在全球经济前景黯淡、中国经济在疫情反复中均继续艰难增长。随着疫情影响逐步消退，世界将目光转向能源转型重大战略，新能源的快速崛起将逐步替代传统能源需求，为传统能源市场带来更大挑战。这一形势也将加速全球石油需求到达峰值。发达国家石油需求将在更快时间达峰后逐步下降，而发展中国家仍在较长时间内有需求增长空间。

此外，在全球能源变革的关键时期，石油公司将面临较大挑战，石油需求增长逐步达峰将倒逼各大石油公司加快从单一的石油开发与生产向综合型能源公司转型步伐。BP、壳牌、埃克森美孚等公司一方面加快技术创新，降本增效，积极抢占数字化转型机遇，提高传统石油领域的国际竞争力；另一方面，它们不断加大天然气领域的布局并适时进入新能源领域，如氢能、燃料电池以及新材料等。

参考文献

[1] International Monetary Fund. World Economic Outlook Update: Gloomy and More Uncertain [R]. Washington DC: IMF, 2022.

[2] International Energy Agency. Oil Market Report [R]. Paris: IEA, 2022.

[3] US Energy Information Administration. Short - Term Energy Outlook [R]. 2022.

[4] Rystad Energy. Oil Market Weekly Report [R]. 2022.

[5] BP. Energy Outlook 2022 Edition [R]. London: BP, 2022.

[6] Institute of Quantitative and Technological Economics, Chinese Academy of Social Sciences, China International United Petroleum & Chemicals Co., Ltd. Annual Report on China's Petroleum Industry Development [B]. China, 2021.

世界炼油业发展现状与展望

李　涵　龚凯军　方　焯[①]

摘　要　2021年，新冠疫情仍在蔓延，多数炼油项目推迟投产，全球范围炼厂关停潮持续，世界炼油业一改多年持续增长势头，出现净减少。初步估算2021年全球大约161万桶/日的炼能永久关闭，炼能净减少108万桶/日。全球三大炼油中心炼厂加工收益和主要油品裂解价差有所回升，带动加工量反弹至高位水平，炼能存量有限。2022年，随着疫情影响逐步消退，世界新增炼能恢复到正常年份水平，增量较2021年大幅扩大，预计达到约236万桶/日，其中亚太、中东地区发展中国家成为炼能增长主要地区。2022年，宏观经济衰退、俄乌冲突爆发导致世界能源市场剧震，炼油毛利呈现高波动性特点，基本逐月上涨达到历史高位，短期内传统能源仍是稀缺资源。从中长期来看，碳中和进程深刻改变炼油业发展，绿色低碳转型进程或将加速。

关键词　炼油行业；炼油能力；加工收益

① 方焯，硕士，中国国际石油化工联合有限责任公司市场战略部助理分析员，主要研究方向为石油市场供应形势及国际油价走势。

一、2021 年全球炼油业从疫情中逐步复苏，但炼油产能 30 年来首次出现下降

（一）后疫情时代部分新项目推迟投产，全球炼厂掀起关闭热潮

2021 年，新冠疫情仍在全球范围内多时空蔓延，炼厂加工收益和主要油品裂解价差虽有所修复，但仍处于较低水平，碳中和变革倒逼全球各大经济体加速剥离传统炼油业务及淘汰落后产能，多数新增炼油项目延迟投产，美欧国家炼厂持续关停，全球炼油能力同比下降 108 万桶/日，为 1988 年以来首次出现炼能下降情况（见图 1）。

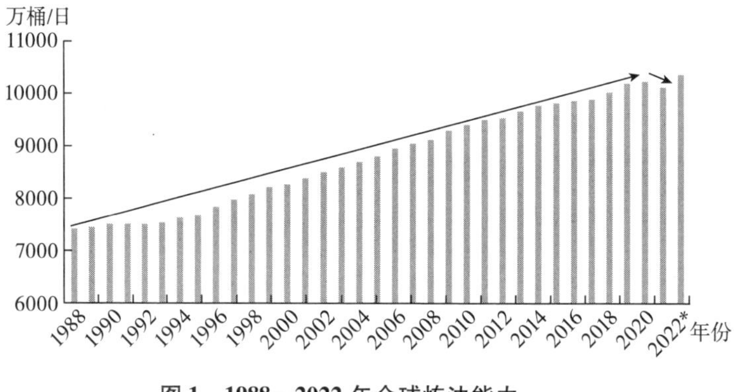

图 1　1988—2022 年全球炼油能力

资料来源：2022 年 BP 能源统计年鉴，Unipec Research & Strategy

1. 部分新项目推迟投产，新增炼能低于预期

2021 年，全球新建和扩建项目总计贡献炼油能力 53 万桶/日，远低于预期的 223 万桶/日，主要是因为受疫情等因素影响，不少新项目推迟投

产。新增炼能来自沙特阿拉伯和伊拉克，其中规模较大的新炼厂有沙特 Jazan 炼厂，产能 40 万桶/日，而原计划投产的大型项目科威特 Al－zour 炼厂（61.5 万桶/日）、阿联酋 Jebel Ali 炼厂（32.6 万桶/日）均推迟至 2022 年投产，令全球炼能增长不及预期。2021 年全球新增和扩能的炼油能力具体项目情况如表 1 所示。

表 1 2021 年全球新增和扩能炼油项目

国家	炼厂/项目	新建/扩能/（万桶/日）	投产时间
沙特阿拉伯	Jazan 炼厂	新建 40	2021 年第二季度
伊拉克	Baiji 炼厂	扩能 6.5	2021 年 6 月
	Basrah 炼厂	新建 6.5	2021 年 8 月
合计		53	—

数据来源：Unipec Research & Strategy（URS），FGE，路透社，普氏，IHS

沙特阿拉伯 Jazan 炼厂始建于 2015 年，但因 2019 年沙特遭遇油田袭击和 2020 年新冠疫情影响，项目几度延迟投产。2021 年 12 月，Jazan 炼厂正式投产使沙特炼油能力增加 40 万桶/日，总炼油能力达到 140 万桶/日。

伊拉克 Baiji 炼厂隶属伊拉克北方炼油公司，炼油能力从6.5 万桶/日提高至 14 万桶/日。2021 年，由于伊拉克夏季电力严重短缺，该炼厂在夏季多次停工，后于 9 月恢复运营，产量约为 10 万桶/日。Basrah 炼厂一期炼油能力为 19.5 万桶/日，扩能 6.5 万桶/日后炼油能力增至 26 万桶/日，目前日常加工量约 21 万桶/日，在 2022 年 8 月伊拉克动乱中一度被叛乱者包围，面临停工风险。

2. 欧美地区炼能持续退出，转产生物燃料方向

2021 年，尽管需求端有所复苏，但因疫情带来的炼厂关停潮仍未退去，欧美地区清洁能源政策导向使部分大型能源公司对下游业务进行转型，进一步推动炼厂的关停和转产，对炼油业造成巨大冲击。全球范围内约有 161.2 万桶/日的炼厂永久关闭。其中，欧洲关闭炼厂 7 家，永久关停产能近 68 万桶/日，约占关停总产能的 42.2%；北美地区关停近 69.5 万桶/日，约为关停总产能的 43.1%。2021 年全球炼厂关停情况如表 2 所示。

表 2　2021 年全球炼厂关停情况

国家	公司	炼厂/项目	炼油能力/（万桶/日）
澳大利亚	Exxon	Altona	9.0
	BP PLC	Kwinana	14.6
美国	Shell	Cnovent	24.0
	Phillips 66	Sanfrancisco	25.5
	Limetree Bay	Arelight and Freepoint	20.0
芬兰	Neste	Naantali	5.5
葡萄牙	Galp	Matosinhos	11.0
法国	Total SE	Grandpuits	10.0
	Total SE	La Mede	15.5
挪威	Exxon Mobil	Slagen	12.0
瑞典	Preem AB	Lysekil	1.7
	Preem SE	Gothenburg	12.4
合计			161.2

资料来源：Unipec Research & Strategy（URS），FGE，路透社，普氏，IHS

（1）澳大利亚地区炼厂关停情况。

2021 年 2 月，澳大利亚埃克森公司关停 Altona 炼厂，该炼厂产能为 9 万桶/日，并计划在 2022 年整合其与美孚墨尔本燃料进口和储存终端之间的通用基础设施。2021 年 3 月，澳大利亚 BP PLC 公司关停了位于珀斯的 Kwinana 炼厂，该炼厂产能 14.6 万桶/日。

（2）美国炼厂关停情况。

自 2020 年以来，疫情对需求端的冲击开启了美国炼厂的关停潮，2021 年仍未停歇。美国可再生燃料政策收紧，清洁能源革命成为政府应对气候危机的核心手段，倒逼各大炼油商加快向清洁能源业务转型，令美国炼油能力处于 2014 年以来最低水平。

2021 年 6 月，Limetree Bay 公司的炼厂由于环境污染问题被美国环境保护署命令关闭，并于 2021 年 12 月被牙买加仓储公司 West Indies Petroleum 收购。该公司表示计划运营该炼厂，但是目前由于环境问题尚未解决而仍未重启。壳牌和菲利普斯 66 两家公司位于 LA 的炼厂永久关停，关停产能合计约 49.5 万桶/日。

（3）欧洲炼厂关停情况。

2021 年，欧洲地区关停产能约 68 万桶/日。欧洲炼厂建设较早，装置落后、适应性较差，2021 年炼油毛利一度降至负值，加速了炼厂退出。2019 年至今，在严格脱碳政策下，BP、壳牌、道达尔、埃尼、挪威国家石油公司等纷纷宣布净零排放战略目标，大力发展可再生能源并转型综合能源服务商。

2021 年 3 月，芬兰公司 Neste 关停了产能较小的 Naantali 炼厂（5.5 万桶/日），把该站点的业务重点转移到码头和港口运营上。2021 年 4 月，葡萄牙 Galp 公司永久关停了位于 Matosinhos 的炼厂（11 万桶/日），此后葡萄牙仅存一家仍在运营的炼厂 Sines。2021 年 6 月，埃克森美孚将位于挪威的 Slagen 炼厂关停，将其改造为燃料进口码头，该炼厂产能为 12 万桶/日。另外，法国道达尔公司将 Grandpuits 和 La Mede 两家炼厂转产可再生燃料，共计减少 25.5 万桶/日的产能。瑞典 Preem AB 和 Preem SE 也转产可再生燃料。

（二）全球炼厂原油加工量

2021 年，全球疫情形势整体好转，疫情对石油消费的边际影响逐步减弱，加之疫情后经济持续回暖也拉动了石油需求回升。据 IEA 统计，2021 年全球石油消费量为 9660 万桶/日，同比增长近 6%，带动全球原油加工量走出低谷，并于年末突破 8000 万桶/日，回到疫情初期水平。据咨询机构 Energy Aspects 数据，2021 年全球炼厂原油加工量同比增长 374 万桶/日，增长 4.4%，达到 7712 万桶/日（见图 2）。其中，以欧美为首的 OECD 国家原油加工量同比增长 4%，我国原油加工量同比增长 4.3%，比 2019 年疫情前增长 7.4%，两年平均增速达 3.6%。炼厂开工率也呈持续回升态势，全球炼厂平均开工率达 80% 左右，中东和亚太地区炼厂的开工率也好于上年。

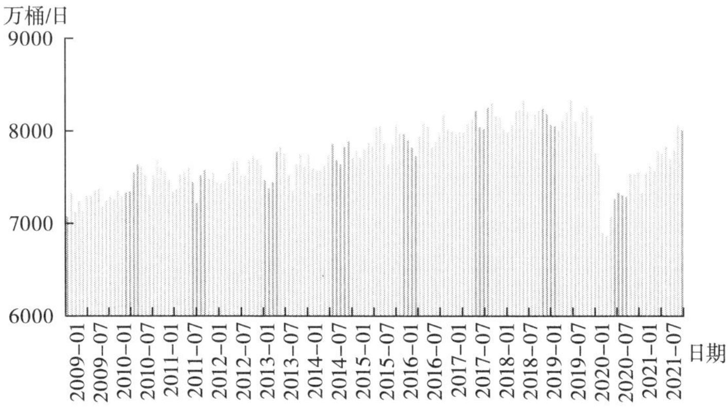

图 2　2009—2021 年全球炼厂原油加工量

资料来源：Energy Aspects，Unipec Research & Strategy（URS）

2021 年，世界各地炼厂根据市场需求及时调整油品收率。分油种来看，汽油是需求增长最为强劲的油品。据 IEA 统计，2021 年底，美国、中国、印度等国的汽油需求已经恢复，甚至高于疫情前水平。2021 年，全球汽油需求恢复增长 10.1%，世界各地炼厂汽油收油率较 2020 年增长高达 3.11%，领跑柴油、航煤，其中亚洲、欧洲、拉丁美洲增长更为强劲，其汽油收油率维持在 25% 左右（见图 3）。

柴油方面，受各国经济刺激政策驱动，世界柴油生产和消费均有所复苏。国际海事组织硫含量新规实施，带动柴油需求上涨，接近 2019 年水平。2021 年，世界柴油供给量约 2731 万桶/日，同比增长 3.5%；柴油需求量约 2767 万桶/日，同比增长 5.6%，世界柴油供需过剩局面有所缓解，多地区柴油供应甚至出现紧张局面，柴油库存大幅下降。世界炼厂柴油平均收油率小幅回升，中东地区提升较明显（见图 4）。

航煤是受疫情影响最大的油品，也是复苏滞后的品种。疫情暴发后，因居家办公导致航空旅行减少，2020 年世界各地炼厂航煤收油率暴跌，约为 2019 年的 70%。2021 年，疫情影响稍有减弱，航煤市场消费相较 2020 年增长了 24.6%，但远低于疫情暴发前 2019 年的水平。据统计，2021 年全球航班数仅恢复至 2019 年同期的 73%，预计航煤需求最早在 2023 年完全恢复。2021 年航煤收油率出现较大反弹，2020 年受疫情冲击航煤收油率跌幅最大的北美洲、欧洲和拉丁美洲地区，在 2021 年分别增长 1.53%、0.24%和 0.52%（见图 5）。

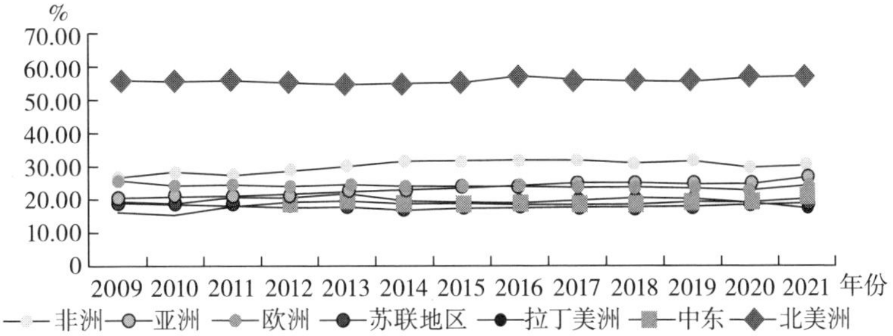

图 3　2009—2021 年世界各地炼厂汽油收油率

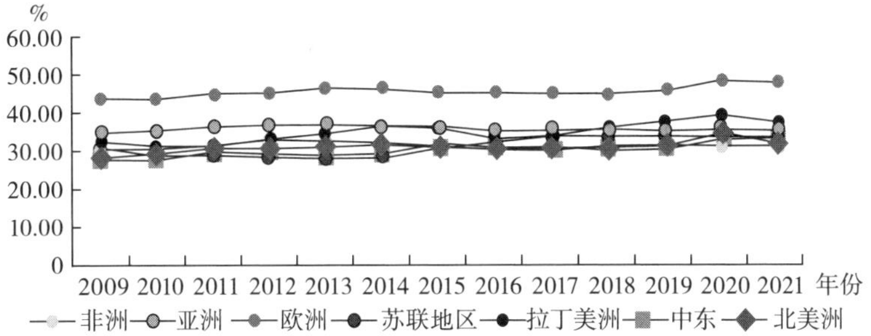

图 4　2009—2021 年世界各地炼厂柴油收油率

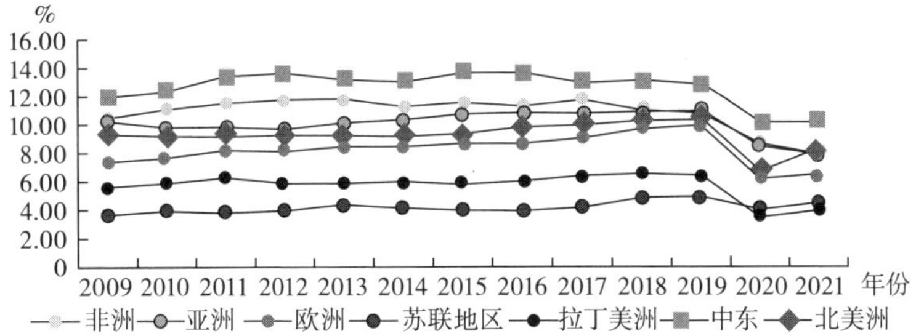

图 5　2009—2021 年世界各地炼厂航煤收油率

资料来源：Energy Aspects，Unipec Research & Strategy（URS）

(三)全球主要炼油中心加工收益有所修复,但仍处于较低水平

2021 年,全球疫情逐步好转,各大经济体持续复苏,全球石油需求回暖,带动炼厂商积极性提高,炼厂开工率随之攀升。与此同时,世界各地石油业上游投资并未出现明显增长,石油供应增长步伐缓慢,“欧佩克 +”减产联盟调控石油市场价格的决心不减,导致全年油市供应紧张,原油和成品油库存逐渐消化并持续低位运行,原油价格不断上涨对炼油业利润构成一定挤压,炼厂加工收益修复进程缓慢。此外,全年期现货走势基本一致,实货原油贴水水平健康,加之油轮航运市场全年低迷,给炼厂经营腾出一些空间。2021 年第四季度,能源危机席卷全球,传统化石能源价格均创下近年新高或历史最高水平,与此同时,新变异毒株全球范围内传播再度打压市场信心,需求回落引发炼油毛利短期回调,新加坡和鹿特丹炼油毛利在 11 月短短一个月回撤近 6 美元/桶,跌幅超 70%;随着变异株被认为毒性降低、欧美全面放开疫情管制,石油需求快速修复,12 月底三大炼油中心毛利重回年内高位水平。

由图 6 和图 7 可以看出,2021 年美国墨西哥湾复杂型炼厂炼油毛利平均为 12.11 美元/桶,同比上升 4.91 美元/桶,恢复至疫情前水平的 80%;在美国疫情得到较好控制的带动下,美国墨西哥湾第二、第三、第四季度炼油毛利同比增速均超 100%,毛利得以显著修复。鹿特丹复杂型炼厂炼油毛利全年平均为 3.76 美元/桶,同比上升 1.49 美元/桶,恢复至疫情前水平的 72%;在疫情控制措施日益成熟、欧洲需求逐步复苏的影响下,鹿特丹炼油毛利逐季攀升,第四季度在英国油荒、欧洲气荒等能源危机的刺激下,欧洲炼油毛利上涨至近 7 美元/桶,创下近 13 年同期新高。新加坡复杂型炼厂炼油毛利全年平均为 3.45 美元/桶,同比上升 3.07 美元/桶,恢复至疫情前水平的 93%;在需求稳健复苏、原油价格逐季攀升的带动下,亚太地区炼油毛利同样呈现逐季攀升态势,第四季度平均水平突破 6 美元/桶,已稳定恢复至疫情前水平。

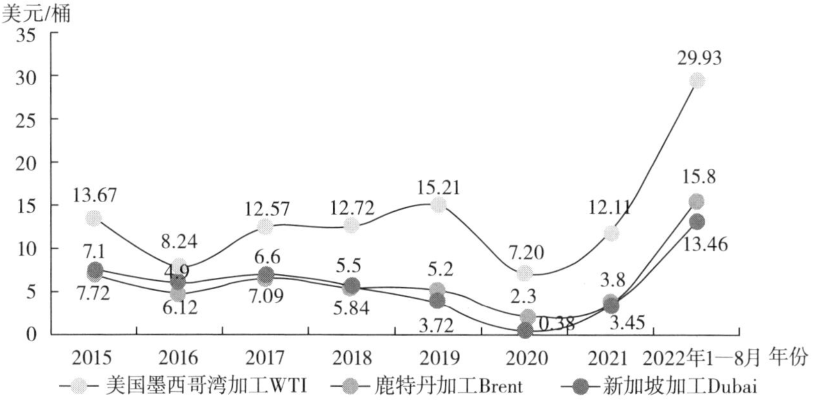

图 6　2015—2022 年三大炼油中心年加工收益

资料来源：路透社，UNIPEC Research & Strategy

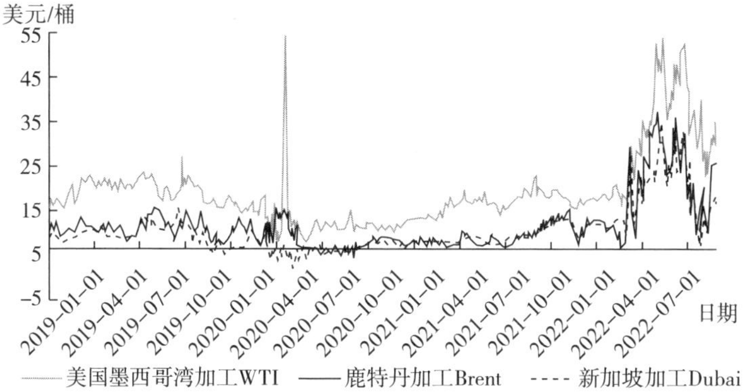

图 7　2019—2022 年三大炼油中心每日加工收益

资料来源：路透社，UNIPEC Research & Strategy

（四）主要油品裂解稳健回升，低硫燃料油延续强势

2021 年，在全球油品需求逐步复苏的大背景下，主要油品裂解价差稳健回升。随着全世界应对疫情的经验越来越丰富，疫情对油品需求的影响逐步弱化，需求回升速度远超供应；加之疫情期间关闭的炼油产能在后疫情时代受到投资衰减、利润缩水以及环保政策压力的影响，短期内难以恢复，导致全球原油库存和油品库存双降，助力主要油品裂解价差回升。具体来看，随着世界各国陆续放开限制措施，2021 年全球道路交通指数从年

初不到疫情前90%回升至疫情前95%以上，其中消费重心亚洲年底基本恢复至疫情前水平，汽油需求复苏强健。2021年，新加坡汽油裂解价差平均为9.1美元/桶，为2020年平均水平的3.2倍，第四季度均值接近13美元/桶，远超疫情前同期水平；欧洲汽油裂解价差平均为10.27美元/桶，为2020年平均水平的3.9倍，远超疫情前水平；美国RBOB汽油裂解价差平均为19.73美元/桶，同比提高90%，也高于疫情前水平（见图8）。

柴油方面，后疫情时代全球经济全面复苏，在世界各国财政政策与货币政策双重刺激下，各地经济快速从2020年的泥潭中抽身出来，新基建项目陆续启动，带动工业活动强劲复苏，柴油需求稳步恢复。2021年全年新加坡柴油裂解价差为8.39美元/桶，同比上升17%，仍低于疫情前水平，美国墨西哥湾、鹿特丹柴油裂解价差同样呈现稳步回升态势。值得一提的是，2021年全球航空交通指数没有出现显著回升，我国航空指数基本稳定在疫情前70%左右的水平，对航煤需求影响最大的国际航空指数从2019年初的30%回升至年末的55%左右，但仍远低于疫情前水平。受到各国边境管制放松步伐缓慢，特别是与中国相关的国际航线恢复滞后的影响，2021年全年新加坡航煤裂解价差平均为5.86美元/桶，同比上升131%，但仍只有2019年的42.7%（见图9）。

此外，船用燃料油市场复苏稳健，低硫燃料油作为市场新宠仍表现强劲。在IMO新规执行的第二年，低硫燃料油仍表现强劲，在全年大多数时点其裂解价差都高于柴油，受到市场热捧。与此同时，高硫燃料油也并未表现出弱势，全年走势稳健，高、低硫燃料油价差并未明显拉开，显示在全年贸易需求未明显增加的基本面情况下，安装脱硫塔的船位比较稳定，市场保持相对均衡。2021年，低硫燃料油裂解价差全年平均12.7美元/桶,同比上升13%，基本与2019年持平，高、低硫燃料油价差维持在20美元/桶左右，低硫燃料油竞争力并未充分显现（见图10）。

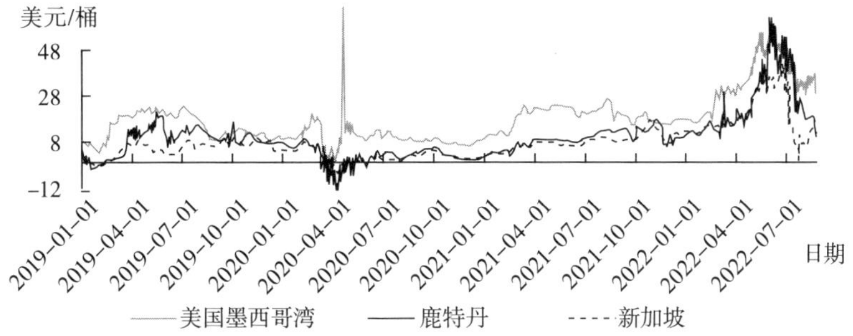

图 8 2019—2022 年新加坡、鹿特丹、美国墨西哥湾汽油裂解价差

资料来源：路透社，Unipec Research & Strategy（URS）

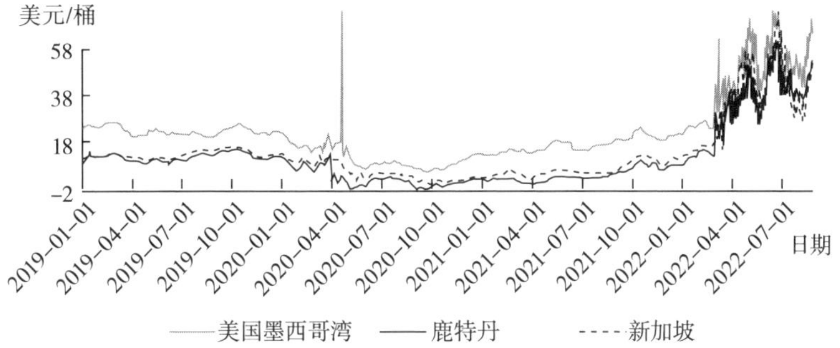

图 9 2019—2022 年新加坡、鹿特丹、美国墨西哥湾柴油裂解价差

资料来源：路透社，Unipec Research & Strategy（URS）

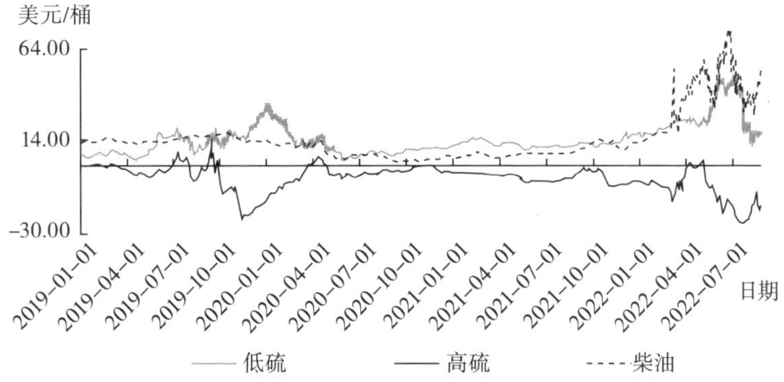

图 10 2019—2022 年新加坡高、低硫燃料油，柴油裂解价差

资料来源：路透社，Unipec Research & Strategy（URS）

二、“后疫情时代”全球炼油业将逐步走出低谷

（一）全球炼油能力恢复快速增长

2022 年，全球受疫情影响逐步消退，部分原计划在 2021 年投产的大型炼化项目在 2022 年终于建成，中国、中东地区和印度尼西亚成为世界炼能增长主要提供地区；美欧炼厂关停潮蔓延至亚太地区，日本、新加坡关停了本地较大规模炼厂，我国以整合小规模地方炼厂资源为主。2022 年，全球炼油能力净增长 236 万桶/日，恢复至正常年份的扩能水平。

1. 多个大型项目投产，集中在中国和中东地区

结合咨询机构普氏、FGE 和 IHS 数据测算，2022 年全球新增炼油能力为 278 万桶/日，增量较 2021 年大幅扩张，中东和亚太地区的炼厂项目稳步推进。其中，亚太地区新增炼能 169.8 万桶/日，占全球新增炼能的 61%，我国有 3 个大型炼化项目，分别为浙江石化二期（40 万桶/日）、广东石化炼化一体化项目（58 万桶/日）和盛虹炼化一体化项目（32 万桶/日）。中东地区新增炼能 108 万桶/日，占全球新增炼能的 38%，新建和扩能项目分别来自科威特、伊拉克和阿联酋。其中，最受市场关注的大型项目为科威特 Al - zour 炼厂，该项目产能为 61.5 万桶/日，原计划于 2020 年完成，受疫情影响拖延至 2022 年，预计 2022 年底全部投产（见表 3）。

表 3　2022 年全球新增和扩能炼油项目

国家	公司	炼厂/项目	投产时间	炼油能力/（万桶/日）
中国	浙江石化	浙江石化二期项目	2022 年 1 月 12 日	新建 40.0
	中国石化	广东石化炼化一体化项目	2022 年	新建 58.0
	东方盛虹	盛虹炼化一体化项目	2022 年 5 月 16 日	新建 32.0
科威特	KIPIC	Al - zour 炼厂	2022 年	新建 61.5
伊拉克	INOC - ORA	Karbala 炼化一体化	2022 年	新建 14.0
阿联酋	ENOC	Jebel Ali 炼厂	2022 年	扩能 32.6

续表

国家	公司	炼厂/项目	投产时间	炼油能力/（万桶/日）
印度	Hindustan Petroleum Corporation Ltd.	Visakhapatnam 炼厂	2022 年	扩能 13.5
印度尼西亚	PT Pertamina	Balongan 炼厂	2022 年	扩能 23.0
	Vitol	Tanjung Bin 炼厂	2022 年	扩能 3.3
合计				277.9

资料来源：UNIPEC Research & Strategy，FGE，路透社，普氏，IHS

浙江石化二期项目的炼油能力为 40 万桶/日。该项目第一批装置（含常减压及相关公用工程装置等）已于 2020 年 11 月 1 日投入运行。浙江石化二期项目于 2022 年 1 月 12 日全面投产。投产后，浙江石化新增 40 万桶/日（合 2000 万吨/年）炼油能力、660 万吨/年芳烃和 140 万吨/年乙烯生产能力，总产能达到 4000 万吨/年，成为我国规模最大的炼厂。因浙石化综合平衡炼油—乙烯—芳烃 3 条产品链，化工品比例高，多产芳烃乙烯原料，而成品油收油率相对较低。目前，一期项目成品油收油率为 35%，二期投产后成品油收油率进一步降低至 29%，远低于传统炼厂 60% 以上的平均水平。

广东揭阳石化是中国石油一次性投资最大的炼化一体化项目。预计建成后生产规模为 58 万桶/日炼油、260 万吨/年芳烃、120 万吨/年乙烯，并配套建设 30 万吨原油码头和 3 万～5 万吨的产品码头。截至 8 月 1 日，广东石化炼油区 18 套主要装置全部中交，项目施工总进度达 99.78%，192 个主项单元完成 175 个。截至 8 月 24 日，广东石化项目空分系统 1 号空分装置已投产，公用工程全部装置进入生产阶段。咨询机构 FGE 预计该项目将在 2022 年第三季度末全面投入使用。

盛虹炼化一体化项目是国内单套规模最大的炼油项目。该项目新建 32 万桶/日（合 1600 万吨/年）炼油、280 万吨/年芳烃、110 万吨/年乙烯。配套建设一个 30 万吨原油码头及 4 个 5 万吨成品油及液体化工码头和 350 万立方米罐区等储运设施。该项目于 2018 年 12 月开始建设，原计划 2021

年底投产，但受国际油价上涨和疫情政策管控影响，推迟至2022年年中投产。2022年5月16日，据江苏东方盛虹有限公司发布公告称，盛虹炼化一体化项目相关装置已具备投料开车条件，盛虹炼化常减压蒸馏装置一次开车成功。量产后，盛虹炼化成品油收油率约为37%，远低于传统炼厂水平。

科威特Al-zour炼厂是除CFP以外科威特重振炼化行业的另一个重要项目。该炼厂能力为61.5万桶/日，原计划于2020年三季度投产，但受疫情影响项目有所延迟。该炼厂新建有3个原油蒸馏装置，每个产能为20.5万桶/日。2022年6月，媒体报道称，Al-zour炼厂将于7月投入运营其中两个原油蒸馏装置，并于2023年全面投产。7月27日，Al-zour炼厂开工率约为50%，正在逐步启动。

伊拉克Karbala炼厂是现代伊拉克历史上唯一的新建炼厂，产能为14万桶/日。2014年开始建设，但由于战争和动乱，建设工程持续至今。据报道，Karbala炼厂一体化工程在过去的两年里稳步推进，目前已完成90%，正式启动目标定于2022年9月。2022年7月，伊拉克石油部长曾表示Karbala炼厂将在2022年底前投产。

阿联酋Jebel Ali炼厂属于该国国家石油公司，扩建规模为原炼厂产能的50%，总炼能为32.6万桶/日。扩建计划宣布于2016年，工程完成于2019年。据咨询机构FGE分析，因为市场需求不振和缺乏伊朗凝析油供应两大原因，该炼厂的新装置一直未投产。FGE预计这两个限制因素将在2022年第三季度得到缓解，该扩能项目也将于2022年第三季度投产。

印度Visakhapatnam炼厂是印度斯坦石油公司（HPCL）的扩能项目，计划将炼油能力从16.7万桶/日提高到30万桶/日，目前已经进入工程后期。根据咨询公司FGE消息，该项目于2021年10月安装了两个管架模块，2022年2月开始安装减压装置，预计常压装置在2022年10月完成，其他剩余升级项目在2023年4月投入运行。

印尼Balongan炼厂是PT Pertamina公司的扩能项目。2021年12月，该项目建设进度达到65%。据咨询公司FGE预测，项目将于2022年9月投产。

印尼Tanjung Bin炼厂项目属于Vitol公司，计划扩能3.3万桶/日。该项目于2019年6月动工，初始计划于2020年5月完成，但因疫情而推迟，预计于2022年投产。该装置设计用于生产符合IMO 2020标准的低硫燃料油，原料为中重质甜油，如巴西的Escalante原油和南苏丹的Dar Blend原油。

2. 炼厂关停潮不止，从欧美蔓延至亚太

2022年，全球炼厂关闭从欧美国家蔓延至亚太发达地区，导致炼厂关闭的原因主要为竞争力不足和产业转型。另外，中国也有部分小炼厂被并入大型炼化项目，进行产业置换。2022年因炼厂毛利增加，炼厂关停规模远小于2021年及2020年，共42万桶/日（见表4）。

表4 2022年全球炼厂关停情况

国家	公司	炼厂/项目	炼油能力/（万桶/日）
新西兰	Z Energy	Marsden	14.5
日本	Eneos	Negishi	12.0
中国	恒源石化		7.0
	富宇石化		4.4
	寿光联盟石化		4.2
合计			42.1

资料来源：UNIPEC Research & Strategy，FGE，路透社，普氏，IHS

新西兰Z Energy公司的Marsden炼厂因长期利润低下而不再具备经济效益，2022年4月停止炼油并已被改造为汽油进口码头，该炼厂原产能14.5万桶/日。

日本Eneos公司将于2022年10月关闭位于东京附近的Negishi炼厂，该炼厂产能为12万桶/日，公司回应关停炼厂的原因为市场需求减弱和炼厂竞争力下降。另外，Eneos宣布计划在2023年关停和歌山炼厂（产能12.75万桶/日），原因同样是国内需求减弱以及面临中国、韩国炼厂的竞

争加剧。这两家炼厂关闭后，控制着日本半数汽油和其他燃料市场的Eneos公司将削减13%的炼油能力。

中国3家地方炼厂（恒源石化、富宇石化和寿光联盟石化）因进行产能置换而关停，这3家炼厂共计产能15.6万桶/日，将被并入裕龙岛项目。其中，恒源石化还会更改产品方向，未来以生产针状焦等能源产品为主。另外，海科化工、科力达化工、永鑫化工3家炼厂（合计产能9.12万桶/日）计划于2023年关停并入裕龙岛项目。据咨询公司FGE预测，裕龙岛项目预计于2025年完工。

此外，美国Lyondell公司计划于2023年关闭在休斯顿的产能超过23万桶/日的炼厂，原因是维护成本过高。日本的出光株式会社也宣布将在2024年关停山口炼厂，并将汽油产量削减约10%。

（二）后疫情时代炼油业将逐步复苏，但炼油毛利难以恢复到疫前水平

2022年以来，随着俄乌冲突爆发，全球能源市场出现巨震，俄欧能源脱钩的炒作愈演愈烈，西方国家对俄油不断推出结算、运输、保险等系列制裁措施。同时，以美联储为首的全球央行频繁加息抽紧流动性导致宏观风险加剧演变，石油市场期、现货走势背离引发现货贴水价格一度创下历史新高，叠加航运市场波动加剧运费也随之水涨船高，炼油毛利呈现高波动性特点。

全球三大炼油中心创历史新高后大幅回落。上半年，月均毛利基本呈现逐月上涨趋势，且半年增幅达到3～5倍，炼油加工收益均创下历史同期最好水平。第三季度开始，受全球通胀水平持续高企、加息步伐不断提速、宏观经济衰退风险笼罩全球影响，叠加欧美驾驶季需求旺季不旺，高油价对需求的抑制逐渐凸显，加之高现货贴水和高运费进一步挤压炼油生存空间，三地炼油毛利显著回落。具体来看，2022年前三季度，美国墨西哥湾炼油毛利多次突破50美元/桶大关，在5月10日达到53.58美元/桶

的年内高点，仅次于2020年4月20日WTI负油价之日；前三季度平均为29.81美元/桶，同比增加18.01美元/桶，6月均价达到47.34美元/桶的历史月度最高水平，9月均价回落到28.7美元/桶，跌至峰值的61%。鹿特丹地区前三季度平均炼油毛利为16美元/桶，同比增加13.33美元/桶；6月均价为25.45美元/桶，为历史月度最高水平，4月29日炼油毛利一度达到35.37美元/桶，创历史最高水平，9月均价为16.12美元/桶，较6月下跌9.33美元/桶。新加坡地区前三季度炼油毛利平均为12.21美元/桶，同比增加9.65美元/桶；6月21日价格达到30.49美元/桶，为历史最高水平，6月均价为24.52美元/桶，续刷历史最好月均水平，近期受我国第五批成品油配额下发影响跌至负值，9月30日价格降至-0.45美元/桶。

与此同时，地缘冲突带来的恐慌情绪在全球蔓延推动成品油裂解价差飞涨，三大炼油中心汽、柴油裂解价差在2022年上半年均创下历史新高，航煤、低硫燃料油也跟随柴油组分同步涨价，裂解价差均创下历史新高；反观高硫燃料油，因受到安装脱硫塔船舶量限制，船用消费难以提升，而沥青、锅炉燃料等需求在高油价条件下反而受到抑制，导致高硫燃料油裂解价差走出背离趋势，在其他油品裂解价差屡创新高的同时创下历史新低。

三、中长期炼油业展望

当前，宏观经济风险全球性蔓延，俄乌冲突等一系列地缘风险正深刻地改变着世界格局；与此同时，世纪大疫情仍未消退，极端气候现象越发频繁发生，能源危机接连爆发，经济发展要实现绿色低碳转型挑战重重。对炼油业而言，中长期内全球油市受上游投资不足影响难以回到供应过剩局面，而新能源替代又难以一蹴而就，因此过渡期内传统能源资源都将成为相对稀缺资源。与此同时，全球经济发展带动能源需求提升，地缘冲突及产油国增产乏力给供给带来更大不确定性，原油市场的高波动性同时传递到炼油成本中，炼油市场收益增加的同时风险也在加剧。从中长期来看，碳中和进程深刻改变炼油业发展格局，炼油业自身低碳减排的绿色发展转型已迫在眉睫，产品结构调整应对成品油消费萎缩将成为炼厂生存的根本，炼油业的竞争已然升级。在炼油规模发展趋势方面，近年来美欧各大石油巨头都在加快转型脚步，纷纷剥离部分传统炼油业务，腾出资产后更多地转向生物燃料、零碳新能源等方向发展；亚太炼油规模还有一定的扩张空间，或将通过加速淘汰落后产能腾出新增产能释放空间，但也将随着汽车电动革命及新型燃料替代步伐的加快逐渐被挤压；中东、非洲、拉丁美洲等地区随着技术引进壁垒逐步打破，有望从简单的原油开采销售模式转型至原油就地炼化、就地消费或部分出口模式，成为中长期炼油产能新的增长极。

在全球产业链加速重构的大背景下，炼油业的绿色低碳转型或将加速。据各大权威机构预测，全球石油需求有望自2030年前后实现达峰，随后成品油将首当其冲被逐步替代趋降。因此，传统的扩大产能规模、抢占成品油市场的竞争模式将被逐步淘汰，取而代之的将是基地与产业集群配套发展，新兴技术迭代升级，节能、低碳、减污、提效以及产品结构灵活调节以适应市场等新维度的竞争。具体而言，传统炼油将加速向炼化一体化、炼油产品原料化和特色化、化工产品高端精细化转型，同时结合大基地建设和完整的产业链配套集群，充分挖掘炼化生产过程副产品价值，提升全产业链竞争力。同时，炼油业将根据市场需求，应用减油增化技术、特种油品定向生产技术、新兴低碳或零碳原料生产技术、原油直接制乙烯技术、分子炼油技术等转型升级技术，并融合信息化、数字化技术来优化炼油生产流程，打造出对市场高适应的灵活型炼厂。此外，炼油能效提升、能源资源整合优化、经济低碳能源替代、长周期稳定运行的设备制造与维护、污染防治与本质安全等也将成为炼油业转型升级的重要课题。

参考文献

[1] FGE. Asia Pacific Databook 2：Refinery Configuration & Construction [R]. Singapore：FGE, 2022.

[2] FGE. Middle East Refining Outlook：An Update on Projects [R]. Singapore：FGE, 2022.

[3] 中国石油集团经济技术研究院 .2021 年中国炼油工业发展近况与近期展望[R]. 中国:中石油经研院,2022.

全球原油贸易新趋势浅析

王冠华　方　焯　夏潇远①

摘　要　2021年，全球原油需求仍然笼罩在新冠疫情的阴影之下，大型炼化项目推迟投产，欧美掀起炼厂关停潮，全球炼能33年来首次出现负增长。受此影响，2021年全球原油贸易总量连续第三年下降，同比减少75万~4135万桶/日。其中，亚太地区因中国进口量的减少，结束20多年来原油进口增势，但仍维持全球第一大原油进口地区地位。美国的原油产量降低叠加全球原油需求疲软，导致其原油进口量小幅上升，出口量6年来首次下降。2021年“欧佩克+”先减产后增产，总出口量和市场份额均小幅回升。2022年，疫情影响逐步消退，全球原油需求和供应稳步回升，原油贸易总量有望恢复增长。2022年前三季度，全球原油贸易总量同比上涨5%至3957万桶/日，亚洲仍处于全球原油贸易中心。2022年4月，俄乌冲突爆发，全球贸易流向出现结构性调整。原俄罗斯向欧洲地区出口的原油转向亚洲，欧洲进口俄罗斯原油的份额显著下降，转而进口中东、西非、美洲等地资源。从中长期来看，地缘政治对全球原油贸易的冲击加剧，主要产油国出口不确定性增加；与此同时，世界能源转型步伐加快，传统能源需求峰值或将提前到来，现有贸易格局或将迎来新一轮调整。

关键词　原油贸易；欧佩克；美国出口；地缘政治；俄乌冲突

①　王冠华，硕士，中国国际石油化工联合有限责任公司市场战略部业务副经理，主要研究方向为石油市场供需基本面及国际油价走势；方焯，硕士，中国国际石油化工联合有限责任公司市场战略部分析员，主要研究方向为石油市场供应及国际油价走势；夏潇远，硕士，中国国际石油化工联合有限责任公司市场战略部业务副经理，主要研究方向为石油及天然气市场供需基本面及国际油价、天然气价格走势。

一、2021 年全球原油贸易概况

（一）2021 年全球原油贸易总量减少，贸易重心东移放缓

2021 年，新冠疫情反复，欧美等主要经济体通胀高企，宏观经济指标下行，石油需求复苏历程曲折，加之美国产量下降、伊核谈判前景不明、地缘政治局势升温等，供应端不确定性增加，2021 年全球原油贸易总量连续第三年下滑。2021 年，全球原油贸易总量小幅下降至 4135 万桶/日（见图 1），同比减少 75 万桶/日，降幅约为 1.8%，拖累原油贸易近 10 年的年均增长率由 1.2% 跌至 0.8%。

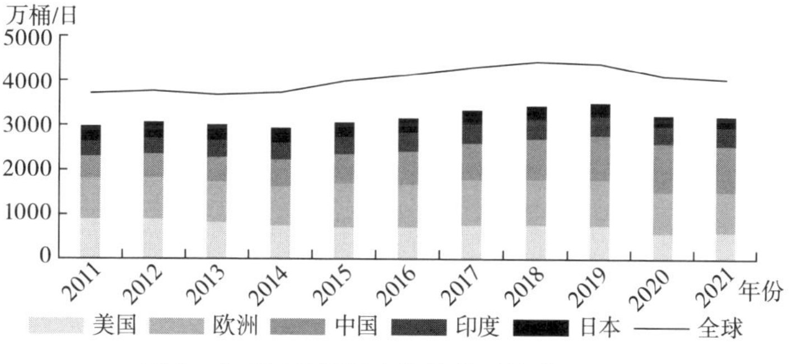

图 1　全球原油贸易变化趋势（按进口）

资料来源：BP，中国海关，EIA，PIRA，Unipec Research & Strategy（URS）

2020—2021 年，疫情导致多数大型炼化项目推迟投产，欧美炼厂掀起关停潮，全球炼能自 1988 年以来首次出现负增长。其中，美国关停近 70 万桶/日产能，炼油能力下降至 2014 年以来最低水平；欧洲永久关停产能

近70万桶/日，约占欧洲总产能的4.5%。全球范围内近200万桶/日的炼能关闭，显著抑制了原油进口需求。

分地区来看，欧洲经济增长乏力，且能源转型加速，各大能源公司纷纷宣布净零排放战略，老旧炼厂被大批关停，如埃克森美孚2021年6月将位于挪威炼能12万桶/日的Slagen炼厂改为燃料进口码头，葡萄牙国家石油公司Galp关停了Matosinhos炼厂（11万桶/日）。受此影响，2021年欧洲原油进口量为971万桶/日，同比减少20万桶/日，占全球原油贸易比重降至23%。

北美地区2021年饱受极端天气侵袭，2月受罕见寒潮影响，得克萨斯州等地上游生产受影响规模达200万~400万桶/日；8月飓风艾达席卷墨西哥湾地区，影响美湾地区海上原油生产平台超过25天，导致美国原油产量下降。此外，疫情叠加通胀高企，美国页岩油公司初现破产潮，国内供给端承压，转向从国外进口以满足需求。北美地区2021年原油进口量为660万桶/日，同比小幅增加13万桶/日，占全球原油贸易总量的16%。

亚太地区受疫情影响，数个大型炼化一体化项目未能在2021年按时投产，高油价低毛利背景下导致炼厂竞争加剧，叠加新冠德尔塔毒株年中在印度暴发，部分航空公司客运量创下疫情以来最大降幅，打击石油需求。此外，中国作为最大的原油进口国，因疫情反复且地炼进口配额和成品油出口配额政策双收紧，近20年来首次出现原油进口量减少。但整体来看，亚太地区仍是全球最大原油进口地区。2021年，亚太地区进口量为2371万桶/日，同比下降41万桶/日；占全球原油进口总量的56%，同比下降1.3个百分点（见图2）。

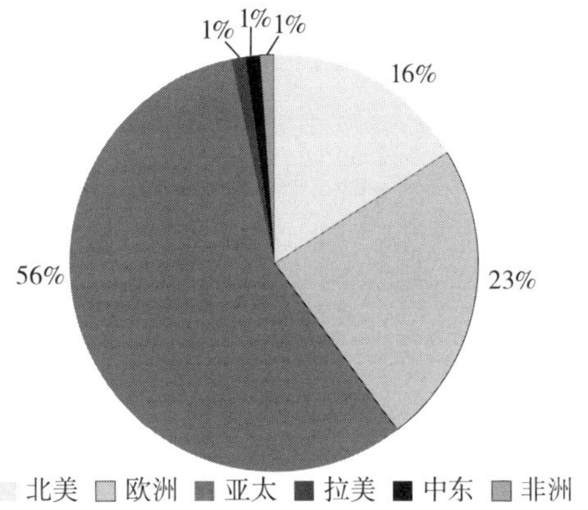

图 2　2021 年全球不同地区原油进口份额（部分地区）

资料来源：BP，Unipec Research & Strategy（URS）

（二）中国原油进口 20 年来首下降，进口来源中东显著增加

自 2001 年起中国原油进口量持续攀升，2017 年超越美国成为全球最大的原油进口国。但是，2021 年油价高企、配额政策变动、疫情反复、能源结构调整加速等多因素共振，中国 20 年来首次出现原油进口量下降。

2021 年，国际油价逐步走高，但需求尚未恢复至疫情前水平，炼厂毛利处于较低水平，降本增效压力加剧，加之 2020 年原油累库，炼厂采购原油意愿不强，抑制部分进口需求。受国家调整成品油出口政策影响，2021 年中国成品油出口配额大幅缩减 2142 万吨，至 3761 万吨，同比下降 36%，出口转内销和“保供”影响增强，一定程度上导致原油进口放缓。根据中国海关统计，2021 年我国原油进口量为 5.1 亿吨，合 1031 万桶/日，同比减少 56 万桶/日，降速达 5.1%，是 20 年来首次下降。2021 年，我国原油对外依存度为 71.9%，同比下降 1.6 个百分点，结束 15 年的增势（见图 3）。

从进口主体看，我国原油进口主体进一步呈现多元化态势，2021 年新型炼化一体项目获得 4200 万吨进口配额，合 84 万桶/日，其中恒力石化、浙江石化分别获得 2000 万吨进口配额。国有石油公司依然占主导地位，占

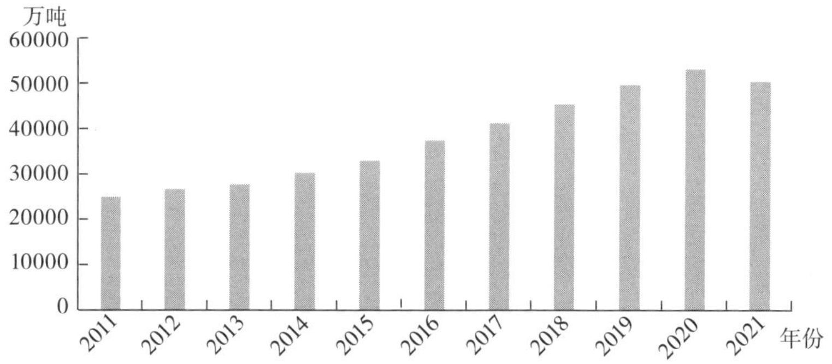

图 3　中国原油进口量变化

资料来源：中国海关，Unipec Research & Strategy（URS）

全国进口总量的69%，同比下降约5个百分点。2021年，政府严抓非国营石油公司规范经营，地炼进口原油配额被一再削减，地炼进口量明显下滑；4批非国营原油进口份额共下发17714万吨，合356万桶/日，同比下降4%，拿到全额配额的地炼比例降至70%左右。

从进口来源看，中国原油进口来源地仍然多元化。中东地区依然是我国最重要的原油进口来源地，2021年我国从中东地区进口原油517万桶/日，占原油进口总量的50%，份额连续第3年上升，同比提高3个百分点。其中，沙特连续3年为我国第一大进口来源国，2021年我国从沙特进口原油176万桶/日，同比增长6万桶/日。独联体地区仍是我国第二大原油进口来源地，但占比略有下降。2021年，我国从独联体地区进口原油170万桶/日,同比减少10万桶/日；占原油进口总量的16%，同比下降0.1%。非洲由第四大原油进口来源地升至第三位，2021年进口量为135万桶/日，占原油进口总量的13%。美洲从第三大进口来源地跌至第四位，2021年我国从美洲进口原油121万桶/日，同比大幅减少47万桶/日；所占份额也跌至11%，同比减少4个百分点，主要是从巴西和美国进口的原油大幅下降，分别同比减少24万桶/日和17万桶/日。此外，我国从西欧国家进口原油连续两年上升，同比增加5万桶/日，至43万桶/日，占比不到5%，其中大部分增量来自英国（见图4）。

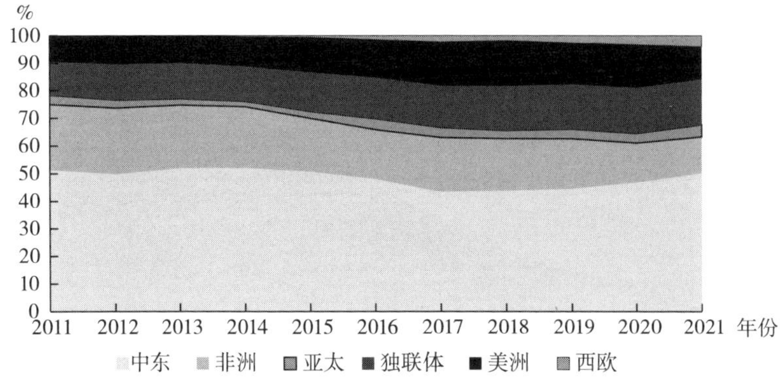

图4　中国原油进口来源地变化

资料来源：中国海关，Unipec Research & Strategy（URS）

（三）新冠疫情下美国原油出口6年来首次下降

页岩油革命以来，美国原油产量飞速增长，在2015年政府取消出口限制后，2019年起原油出口量达到300万桶/日，2020年达到了创纪录的318万桶/日，一度成为石油净出口国。2021年，疫情导致页岩油上游生产缩减，进而打击美国原油出口，出现6年来首次下降。据美国石油服务大型企业贝克休斯统计，美国活跃石油钻机数在2021年初一度降至275座，仅为2020年同期的41%。据美国能源信息署（EIA）统计，2021年美国原油产量为1124万桶/日，同比减少8万桶/日；全年平均出口量为299万桶/日，同比减少18万桶/日，降幅高达6%，是6年来首次出口下降。2021年9月，美国原油出口量一度降至267万桶/日，为近3年的最低水平。

美国原油产量的减少几乎波及其对全球各区域市场的出口。2021年，美国对亚太地区的出口量为137万桶/日，同比减少6万桶/日，出口份额达46%，亚太地区仍是美国原油第一大出口目的地。其中，对中国出口量为24万桶/日，同比大幅减少24万桶/日，降幅高达50%，出口份额由15%跌至8%。美国对欧洲国家原油出口量达106万桶/日，同比小幅减少2万桶/日，占总出口量的36%，份额基本持平。美国对北美地区的出口主要流向加拿大，2021年向加拿大出口原油31万桶/日，虽然同比减少近9万桶/日，但加拿大仍是美国第一大原油出口国，占美国总出口量的11%（见图5）。

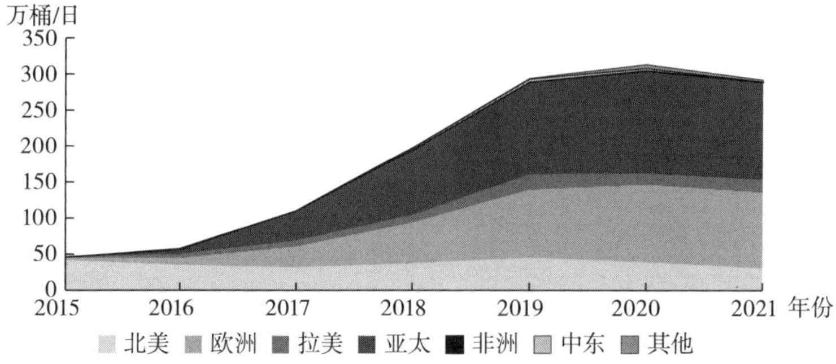

图5　美国原油出口地流向变化

资料来源：EIA，Unipec Research & Strategy（URS）

（四）“欧佩克+”缓慢增产，原油出口量小幅回升

2020年，在油价暴跌背景下，“欧佩克+”达成了历史上最大规模的减产协议。2021年，国际原油价格震荡上涨，“欧佩克+”在减产后逐步恢复产量。第一季度，“欧佩克+”小幅减产，但沙特额外减产100万桶/日，伊拉克也提出额外减产，减产额度最高达到813万桶/日；第二季度，“欧佩克+”小幅增产，沙特分阶段撤回额外减产；第三季度和第四季度，“欧佩克+”维持每月增产40万桶/日的计划，但部分成员国难以提高产量，实际减产执行率维持在116%左右，增产不及预期（见图6）。受减产影响，2020年欧佩克原油出口出现大幅下滑，一度跌至近年来最低水平，如2020年6月出口量仅为1675万桶/日，较正常水平下降600万桶/日以上。

2021年，欧佩克13个成员国的原油产量共计2630万桶/日，同比增加64万桶/日；原油出口量为1972万桶/日，同比小幅增加25万桶/日（见图7）。其中，最大原油出口国沙特维持减产计划，全年出口量657万桶/日，同比减少29万桶/日。利比亚、阿联酋、伊拉克的产量有所回升，利比亚出口量恢复至104万桶/日，同比大幅增加72万桶/日；阿联酋出口量为350万桶/日，同比增加33万桶/日；伊拉克出口量为330万桶/日，

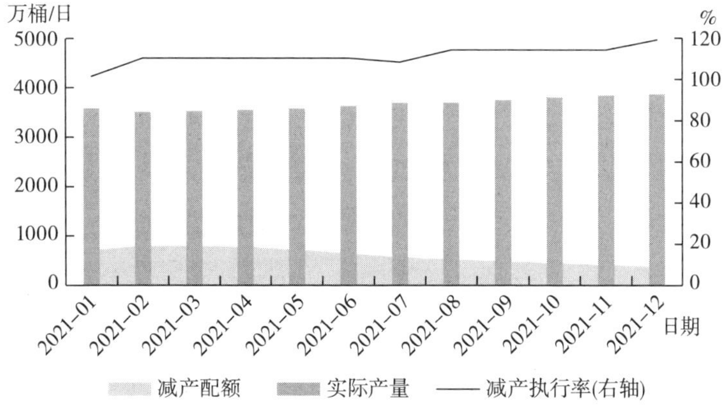

图 6 “欧佩克 +”减产情况

资料来源：欧佩克，Unipec Research & Strategy（URS）

同比增加 16 万桶/日。尼日利亚、安哥拉等非洲国家受限于自身产能，未能达成增产计划，出口小幅下降。

图 7 欧佩克出口情况

资料来源：欧佩克，Unipec Research & Strategy（URS）

二、2022 年全球原油贸易概况

（一）全球原油贸易恢复性增长

进入 2022 年，随着各国逐步放开疫情管控措施，经济活动进一步回暖，全球石油需求和供应稳步复苏，带动全球原油贸易总量增长。2022 年前三季度全球原油贸易总量增长势头迅猛，同比上涨 5.2% 至 3957 万桶/日，其中亚太地区仍维持贸易中心地位，原油贸易量较 2021 年增长 82 万桶/日，至 2393 万桶/日；欧洲地区其次，原油贸易量较 2021 年增长 95 万桶/日，至 1038 万桶/日，其他各地区贸易量均有所增长。分国家看，贸易量增长较快（超 10 万桶/日）的国家分别是印度、日本、法国、西班牙、韩国、美国、马来西亚、埃及、泰国和意大利等，而中国由于疫情反复，在动态清零管控手段下，经济及出行活动不振，对需求构成抑制，原油贸易量降至 994 万桶/日，同比减少 37 万桶/日（见图 8）。

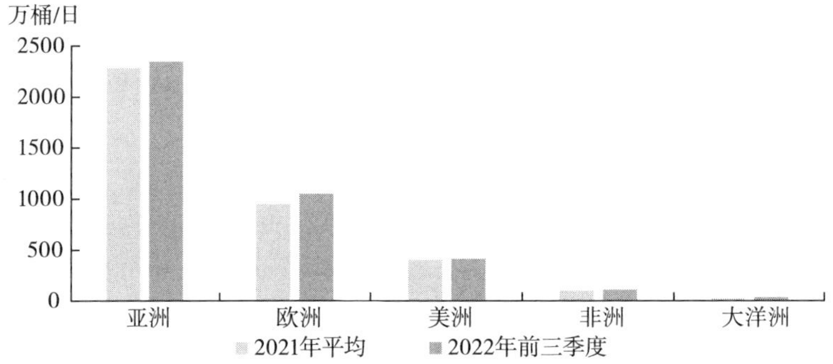

图 8　2021—2022 年全球原油贸易量

资料来源：Kpler，Unipec Research & Strategy（URS）

（二）全球原油贸易流向结构性调整

从全球范围来看，原油供需错配推动贸易发展，原油从美洲、中东、北海、西非等资源地运送至亚太、欧美等需求地，形成相对固定的贸易流向。2022 年俄乌冲突爆发后，欧洲对俄罗斯实施能源制裁，欧洲进口俄罗斯原油锐减，引发全球原油贸易流向大洗牌，全球贸易格局发生根本性调整。

2021 年，俄罗斯原油产量为 1050 万桶/日，是全球仅次于沙特的第二大原油出口国，其中出口欧洲约 246 万桶/日，出口亚太地区约 220 万桶/日。俄乌冲突爆发后，印度、中国等国家加大采购价格低廉的俄罗斯原油，美洲、西非等地区的部分长航线资源份额被俄罗斯原油挤压。在英国、美国、瑞典等国家暂停采购俄油的背景下，原本流向欧美的俄罗斯原油大量流向亚太地区。对欧洲而言，俄罗斯以外的其他产油国迅速填补供应缺口，中东、美洲、西非等地区的替代资源流向欧洲，成为欧洲重要的贸易伙伴。具体来看，欧洲进口俄罗斯原油份额从 2021 年的 36% 大幅下跌至 24%，而进口西非的原油份额从 7% 增至 8%，进口美国的原油份额从 11% 增至 13%（见图 9）。

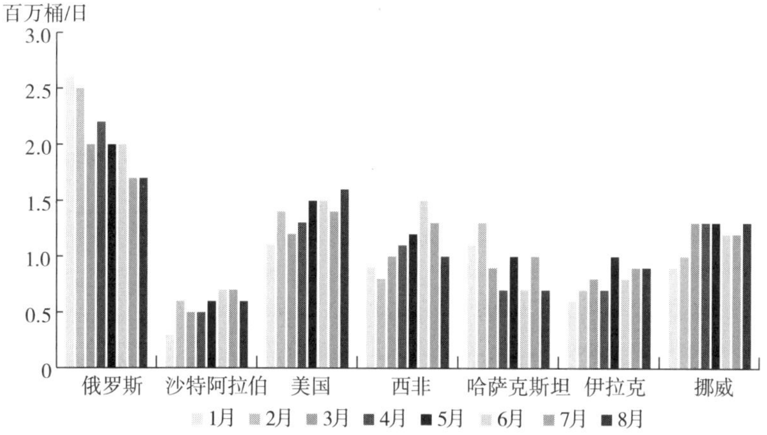

图 9　2022 年欧洲进口原油来源情况

资料来源：Kpler，Unipec Research & Strategy（URS）

从后市来看，2020 年以来欧盟对俄油出口实施多轮制裁，自 12 月 5 日起，欧盟明确禁止进口俄罗斯海运原油，并禁止为不符合限价政策的俄油提供保险和航运服务。在第八轮欧盟制裁中规定，如果接受限价，采购俄罗斯石油则不受保险禁令限制，但目前在限价具体执行层面上各方尚未达成一致，俄方此前曾表示不会向支持价格上限计划的国家出售原油，未来可能会依靠自身运力和保险继续维系部分出口。随着 12 月 5 日欧盟制裁落地，2022 年 12 月俄罗斯海运原油出口很可能降至 250 万桶/日，较正常水平下降 100 万桶/日以上，全球原油贸易格局将进一步发生变化。

三、中长期全球原油贸易展望

（一）地缘政治对全球原油贸易冲击加剧

2022 年以来，全球地缘政治事件频发，围绕能源的博弈不断升级，突发性供应中断风险加剧，原油贸易发生重要变化。委内瑞拉、利比亚、尼日利亚等产油国产量不稳定，油田或管道断供频发，伊朗回归原油市场再度推迟，供应端面临增长乏力的困境，深切影响原油贸易。2022 年高油价风潮席卷美国，美国提出放松对委内瑞拉原油制裁等措施以换取其加大原油出口量。事实上，委内瑞拉在 2008 年的原油产量曾达到 249 万桶/日峰值，但受限于设备老化，当前委内瑞拉的产量基本稳定在 70 万桶/日左右，若美国放松制裁，委内瑞拉产量或有缓慢回升，但受制于其上游生产设施年久失修，短期内增长空间有限。伊核谈判道路曲折，目前未能达成一致，2023 年伊朗有望回归市场，可能带来 100 万 ~150 万桶/日的原油出口增量。能源危机背景下，“欧佩克 +”减产保价意愿强烈，沙特等主要原油出口国话语权及影响力显著提升。此外，“欧佩克 +”外交重心向新兴市场亚太地区倾斜，其主导国家沙特与美国的关系转冷，后期不排除进一步减产的可能，民主党领导下的美国寻求降低油价保民生，与“欧佩克 +”背道而驰，两者合作基础薄弱，美国自身产量有一定增长，但劳动力、原材料短缺以及供应链瓶颈仍然存在，且近年来对上游产业投资不足，产能增长缓慢。

（二）全球原油贸易面临的不确定性增加，俄罗斯原油贸易地位下降

俄乌冲突持续发酵，随着欧盟制裁措施的继续推进，俄罗斯海运原油贸易面临的困境越来越多，未来大概率出现下降。与此同时，大量上游投资撤出俄罗斯，使得俄罗斯中长期上游增长乏力，产量或出现一定下降。

作为全球重要的原油贸易出口国，俄罗斯在全球原油贸易中的地位在一定程度上出现下降，其他国家能否补足俄罗斯缺口仍待观察。此外，随着疫情形势好转，我国有望放松疫情防控措施，叠加稳定经济措施落地，我国石油需求有望回升，推动原油贸易逐渐回暖，但能否回到过去20年的高增长局面仍不确定。从库存面看，2022年全球炼厂维持高开工率，2023年是否维持高开工率和高毛利仍具有一定不确定性。展望后市，欧美央行激进加息，全球或将在2023年迎来经济衰退，石油需求和石油贸易均面临严峻挑战，与此同时，地缘政治剧烈变革将加速各国家和地区的供需形势重构，现有贸易格局或将迎来新一轮灵活性调整，中长期将遭遇更多挑战。

（三）能源转型短期遇冷，仍将重塑原油贸易格局

随着世界向清洁和低碳能源迈进，传统化石能源需求将逐渐被替代。近期一系列地缘政治危机对能源市场的影响深远，欧洲处于新旧动能转换阶段，由于清洁能源供应不稳定，储能技术不发达，欧洲的能源供应出现结构性失衡。2022年欧洲重启煤炭、核能，能源转型遭遇短期压力，市场对传统能源的倚重加大。由于俄罗斯对欧洲管道天然气出口大幅下降，欧洲地区油转气需求增加，原油贸易或有恢复性增长。欧洲能源转型速度或有所放缓，对能源转型的重视暂时让位于能源安全。长期来看，能源供应受制于人的局面为欧洲拉响警钟，一定程度上证明了能源转型的必要性，欧洲将加大力度开发清洁能源，挤压原油贸易份额。此外，我国继续坚定不移地迈向“双碳”目标，电动汽车销量持续增长，生物质燃料、氢能源等石油替代能源迅速发展，以及风、光、水、核等清洁能源发电加速布局，传统油气贸易在能源消费中的占比将稳步下降。

参考文献

[1] BP. BP世界能源统计年鉴[R]. 2022.

[2] 黄小英，夏潇远. 全球原油贸易新格局剖析[J]. 中国油气与新能

源产业发展报告(2021),2021:150-163.

[3] 李晓依,许英明,肖新艳. 俄乌冲突背景下国际石油贸易格局演变趋势及中国应对[J]. 国际经济合作,2022(3):10-18.

[4] 王佩,任娜,蔡艺,等. 高油价下全球石油市场新特点和石油贸易新趋势[J]. 国际石油经济,2022,30(6):35-44.

天然气篇

全球天然气市场与天然气贸易变化趋势

夏潇远　李艾洁[①]

摘　要　在“碳达峰”“碳中和”背景下，天然气作为相对清洁低碳的一次能源，将在未来10年的能源转型中扮演重要角色。俄乌冲突爆发以来，全球天然气供应紧张局势加剧，需求增速放缓，天然气价格屡创新高，液化天然气（LNG）运输市场波动剧烈。与此同时，天然气贸易流向发生变化，在欧美制裁下俄罗斯天然气出口下降，美国LNG出口增长强劲，欧洲致力于寻求多源化进口来源，我国LNG进口增速大幅放缓。从中长期来看，随着新能源不断发展，天然气需求增速放缓，全球天然气需求将在2035年前后达峰。未来5年全球LNG项目将大量投产，从而推动产量显著增加，但全球天然气产量在2032年后或将有所回落。

关键词　天然气供给；天然气需求；天然气贸易

① 夏潇远，中国国际石油化工联合有限公司市场战略部分析师，主要研究方向为国际石油和天然气市场；李艾洁，中国国际石油化工联合有限公司市场战略部分析师，主要研究方向为国际石油和天然气市场。

一、全球天然气市场概况

（一）俄乌冲突以来，全球天然气供应紧张局势加剧

全球新冠疫情暴发以来，全球油气上游投资支出显著下降，导致部分新增产能推迟上马，给区域内供应造成较为明显的冲击。随着俄乌冲突持续升级，俄罗斯地区供应逐步减少，且不确定性增加。国际能源署（IEA）预计，2022 年全球天然气供应量将同比减少 180 亿立方米，至 40920 亿立方米，供应减少量主要来自俄罗斯，预计产量将同比减少 940 亿立方米，至 6680 亿立方米。此外，北美地区天然气产量预计同比增长 300 亿立方米，至 12080 亿立方米，主要贡献来自美国；中东地区产量有望同比增长 180 亿立方米，至 7120 亿立方米；亚太地区预计也将同比增长 190 亿立方米，至 6700 亿立方米；欧洲产量预计同比增长 40 亿立方米，至 2270 亿立方米，仍不抵俄罗斯的产量降幅。

俄罗斯拥有丰富的天然气资源，天然气储、产量分列世界第一位和第二位。《BP 世界能源统计年鉴 2022》数据显示，俄罗斯天然气证实储量为 37.4 万亿立方米，占世界总量的 19.9%；天然气产量为 7017 亿立方米，占世界总量的 17.4%，储采比为 53.3，出口量约为 2500 亿立方米，其中管道气出口占 84%，LNG 出口占 16%。针对西方制裁，俄罗斯实施反制措施，针对不友好国家和地区实行卢布结算令，俄罗斯天然气工业股份公司已先后中断向波兰、保加利亚、芬兰、丹麦和荷兰等拖欠天然气款且拒绝以卢布结算的欧洲国家供气。国际能源署（IEA）预计，受俄罗斯对欧

洲输气量快速减少及国内需求下降影响，2022 年俄罗斯天然气产量将下降 12% 以上。

此外，其他地区天然气供应也呈现偏紧态势。美国于 2021 年 3 月与欧盟签署协议，年内向欧盟增加 150 亿立方米的 LNG 供应，美国能源信息署（EIA）显示，2022 年上半年美国 LNG 出口设施峰值产能利用率为 87%，LNG 液化能力平均为 114 亿立方英尺/日。然而，6 月美国 Freeport 港口爆炸事故使得 LNG 出口设施关停，减少产能 20 亿立方英尺/日，预计 2022 年美国 LNG 出口量或达到 122 亿立方英尺/日。与此同时，中东地区 2022 年内无新增产能，非洲地区多家能源公司有望重启此前搁置的天然气项目，而欧洲地区已探明天然气储量连续多年衰竭，预计产能增加空间有限。

（二）天然气需求增速放缓，欧洲需求或显著下滑

从需求侧来看，全球天然气需求增速或将有所放缓。《BP 世界能源统计年鉴 2022》显示，2021 年全球天然气消费量已高于 2019 年新冠疫情前水平，达到 40375 亿立方米，同比增加 5.3%，首次突破 4 万亿立方米。2021 年，美国天然气消费 8267 亿立方米，欧洲天然气消费 5711 亿立方米，消费量分别居世界前两位。此外，中国和俄罗斯天然气消费同比增长均超过 12%，是消费增速最快的两个国家。然而，2022 年以来，受俄乌冲突发酵、美联储加息缩表、国际天然气价格持续高企，以及极端天气不确定性等因素影响，天然气需求或承压下行，IEA 预计，2022 年全球天然气需求同比减少 200 亿立方米，至 40830 亿立方米。

具体来看，欧洲方面，取暖季来临前，西北欧天然气库存为 460 亿立方米左右，较 2021 年有所回升，但仍低于疫情前水平，预计冬季补库需求将对欧洲天然气需求构成支撑。但同时，欧洲天然气价格高位运行，经济复苏面临下行压力，天然气需求将受到一定抑制。预计 2022 年欧洲天然气需求将同比小幅下降 550 亿立方米，至 5490 亿立方米，远低于 2021 年的同比增幅 310 亿立方米。亚欧地区天然气需求预计将同比减少 150 亿立方

米，至 6190 亿立方米，主要由于俄罗斯天然气需求或将大幅减少 170 亿立方米，至 4840 亿立方米。北美及中东地区天然气需求将有所增加，其中美国的天然气需求总体维持稳定态势，工业用气需求有所改善，但发电用气或有所下滑，IEA 预计 2022 年美国天然气需求同比增长 200 亿立方米，至 8870 亿立方米。

（三）天然气价格屡创新高，欧洲引领亚太价格走势

2021 年以来，全球范围内能源供需矛盾不断加剧，中国电荒、英国油荒、欧洲气荒、印度煤荒等频频上演，全球范围内的能源危机不断发酵，煤炭、石油、天然气三大传统化石能源价格纷纷创近年新高或历史新高。随着疫情好转，传统能源需求激增，天然气需求超预期增长，但上游资本支出大幅下滑，能源生产恢复滞后，造成全球供应紧张形势不断加剧；与此同时，各国环保政策不断加码，煤炭供应下降，且新能源供给不足，导致能源供应出现缺口。由于传统能源供需矛盾激化，全球能源危机持续发酵，天然气价格持续高位运行，导致天然气成为最贵的一次能源（见图 1）。

此外，欧洲引领亚太价格走势。由于亚太地区一直是全球 LNG 主要进

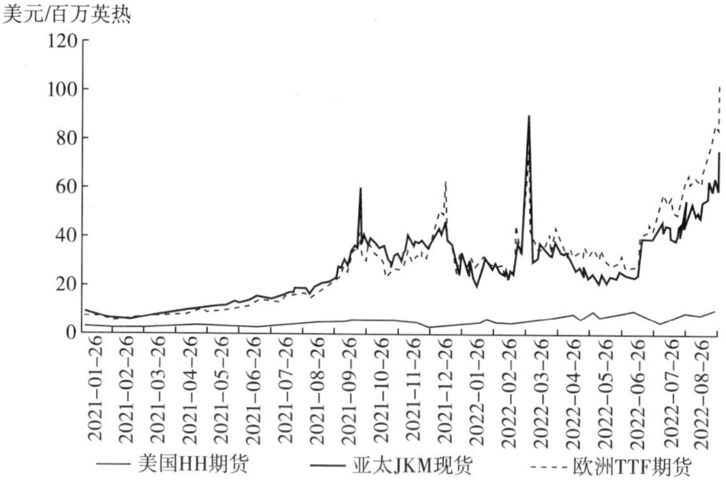

图 1　全球三大基准天然气价格走势

资料来源：路透社，Unipec Research & Strategy（URS）

口区域，近 10 年来亚太 LNG 进口量占全球 LNG 贸易比重一直维持在 70% 左右，亚太 JKM 过去 10 年来成为全球 LNG 定价标杆，欧洲 TTF 价格多数时候跟随亚太 JKM 波动。但 JKM 采取咨询机构普氏窗口交易形式，市场参与率低，流动性较差。2021 年以来，欧洲天然气市场成为美国 LNG 出口的重要调节阀，欧洲天然气期货吸引大量基金和投机者涌入，TTF 期货成为重要的能源投资标的，交易活跃度不断提升，开始引领 JKM 价格走势。多年以来，JKM 价格通常高于 TTF 价格，二者价差为正值。自 2021 年 12 月起，受冬季气温骤降、俄罗斯天然气管道反输、俄乌紧张局势升级等因素影响，TTF 快速上涨，且涨幅超过 JKM，JKM－TTF 负价差显著拉宽。

（四）LNG 运输市场波动剧烈

全球 LNG 主要航线运费波动较剧烈，近年来总体保持平稳上涨态势，LNG 运输市场以 LNG 项目船以及中长期期租船为主，现货船相对较少。但最近两三年来，现货交易日趋活跃，特别是 2021 年，受突发事件及市场情绪等影响，全年 LNG 运费出现剧烈波动，呈现“两头高、中间低”的格局。2022 年以来，LNG 运费先抑后扬，缓慢回落后呈震荡走强态势（见图 2）。

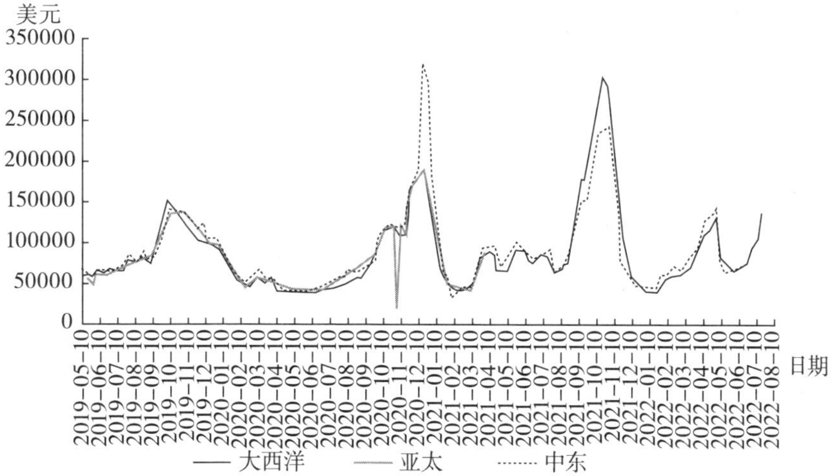

图 2　AFF 评估全球主要地区 17.4 万立方米 LNG 船日租金

资料来源：路透社，Affinity，Unipec Research & Strategy（URS）

具体来看，2021 年上半年，随着气温回暖以及供应恢复增长，船运市场供应紧张态势显著缓解，运费高位回落，大西洋区域 17.4 万立方米 LNG 运输船日租金从年初的 30 万美元回落至 5 万 ~8 万美元。随着北半球进入冬季需求旺季，主要国家加大 LNG 采购力度，推动运费持续走高。12 月初，亚太地区 LNG 船舶日租金上涨至 30 万美元，较 9 月初 7.5 万美元增幅近 400%，接近年初历史高位。2022 年以来，LNG 运费大幅波动。第一季度受俄乌冲突影响，运力紧张推升运费小幅走高；年中受美湾 Freeport 项目停产影响，东、西区域即期船位相对充足，叠加用船需求较平淡，运费价格有所回落；第三季度以来，由于欧亚对美国 LNG 的需求增加，用船需求旺盛，运力供给趋紧，导致 LNG 船供不应求，叠加运距拉长及燃料成本增加等因素影响，运费逐步回升，亚太区域 17.4 万立方米 LNG 船舶日租金从 2 月的 4 万美元上涨至 23 万美元左右。

运力方面，全球 LNG 运输船已超 700 艘，其中现货船占比不到 15%，一定程度上制约了 LNG 贸易的发展，也使得 LNG 运费剧烈波动。按照现有技术水平，全球 LNG 造船产能为 60 ~70 艘/年，LNG 船舶建造周期通常为 28 ~32 个月，当前交付期在 2025 年的船位已非常稀缺，预计未来一段时间全球 LNG 运力将维持紧张格局。

二、全球天然气贸易特点

（一）欧美制裁下俄罗斯天然气出口下降

俄乌冲突爆发以来，西方对俄制裁不断升级，主要集中在金融和能源领域，虽然目前制裁尚未涉及俄罗斯天然气出口，但在地缘政治角力下，俄罗斯天然气供应面临极大的不确定性。

《BP 世界能源统计年鉴 2022》数据显示，2021 年，俄罗斯天然气出口量为 2413 亿立方米，其中 LNG 出口量为 396 亿立方米，同比减少 4.9%，近 10 年平均增速为 10.7%，占总出口量的 16.4%；管道气出口量为2017亿立方米，同比增加2.6%，近10年基本保持稳定，占总出口量的83.6%。俄罗斯管道气的83%出口至欧洲，2021年，俄罗斯出口欧洲三大主力管线的供气量平均为2.96亿立方米/日。

2022年以来，受俄乌冲突影响，北溪1号管道状况频发，俄乌冲突爆发初期，俄罗斯输往欧洲的天然气不减反增，但3月15日起，俄罗斯对欧管道气供应出现不稳定。由于德国西门子公司未能按时将维修的气泵装置送回，自6月16日起，北溪1号管线输气量减少60%至0.67亿立方米/日。7月11—21日，北溪1号开始年度检修，输气量降至0。7月21日，该管道恢复送气，但仅维持0.6亿立方米/日的输气量。7月27日，俄气称又一台涡轮机停运，管线流量降至20%。9月初，俄气公司宣布，由于检修过程中发现设备故障、漏油等问题，“无限期”切断北溪1号管线输气，进一步抽紧欧洲地区天然气市场供应。9月26日，北溪1号和2号管线发生天然气泄漏和爆炸，供气恢复时间将再度推迟，取暖季北溪1号恢复供气的可能性极低。预计全年俄罗斯天然气供应为6680亿立方米，同比大幅减少940亿立方米（见图3）。

北溪1号管线于2011年投产，从俄罗斯圣彼得堡西北的维港，穿过波

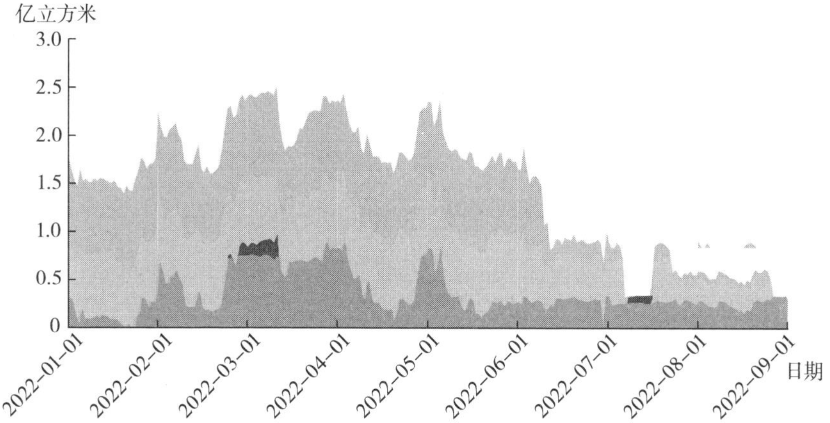

图3 俄罗斯每日主要天然气管道出口

罗的海到达德国格雷夫斯瓦尔，与中欧、西欧地区的天然气管网相接，向丹麦、荷兰、比利时、法国、英国、捷克等欧洲国家输送天然气，年输量550 亿立方米。如果俄罗斯对欧输气停止，全球流往欧洲以外区域的 LNG 现货需要拿出近 70%才能完全替代俄罗斯对欧的管道气供应（约 2.72 亿立方米/日），这在短期内显然很难实现。同时，受基础设施限制，俄罗斯也高度依赖欧洲的出口市场。俄罗斯输往欧洲的上游气田分布于西西伯利亚和亚马尔地区，与中俄东线的气源相隔超 1000 千米，且没有管线联通；加之亚马尔 LNG 出口已高负荷运行，因此该部分天然气无法转输至中国或以 LNG 出口。

此外，北溪 2 号管道于 2018 年开始正式建设，2019 年由于美国实施制裁导致暂停，但俄德坚持施工，2021 年 9 月完工后未能投产，该管线设计输气能力为 550 亿立方米/年。从 2020 年开始，俄罗斯供应欧洲的管道气开始逐渐减量，希望以此加快北溪 2 号管道投产，并利用管道气供应进行地缘政治博弈。2022 年 8 月，北溪 2 号位于俄罗斯境内的管道已开始投入使用，以用于俄西北部的天然气供应。俄罗斯表示北溪 2 号天然气管道已完全准备好运行，已通过所有检查，俄罗斯总统普京表示随时可启动。但在俄乌冲突和欧盟对俄制裁影响下，北溪 2 号管道投产时间将无限期推迟。

短期来看，俄罗斯对欧天然气出口存在较大不确定性，2022 年已出现大幅降低出口量；从中长期来看，欧美制裁下，欧洲对俄罗斯天然气的依赖将逐步降低，俄罗斯对欧洲天然气的出口将随之下降。天然气成为俄欧博弈焦点，俄罗斯将以天然气为杠杆施加对欧洲政治、经济局势的影响。

（二）美国 LNG 出口增长强劲

美国油气资源丰富，目前是全球第一大天然气生产国、第二大天然气出口国、第三大 LNG 出口国。2011 年 5 月，美国放开天然气出口。2016 年 2 月，美国首个 LNG 出口项目 Sabine Pass 项目投产，出口量迅速增长。

由于国内供应量大幅增加，且美国天然气价格长期低于全球其他 LNG 市场价格，推动了跨区贸易发展，美国 LNG 出口显著增加。美国能源信息署数据显示，过去 5 年间，美国 LNG 年均出口量从 1452 万吨大幅增长至 7308 万吨，年均增速高达 40%，成为仅次于澳大利亚和卡塔尔的全球第三大 LNG 出口国。2021 年，美国天然气总出口量为 1863 亿立方米，其中管道气出口 866 亿立方米，占 46%；LNG 出口 997 亿立方米，占 54%。美国管道气出口目的地仅有墨西哥和加拿大，占比分别为 71% 和 29%；LNG 出口目的地超 35 个国家和地区，其中亚洲、欧洲、中南美洲国家占比较大（见图 4）。

图 4　美国 LNG 出口情况

资料来源：Rystad Energy，EIA，Unipec Research & Strategy（URS）

随着 Sabine Pass 第 6 条生产线及 Calcasieu Pass 等项目的投产，美国有望在 2022 年超过澳大利亚和卡塔尔，成为全球最大的 LNG 出口国，总出口能力接近 8000 万吨。到 2025 年，美国可能成为全球首个 LNG 出口能力超过 1 亿吨的国家。

2022 年 6 月 8 日，美国第二大 LNG 出口终端 Freeport（20 亿立方英尺/日）因发生爆炸而完全停产。2022 年以来，美国 LNG 出口量约占欧洲 LNG 进口总量的 45%，其中 Freeport 约占欧洲进口 LNG 的 7%。俄乌冲突爆发后，Freeport 70% 的 LNG 运往欧洲，出口量从 2021 年平均 0. 1 亿立方米/日攀升至 2022 年 1—5 月的平均 0. 3 亿立方米/日。Freeport 出口终端发生爆炸后，Cameron 和 Calcasieu Pass 工厂的供应量有所增加，其他 LNG 出口设施的产能利用率保持在 90% 以上，有助于部分抵销 Freeport 出口终端中断的影响。预计到 2022 年底 Freeport LNG 出口设施才能恢复全面运行，近 500 万吨 LNG 供应受到影响，美国出口至欧洲的 LNG 数量将出现下降。

总体来看，美国天然气产量具有较大的增长潜力，新建 LNG 出口项目陆续投产，且 LNG 出口资源具备一定的经济性，未来仍有较大上升空间，但短期受项目故障影响，出口面临不确定性。

（三）欧洲致力于寻求多源化进口来源

俄乌冲突仍在持续，受地缘政治的影响，俄罗斯天然气供应面临极大的不确定性。当前，俄罗斯三大天然气管道对欧出口量已出现大幅下降，欧洲天然气供应面临短缺风险。俄乌冲突以来，欧洲主要国家均加大 LNG 进口，以稳定天然气供应，特别是进口美国 LNG 资源显著增加。

短期来看，欧洲难以完全摆脱俄罗斯天然气。一是全球可替代 LNG 资源严重不足。俄罗斯每年对欧洲的天然气出口量在 1950 亿立方米左右，一旦断供，所产生的缺口几乎全部需要由 LNG 弥补。但目前全球大部分 LNG 出口资源已被长约锁定，欧洲短期内进口 LNG 增量有限。以美国为例，美国 LNG 出口的中长约占比达 80%，现货只有 20%。现阶段只能将 LNG 出口项目的资源进行重新分配，将未确定卸货目的地的资源有倾向性地出口至欧洲。即使美国 LNG 现货全部流向欧洲，也仅能满足欧洲 20% 左右的进口需求。二是欧洲 LNG 基础设施能力严重不足。当前，欧洲 LNG 接收终端的再气化能力约为 2088 亿立方米，如果用 LNG 完全替代俄罗斯管道气，就意味着欧洲要将再气化能力提高 84%，即使接收站项目现在全面铺开建设，也至少需要 5 年才能完工。三是目前可用 LNG 运力严重不足。基于多数 LNG 项目照付不议的特点，全球 LNG 运输市场以项目船和中长期期租船为主，现货船相对较少，2021 年的 LNG 运输现货船仅 90 艘，只占 LNG 总运力的 13%，因此常出现“一船难求”的现象。如果欧洲进口俄罗斯天然气全部用 LNG 替代，至少需要新增 110 条 LNG 船，显然现有船队难以满足需求。

长期来看，欧洲会逐步降低对俄罗斯天然气的依赖，寻求多元化进口来源。3 月 8 日，欧盟委员会发布《欧洲廉价、安全、可持续能源联合行动》（REPower EU）。欧盟将通过进口气源多元化、加速可再生能源开发、减少供暖和发电环节天然气使用等多种渠道，降低对俄罗斯天然气的依赖。随着美国、卡塔尔等在建项目投产运营，LNG 接收设施不断完善，运力逐渐增长，欧洲有希望寻求更多俄罗斯天然气的替代气源。根据欧盟委员会测算，2022 年底前，欧盟对俄罗斯天然气进口有望削减 2/3，2030 年预计将结束对俄罗斯天然气供应的依赖。

（四）我国 LNG 进口增速大幅放缓

过去 10 年间，我国天然气消费呈现快速增长态势，推动天然气进口强劲增长，一举成为全球最大的天然气进口国；我国天然气进口量从 420 亿立方米增长至近 1700 亿立方米，对外依存度也从 28% 大幅攀升至 45% 左右。我国从 2006 年开始进口 LNG，近年来进口规模逐年攀升，2021 年进口 LNG 达 7993 万吨，超越日本成为全球最大的 LNG 进口国。

2022 年以来，在需求增速放缓、国内供给增加、国际天然气价格高企的背景下，我国天然气进口每月同比均出现下滑，为 2015 年以来首次负增长。此外，我国上半年 LNG 进口到岸平均价是管道气进口价格的 3.5 倍以上，使得 LNG 进口出现明显下滑，尤其现货进口比例大降。当前，我国对天然气终端价格实施管制，高气价无法完全传导至下游，导致企业丧失接货热情，进口商利润大幅缩减。

上半年，我国天然气表观需求为 1811 亿立方米，同比下降 1.5%，第二季度以来连续 3 个月出现同比下降。后市来看，随着气温升高，天然气发电需求将增加，但天然气价格高企或对工业用气需求构成抑制，且多地疫情反复，预计下半年我国天然气需求基本持稳。由于国际 LNG 现货价格高企，我国上半年 LNG 进口量为 3126 万吨（431 亿立方米），同比大幅下降 20.8%；管道气进口 308 亿立方米，同比增加 11.3%。预计 2022 年我国 LNG 进口量为 7000 万吨左右，同比减少 11%，结束此前连续多年的高增长态势。

从中长期来看，在我国“双碳”目标下，天然气仍有望迎来黄金 10 年，但需求增速大幅放缓。预计我国天然气总需求和天然气进口或在 2040 年前后达峰。咨询机构思亚预计，2030 年我国天然气需求将增至 5500 亿立方米以上，“十五五”期间年均增速在 4% 左右，较“十四五”期间下降 3 个百分点；到 2040 年，我国天然气需求将增至 6600 亿立方米以上，10 年年均增速降至 2%。2040 年之后，我国天然气需求或迎来拐点，此后稳中趋降。由于地缘政治风险加剧，供应持续偏紧，推升 LNG 进口价格，且受到 LNG 接收能力和利用率的限制，预计我国 LNG 进口增速将有所放缓，2030 年之前进口增速预计为 5% 左右，2030 年以后 LNG 进口增速降至 2% 左右，大幅低于“十三五”期间 29% 的年均增速。

三、中长期展望

（一）“碳达峰”和“碳中和”推升全球天然气需求，2035 年前后或达峰

近年来，全球范围内碳达峰和碳中和进程显著提速。天然气作为相对清洁低碳的一次能源，将在未来 10 年的能源转型中扮演重要角色。但随着太阳能、风能、核能等新能源的发展，天然气需求增速将放缓。咨询机构 Rystad 预计，全球天然气需求将在 2033 年达到 45320 亿立方米，随后缓慢下降；预计到 2035 年，全球天然气需求为 45190 亿立方米，到 2040 年，全球天然气需求降至 43240 亿立方米（见图 5）。

从各行业来看，发电需求占天然气总需求的 35% 左右，但在 2030 年前后，天然气发电需求将达峰，随后呈现小幅下降态势，在 2035 年之后降

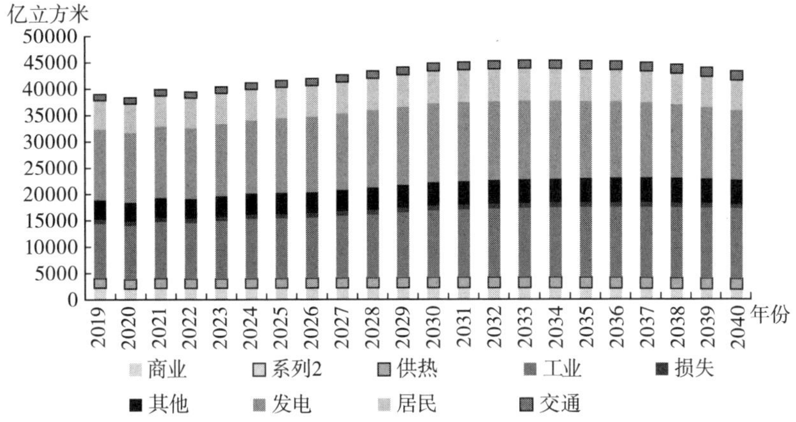

图5　全球天然气需求变化趋势

资料来源：Rystad，Unipec Research & Strategy（URS）

幅不断扩大。到2040年，工业和交通用气需求将成为天然气需求增长的主要来源，分别占天然气总需求的30%和4%，共占新增需求的85%以上；随着经济进入平稳运行阶段，工业用气需求增速放缓，2035年之后工业用气需求将增长乏力，进入平台期；交通需求仍有望保持2%以上的增长率。居民和供热用气需求的发展几乎同步，在2035年之后呈现小幅下降态势，占天然气总需求的35%。商业用气需求占天然气总需求的5%左右，近年来已出现下降，在2040年之前将继续呈现下降态势。

分地区来看，当前北美洲天然气需求占全球总需求的28%，位列第一名，到2030年前后达峰，之后呈现小幅下降态势。亚洲天然气需求占全球总需求的24%，到2040年前后达峰，2030年前后有望超越北美洲，成为全球第一大天然气需求地区，但此后天然气需求增速将放缓。欧洲天然气需求占全球总需求的13%，但2022年之后将呈现逐步下降态势，到2040年，占比将下降至8%。此外，到2040年，非洲、南美洲和俄罗斯的天然气需求将保持小幅增长态势，而中东地区的天然气需求预计将于2035年前后达峰。

（二）全球天然气供应逐步增加，或在10年后达峰

整体而言，未来全球天然气供应将小幅增加，并逐步放缓。俄乌冲突

走势将对俄罗斯产量带来较大的不确定性。此外，由于欧洲地区探明的天然气储量连年衰竭，可供大规模开发的新气源较为有限，叠加美国 LNG 新获批项目受缺乏长协保障、资源可获得性下降、建设成本上涨等因素影响，能否如期投产存在不确定性。咨询机构 Rystad 预计，全球天然气供给将逐步增加，在 2032 年达到 44229 亿立方米，随后缓慢下降；预计到 2035 年，全球天然气供给量为 43364 亿立方米，到 2040 年，全球天然气供给量降至 43074 亿立方米（见图 6）。

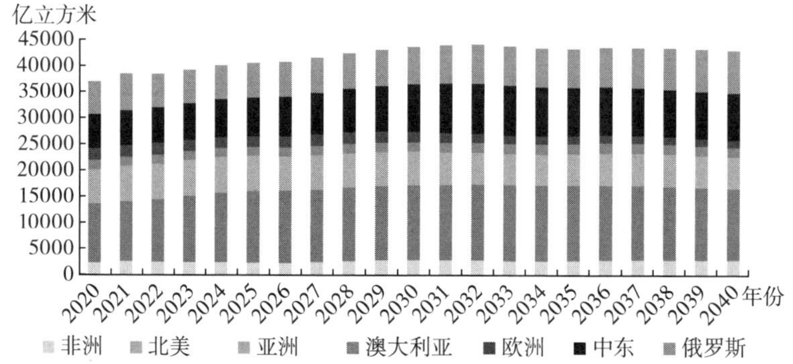

图 6　全球天然气供给变化趋势

资料来源：Rystad，Unipec Research & Strategy（URS）

值得注意的是，LNG 供应量有望在 5 年后大幅增加。随着近两年全球 LNG 价格飙升，开发商加速扩大项目建设规模，目前美国拟建液化能力超过 2.5 亿吨/年，新投资的 LNG 项目主要包括：Driftwood LNG、Plaquemines LNG 和 Corpus Christi LNG T4－10，均已在最终投资决定阶段（FID）取得重大进展。2023—2025 年，美国天然气液化设施产能将继续增加，但增幅有所放缓。2025 年之后，美国有望迎来新一波 LNG 设施建设浪潮。此外，卡塔尔国有能源公司年中与多家能源巨头签署协议，共同开发北油气田扩建项目的第一阶段：北油气田东部项目拟建设 4 条液化生产线（总计 3260 万吨/年），预计 2025 年底前开始生产，该项目第二阶段北油气田南部项目包含另外两条液化生产线。全部投产后，到 2027 年，卡塔尔的 LNG 总产能将从当前的 7700 万吨/年提高到 1.26 亿吨/年，将带动全球 LNG 供应大幅增加。

分地区来看，当前北美洲天然气供给占全球总供给的 31%，位列第一，预计到 2033 年前后达峰，之后呈现小幅下降态势，但至 2040 年期间占比将一直位居第一。中东地区天然气供给占全球总供给的 18%，到 2032 年前后达峰，供给占比达 22%，此后小幅下降，占比在 21% 左右。亚洲天然气供给占比为 17%，但 2022 年之后将呈现逐步下降态势，到 2040 年，占比将达 14% 左右。俄罗斯天然气供给占比为 17% 左右，2022 年之后稳步提升，至 2040 年将达到约 19%。此外，到 2040 年，欧洲天然气供给占比将逐步下降，从 2022 年的 6% 下降至 2040 年的 3%，非洲和澳大利亚天然气供给占比将持稳，分别为 7% 和 4%。

分种类来看，当前近海岸天然气供给占全球总供给的 46%，位列第一名，但之后呈现小幅下降态势，至 2040 年将达 40%。页岩气/致密油供给占全球总供给的 26%，随后逐步上升，到 2034 年前后达峰，占比达 32%，此后缓慢回落，2040 年占比达 30%。近海陆架天然气占比为 19%，但 2022 年之后将呈现逐步下降态势，到 2040 年，占比约为 16%。此外，近海深水天然气供给占比目前为 10% 左右，预计将呈逐步增长态势，至 2040 年占比将达 14% 左右（见图 7）。

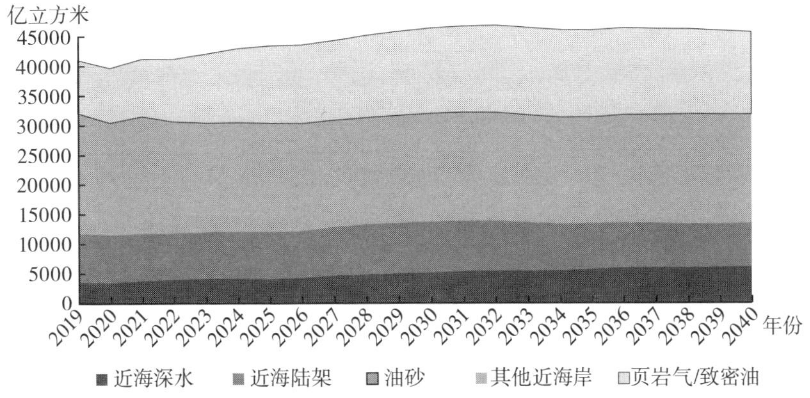

图 7　全球天然气供给来源种类

资料来源：Rystad，Unipec Research & Strategy（URS）

参考文献

[1]BP. BP 世界能源统计年鉴[R]. 2021.

[2]Rystad. Long – Term Energy Outlook[R]. 2022.

[3]张宏,丁昊,张力钧,等. 全球天然气贸易格局及中国天然气进口路径研究[J]. 地域研究与开发,2030(6).

[4]单卫国,姜学峰,陈蕊,等. 从液化天然气贸易拟增看全球市场和经营策略[J]. 世界石油工业,2020(27).

中国天然气行业高质量发展探析

孙 慧 杨 雷[①]

摘 要 我国天然气市场正在发生深刻变化。我国从2011年开始大力推进矿业权特别是探矿权改革，油气勘探开发市场主体已由4家增加至40家以上。液化天然气（LNG）进口已经基本实现国别多元化和主体多元化，进口国/贸易伙伴达到27个，进入LNG采购领域的国内企业已有20多家。管道是我国天然气运输的主要介质，国家级管线已经全部集中于国家管网集团1家，省级管网正在积极推进输售分离。中石油、中石化和中海油是天然气批发销售的绝对主力，省级能源公司是天然气中间销售商主力，城市燃气公司是天然气零售市场主力，全国城市燃气经营企业超过1000家。上、中游天然气价格呈现“门站价格与管输价格并存，政府规制与市场化定价并存”的局面，主干管网运行规则主要围绕基础设施公平准入展开。全国共有两个国家级3个区域级天然气交易平台。天然气监管实行油气有别、政监合一、多级管理、分散监管模式。新形势下，天然气行业要实现高质量发展仍面临很大挑战，需合理解决上游勘探开发放开与天然气保供之间的节奏问题，天然气价格机制构建与行业竞争力之间的共鸣问题，以及天然气近期规模增长与远期降碳之间的协同问题。建议深化改革，加快促进天然气供应主体多元化；创新驱动，稳步推进价格改革与市场化发展；主动作为，建立健全天然气监管体系；战略思维，科学谋划天然气转型升级。

关键词 中国；天然气；改革；高质量发展

---

① 孙慧，北京大学能源研究院高级工程师、助理研究员；杨雷，北京大学能源研究院副院长、研究员。

一、中国天然气行业发展现状

（一）商品市场结构发展现状

1. 国内勘探开发

目前，我国天然气勘探开发以中国石油、中国石化、中国海油3家石油公司以及省属国企延长石油为主。2021年，上述4家企业天然气产量合计2003亿立方米[1-3]，占天然气总产量的比例高达96.5%。

为推动上游主体多元化，我国从2011年开始大力推进矿业权特别是探矿权改革。2011—2019年，我国先后开展了10多次体制内外常规、非常规油气区块探矿权竞争性出让活动。2019年12月31日，自然资源部正式出台《关于推进矿产资源管理改革若干事项的意见（试行）》（自然资规〔2019〕7号）（以下简称“7号文”），全面放开了油气上游市场，规定凡是在中华人民共和国境内注册，净资产不低于3亿元人民币的公司，均有资格按规定取得油气矿业权，包括外资企业和民营企业。在降低勘探开发准入门槛的同时，对探矿权期限也有大幅度调整，规定探矿权申请延续登记时应扣减首设勘查许可证载明面积（非油气已提交资源量的范围/油气已提交探明地质储量的范围除外，已设采矿权矿区范围垂直投影的上部或深部勘查除外）的25%，其中油气探矿权可扣减同一盆地的该探矿权人其他区块同等面积。“7号文”出台后，油气区块退出力度明显加快。据不完全统计，截至2021年底，中国石油、中国石化、中国海油3家石油公司登记油气探矿权区块面积大幅下降，累计退出面积已超过100万平方千米。

油气勘探开发市场主体由前述提及的 4 家企业增加至 40 家以上。其中，2021 年自然资源部授权新疆先后开展了 5 次常规油气区块探矿权竞争性出让活动，共出让区块 18 个，面积约 1.53 万平方千米，其中 64% 的区块面积由前述 4 家企业之外的主体获得。

2. 国外天然气进口

天然气进口包括管道气进口和液化天然气（LNG）进口两种。目前，除新疆广汇从哈萨克斯坦进口少量管道气外，绝大部分管道气进口由中国石油完成，从西北、东北和西南 3 个方向分别进口中亚、俄罗斯和缅甸天然气。2021 年，我国共进口管道天然气 595 亿立方米（根据海关总署公布数据折算），其中中石油进口约 593 亿立方米，占管道气进口总量的比例为 99.7%。我国进口主体多元化主要体现在 LNG 进口方面，目前我国 LNG 进口已经基本实现国别多元化和主体多元化。根据海关总署公布数据，2021 年我国 LNG 进口量 7880 万吨（约 1103 亿立方米）。从资源来源看，LNG 进口国/贸易伙伴已经达到 27 个，其中澳大利亚、卡塔尔、美国和马来西亚是主要进口国，合计占比 72.7%，澳大利亚是最大的进口 LNG 来源国，2021 年进口量为 3110 万吨（约 435 亿立方米），占进口 LNG 总量的比例接近 40%。

从进口主体看，在中国石油、中国石化、中国海油 3 家石油公司基础上，大型燃气公司、省级能源企业、省级管网公司、大型发电集团等向上游资源供应延伸成为趋势。据初步统计，除 3 家石油公司外，目前进入 LNG 采购领域的国内企业已有 20 多家，包括浙江能源、河北建投等省级能源公司，北京燃气、上海申能、新奥燃气、深圳燃气等大中型燃气公司，华电、深圳能源等发电企业，广汇、九丰等 LNG 分销企业。新进入 LNG 进口市场的主体主要有两种途径可以获得 LNG 接收站使用权利，一是借助国家石油天然气管网集团（以下简称“国家管网集团”）LNG 接收站的公平开放；二是通过自身在 LNG 接收站的股比。广东大鹏 LNG 接收站的代加工权益分配模式是典型代表。目前，大鹏 LNG 接收站对其接收能力中的 360 万吨/年进行了代加工权益分配。其中，中海油股比 33%，获得了200万吨/年的代加工权益；BP公司合计股比30%，获得代加工权益60万吨/年；城市燃气团队合计股比24%，获得代加工权益65万吨/年；电厂团队合计股比13%，获得代加工权益35万吨/年。

3. 天然气输送

管道是我国天然气运输的主要介质。目前，国家级管线已经全部集中于国家管网集团1家。截至2021年底，中国天然气长输管道总里程近8.4万千米，已形成以西气东输系统、陕京系统、川气东送、西南管道等为骨架的横跨东西、纵贯南北、连通海外的全国性供气网络，形成了“西气东输、北气南下、海气登陆、就近外供”的格局。

据不完全统计，大陆31个省级行政单位中有实质性业务的省级管网公司共涉及约14个省19家公司，管道长度超过2万千米。其中，绝大部分按照“一省一公司”的模式设置，只有山西、湖南少数省份同时存在多家公司。国家管网集团成立之前，省级管线以地方独资或控股为主。国家管网集团成立后，3家石油公司在省级管网公司中所持股权全部转入了国家管网集团。据不完全统计，国家管网集团持有广东、浙江、贵州、湖南、江西、福建、江苏、山西、湖北、内蒙古、河南等省份的16家省级管网公司股权（见表1），管道长度合计超过9000千米，是国内持股省级管网最大的企业。

表1 国家管网集团部分持股省级管网公司情况（截至2021年底）

序号	省级管网公司	国家管网集团股比/%	序号	省级管网公司	国家管网集团股比/%
1	广东管网	72	9	江西天然气投资	50
2	山东管网	70	10	江苏管网	49
3	海南管网	65	11	山西国化能源	49
4	贵州管网	60	12	湖北管网	49
5	浙江管网（北网）	60	13	江西天然气管道	46
6	湖南天然气公司	60	14	湖南天然气管网	45
7	吉林管网	51	15	内蒙古西部公司	42
8	福建管网	60	16	河南发展燃气	30

4. 下游销售

中国石油、中国石化、中国海油 3 家石油公司是天然气批发销售的绝对主力，2021 年天然气销售量分别为 2056 亿立方米、658 亿立方米、686 亿立方米，合计销售量 3400 亿立方米，占天然气表观消费量 3690 亿立方米的比例在 92% 以上。

省级能源公司是天然气中间销售商的主力。省级能源公司大都在运营省级行政范围内省级天然气管道的同时，向下游的城市燃气公司和终端用户转售从石油公司购买的天然气。目前，省级能源公司大都在积极推进输售分离。

城市燃气公司是天然气零售市场的主力。与批发销售市场相比，天然气零售市场参与主体数量相对较多，市场集中度相对较低。据不完全统计，全国城市燃气经营企业超过 1000 家，涉及中央直属企业、地方国有企业、民营企业、港资企业、外资企业等多种所有制。其中，俗称的“城燃五虎”，即昆仑能源、港华智慧能源、中国燃气、华润燃气和新奥能源，是零售市场发展的风向标。2021 年，“城燃五虎”天然气零售气量合计 1195.1774 亿立方米，约占天然气表观消费量的 32.3%（见表 2）。

表 2 2021 年典型城燃企业经营情况统计表 单位：亿立方米

燃气公司	天然气销售量	天然气零售量
华润燃气控股有限公司①	340.820	340.820
昆仑能源有限公司②	419.990	257.100
新奥能源控股有限公司③	330.970	252.690
中国燃气控股有限公司④	367.032	219.188
港华智慧能源有限公司⑤	145.79	125.3794
合计	1604.602	1195.1774

注：①天然气销售量数据来自参考文献 [8]，天然气零售量数据根据参考文献 [8] 中销售结构估算；②天然气销售量和天然气零售量数据来自参考文献 [9]；③天然气销售量和天然气零售量数据来自参考文献 [10]；④天然气销售量和天然气零售量数据来自参考文献 [11]，其数据为财年数据，截止日期为 2022 年 3 月 31 日；⑤天然气销售量数据来自参考文献 [12]，天然气零售量数据根据参考文献 [12] 中销售结构计算

（二）主要制度规则建设现状

1. 价格形成机制

（1）上中游价格机制。目前，上、中游价格呈现“门站价格与管输价格并存，政府规制与市场化定价并存”的局面。我国的海上气、页岩气、煤层气、煤制气、液化天然气、直供用户用气、储气设施购销气、交易平台公开交易气，以及2015年以后投产进口管道天然气的销售价格已经全部由市场形成，其他国产陆上管道天然气和2014年底前投产的进口管道天然气门站价格，暂按现行价格机制管理，视天然气市场化改革进程适时放开由市场形成。

（2）管输价格。国家管网集团成立后，管输价格单独定价成为必然。2021年6月，国家发展改革委印发了《天然气管道运输价格管理办法（暂行）》和《天然气管道运输定价成本监审办法（暂行）》，明确天然气管道运输价格仍坚持“准许成本加合理收益”的定价原则，运价率采用“一区一价”模式，以宁夏中卫、河北永清、贵州贵阳为主要节点分为西北、西南、东北及中东部4个价区，管输价格在运价率基础上按路径形成。

（3）下游零售价格。大都根据用气性质的不同采用不同的价格机制。居民用气为政府定价，大都为阶梯气价，根据用气量的规模大小制定3档价格，用气量越大价格越高。非居民用气大都为政府指导价，政府或给出最高限价，或给出最大的上浮比例。

2. 主干管网运行规则

目前，天然气主干管网运行规则主要以国家管网集团为载体，围绕基础设施公平准入展开，主要包括三方面内容。一是国家管网集团定期向国家能源局指定平台报送油气管网设施信息，并在其官网主页开设了“公平开放”专栏，以季度为单位向社会公布基础设施相关信息。二是开始逐步建立公平开放相关制度，重点发布了《国家管网集团油气管网设施公平开放管理暂行办法》，对天然气管网设施容量分配、信息公开和报送、托运商管理等工作流程进行了明确规定。同时，国家管网集团在其官网发布了“客户准入流程”和“国家管网公司油气管网设施服务申请受理与实施工作流程”。三是持续完善基础设施信息公开的相关管理办法，重点对油气干线管道、省内和省际管网管输费用加大监管力度。

3. 交易平台建设

目前，我国共有上海和重庆两个国家级天然气交易平台，浙江、海南和深圳 3 个区域级天然气交易平台。上海石油天然气交易中心是我国第一个国家级天然气交易平台，2015 年投入运行，2021 年天然气双边交易量超过 800 亿立方米。目前，天然气交易产品主要有管道天然气（PNG）、液化天然气（LNG）、LNG 运力、LNG 接收站窗口期、储气库容等，交易模式主要有现货挂牌和现货竞价两种。重庆石油天然气交易中心于 2018 年投入运行，2021 年单边交易量接近 250 亿立方米，交易品种包括管道天然气（PNG）、液化天然气（LNG）、压缩天然气（CNG）、储气库容量等，交易方式包括挂牌交易、协议交易、竞拍交易、竞标交易等 4 种。浙江天然气交易市场有限公司于 2020 年正式运行。海南国际能源交易中心（以下简称“海南交易中心”）于 2019 年成立。深圳天然气交易中心于 2021 年 11 月投入运营，主要依托前海联合交易中心。目前上述 3 个区域交易中心的天然气交易量均相对较小。

（三）市场监管现状

按照“管住中间、放开两端”的原则，我国天然气市场产业的监管重点是管网、LNG 接收站等天然气基础设施。目前，国家对油气管网监管实行油气有别、政监合一、多级管理、分散监管的模式。全国石油天然气基础设施发展规划提出，国家级干线管道、新建 LNG 接收站、地下储气库等基础设施建设的审批、核准由国家发展改革委、国家能源局负责，干线管网管输价格管理由国家发展改革委负责，除城镇燃气设施以外的全国油气管网设施公平开放监管工作由国家能源局负责。各省、自治区、直辖市人民政府依据全国规划编制本行政区的天然气基础设施发展规划，负责行政区域内省级及其以下油气管道基础设施建设的审批、核准和备案，省级以下管网管输价格、LNG 接收站服务价格等管理。

近年来，特别是国家管网集团成立以来，我国加大了市场监管力度，先后印发了《油气管网设施公平开放监管办法》《天然气管网设施公平开放信息公开示范文本》《油气管网设施公平开放监管办法》《天然气管道运输价格管理办法（暂行）》《天然气管道运输定价成本监审办法（暂行）》和《天然气管网设施运行调度与应急保供管理办法（试行）（征求意见稿）》等文件。其中，2014 年 2 月国家发展改革委颁布的《天然气基础设施建设运营管理办法》和国家能源局颁布的《油气管网设施公平开放监管办法（试行）》，首次提出了“公平开放”的概念。2019 年印发的《油气管网设施公平开放监管办法》要求油气管网设施运营企业应当无歧视地向符合开放条件的用户提供油气输送、储存、气化、装卸、转运等服务。在加强制度建设的同时，国家能源局也常态化开展了基础设施公平开放监管。

二、天然气行业高质量发展需解决的主要问题

（一）合理解决上游勘探开发放开与天然气保供之间的节奏问题

如何合理把控上游勘探开发放开节奏，不仅是天然气行业高质量发展需要解决的主要问题之一，更是理顺行业上下游各主体关系，提升行业凝聚力的关键。2017 年 5 月印发的《关于深化石油天然气体制改革的若干意见》提出，要“逐步形成以大型国有油气公司为主导、多种经济成分共同参与的勘查开采体系”，但各主体利益诉求不一，改革任重道远。过去 3 家石油公司专注于上游勘探开发和天然气批发销售，城市燃气公司专注于下游天然气零售，双方界限相对分明。但随着石油公司大举进入下游零售

领域，上、下游之间的关系日渐紧张，部分城市燃气公司认为上游已经实质性进入下游，但下游进入国内上游从事勘探开发的机会则相对较少，这使得它们在实际竞争中始终处于劣势，迫切希望加快上游改革步伐，对中石油、中石化、中海油 3 家石油公司退出的油气探矿权区块，希望能及时开展竞争性出让，调整“7 号文”提出的“油气探矿权可扣减同一盆地的该探矿权人其他区块同等面积”的表述，认为这是导致目前退出区块资源潜力相对较“差”的主要原因。同时，资源型省份从保供角度出发，提升本省资源把控能力的诉求也日益强烈。此外，天然气保供任务目前主要由 3 家石油公司主力承担，它们对探矿权 5 年到期强制性核减 25% 的政策持不同意见，认为勘探开发投入大、回报慢，新进入主体技术水平弱，现行政策不利于完成增储上产“七年行动计划”，应适当延长探矿权期限，进一步减少区块延续登记时的核减面积。同时，新进入主体在进口 LNG 市场表现出的“低价时买，高价时不买”的行为，以及部分企业的投机和炒作行为，也使主管部门对其保供责任承担能力产生怀疑。

（二）合理解决天然气价格机制构建与行业竞争力之间的共鸣问题

价格竞争力弱是天然气发展绕不开的“结”。与煤炭相比，假设终端动力煤（热值 5500 千卡/吨）的价格达到 1000 元/吨，燃煤锅炉效率 65%，煤改气后天然气锅炉效率按照 90% 计算，则相当于天然气（热值 8500 千卡/立方米）价格为 2.14 元/立方米，仍旧低于目前东部沿海大部分工业用天然气价格。与风电、光伏发电相比，气电上网电价相对较高也是不争的事实。与储能可预见的成本下降相比，市场对气电成本下降预期较低。与此同时，现行天然气价格机制尚不适应市场化发展方向。“管住中间、放开两端”客观上要求供应和销售两端价格由市场形成，仅中间管输等环节价格受政府规制。国家管网集团成立后管输价格虽然已经单独定价，但基准门站价格依旧存在，且仍然包含管输价格。2020 年新版《中央定价目录》提出放开“具备竞争条件省份天然气的门站价格”，但竞争条件具体包含什么，哪些省份具备条件均未明确。在新形势下，天然气价格机制改革不仅需要服从市场化发展方向，更需要从可持续发展角度着力提高天然气在未来能源系统中的竞争力。

（三）合理解决天然气近期规模增长与远期降碳之间的协同问题

双碳目标提出后，天然气如何适应形势保持健康高质量发展始终是行业关切的重点。一方面，作为最低碳的化石能源，与煤炭相比，天然气在大气污染物减排、二氧化碳减排、效率提升等方面优势明显。随着新能源占比的提高，解决其不稳定、不连续、难预测等问题将逐渐成为能源发展的核心和关键。天然气发电启停迅速，电网适应能力强，具备提供从小时到季度不同时间尺度的电力调峰能力。促进天然气与新能源融合发展，优化调整天然气利用结构已成为行业发展的基本共识。从经济社会发展、城镇化建设推进看，未来 10 ~ 15 年天然气快速发展、规模扩展的态势不会改变。因此，天然气依旧需要保持基础设施适度超前建设，特别是应尽快补齐储气调峰设施短板，为天然气发挥多尺度电力调峰能力提供坚强的物理基础。另一方面，天然气依旧属于含碳能源，实现“碳达峰”目标进入“碳中和”阶段后，天然气如何满足能源降碳或零碳要求也是必须面对的事实。2021 年 6 月 9 日，国家发展改革委制定《天然气管道运输定价成本监审办法（暂行）》，把天然气管道折旧年限从原规定的 30 年延长到 40 年。即使是 2020 年新建管道，折旧完成也需到 2060 年。因此，天然气发展必须处理好近期规模增长与远期降碳之间的协同关系，千方百计避免基础设施大面积亏损，谋划好“碳中和”阶段天然气基础设施的转型发展。

三、天然气行业高质量发展相关建议

（一）深化改革，加快促进天然气供应主体多元化

一是继续深入推进矿业权流转。在总结新疆油气勘探开发管理体制改革试点经验基础上，继续引导和鼓励符合条件的境内外各类市场主体参与油气勘探开发。完善2023年5月初即将到期的试行文件“7号文”，出台正式文件。虽然目前石油公司对探矿权5年到期强制性核减25%的政策存在不同意见，但考虑这是目前增加勘探开发领域主体最有效的手段，建议未来依旧保留该政策。同时，继续鼓励主要石油企业内部、主要石油企业之间油气矿业权的流转。

二是加大油气区块投放力度。充分总结已有竞争性出让试点的经验教训，尽快出台油气矿业权竞争出让管理办法。尽可能减少自然资源管理部门手中积压的探矿权区块面积，建议探矿权到期后的核减面积尽可能在一段时间（如6个月）内通过开展“招拍挂”再次投放市场。扩大油气矿业权竞争出让范围，试点开展采矿权/探明储量转让。

三是推进国有油气企业工程技术、工程建设和装备制造等业务进行专业化重组，作为独立的市场主体参与竞争，解决勘探开发市场新进入主体在技术上的后顾之忧。

四是压实新进入主体保供责任。建议新获得探矿权的企业在一段时间（如首个探矿权期限）内不得转让探矿权，避免投机炒作。新进入供气领域企业的储气能力应达到国家相关要求。

（二）创新驱动，稳步推进价格改革与市场化发展

一是试点先行，逐步取消门站价格管制。统筹考虑门站价格取消、管输价格机制完善、省网国网融合、主干管网与省级管网价格机制协同等问题，将价格改革与竞争性市场建设相结合，从省份或区域试点开始，积累

经验，逐步扩大至全国范围。

二是完善管输定价机制。结合区域竞争性市场建设、国网省网融合、干线管网与省级管网管输定价机制有机统一等问题，研究管输定价在目前“一区域一运价率，按路径形成价格”基础上，逐步调整为“跨省按路径形成价格，省内采用固定价格”的可行性，提高管网在区域市场内优化协同的空间，并促进规模化的区域市场竞争，也兼顾地方普遍服务的需求。研究干线管输收费与省网管输收费的协同，探讨多种模式实现融合收费。同时，平衡管道建设大规模推进的客观现实与终端用户用气成本降低的期望，研究进一步降低基准收益率的可行性。

三是研究两部制定价在我国的适用性和可行性。欧美发达国家天然气基础设施定价普遍采用两部制定价，即服务费由容量费、使用费两部分组成。该定价方式的好处是能解决一部分定价时用气不均衡性产生的合理收费问题，也能鼓励用户有效利用管容、罐容和库容。

四是进一步完善居民用气定价机制。建议第一步依旧保留居民用气基准门站价格管理，但要允许居民用气按照价格机制定价，即“供需双方可以基准门站价格为基础，在上浮 20%、下浮不限的范围内协商确定具体门站价格”。第二步，视情况放开居民用气，但保留政府在价格异常波动时的调控权。

五是进一步理顺下游环节的配售气价格机制。建立全国统一的上下游天然气价格联动机制，从非居民用气开始，逐步过渡到所有用气。考虑到配气管网的投资风险通常低于长输管道的投资风险，建议研究进一步降低配气管网准许收益率的可行性。按照自愿原则，鼓励实行配气与销售分开。在居民用气价格上涨时，还应加大对低收入群体等的补贴力度，保障基本民生。

（三）主动作为，建立健全天然气监管体系

一是以国家管网集团基础设施公平开放监管规则的建立为切入点和重

点，完善基础设施监管规则，进一步规范管网设施运营企业公平开放行为。出台更为详细的基础设施建设与运营管网规则，细化并完善托运商制度，除管输定价机制等规则之外，还应重点建立管容、罐容和库容的剩余能力计算方法标准体系。在2019年印发的《天然气管网设施公平开放信息公开示范文本》基础上进一步完善信息公开的相关要求细则，建议参考欧美经验进一步明确包括信息公开的信息项、时间周期、信息颗粒度、信息发布平台等，制定信息公开的详细模板。

二是优化输配环节价格监管规则。完善定价成本评估和监审制度，建立成本信息的报送、审核和披露制度，建议定期发布定价成本评估报告和定价成本监审报告。引入成本对标分析，通过对各价区、各企业，甚至各管道的建设投资、运营成本和绩效进行对标分析，使监管部门尽可能掌握真实成本信息。提高价格监管激励性，细化定价参数确定方法和调价周期。

三是构建多级协调的监管治理体系。建议经济性监管方面，重组和优化现有监管力量，成立独立的监管机构，类似于美国联邦能源监管委员会（FERC），但与其不同。建议各区域或各省的二级监管机构仍按照中国特色作为派出机构，接受中央垂直管理。明确中央和地方政府相关部门在天然气产业各环节监管方面的职责权限，形成权责对等、分工合理、执行顺畅、监管有力的治理体系。

（四）战略思维，科学谋划天然气行业转型升级

一是大力促进天然气与风能、光能、氢能、生物天然气等多种能源融合发展。王炜玮等提出天然气与新能源融合发展主要有基地型、海洋型和园区型3种融合发展模式，天然气与氢能融合发展主要有天然气掺氢、氢储能、氢能分布3种应用场景，天然气与生物天然气融合发展主要有点式和网式两种融合模式。天然气与新能源融合发展是目前行业关注度最高的发展模式。石油公司的油气田所在地大都风、光资源富足，具备天然气与

新能源融合发展的物理基础。目前，中石油的大庆、辽河、长庆、塔里木、新疆、吉林、大港、青海、华北、冀东等陆上油气田均在积极部署新能源项目。中海油正在探索“风光发电+油气产业”“风光发电+天然气发电”“海上风电+海洋牧场”等融合发展新模式。中石化则借助自身的氢业务链优势，选择氢能作为新能源发展的重心，提出要围绕氢能交通、绿氢炼化两大领域积极推进产业示范。国家管网集团则从运输优势出发，将氢气和二氧化碳等的运输作为研发重点。城市燃气公司也在积极开展天然气掺氢输送利用等相关研究。

二是积极开展CCUS相关技术研发，持续拓展天然气碳排空间。CO_2驱油方面，可充分发挥油气企业先发优势，在总结现有CO_2驱油技术进步基础上，努力扩大应用范围。CO_2封存方面，可充分利用油气行业的勘探开发技术优势，试点开展CO_2在咸水层、枯竭油气藏、深海中的封存技术研究。CO_2运输方面，应积极开展油气管道输送CO_2等的研究及试点工作。CCUS产业基地方面，建议围绕准噶尔盆地、鄂尔多斯盆地、渤海湾盆地等天然气资源与CO_2封存能力高度重叠地区，建设以CO_2捕集、输送、驱油与埋存为特色的区域性源汇匹配CCUS示范产业基地。

参考文献

[1]中国石油天然气集团有限公司. 2021年度报告[R/OL]. http://www.cnpc.com.cn/cnpc/ndbg/202205/dfacd21e00704c86ad94c6317f755943/files/32925aa9c28043c484e77fb21cbcf936.pdf. 2022-05-26/2022-07-19.

[2]中国石化. 爱我中华 振兴石化 为美好生活加油[EB/OL]. http://www.sinopecgroup.com/group/Resource/Pdf/GroupAnnualReport2021.pdf. 2022-06-07/2022-07-19.

[3]2016—2021年中国天然气产量[J]. 国际石油经济,2022,30(1):5.

[4]刘朝全,姜学峰,吴谋远. 2021年国内外油气行业发展报告[M].

北京:石油工业出版社,2022:90.

[5]孙慧. 我国天然气产业结构分析与优化升级研究[D]. 北京:中国地质大学(北京),2018:17.

[6]中国海洋石油集团有限公司. 2021 年度报告[R/OL]. http://www.cnpc.com.cn/cnpc/ndbg/202205/dfacd21e00704c86ad94c6317f755943/files/32925aa9c28043c484e77fb21cbcf936.pdf. 2022-06-17/2022-08-23.

[7]国家能源局石油天然气司,国务院发展研究中心资源与环境政策研究所,自然资源部油气资源战略研究中心. 中国天然气发展报告(2022)[M]. 北京:石油工业出版社,2022:3.

[8]华润燃气控股有限公司. 2021 年报[R/OL]. https://www.crcgas.com/tzz/cwxx/cwbg/2021/yearnb/202204/P020220420725151788919.pdf. 2022-04-20/2022-08-23.

[9]昆仑能源有限公司. 2021 年报[R/OL]. http://media-kunlunenergy.todayir.com/20220419182401463110216434_tc.pdf. 2022-04-19/2022-08-23.

[10]新奥能源控股有限公司. 低碳之旅再出发 2021 年年报[R/OL]. https://www.xinaogas.com/u/cms/www/202205/12103002snva.pdf. 2022-05/2022-08-23.

[11]中国燃气控股有限公司. 廿载耕耘燃亮未来(年报 2021/22)[R/OL]. http://cn.chinagasholdings.com.hk/Private/NewsImgs/637937737799077505129 1474223.pdf. 2022-07-18/2022-08-23.

[12]港华智慧能源有限公司. 2021 年报[R/OL]. http://www.towngassmartenergy.com/getattachment/Investor-Relations/Annual-Report/2022/Annual-Report-2021/CW_01083AR2021-(Full).pdf.aspx? lang=zh-HK&ext=.pdf. /2022-08-23.

[13]国家发展和改革委员会. 中华人民共和国国家发展和改革委员会令第 31 号[EB/OL]. https://www.ndrc.gov.cn/xxgk/zcfb/fzggwl/202003/t20

200316_1223371. html? code = &state = 123. 2020 - 03 - 13/2022 - 08 - 23.

[14]王炜玮,孙慧,杨雷. 大力推动燃气与多种能源融合发展:双碳目标下燃气行业发展战略探讨[J]. 城市燃气,2022,569(7):1 - 5.

[15]中国石油天然气集团有限公司. 加快转型步伐全面推进油气与新能源协同融合发展[EB/OL]. https://baijiahao. baidu. com/s? id = 1736444876553133810&wfr = spider&for = pc. 2022 - 06 - 24/2022 - 09 - 07.

[16]王雅洁. 风从海上来 中国海油进军新能源[EB/OL]. https://m. thepaper. cn/baijiahao_19545372. 2022 - 08 - 20/2022 - 09 - 07.

[17]中国石化官方. 中国石化发布实施氢能中长期发展战略[R/OL]. https://baijiahao. baidu. com/s? id = 1743137867505174138. 2022 - 09 - 05/2022 - 09 - 07.

我国天然气管网基础设施体制机制改革进展与建议

张雄君　白　俊[①]

摘　要　国家管网集团的成立和运营使得我国油气市场的生产供应竞争环节和中游储运垄断环节基本实现合理分开，天然气市场结构发生重大变化，是我国油气体制改革的突破性进展。本文梳理国家管网集团成立前后管道、LNG 接收站和储气库 3 种天然气管网基础设施体制机制改革与实践，认为天然气管网基础设施改革取得了 5 个方面的进展：①干线管网基础设施实现所有权独立；②部分省管网以市场化方式融入国家管网；③初步建立起运销分离体制下的价格管理与成本监审规则；④实现剩余能力对第三方开放的改进；⑤监管体系初步形成。但同时指出存在 5 个方面的不足：①管网基础设施建设发展存在短板；②管网运营规则有待细化完善；③信息公开程度有待提升；④监管体系建设有待加强；⑤省网融入国家管网有待深化。进而提出 7 个方面的建议：①加快提升天然气基础设施能力；②完善管网运营调度细则；③建立互联互通和运销分离的“全国一张网”；④以区域试点撬动管输服务定价改革；⑤完善以信息公开和公平开放为核心的监管体系；⑥允许部分管网基础设施开放豁免；⑦增加基础设施对“双碳”发展的适应性。

关键词　天然气；体制机制改革；管网基础设施；管道；储气库；LNG 接收站；运营规则；公平开放；信息公开；监管

---

① 张雄君，高级工程师，硕士研究生，2005 年毕业于中国石油大学（北京），就职于北京市燃气集团有限责任公司，主要从事天然气市场化改革政策研究；白俊，北京燃气研究院副院长，主要从事能源战略、政策、经济、能源转型和国际合作研究。

一、前言

天然气的物理化学属性决定其从资源地流向最终用户，必须依靠管道运输与配送、LNG 接收站液化与再气化、储气库注入与采出工序中的一种或几种来完成，从而形成对输送管道、配气管道、LNG 进口接收站和储气库等管网基础设施（LNG 罐箱、槽车等具有灵活性但规模相对小的运输和存储设备不在本文讨论范围）的高度依赖。由于天然气产业链条上各环节的高度依存性，基础设施建设和互联互通的完善程度，以及其与资源市场和消费市场发展的匹配程度，都会影响天然气市场的发展规模与速度。天然气管网基础设施作为天然气资源流动的路由，占用公共土地、海岸或矿产自然资源，具有一定垄断性、规模性、公共性和公益性，是政府重点监管领域。天然气管网基础设施的这些特点，使得其体制机制改革成效对天然气市场化改革成败极为重要。

我国天然气管网基础设施以西气东输一线、大港大张坨储气库和广东大鹏 LNG 接收站建设为标志，进入快速发展阶段。截至 2021 年底，全国在役干线管道总里程达到 11.6 万千米。根据公开资料统计，全国城镇天然气配气管网里程达 105 万千米；在役 LNG 进口接收站 22 座，年接收能力合计 10010 万吨，LNG 储罐罐容 1175 万立方米；在役储气库群 15 个，达产工作气量约 166 亿立方米。

我国天然气管网基础设施体制机制改革以国家石油天然气管网集团有限公司（以下简称国家管网集团）的成立为关键突破。国家管网集团的正式运营使得我国油气市场的生产供应竞争环节和中游储运垄断环节基本实现合理分开，为竞争环节增强竞争和垄断环节加强监管初步奠定了组织基础。通过建立新型管网运营机制，强化管网服务公平开放和公开透明，提升基础设施监管力度等改革，促进管网基础设施建设，提高管网设施利用效率，支持天然气资源高效流动，保障天然气供应安全，更好地服务天然气市场发展需求，是现阶段天然气基础设施体制机制改革的主要任务。

本文对国家管网集团成立前后天然气管道、LNG 接收站和储气库 3 种天然气管网基础设施规划建设、运营规则、价格机制、信息公开、第三方开放及监管体系等方面体制机制改革的政策、实践进展进行总结，探讨存在的主要问题，并结合我国油气体制改革发展方向提出相关建议。

二、我国天然气管网基础设施体制机制改革进展

（一）干线管网基础设施实现所有权独立

1998 年以后，国内主要天然气生产商与供应商——中国石油天然气集团有限公司（以下简称中国石油）、中国石油化工集团有限公司（以下简称中国石化）和中国海洋石油集团有限公司（以下简称中国海油）（以下统称三大石油公司）是我国天然气管道、LNG 接收站和储气库的主要所有者和经营者。

2017 年 5 月印发的《中共中央 国务院关于深化石油天然气体制改革的若干意见》（中发〔2017〕15 号）要点中涵盖了油气管网运营机制在内的八大油气体制改革重点任务。2019 年 3 月，中央全面深化改革委员会第七次会议通过了《石油天然气管网运营机制改革实施意见》，要求组建国有资本控股、投资主体多元化的石油天然气管网公司，推动形成上游油气资源多主体多渠道供应、中间统一管网高效集输、下游销售市场充分竞争的油气市场体系，提高油气资源配置效率，保障油气安全稳定供应。2019 年 12 月 9 日，国家管网集团成立。在达成一系列股权和现金交易方案后，

2020 年 9 月 30 日，国家管网集团和三大石油公司及其他股东举行油气管网资产交割暨运营交接签字仪式，正式接管三大石油公司全国性主要油气管道、部分储气库和 LNG 接收站资产，进入实质性运营阶段，国内天然气市场结构由此发生重大变化。国家管网集团作为独立的主干油气管网垄断性经营者和承运商，不从事油气商品买卖经营活动，向托运商提供公平、公正、公开的储运服务，其生产经营、服务收费和信息披露等行为都需要受到政府部门的严格监管，改变了改革前竞争性业务和垄断性业务不分的局面。2021 年，国家管网集团管网平均负荷率、LNG 接收站平均利用率同比分别提高 9% 和 16%，天然气管输平均运距同比下降 3%，节约管输成本超 20 亿元，新增三大石油公司以外的托运商 53 家。

国家管网集团将原来分散在三大石油公司的主要管网基础设施统一运营，是我国天然气干线管道基础设施的所有者和运营者，覆盖全国 30 个省（自治区、直辖市）及香港特别行政区，具有全国性的资源调运能力。国家管网集团负责全国天然气干线管网、部分储气调峰设施、LNG 接收站等基础设施的投资建设与运营，负责干线管网互联互通和与社会管道联通，以及全国天然气干线管网运行调度，定期向社会公开剩余管输和储存能力，向所有符合条件的用户公平开放管输和存储服务。除此之外，国家管网集团还承担着应急保供协调责任和相应的储气责任、管道保护和基础设施安全运行责任。公开资料显示，目前国家管网集团运营天然气管道约 4.9 万千米，占全国主干管道总里程约 44%；年一次管道运输能力 2600 亿立方米，占 2021 年全国天然气消费量约 70%。此外，国家管网集团还拥有 7 座在役 LNG 接收站，年接收能力和储罐罐容分别超过全国总量的 30%；拥有的 8 座储气库（含参股的储气库），2021 年注采气量占全国总量超过 25%，占当年全国天然气消费量约 1.2%。“十四五”期间，国家管网集团规划新建管道 2.5 万千米以上。随着改革的深入，如省级管网以市场化方式进一步融入、在建和规划储气库、接收站等管网基础设施项目建成投产，预计国家管网集团天然气管网基础设施在全国的占比还会进一步提高。

本轮改革后，三大石油公司直接拥有的管网基础设施在全国所占份额相应缩小。2021 年，中国石油干线管道里程数 1.7 万千米，占全国总里程数的比例由 2019 年的超 70% 下降为约 15%。三大石油公司在役 LNG 接收站接收能力占全国总接收能力下降至约 55%，城燃公司、电力公司和其他企业拥有 15% 左右的接收能力。中国石油储气库工作气量占全国总量由 90% 下降为约 50%。不过，三大石油公司仍然是国家管网集团的股东，享有相应的股东权利，同时也是国家管网集团最主要的托运商，并享有相关基础设施的优先使用权，国家管网集团只有存在剩余能力时才会向其他第三方开放。2021 年，三大石油公司占国家管网集团基础设施服务总量约 90%。

（二）部分省网以市场化方式融入国家管网

公开报道显示，《石油天然气管网运营机制改革实施意见》对省级管网改革提出的意见是：国有大型油气企业在省级管网公司中所持股权全部纳入国家管网集团；鼓励地方以省级管网资产入股国家管网集团。国家管网集团成立后，积极和地方政府有关部门以及管网企业进行对接沟通，推动省级管网公司以市场化方式融入国家管网集团。

目前，我国共有 35 个省内短途管道企业分布于 25 个通气省份。通过资产划拨、股权交易和服务承诺等多种方式，国家管网集团一次性控股或参股了约 50% 的省级管网公司，根据天眼查数据，国家管网集团持有的省级管网公司股权情况见表 1。

表 1　国家管网集团通过资产划拨持有的省级管网公司股权

序号	公司名称	持股比例/%
1	国家管网集团江苏天然气管道有限责任公司	76
2	国家管网集团山东天然气管道有限公司	70
3	山东省国实管道天然气有限公司	65
4	国家管网集团吉林天然气管网有限责任公司	51
5	国家管网集团吉林天然气管道有限责任公司	60

续表

序号	公司名称	持股比例/%
6	国家管网集团贵州省管网有限公司	60
7	国家管网集团中原天然气有限责任公司	65
8	国家管网集团河北建投天然气有限公司	50
9	国家管网集团广东省管网有限公司	72
10	国家管网集团海南省管网有限公司	55
11	国家管网集团湖南省天然气管网有限公司	60
12	国家管网集团福建省管网有限公司	60
13	国家管网集团甘肃省天然气管网有限公司	60
14	湖北省天然气发展有限公司	49
15	浙江省天然气开发有限公司	60
16	广西天然气管道有限责任公司	65
17	江西省天然气投资有限公司	50
18	江西省天然气管道有限公司	46

截至2022年底，国家管网集团已就省级管网投资建设和经营管理事宜先后与广东、海南、湖北、湖南、福建、甘肃、浙江7家省政府签署合作协议。除湖北省外，国家管网集团已成为其余6省省内天然气干支线管网的唯一建设运营主体，确立了“统一规划、统一建设、统一运营、统一管理、统一运价”的原则。

从公开的信息来看，广东省内主干管道总里程约3600千米，其中西气东输管道约1500千米，其中广东省管网公司建成主干管网里程1300千米，大鹏LNG接收站约444千米，中海油广东管道约350千米，122个县（区、县级市）中已有56个县修通了天然气管道。根据规划，国家管网集团将力争于2022年底前基本实现广东省管道“县县通”。海南省已建成投产的天然气管道约470千米，年输气量16亿立方米。“十四五”期间，国家管网集团将建成覆盖海南省沿海主要城市及重要工业经济发展区的主管网，实现海南省天然气管网由“口”字型向“田”字型升级。湖北省内高压管网里程664千米，在先完成省内天然气销售和管道资产分离之后，将管道资产融入国家管网集团。湖南省省级天然气管网总里程超过2000千米，地市级覆盖率86%。福建省内已建、在建天然气管道总里程1566千米，包括西气东输三线福建段等国家主干管道和海西管网等福建省内管网。甘肃省有西气东输、涩宁兰、兰银线、中贵线等7条总长近3800千米干线管道过境省内，年输气能力超1000亿立方米。浙江省省级天然气管网原里程超过2500千米，“十四五”期间，国家管网集团将在浙江地区规划新建省级天然气管道1600千米、LNG接收站1座。

（三）初步建立起运销分离体制下的价格管理与成本监审规则

按照“管住中间、放开两头”的天然气和电力价格改革思路，在加快推进天然气行业竞争性环节充分竞争和价格市场化改革的同时，也要着力加强对具有垄断属性的管道运输和配气环节价格和成本的监管。根据《中华人民共和国价格法》《政府制定价格行为规则》（2017年第7号令）、《政府制定价格成本监审办法》（2017年第8号令）、《关于进一步加强垄断行业价格监管的意见》（发改价格规〔2017〕1554号）等文件要求，我国已初步建立起以“准许成本+合理收益”为核心的网络型自然垄断环节定价机制，同时政府部门也在探索进一步完善竞争性环节价格市场调节的价格机制。国家管网集团成立后，政府有关部门有针对性地调整了跨省管道运输服务价格和LNG接收站气化服务价格管理规则。

管道运输服务价格方面，跨省管道将按4个价区实行一区一个运价率。2021年6月，国家发展改革委发布了《天然气管道运输价格管理办法（暂行）》和《天然气管道运输定价成本监审办法（暂行）》（发改价格规〔2021〕818号）（以下分别简称《价格管理办法》《成本监审办法》），根据我国天然气市场结构和管道分布情况，将跨省管道划入西北、西南、东北及中东部4个价区，分区核定运价率。《价格管理办法》和《成本监审办法》适应国家管网集团成立后市场新形势的要求，在首个监管周期内沿用了原有对管道负荷率不低于75%、成本收益率8%、管道折旧年限为40

年等主要定价参数的限定，保持了定价参数的稳定性。另外，通过保留定价参数动态调整权，并增加对不同价区准许收入和运价率的微调权等举措，明确了根据管网发展阶段、行业发展形势和天然气改革进程进行动态调整的原则，为管道运输价格后续调整做好铺垫，体现了平稳改革和渐进推进的特点。

LNG 接收站服务价格方面，国家发展改革委于 2022 年 5 月发布《关于完善进口液化天然气接收站气化服务定价机制的指导意见》（发改价格〔2022〕768 号），根据接收站站内设施的不同功能定位，将所提供的服务和产品进行了区分，分别实行政府指导价和市场自主定价。这是国家首次专门就接收站气化服务价格制定的政策文件。第一，对 LNG 接收站气化服务费按照政府指导价管理，通过政府指导价与接收站灵活定价相结合的方式实行价格监管，鼓励气化服务费一省份一最高指导价。对“液来气走”外输相关工艺流程设施提供的气化服务，可以理解为管网基础设施的一个环节，对其定价的原则与准许收益率的要求，与网络型自然垄断环节的跨省管道价格管理保持一致，并对气化服务效率提出要求，明确了 60% 的最低气化比例。中央政府层面规范定价机制，为地方制定和调整气化服务指导价提供标准和参考。根据要求，省级价格主管部门将于 2022 年底前在此框架下制定本省（自治区、直辖市）价格管理办法和成本监审规则，制定本省最高气化服务费率。各接收站在满足不超过所在省份最高气化服务费率要求下，自行制定并公开本接收站服务费率。通过分层级的价格管理流程，一方面可以保证接收站通过政策保障获得政府许可范围内的收益，另一方面给接收站留有创新产品、提升效率的空间，可激发市场主体活力，在一定范围内自主承担市场风险，扩大合理有效投资。第二，LNG 接收站液态外输服务，以及罐箱外输、船舶转运等发挥接收站枢纽功能的其他新兴外输服务被视作竞争性环节，将不再实行政府指导价，而由市场自主定价，由接收站与用户根据服务成本与收益、市场供求和竞争状况协商确定。其中，液态外输服务与液态商品市场化定价是衔接的。LNG 接收站储罐有两个不同功能，一是作为接收站附属设施，保障接收站运营安全；二是作为大型储气调峰设施，保障天然气供应安全。对前者做出了最高存储天数45天的限制，对后者放开实行市场化定价。

储气库市场虽仍然缺乏竞争性，但目前沿用了《关于加快储气设施建设和完善储气调峰辅助服务市场机制的意见》（发改能源规〔2018〕637号）中对储气调峰设施服务实行市场化定价的规定。国家管网集团文23储气库、港华燃气金坛盐穴储气库和重庆储运公司黄草峡储气库在交易中心尝试性开展了储气库库容招标、竞价交易，调峰气产品交易和库容挂牌交易。

省内管道价格方面，将由省级价格主管部门参照《价格管理办法》和《成本监审办法》相关原则制定，并加强与跨省管道定价管理的衔接。

城镇配气管网价格方面，2017年6月，国家发展改革委发布《关于加强配气价格监管的指导意见》（发改价格〔2017〕1171号），对各地制定配气价格管理和定价成本监审规则进行指导，规定了供销差率原则上不超过5%，3年内降低至不超过4%；管网折旧年限不低于30年；准许收益率不超过7%等核心配气定价指标参数，并允许各地结合辖区内天然气市场发育程度、承受能力等确定各自具体的指标参数。

（四）实现剩余能力对第三方开放的改进

在干线管网独立之前，我国已经提出油气管网基础设施剩余能力向第三方开放的要求。干线管网独立后，天然气管网基础设施对第三方开放已经出现了改进。

2014年2月，国家能源局印发《油气管网设施公平开放监管办法（试行）》（国能监管〔2014〕84号），要求油气管网设施运营企业将管网设施运营与其他油气业务实行财务分离，在有剩余能力时，按签订合同的先后次序向新增用户公平、无歧视地提供第三方开放服务。《中共中央 国务院关于深化石油天然气体制改革的若干意见》明确提出完善管网公平接入机制，干线管道、省内和省际管网均向第三方市场主体公平开放。2019 年 5 月，国家发展改革委、国家能源局、住房城乡建设部、市场监督管理总局 4 部门联合印发《油气管网设施公平开放监管办法》（发改能源规〔2019〕916 号），要求油气运营企业在管网运营机制改革到位前，在保障现有用户现有服务并具备剩余能力的前提下，按要求向符合条件的用户开放管网设施，并进一步规范了油气管网、LNG 接收站等设施准入申请、受理流程、监管要求，提出构建合同管理机制下的公平开放服务，鼓励提供多样化服务。在此期间，三大石油公司进口 LNG 接收站窗口期对股东方等特定第三方进行了有条件的尝试性开放探索。

国家管网集团成立并正式运营后，天然气管网基础设施开放的效果有所显现。中国石化、中国海油等借助国家管网集团的管道进入了此前难以进入的销售市场，中国石油开始利用此前难以利用的接收站，新疆庆华、广汇能源和九丰能源等多个市场主体也获得了前所未有的市场进入新机会，一些企业开始探索管网运营新体制机制下可能存在的商机。通过管网基础设施进一步开放撬动上游资源自由流动，实现供应多元化的改善。

（五）监管体系初步形成

监管是在市场化过程中不断完善政府职能，在充分发挥市场机制对资源配置决定性作用基础上，对市场失灵的校正和补充。伴随着油气体制改革进程的推进，油气监管体系也在逐渐完善过程中。“管住中间”的重要内容之一就是对自然垄断环节的天然气管网基础设施的开放和服务进行监管。经过近 10 年的发展，天然气管网基础设施监管体系初步建成。

监管依据上，已形成以行政法规、部门和地方政府规章为依据的监管政策体系，这些规范性文件主要包括《天然气基础设施建设与运营管理办法》（发展改革委令第 8 号）、《油气管网设施公平开放监管办法》（发改能源规〔2019〕916 号）、《关于加强天然气管网设施公平开放信息公开工作的通知》（国能综通监管〔2019〕76 号）、《关于加快储气设施建设和完善储气调峰辅助服务市场机制的意见》（发改能源规〔2018〕637号）、《天然气管道运输价格管理办法（暂行）》和《天然气管道运输定价成本监审办法（暂行）》（发改价格规〔2021〕818号）等，以及油气体制改革相关政策文件等。

监管实践上，已有的公平开放和信息公开要求逐渐规范，价格成本监审和公平竞争监管逐步强化，服务监管持续提升，运行监管逐步展开，规划建设监管有望完善，以信用为基础的新型能源监管机制也开始建设。另外，反垄断监管和安全生产监管也在逐步加强。

监管机构上，国家发展改革委、国家能源局、市场监管总局、住房城乡建设部等部门以及地方发展改革、能源、经信、市场监管等有关部门按照各自职权范围开展监管工作。国家能源局市场监管司及其18个派出机构承担全国范围内油气设施（城市燃气除外）公平开放的监管职责，相关工作逐步深入。

三、现阶段存在的主要问题

（一）管网基础设施建设发展存在短板

新建管道增速较慢。国家发展改革委和国家能源局于2017年5月发布的《中长期油气管网规划》（发改基础〔2017〕965号）（以下简称管网规划）提出，全国天然气主干管道里程到2020年达到10.4万千米，到2025年达到16.3万千米。到2020年底，全国天然气主干管道实际总里程为8.3万千米，未达到2020年管网规划目标。按2025年管网规划目标，需在2021年底干线管道里程数基础上，新建干线管道4.7万千米，相当于国家管网集团现有管道里程数翻番。国家管网集团开展运营近两年以来，新建干线管道约3000千米，按目前建设速度，全国2025年的目标难以完成，天然气管网输送能力紧平衡状况难以彻底改观。从中远期需求增量上看，配套管网基础设施建设还有很大发展空间。在“碳达峰”和“碳中和”背景下，多数机构预计2035—2040年我国天然气需求峰值将增长到6000亿立方米以上，是2021年天然气消费量的约2倍，这对增加管网基础设施能力提出了新要求。

管网互联互通不足。物理上干线与支线之间、区域支线之间、LNG接收站与外输管道之间、储气库与外输管道之间的互联互通不足，距离联结成网还有差距。技术上不同运营主体的管道与进口LNG接收站之间不具备“互操作性”，目前能实现双向输送的管道较少，还没有能实现双向输送的进口LNG接收站。根据国务院于2022年1月印发的《“十四五”现代综合交通运输体系发展规划》（国发〔2021〕27号）和国家发展改革委2022年3月印发的《“十四五”现代能源体系规划》（发改能源〔2022〕210号），将加快天然气干线管道及区域天然气管网建设，加快管输瓶颈互联互通“补短板”和省际联通通道建设，加强各类主体、不同气源之间天然气管网的高效互联。

储备能力严重不足。根据公开资料，截至2021年底，我国储气库工作气量与进口LNG接收站储罐形成的总调峰能力约239亿立方米，不足当年全国天然气消费量的7%，不能满足季节性调峰和应急保供要求。当前储气调峰设施的价格机制超前于天然气市场化发展现状。国家能源局局长章建华于2022年7月在国务院“加快建设能源强国 全力保障能源安全”新闻发布会上表示，将继续立足国内、多元保障、强化储备，完善产供储销体系。着眼于中长期发展，研究制定了全国储气能力建设实施方案，立足大库大站，系统谋划储气重大项目的布局。预计到“十四五”期末，我国天然气储备能力有望在2021年的基础上再翻一番，天然气协调稳定发展和安全稳定供应水平再上新的台阶。《“十四五”现代能源体系规划》（发改能源〔2022〕210号）提出全国集约布局的储气能力将达到550亿～600亿立方米，占天然气消费量的比重约为13%。将形成以华北、东北、西南、西北等数个百亿立方米级储气库群为主，以沿海重要港址规模化LNG进口接收站储罐为辅，以管网互联互通为支撑的多层次储气系统。同步提高管存调节能力、储气库采气调节能力和LNG气化外输调节能力，以提升天然气管网保供季调峰水平和应急保供能力，保障天然气供应安全。

（二）管网运营规则有待细化完善

管网运营调度规则有待细化。国家管网集团正式运营将近两年，与之相配套的管网运营调度规则尚未公开发布。2021年7月，国家发展改革委曾就《天然气管网设施运行调度与应急保供管理办法（试行）》（以下简称《试行办法》）公开征求意见，其中部分内容还需要进一步细化和完善，在合同预定、容量分配、气量平衡、偏差结算、应急保供、调度协调、托运商管理、信息披露等一系列问题上，需要以强化管输服务的公开透明，以加强对新托运商的培育和克服市场力干扰为出发点，真正落实好“管住中间”，同时促进“放开两头”，推动天然气市场化改革切实到位。最终通过的《试行办法》目前尚未公开，而落实《试行办法》需要进一步细化或单独制定有关规则，避免自由裁量权过大。

管道开口指导规则缺位。开口权即开口审批权，指的是管网基础设施托运商向承运商申请，通过在其所有和运营管道分输站或阀室开口，实现两条管道接通，从而获得上下载天然气的物理条件。开口实际上属于管网互联互通的一部分内容，两条管道可以通过在开口点接通实现直接互联，也可以通过第三条或多条支线、联络线管道以及多个开口点实现间接互联。由于网络型自然垄断特性，占用土地的管道以及包括开口在内的附属设施都属于稀缺资源。在我国现行天然气价格机制下，管道天然气无论是供应量还是供应成本都相对更稳定、更安全。管道铺设范围决定了依赖管道运输的管道天然气消费市场范围。换句话说，获得开口权就意味着拥有了安全稳定的气源路由，在某种程度上还可以垄断管道沿线消费市场。2018年以来，国家发展改革委、国家能源局每年印发年度管网互联互通重大工程清单，大力协调推进天然气基础设施互联互通。相对于国家对互联互通的重视，开口规则缺位带来的市场主体之间的矛盾却被隐匿在其它各项矛盾之下不易被发现，在国家管网公司成立之后更加突出。拥有气源的上游供气公司希望获得开口，以优先输送自己的天然气资源，并通过与自己关联的终端销售企业实现对终端市场的占有；拥有地方管道和（或）终端市场的能源集团、省级天然气管道企业或地方城市燃气公司，希望在干线管道上开口，以占有地方资源趸售市场、管道代输市场或管道沿线消费市场。管网设施经营企业如何受理和分配管道开口资源，还需要公开透明的程序和规则。

（三）信息公开程度有待提升

天然气管网基础设施具有网络型自然垄断特征，尽管《油气管网设施公平开放监管办法》将信息公开和剩余能力等影响公平开放的关键性因素作为系统性要求，但目前依然存在要求粗放、内容欠缺和时效不足等问题。

信息公开涉及管网运营状况和条件、服务内容、服务收费、政府监管执法等各个方面，是决定第三方准入可能性和活跃度的重要影响因素。目前，信息公开不充分、不及时和过度保密化的现象突出，距离公平开放大平台的定位存在差距。部分应该公开的信息仅向国家能源局及其派出机构报送，仅向提出申请的上下游用户披露。现有的按年、季度和月信息公开频次，不能满足第三方根据市场变化实时预订服务的需求，尤其是对市场形势变化比较敏感的进口 LNG 接收站窗口期，信息公开的及时性和频率是实践中影响第三方能否顺利履约的原因之一。信息公开参数的规范性和完整性也有待完善。例如，关于储气库的设计库容、设计工作气量、设计注（采）气能力，已形成的库容、工作气量、注（采）气能力是了解一座储气库的基本参数。公开信息中仅有“设计能力”，公开的数据对设计参数和实际已形成的工作能力未作区分，统计口径不一致。历史运行的实际注气、采气量和周期注采动态数据等反映储气库能力的重要参数未见公开。

管网优先利用能力分配不透明，剩余能力测算标准欠缺。优先服务对象的容量分配规则、分配结果和执行情况等信息未予公开，影响市场信心。国家能源局于2020年4月公布《关于做好油气管网设施剩余能力测算相关工作的通知（征求意见稿）》，曾就管道、LNG接收站和储气库剩余能力测算原则和程序向社会征求意见，但正式结论未予公开。不同测算标准下剩余能力差别较大，在我国整体基础设施不足的现状下，遇到市场环境较好、天然气需求增长，对开放的管网基础设施容量需求增加时，各相关方对剩余能力计算与分配透明度的关注度也会进一步提升，对第三方开放是否公开、公平、公正将产生更多质疑。

（四）监管体系建设有待加强

我国实行能源管理与能源监管一体的“政监合一”模式。监管体系的发育水平与天然气市场体制建设和发展阶段相匹配，在能源监管体系还在发育过程中、天然气管网体制改革还处于过渡阶段的背景下，对天然气管网基础设施的监管也有较大提升空间。

天然气管网基础设施的监管依据和监管内容还有欠缺，同时天然气法规层级不高，效力有限。目前还没有天然气单行法，天然气管理条例、天然气监管条例等法律、法规缺位。对天然气监管的依据分散在不同层级的法律、法规和规范性文件中，缺乏针对性、全面性和衔接性。对天然气管网基础设施的监管还处于起步阶段，监管内容集中体现在公平开放与信息公开、服务价格管理与成本监审，这些还不够深入全面，对运营行为的监管甚少。

职责明确、运行高效、执法有力的监管体系尚未形成。监管职能配置分散交叉，部门间沟通协作和信息共享不足，协调成本较高，难以形成监管合力，易导致监管边界不清和监管缺位。纵向各层级监管重叠，常态化信息共享和监管协作不足。监管机构人员、经费配置与专业能力有限，监管的科学化、精细化水平还需提高，监管手段不足，震慑力有限。社会公众、行业协会、新闻媒体等第三方监督路径较少。

（五）省网融入国家管网有待深化

《石油天然气管网运营机制改革实施意见》提出了省级管网以市场化方式融入国家管网集团的原则。在实践中，推动达成融入的关键是平衡双方利益，通过市场化谈判和博弈找到地方与国家管网集团利益的最大公约数。各省行业发展水平与资源发育程度不一，导致具体诉求差异较大。省网进一步融入国家管网需要统筹协调各方利益诉求。

地方对省内天然气供应保障表示担忧。国家管网集团只负责天然气输送存储，承担应急状态下的管道输送协调和供应保障。地方需要承担省内天然气供应的安全保障责任，需要自己筹措天然气资源，具有能够自主掌控的基础设施符合地方保供的需要。省网融入国家管网集团之后，地方对本省管网基础设施利用的自主能力减弱，需要在更大范围内参与竞争分配，失去供应保障的主动权。

省网是否融入涉及税收等利益分配。省网是地方经济发展的产物，地方支持兴建省网的目的之一是用天然气产业支持和推动地方经济发展，改善地方民生。部分地方资源、管网与消费市场高度发育，希望实现省内循环，不愿意融入国家管网集团；部分地方本地资源丰富，希望独立运营省内管网，实现资源就近供应，将成本较低的国产陆上气资源留在本地消纳；部分地方资源匮乏或资金匮乏，希望尽快整体融入国家管网集团，以获得资金与资产投入与支持，促进当地天然气及经济发展。

地方与国家管网集团对省内管道规划与建设主体预期不一。国家管网集团希望是省级主干及支线管道规划、建设的唯一主体，获得独家经营管理权。地方希望加快省内管道建设速度，扩大省内管道覆盖面，降低省内管输成本。而地方作为省内管网基础设施规划与投资建设的核准方，希望通过市场主体间的互相竞争满足对新管道的投资建设需求。

四、我国天然气管网基础设施体制机制改革相关建议

（一）加快提升天然气基础设施能力

国内管网基础设施体制基本格局已经形成，因改革预期不稳而在前期出现的天然气管网投资和建设不足问题正在得到解决。下一步要加快推进上游勘探开放市场放开，总结已有改革政策的成效和不足，创新体制机制激活国内天然气开发潜力，增强国内资源供应保障能力，同时在保证有序对外合作的前提下，增加进口管道气合作主体，丰富 LNG 进口合作模式，通过国内生产多元化和国际合作扩大化的方式，带动国内天然气管网基础设施的建设。

制定并发布国家管网基础设施发展新规划。通过修改和完善已有管网规划，公开发布新的国家管网基础设施发展规划。国家管网基础设施规划要对各企业主体、各地方的内部规划起到统筹指导作用，解决不同主体管道、进口 LNG 接收站、储气库之间互联互通，干线与支线互联互通等导致局部天然气流动“肠梗阻”的关键性问题，解决全国集约型储备能力建设问题，避免小规模、低水平重复建设带来的资源浪费。国家管网基础设施规划的及时公开对引导天然气市场发展的长期预期极为重要，对增量用户的第三方准入比例提升、长期容量预定、促进天然气产业发展等都将发挥重要作用。

在项目申请及审批等所有环节无歧视地公平对待。根据《政府核准的投资项目目录（2016 年本）》（国发〔2016〕72 号）、《国家发展和改革委员会行政审批事项公开目录》和《天然气基础设施建设与运营管理办法》（发展改革委 2014 年第 8 号令）要求，我国对天然气管网基础设施实行分级统筹规划管理，对投资建设项目实行分级核准制。新建天然气管网基础设施要先进入规划。鉴于国内天然气管网和储气设施严重不足，在发挥国家管网集团建设主力军作用的同时，不排斥和限制其他市场主体参与管网

设施的投资、建设与运营。其他市场主体可以参股国家管网集团新建项目，在满足国家统一规划、互联互通和不参与天然气购销等原则要求的前提下，也可根据市场需求独立投资、建设和运营储运设施。通过激励型价格机制和企业绩效管理促使管网运营企业加快对基础设施的投资建设。

（二）完善管网运营调度细则

以管网公益平台属性为出发点，按照公平开放和公开透明的原则尽快出台托运商准入标准和容量服务分配细则。制定不平衡气量借气（存气）服务的详细管理办法，明确管网运营企业为托运商提供不平衡气量借气服务的标准或依据，明确提供的不平衡气量借气（存气）服务费用独立核算。妥善处理存量管容和增量管容的合理分配。存量管容维持现有分配方式，增量管容面向所有用户公平开放。随着市场化程度提高，以不断降低存量管容占比来释放管容空间。尽快制定管道开口细则。开口规则由政府部门制定，开口审批权归属管道运营企业，接受各相关方及社会监督。

制定国家天然气应急储备管理详细办法。明确启动应急保供预案的条件，区分日常供气、季节性调峰与应急保供的界面，包括应急保供储备资源量、参与全国统一调度的资源量、应急保供对象及优先级、管道压力范围等参数，完善各级政府相关部门、供气企业、管道运输企业和不同类型用户在启动应急保供预案时应该承担的责任、应该采取的措施等细则。进一步明确全国性和地区性供需失衡程度的量化标准，只有在预期缺口比例、预期缺口时长、影响范围和程度等多个量化指标超出规定的容忍度后，才能启动应急保供，避免把一般性供需缺口随意扩大为应急保供，干扰市场机制的自发引导和调节作用。

（三）建立互联互通和运销分离的“全国一张网”

继续鼓励国家管网集团按市场化方式与省级管网融合。对短期内难以完全融入的地方管网，要求省级管网必须实行运销分离，参照国家管网的监管方式强化对省级管网的生产运行、剩余能力公平开放、信息披露等各方面的监管。要按照中央确定的定价基本原则，加强省级管网成本监审和定价管理，确保省级管网收费公平合理、公开透明。省级管网必须和国家管网实行互联互通，在全国性应急保供情况下按照下级服从上级的原则实行联保联供。

（四）以区域试点撬动管输服务定价改革

在中东部部分区域开展管输价格改革试点。在总结区域“一部制”运价率实施效果的基础上，结合国家管网集团天然气管网整合以及新投产管道布局，选取管网密度较高、互联互通较强、路径多元的中东部部分区域开展完善管道运输价格形成机制的改革试点。一是探索服务成本按照“管容费＋使用费”回收的“两部制”运价率设计方法，合理确定固定成本和可变成本被分别分配到容量费和使用费的比例，从而对不可中断用户和可中断用户实行不同的运价率，以激励管道运营企业的优化路径，鼓励托运商有效利用管容，避免季节性均衡用户对不均衡用户的交叉补贴。二是探索采用“邮票法”设计同网同价的管输费率，以简化管道运输服务使用条件和降低准入门槛，促进资源自由流动。三是探索能量计量计价，适应天然气供应来源和供应主体多元化，公平体现天然气价值。

在总结国家管网集团LNG接收站和储气库基础设施服务对第三方开放实践效果的基础上，在中东部地区选取增量供应市场主体较多且实现气源多元竞争的地区，开展天然气门站价格市场化改革试点。通过会计或审计报告、上下游购销合同等相关材料开展民生用气量核定，实现对民生用气的精准补贴，非民生用气由市场形成，探索推动区域市场价格标杆尽早形成。

管道运输价格改革和门站价格放开的试点，可选择同一区域进行或不同区域进行，可同步进行或分步进行。

（五）完善以信息公开和公平开放为核心的监管体系

提升信息公开和公平开放的监管要求，增加托运商利用管网基础设施的可操作性。同步强化管网规划与投资、建设与运行、管容申请与分配等信息的透明度，确保管道运输服务获取和利用的公平、公正和公开，提高管道运输成本、管道运输价格和管道运输服务行业发展的可预期性，支持和保障所有市场主体公平参与竞争。

细化和规范信息公开内容。一是减少信息获取申请要求，以公开是常态和不公开是例外为原则，能公开的尽可能公开。企业应该公开管道发展建设规划和托运商名录等信息，以满足托运商和潜在托运商对市场发展是否可持续的信息需求，稳定投资信心。二是补充公开各条管道所有上、下气点名称，对应剩余能力、已开放服务情况。三是完善现有公开信息频道中“运营企业基本信息”“天然气管道基础信息”“天然气管道开放相关服务信息”“天然气管道剩余能力”“价格标准”信息间的协同、统一，便于托运商清晰明了地了解到每条管道及所属公司（或价区），每条管道的上、下气点及服务主体、服务价格、剩余能力等。四是加大信息公开的频次，在现有按年、季度和月公开信息的基础上，增加按周、日前，甚至日间更新实际上载量和下载量等数据，以满足托运商根据市场机遇实时预订或调整服务需求。五是延长信息公开周期，废除只更新日历年度内剩余能力的做法，未来剩余能力更新必须覆盖至少一个完整采暖季，可对未来18 或 24 个月及以上剩余能力实行滚动更新。六是针对现阶段管网密度不够、产供储销中“储”薄弱的问题，可考虑对储气库以及与其相联通的外输管道剩余能力以一揽子打包服务的形式公开，以保证储气库剩余能力服务利用的有效落地。

（六）允许部分管网基础设施对第三方开放豁免

制定管网基础设施开放豁免标准，明确豁免审批权限。申请完全豁免或部分豁免的管网基础设施应具有相应条件：一是其投资提高了天然气供应安全水平；二是豁免不会影响整体天然气市场竞争格局；三是不会制约用户和消费者的选择权；四是不会影响与其互联互通的其他未受豁免的管网基础设施运营。例如，储气库中承担管网运营安全保障的部分库容、承担国家战略储备责任的部分库容、承担城市应急保供的部分库容、不与管道系统相联通的上下游企业自备自用储气库部分库容，均可申请豁免。

明确豁免审批申请程序。申请对第三方开放豁免的管网基础设施运营企业，应当在投资建设阶段向有项目审批权的核准部门提出。有些项目在申请投资建设时可附加豁免投资建设的条件。核准部门可以核准、不核准或者附条件核准，基础设施运营企业和用户可以对核准部门的决定申请复议。审核结果要信息公开，尤其是享受部分能力豁免的管网基础设施信息，以保证对其第三方开放的能力部分接受严格监管。

（七）增加基础设施对“双碳”发展的适应性

尽快落实天然气能量计量计价方案和实施办法。随着低碳燃气发展，气源将越来越多样化，需要统筹研究制定天然气入网热值标准，根据现有天然气管网基础设施的热值适应情况，制定统一入网气源热值范围，加快计量基础设施由体积计量向热值计量更换的进度。同时，尽快实施以体积计价到能量计价的转换。

提前做好技术储备，提高管网基础设施对低碳和零碳气体能源的适应性。加强对生物质气等可再生气体的管道适应性评估，增加对天然气管道掺氢混合输送适应性的分析研究。

参考文献

[1]国家能源局油气司，等．天然气发展报告2022[M]．北京：石油工业出版社，2022.

[2]周淑慧，梁严，王占黎．中国LNG接收站公平开放实践与展望[J]．油气与新能源，2022，34(3)：1－10.

[3]白俊，张雄君．对完善《天然气管网设施运行调度与应急保供管理办法(试行)(征求意见稿)》的建议[J]．天然气工业，2021，41(7)：172－178.

[4]国家管网．做大一张网　做实一中心　做强一公司　国家管网集团着力

深化油气管网运营机制改革“下半篇文章”[EB/OL].(2020-05-22)[2022-08-28]. https://mp. weixin. qq. com/s/UgZYkeGHTlVrqU25I4vK9Q.

[5]徐小舒. 省网融入“全国一张网”进程如何?今日揭秘[EB/OL]. 能源新闻,(2020-07-28)[2022-08-28]. https://mp. weixin. qq. com/s/q2VSWyN8wFHxu2b99pYF0Q.

[6]国家管网. 国家管网集团简介[EB/OL]. [2022-08-28]. https://www. pipechina. com. cn/gywm/jtjj. html.

[7]国家管网. 国家管网集团发布2021年度社会责任报告[R/OL].(2020-08-30)[2022-08-31]. https://www. pipechina. com. cn/xwdt/jtyw/ 4340. html.

[8]中国石油天然气股份有限公司2021年度报告[R/OL].(2020-07-28)[2022-08-28]. https://mp. weixin. qq. com/s/q2VSWyN8wFHxu2b99pYF0Q. https://vip. stock. finance. sina. com. cn/corp/view/vCB_AllBulletinDetail. php? stockid=601857&id=7950786.

[9]黄燕华. 国家油气管网将这样改革[EB/OL]. 南方能源观察,(2019-07-23)[2022-08-28].

[10]石油Link. 国家管网重要突破!“全国一张网”再上新征程[EB/OL].(2020-07-17)[2022-08-28]. https://mp. weixin. qq. com/s/wUzgDIoWkWh8kjwl WCNMuA.

[11]张雄君,白俊. 天然气管道运输定价新办法影响分析与建议[J]. 国际石油经济,2021,29(7):15-20.

[12]张雄君,杨雷. 我国进口LNG接收站服务定价及影响[N/OL]. 南方能源观察,(2022-06-30)[2022-08-25]. https://mp. weixin. qq. com/s/sV9DN-yTT_NdnIPeOYcNTQ.

[13]张雄君,邹戈阳,张佳维. 我国LNG接收站对第三方开放及影响[J]. 煤气与热力,2019,39(6):B08-B12.

[14]王俊豪. 政府管制经济学导论[M]. 北京:商务出版社,2017.

[15]付子航,单彤文,杨玉霞,等. LNG 接收站与输气管网的"互操作性"[J]. 天然气工业,2020,40(7):97-105.

[16]国务院新闻办公室. 国新办举行"加快建设能源强国 全力保障能源安全"新闻发布会图文实录[N/OL]. (2020-07-27)[2022-08-28]. http://www.scio.gov.cn/xwfbh/xwbfbh/wqfbh/47673/48664/wz48666/Document/1727984/1727984.htm.

[17]王海坤. 管道开口谁说了算[N/OL]. 中国石油石化,(2020-08-02)[2022-08-28]. http://www.chinacpc.com.cn/info/2020-08-02/topic_4370.html.

[18]陈新松. 天然气长输管道"开口权",意味着什么? [J/OL]. 南方能源观察,(2020-08-02)[2022-08-28]. http://www.chinacpc.com.cn/info/2020-08-02/topic_4370.html.

[19]高歌. 油气管网改革,谁的管道"开口权"? [N/OL]. 经济观察报,(2020-07-11)[2022-08-28]. https://mp.weixin.qq.com/s/Mh6Wq9KCfFTTTCfEv7L0HA.

[20]张雄君. 国家管网公开3座储气库信息[J]. 南方能源观察,2021(2):50-55.

[21]王俊豪. 中国现代能源监管体系与监管政策研究[M]. 北京:中国社会科学出版社,2018.

[22]白俊. 天然气行业市场化改革进展与展望[M]//蔡昉,马永生,金之钧. 中国油气与新能源产业发展报告. 北京:中国经济出版社,2021:179-199.

[23]陈新华,杨雷,景春梅,等. 通过区域天然气市场建设实现"X+1+X"油气改革目标[J]. 国际石油经济, 2020,28(6):10-18.

[24]杨雷,陈新华,孙慧,等. 我国天然气市场化改革路径与试点选择相关建议[J]. 油气与新能源,2021(6):10-18.

[25]张雄君,白俊. 天然气管道运输定价新办法影响分析与建议[J]. 国际石油经济,2021, 29(7):15-20.

双碳目标下燃气与多种能源融合发展场景分析与建议

王炜玮　孙　慧　杨　雷

摘　要　双碳目标提出后，燃气行业发展面临新的机遇和挑战。准确把握发展大势，客观认识燃气特别是天然气发展优势，对合理处理燃气近中期规模增长与远期减碳之间的关系非常重要，应大力推动燃气与多种能源融合发展，着力拓展多元业务体系，积极培育新兴燃气产业发展。天然气与新能源融合发展主要有基地型、海洋型和园区型3种应用场景。通过天然气掺氢、氢储能、氢能分布式能源等可实现天然气与氢能融合发展。天然气与生物天然气融合发展应重点拓展点式和网式两种融合模式。

关键词　双碳目标；新燃气；多种能源；融合发展

一、引言

燃气是我国城市终端用能的重要组成部分，改革开放以来燃气事业取得了长足的发展。1978—2020年，我国城市燃气普及率从14.4%增长到97.87%，燃气用气人口增长47倍以上，从1108.4万人达到52617.27万人，燃气应用遍及居民炊事生活、采暖、工业燃料、发电、交通、化工原料等多个行业，燃气主力气源从LPG和人工煤气“六四分”逐步发展为天然气和LPG“八二分”。

我国提出“碳达峰”和“碳中和”目标后，绿色与高效成为我国能源体系建设的发展方向。燃气清洁、低碳、灵活性强，应用场景广泛，决定了其在构建能源体系中必然发挥关键支撑作用。国家发展改革委、国家能源局印发的《“十四五”现代能源体系规划》提出：到2025年，天然气年产量达到2300亿立方米以上。工信部、国家发展改革委、生态环境部发布的《工业领域碳达峰实施方案》要求：有序引导天然气消费，合理引导工业用气和化工原料用气增长；鼓励企业、园区就近利用清洁能源。生态环境部、国家发展和改革委员会、工业和信息化部、住房和城乡建设部、交通运输部、农业农村部联合印发的《减污降碳协同增效实施方案的通知》提出：持续推进北方地区冬季清洁取暖。新改扩建工业炉窑采用清洁低碳能源，优化天然气使用方式，有序推进工业燃煤和农业用煤的天然气替代。住房和城乡建设部、国家发展改革委发布的《“十四五”全国城市基础设施建设规划的通知》强调，因地制宜拓展天然气在发电调峰、工业锅炉窑炉、清洁取暖、分布式能源和交通运输等领域的应用。

未来，燃气将协同多种能源在城市能源、乡村振兴、工业供能等多个领域发挥更加深远的作用，这需要发挥传统能源和新能源各自的禀赋和优势，创新技术和商业模式，完善市场机制，共同推动我国燃气产业高质量发展。

二、双碳背景下燃气行业面临的发展环境

（一）行业发展面临的新形势

1. 电能替代加速推进，传统燃气在终端用能中的占比面临下降

随着可再生能源的高速发展，电能在终端用能中的占比也将大幅提升。2022 年 3 月，国家发展改革委等十部门联合颁布了《关于进一步推进电能替代的指导意见》，提出要持续提升工业、交通、建筑、农业农村等重点领域的电气化水平，2025 年电能占终端能源消费的比重将由目前的约 25% 提高至 30% 左右。燃气行业发展将面临与电能替代的竞争与协同。一方面，电能替代将对燃气增量市场的规模和速度产生影响，特别是在新增城镇、城乡接合部、农村等地将面临与电的竞争；另一方面，随着双碳战略的深入实施，存量市场也可能面临电能改造和规模收缩。

2. 能源品种互动性加强，燃气行业发展模式需要革新

随着能源消费革命的深化，能源品种互动性将加强，以终端用户用能需求为引导，传统的各能源品种单独规划、单独设计、单独运行的模式将逐步向多品种能源一体化解决方案拓展。特别是随着风能、光能在能源消费中占比的逐渐提升，其固有的不稳定、不连续、难预测的能源特性以及集中与分散开发利用并举的发展模式，将导致多种能源互补融合发展、消费侧与供给侧互动融合发展成为必然。在此发展背景下，燃气行业也需积极适应能源发展大势，不断创新商业模式，加快促进产业转型升级。

3. 新燃气持续涌现，燃气内涵不断丰富

回顾燃气发展历史可以发现，燃气的定义不是一成不变的，从人工煤气、LPG 到天然气，燃气随着时代的发展和能源结构的调整，其内涵和外延始终在不断地与时俱进。进入新的历史阶段，燃气的概念继续向低碳和无碳气体延伸。2021 年，国际燃气联盟（IGU）发布立场文件，旗帜鲜明地提出可再生气、氢气、脱碳和低碳等气体能源均属于燃气的范畴。结合我国脱碳和低碳气体能源发展实际，目前关注度较高的新燃气主要包括沼气、生物天然气、氢气等。在双碳背景下，燃气行业应关注新燃气的培育和发展，为燃气行业进一步转型升级打下基础。

（二）燃气在构建我国清洁能源体系中的作用

1. 天然气是减碳过程中的重要支撑

双碳背景下，作为含碳能源，传统燃气特别是作为燃气主角的天然气在构建清洁能源体系中依然发挥重要作用。天然气主要有两方面优势。一是天然气利用能同时显著减少大气污染物和二氧化碳的排放，在环境治理和碳减排方面具有显著的协同效应。据统计，燃气电厂较燃煤电厂的氮氧化物排放量减少 26%，二氧化硫减少 95%，烟尘减少 64.3%。在同等发电量的情况下，燃煤电厂的二氧化碳排放量是气电的 2 倍。在碳排放方面，燃煤锅炉比天然气高出 56% ~68%。从国外经验看，天然气是发达国家减碳的重要支撑。美国在 2007 年实现碳达峰后，现已进入二氧化碳的快速减排阶段。其中最大的减碳来源即天然气，减排贡献为 40%。二是天然气集高效能、高灵活性和易储存于一体，在新型电力系统构建中可发挥灵活性电源作用。在单台机组装机容量相同的情况下，天然气通常是发电效率最高的机组。同时，天然气发电机组启停简单迅速、爬坡速率快，能够适应电网小时、天、月、季节等不同时间尺度的调峰需求，调峰需求适应面宽。此外，随着掺氢燃气机组、燃氢发电机组、CCUS 等技术的推广，燃气发电的外延也在扩展，大气污染物和二氧化碳排放有望进一步减少。

2. 需合理处理燃气近中期规模增长与远期减碳之间的关系

2021 年 12 月，中央经济工作会议提出传统能源逐步退出要建立在新能源安全可靠的替代基础上，这是燃气行业发展的定心丸。一方面，从经济社会发展、城镇化建设推进看，未来 10～15 年燃气行业特别是天然气仍快速发展、规模扩展的态势不会改变，保持燃气基础设施适度超期建设，确保燃气安全稳定供应仍将是行业发展不变的旋律。另一方面，在实现“碳达峰”进入“碳中和”阶段后，传统燃气如何满足减碳需求也是我们必须面对的事实。这就要求燃气行业的发展必须统筹处理好发展和减排、近中期与远期之间的关系，应合理把控行业发展节奏，确保行业平稳发展，特别是要避免燃气基础设施的大面积亏损，造成严重的财政负担。从欧洲燃气输配企业看，主要做了两方面工作：一是组织评估了天然气及天然气基础设施对整个欧洲 2050 年能源系统实现净零排放的作用；二是提前谋划基础设施的转型发展，积极开拓管道输氢、天然气掺氢、生物天然气等领域业务。

3. 燃气发展动力依然强劲

新的发展阶段，围绕“碳达峰”“碳中和”发展战略，燃气行业在“保安全”的同时应下大力气推进燃气行业绿色低碳转型的创新发展。一是创新驱动，大力推动燃气与多种能源融合发展。发挥天然气的调峰优势，结合新能源不同的发展模式，深入挖掘天然气与不同能源的融合场景，大力推进试点示范项目的建设和落地。二是主动革新，拓展多元化业务体系，从单纯的燃气供应向综合能源供应转型。重点应以天然气分布式能源业务为切入点，以用户需求为导向，加快对电、热、冷等能源产品和服务的开发，探索立足主业向综合能源业务延伸，实现行业从单一的天然气销售商业模式，向产品综合化、经营市场化方向转型。三是大力培育新燃气发展，构建多样化的燃气供应体系。新燃气普遍具有低碳/无碳优势，且布局灵活、运营高效，不仅有利于形成燃气战略版图中的点状布局，更重要的是能增加燃气产业适应双碳战略的能力。

三、燃气与多种能源融合发展应用场景分析

（一）天然气与新能源融合发展

天然气作为清洁、低碳、高效能源，与新能源融合发展已成为构建清洁低碳、安全高效的现代能源体系的重要内容。能源生产侧方面，天然气发电有助于新能源高水平消纳，实现新能源大规模发展；能源消费侧方面，天然气耦合新能源构成的多能互补系统满足园区、楼宇、数据中心等多种应用场景的用能需求。综合分析，天然气与新能源融合发展主要有三种应用模式。

1. 以配合“三北”地区风电、光伏基地建设为目标的基地型融合发展外送模式

近年来，我国可再生能源迅猛发展，但电力系统灵活性不足、调节能力不够等短板和问题突出，制约更高比例和更大规模可再生能源发展。为此，国家和地方主管部门按照能源产供储销体系建设和可再生能源消纳的相关要求，将气电列入重要调峰资源。2021 年，国家发展改革委、国家能源局发布的《关于鼓励可再生能源发电企业自建或购买调峰能力增加并网规模的通知》提出：鼓励多渠道增加调峰资源，包括抽水蓄能电站、化学储能等新型储能、气电、光热电站、灵活性制造改造的煤电等。《青海省“十四五”能源发展规划》将气电列入电力调峰资源重点工程，提出“十四五”期间青海将建成 300 万千瓦的燃气调峰电站。

气电参与调峰可以缓解电网不同时段峰谷差较大的问题，弥补利用水力进行调峰时由于枯水期导致调峰能力不足的缺陷，相较于煤电机组调峰，响应速率更快、调节更灵活。以美国 CPV Sentinel 燃气调峰电厂为例，该项目包含 8 台燃气发电机组，总装机规模共计 800 兆瓦，燃机凭借响应速度快、高可用率和可靠性、起动功率小、环境友好等优势，为美国加州的科切拉山谷附近的总装机为 900 兆瓦大型风力发电场提供灵活调峰的支撑。

2. 以配合沿海地区海上风电发展为目标的海洋型融合发展消费模式

我国沿海地区海上风电资源丰富，发展潜力巨大。从容量规模方面，2021 年新增装机容量 1448. 2 万千瓦，同比增长 276. 7%，到 2021 年底，累计装机规模达到 2535. 2 万千瓦，居全球首位。从区域布局方面，江苏、广东、福建、浙江、辽宁等省实现百万千瓦装机。根据多家机构预估，“十四五”期末我国海上风电装机规模在 55 ~65 吉瓦。以产业基础较好、资源优势明显的江苏省为例。江苏省提出打造“海上三峡基地”，计划到 2025 年底，将建成海上风电 1500 万千瓦。为解决当前海上风电配置中存在的分布散、配置能力低、出力特性引发的消纳等问题，江苏省发改委印发《江苏省 2021 年度海上风电项目竞争性配置工作细则》，明确要求省内投资建设海上风电项目的企业需具备气电等调峰电源，调峰能力也成为项目竞争性配置评分标准中的重要内容。海上风电同样具有波动性、随机性的特性。从电力消纳的角度，系统潮流呈现多样性，调峰难度大；同时负荷呈现冬低、夏高的季节性特点，夏季典型日比冬季典型日峰谷差低，即在冬季海上风电的消纳问题较夏季的更为复杂。为满足海上风电运行中的调峰需求，需要因地制宜地配套设计相当容量的调峰电源。综合考虑自然资源分布和调峰电源的特点，启动迅速、运行灵活、出力调节速度快、调节范围大和环保低碳的天然气发电机组成为适宜的选择。同时，天然气不仅能促进海上风电调峰消纳，还能参与构建海上多产业协同发展体系，推动与风、光、储能协调发展。

3. 以工业园区多能互补、综合供能为目标的园区型融合发展服务模式

该模式是以园区为单位，以燃气分布式能源站为核心，汇集分布式光伏、分散式风电、余热回收、地源热泵、空气源热泵、污水源热泵、智能微网、储能等清洁供能技术，提供电、热、冷、气等能源产品。一方面，依托能源互联网、大数据、云服务平台等信息化技术开展区域能源智慧化

管理，能实现各种能源品类的互补协同和“源—网—荷—储”的有机互动。另一方面，能够有机串联起清洁供能、节能改造、能效服务等综合智慧能源服务产业，实现天然气与多种能源、多种产业的互利共赢发展。

北京通州城市副中心6#能源站位于通州区潞城镇胡各庄，供能区域约56.6万平方米。该项目采用了多能耦合技术路线，将燃气分布式能源、地源热泵、水蓄冷、电制冷、锅炉和市政热力等系统有机融合，体现了“节能、低碳、智慧、安全、经济”的理念。能源站具有良好的节能和环境效益。能效方面，实现（供冷）能耗评价指标EER >4.4，系统效率 >3，节能率达到35%；环境排放方面，可实现固体废物、烟尘和二氧化硫的“零排放”，二氧化碳减少60%以上，氮氧化物减少95%。通过分布式能源、热泵、太阳能发电、蓄冷蓄热、智能网络等技术集成实现天然气、可再生能源综合利用，分别针对短期、中期、长期能源规划的不同要求，有机结合能源预测、能源平衡、能源优化3个基本环节，实现经济、能源、环境、生态的综合平衡与协调发展。

（二）天然气与氢能融合发展

氢能具有清洁、高效、应用场景多元等优势，是连接传统化石能源与可再生能源的桥梁，成为备受关注的新燃气，被燃气行业寄予厚望。双碳目标下，深化天然气与氢能的融合发展，探索脱碳应用场景，不断提升产业链价值至关重要。从国内外发展经验来看，氢能与天然气融合发展的应用场景主要集中在天然气掺氢、氢储能、氢能分布式能源3个方面。

1. 天然气掺氢

氢气可按一定比例注入天然气管网，掺氢天然气可直接输送给工厂、居民和商业用户使用，或者经过分离提纯后供应至工厂、加氢站等应用。从能源储运的角度，发展天然气掺氢不仅实现了可再生能源的电力长期储存和远距离运输，也实现了氢能的大规模储存及高效低成本的输送，促进异质能源跨地域和跨季节优化配置。从能源生产供应的角度，天然气掺氢能够缓解天然气供应压力，也有助于实现工业、建筑等领域的深度脱碳。

德国、法国、美国等发达国家和地区均认为将天然气基础设施改造为氢能基础设施是打破氢能运输瓶颈、促进氢能经济发展的重要举措。在技术标准制定方面，国际上氢气长输管道技术相对成熟，对应的设计标准规范研究也较为全面，如美国 ASMEB31.12—2019 等。在示范项目建设方面，2019 年，意大利国家天然气管网公司开展了 5% 氢气掺入天然气管网试验，并将掺氢比例提高至 10% ；美国 HyBlend 项目则开展长期使用条件下，天然气管材和操作对氢气的相容性评估。我国天然气掺氢产业发展日趋完善，《氢能产业发展中长期规划（2021—2035 年）》等文件提出，应开展掺氢天然气管道及输送关键设备的安全可靠性、经济性、适应性和完整性评价，探索输气管道掺氢输送等高效输氢方式，开展掺氢天然气管道试点示范，逐步构建低成本、多元化的氢能储运体系。示范项目方面，由辽宁省朝阳燕山湖发电有限公司承接的国家电投天然气管道掺氢示范项目，已经进入试验阶段。试验成功后，将建设每小时生产 1000 立方米的氢气生产线，为朝阳市提供工业和民用绿色氢能源。吉林省白城市、四川省成都市、内蒙古自治区乌海市、安徽省六安市等城市的氢能规划中，均对天然气掺氢进行了规划。

2. 氢储能

氢储能是将氢能作为一种媒介，核心是利用“电—氢—电”的互变性，实现“可再生能源发电—水电解制氢—氢燃料电池发电”的能量转换过程，从而有效解决可再生能源的波动性和间歇性，起到电网调峰的作用。氢储能技术路线具备规模大、周期长、可跨季节储能等突出优势，可探索开展氢储能在可再生能源消纳、电网调峰等应用场景的示范，建立“风光发电 + 氢储能”一体化应用新模式，逐步将氢储能纳入抽水蓄能、电化学储能等多种技术相互融合的储能体系中。

法国在科西嘉岛投资建设的 MYRTE 项目配置了 560 千瓦的光伏发电设备，将超出预测出力的电力用于 50 千瓦的电解水装置生产氢气和氧气，分别储存在储气罐中。该项目采取与电网联动的模式，在光伏出力不足时，由100千瓦的固体高分子型燃料电池利用氢、氧发电。电解和燃料电池发电时的废热用作温水回收，储藏在温水罐中，综合效率达到70%～80%，从而实现了将光伏发电与氢储能有机结合。从构建新型电力系统的发展要求来看，氢储能在发电侧能够减少弃电、平抑波动；在电网侧可为电网运行提供调峰容量和缓解输变线路阻塞；在电力消费侧能够参与电力需求响应，并成为应急备用电源。

3. 氢能分布式能源

氢能分布式能源系统具备模块化性能强、场景适应性能好、可扩展性能好、排放低、噪声小等优势，可应用于家庭分布式热电联供系统和中小型分布式电站领域。日本家用燃料电池Ene-Farm项目是世界上典型的微型燃料电池分布式电站示范项目，该系统采用热电联产模式，目前系统综合效率超过95%，700瓦功率可基本满足一般家庭60%～90%的用电。除了家用微型系统外，日本也启动了氢能分布式能源在商业建筑领域的应用，松下发布了基于PEMFC的5千瓦氢燃料电池发电系统，电效率为57%。

国内的发展模式大多依托氢能产业集群来促进氢能分布式能源发展。以打造氢能产业集群为引领，着力氢能产业“制备—储存—运输—应用”上下游同步发展。一是建立清洁低成本氢源供应池；二是打造氢能储运网络；三是加强氢能应用示范和推广，以燃料电池车辆为突破口，逐步推广到氢能分布式能源等领域的应用示范。以实现制氢装备、氢储运装备、氢燃料电池系统、氢能汽车等产业链关键环节的呼应互动，相互促进协同发展。

（三）天然气与生物天然气融合发展

生物天然气是以农作物秸秆、畜禽粪污、餐厨垃圾、农副产品加工废水等各类城乡有机废物为原料，经厌氧发酵和净化提纯产生的绿色低碳清洁可再生的天然气。生物天然气作为新燃气的一部分，不仅能优化天然气供应结构，更重要的是能提高天然气的低碳发展能力。2019 年，国家发展改革委等十部委联合印发的《关于促进生物天然气产业化发展的指导意见》提出，生物天然气年产量 2025 年超过 100 亿立方米，2030 年超过 200 亿立方米。

生物天然气中的甲烷含量在 95% 以上，具有与常规天然气融合发展的天然优势。总体来看，融合模式主要有两种。一种是“点式融合”，即因地制宜建设生物天然气工厂，将生物天然气作为天然气的供应来源，就近接入城镇燃气管网。另一种是“网式融合”，即构建生物天然气分布式能源系统。将生物天然气作为燃气下乡的一部分，在农村地区就地收集原料、就地加工转化、就近供能，并与分布式光伏发电、分散式风电等相结合，以农户或者整村为单位，打造分布式供能系统，满足农民的气、电、热等用能需求。

目前，我国的生物天然气产业尚处于发展初期。国家曾先后支持 64 个规模化生物天然气工程和 1400 多个规模化大型沼气工程的建设，但是因原料短缺、环保、销路不畅等多方面原因大都进展缓慢，运行不畅。燃气行业应加大相关的技术研发力度、创新商业合作模式，尽快推动生物天然气的发展壮大。

四、燃气与多种能源融合发展相关建议

（一）坚定行业发展信心

近年来，天然气的资源保障能力始终是社会各界关注的焦点之一。特别是 2017 年冬季的“气荒”，加剧了各界对燃气供应能力的质疑，进而蔓延至对能源安全的担忧。行业信心摇摆，在一定程度上阻滞了天然气发展目标的实现。在燃气利用领域的影响更为突出，如具体发展方向有些含糊不清，存在不够协调、不够统一的问题。

在新的发展目标下，未来 10 ~ 15 年燃气行业仍将处于重要战略机遇

期，应坚定发展信心，充分发挥燃气在现代能源体系中的关键支撑作用。全行业应按照既定目标细化产业发展部署，努力打造具有成本和规模竞争优势的业务板块；打造燃气供应保障体系；按照产业链各环节风险和收益关系理顺产业链各环节价格。多措并举提高产业竞争力，努力构建现代能源体系下天然气与多种能源融合发展新格局。

（二）加强市场机制建设

燃气和新能源融合发展中存在成本疏导机制不顺畅、辅助服务补偿不完善、行业壁垒未打破等问题。应健全市场化的能源价格体系和用能权交易制度，通过市场化发展，提高燃气行业的竞争力。一方面，电力行业应加快培育发展配售电环节独立市场主体，完善中长期市场、现货市场和辅助服务市场衔接机制。完善价格市场化形成机制，制定反映气电低碳环保价值的定价模式，通过电力市场和碳交易市场耦合作用，理顺输配电价结构，全面放开竞争性环节电价。另一方面，燃气行业应加快构建价格交易中心，推动天然气价格市场化改革。通过建设和完善电力市场、油气市场、碳市场、绿证市场等，促进商品要素资源在更大范围内畅通流动，高效规范、公平竞争、充分开放的全国统一的能源大市场将成为燃气和新能源融合发展的坚实基础。

（三）构建产业发展新生态

燃气行业传统运营模式存在业务单一，企业生产、销售、管理、服务效率低下，跨区经营受限，新客户增幅逐年降低等诸多问题。单一的商业模式已不能满足双碳目标下能源产业生产、运行、传输、消费模式多元化、数字化、跨界协同的发展潮流，技术和业务创新乏力。

在新的发展目标下，应进一步创新商业模式，加快构建能源服务的新生态。一是挖掘用户新需求。在业务领域由燃气供应拓展到综合能源服务的过程中，深挖用户用能的新需求。二是促进跨界合作。开展对外合作聚合能源供应、能源服务、设备制造等上下游产业链。三是打造新型能源交易机制，打造数字化交易平台，由传统的单一供能模式转为电、气、冷、热等多元化能源供应和多样化增值服务模式。

（四）推进技术协同创新

技术进步是发展的驱动力，目前制约行业发展的技术问题主要有以下3个方面。一是能源技术装备先进性不足导致项目运行成本高，投资收益差，阻碍产业规模化发展；二是关键能源技术未能实现突破导致能源系统效率、可靠性等不足，阻碍产业升级；三是各类技术的交叉融合有待提升，亟须数字化提高行业整体效率。

在新的发展目标下，需建立技术协同创新发展机制。聚焦核心技术研发，优化产学研结合机制；组织试点示范项目实施，及时分享发展经验；完善标准规范制定，提升标准治理效能与技术迭代创新的协同水平。

（五）加大国际合作力度

天然气作为全球能源绿色低碳转型的重要能源品类，我国应加强国际合作，共同促进世界燃气行业在政治、技术和经济方面的进步，提高气体能源在全球能源市场中的竞争力。特别是应加大在天然气领域国际治理的参与力度，利用好IGU（国际燃气联盟）和IEA（国际能源署）等国际平台，做好我国担任IGU主席国（2022—2025年）的相关工作，加强国际交流，推动全球天然气市场平稳发展。此外，还应通过学术交流、行业机构、会议研讨等途径共同支持燃气领域新技术和新技能的开发。

五、结语

在“碳达峰、碳中和”发展目标的驱动下，燃气行业面临能源转型、低碳发展的机遇与挑战，我们应充分认识燃气行业的发展优势，坚定发展信心，深入挖掘产业链价值，大力推动燃气与多种能源融合发展，不断提高燃气行业可持续发展能力。一是推动天然气与风电光伏等新能源融合发展，促进能源生产多样化，推动能源产业综合智能化革新。二是进一步丰富燃气的内涵和外延，推动与氢能、生物天然气等能源的融合发展，适应多元化能源供应新趋势，提升能源体系灵活转化的水平。

参考文献

[1]中华人民共和国住房和城乡建设部．中国城市建设统计年鉴2020[M]．北京:中国统计出版社,2021:34-42.

[2]北京大学能源研究院，中国城市燃气协会,等．天然气在改善中国大气环境中的作用研究[R]．北京：2021.

[3]GE. Accelerated Growth of Renewables and Gas Power Can Rapidly Change The Trajectory on Climate Change[R]. GE，2021.

[4]杨永明．全球天然气行业发展现状与趋势分析(2021)[EB/OL]．[2022-5-25]. https://mp. weixin. qq. com/s/PpUDecFtP4V705q9Rs7Fyg.

[5]CWEA产业研究部．《中国风电产业地图2021》:海上风电装机情况[EB/OL]．[2022-08-01]. https://mp. weixin. qq. com/s/JPl2mBuLQDliQIbIpoHlJA.

[6]上海证券报．中国海上风电投运规模有望在“十四五”末期达到约60吉瓦[EB/OL]．[2022-08-01]. https://financc. castmoncy. com/a/202207152451268696. html.

[7]江苏省能源局．江苏省“十四五”可再生能源发展专项规划(征求意见稿)[EB/OL]．[2022-05-25]. https://baijiahao. baidu. com/s? id = 1688280353564752530&wfr = spider&for = pc.

[8]李桂超．海上风电出力特性及其消纳问题探讨[J]．通信电源技术，2019，36(2):241-242.

[9]天然气分布式能源．独家案例分享:北京城市副中心6#能源站[EB/OL]．[2022-08-01]. https://mp. weixin. qq. com/s/P8hiI37Df4JQCA

uRb8mPHw.

[10]仲冰，张学秀，张博，等．我国天然气掺氢产业发展研究[J]．中国工程科学，2022，24(3)：100－107.

[11]许传博，刘建国．氢储能在我国新型电力系统中的应用价值、挑战及展望[J]．中国工程科学，2022，24(3)：89－99.

[12]钟财富．国内外分布式燃料电池发电应用现状及前景分析[J]．中国能源，2021(2)：34－37.

中国燃气分布式能源行业发展现状与展望

张　扬　唐喜庆　蒙青山　王炜玮　黄　微①

摘　要　“双碳”背景下，能源系统去中心化、一体化趋势日益明显，分布式能源以其低碳、灵活、安全、智能、多元、靠近需求侧等特征得到快速发展，其中燃气分布式能源是分布式能源的重要表现形式。天然气作为清洁低碳的化石能源，既是实现能源结构低碳转型的现实选择，也是规模化发展可再生能源及新型电力系统保持安全稳定性的重要支撑，同时，随着可再生气、氢气等新型燃气的发展，燃气分布式能源的内涵和外延也得到丰富和拓展，在推动能源低碳转型、构建新型电力系统和建设现代化能源体系中将发挥重要作用。本文基于大量的统计调研数据，对燃气分布式能源的发展状况，包括政策环境、气源保障、技术标准规范和关键设备等进行分析，针对“双碳”目标分析了燃气分布式能源发展存在的机遇和挑战，对燃气分布式能源的发展前景进行了展望，并对行业发展、政府政策等提出了建议。

关键词　燃气分布式能源；现代能源体系；能源转型；低碳

①　张扬：上海舜华新能源系统有限公司；唐喜庆：上海航天智慧能源技术有限公司；蒙青山：中国城市燃气协会分布式能源专业委员会；王炜玮：北京大学能源研究院；黄微：中国城市燃气协会分布式能源专业委员会。

一、引言

燃气分布式能源以燃气为燃料，应用燃气轮机、燃气内燃机、微燃机等发电机组和余热利用设备，为用户提供冷、热、电等各种能源需求。具有节能、减排、经济、安全、削峰填谷等多元优势。经过多年的实践，燃气分布式能源在我国很多地方、诸多应用场景得到了应用，随着改革的深入、技术的创新、市场的发展，燃气分布式能源的内涵和外延不断丰富和拓展，未来在推动能源低碳转型、构建新型电力系统和建设现代化能源体系中将发挥重要作用。

“双碳”目标的提出加速了能源结构转型，使能源生产逐步向集中式与分散式并重转变，分散化、扁平化、去中心化的趋势特征日益明显。分布式能源以其低碳、灵活、分散、智能、多元等特征得到快速发展，其中燃气分布式能源是分布式能源的重要表现形式。新的发展形势为燃气分布式能源带来了机遇和挑战。

本文旨在通过对燃气分布式能源发展现状的梳理，厘清燃气分布式能源发展的特点和条件，进一步明确了燃气分布式能源产业在“双碳”背景下的发展定位、机遇与挑战，对未来发展前景进行了展望，为燃气分布式能源的发展提出建议，推动中国燃气分布式能源行业快速高质量地发展。

二、燃气分布式能源发展现状

燃气分布式能源可以采用天然气、沼气、氢气等多种燃气，其中天然气分布式能源是一种重要的方式，并且是目前国内发展规模最大的方式。因此，本文重点探讨天然气分布式能源发展的现状。

（一）天然气分布式能源市场规模

据中国城市燃气协会分布式能源专业委员会不完全统计，截至2020年底，我国天然气分布式能源项目（单机规模小于或等于50兆瓦，总装机容量200兆瓦以下）共计632个，总装机容量达到2274万千瓦（见图1）。特别是2015年以来呈快速发展态势，但与国家发展改革委《关于发展天然气分布式能源的指导意见》（发改能源〔2011〕2196号）中给出的2020年在全国规模以上城市装机目标5000万千瓦相比，仍有较大差距。国内天然气分布式能源项目主要分布在京津冀鲁、长三角、珠三角、川渝等地区，其中长三角地区项目数量最多，占比30.7%；从装机规模来看，珠三角地区总量较大，占比25.43%（见图2）。从发电设备类型来看，采用燃气内燃机、燃气轮机及微燃机的项目数量分别占总数的44.8%、48.1%和7.1%，装机规模占比分别为10.7%、88.8%和0.5%（见图3）。

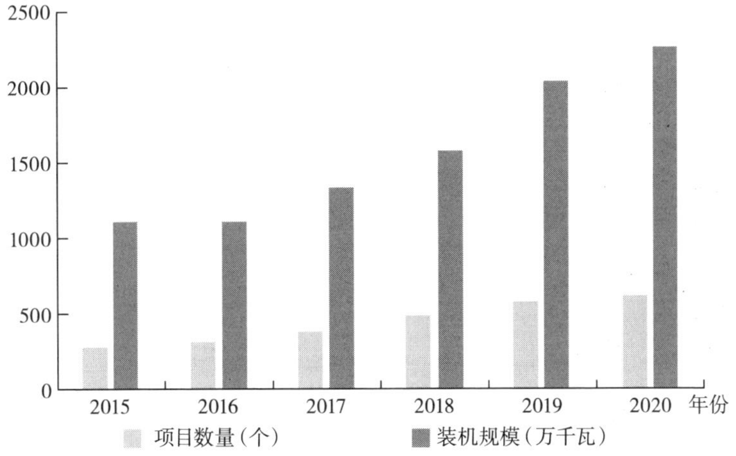

图1 天然气分布式能源项目总体情况

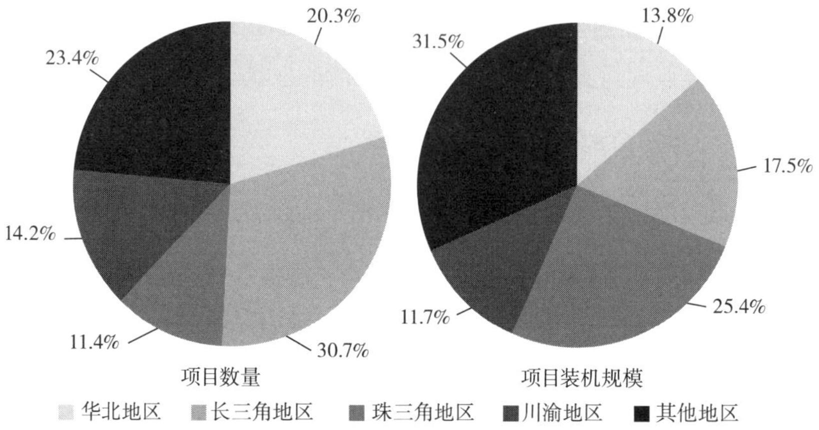

图 2　重点地区天然气分布式能源项目情况

注：①华北地区包括：北京、天津、河北、山东、辽宁、山西、内蒙古中部等省份（自治区、直辖市）；

②长三角地区包括：上海、江苏、浙江、安徽等省市；

③珠三角地区包括：广州、深圳、佛山、东莞等城市群；

④川渝地区包括：四川、重庆等省市

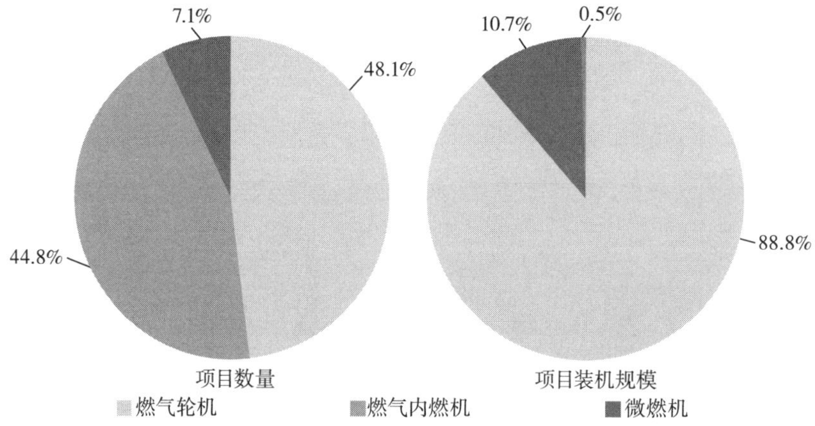

图 3　分布式项目采用各动力设备占比

注：①由于图中为外燃机及联合循环蒸汽轮机装机容量，故设备装机规模之和不完全等于项目总装机容量之和；

②由于个别项目无法确定设备台数，故设备数量项为不完全统计

燃气分布式能源的主要应用场景包括工业、民用建筑和产业园区等，在现有天然气分布式能源项目中，按数量占比从大到小排序为园区

48.6%、工业类11.9%、办公楼11.9%、医院9.2%、综合商业体6.8%、数据中心4.6%、酒店3.6%、大型公建3.5%；按装机容量占比排序为园区84.7%、工业类6.4%、综合商业体3.2%、数据中心2.6%、办公楼1.4%、大型公建1.3%、医院0.3%、酒店0.1%（见表1）。由此可知，发展燃气分布式能源项目要基于区域和场景，因地制宜，结合用户需求、资源条件、政策等因素具体分析。

表1 重点用户市场天然气分布式能源项目情况

重点用户市场	项目数量/个	数量占比/%	装机容量/千瓦	装机容量占比/%
园区	307	48.6	19263261	84.7
工业类	75	11.9	1454190	6.4
办公楼	75	11.9	319871	1.4
医院	58	9.2	76369	0.3
综合商业体	43	6.8	723883	3.2
数据中心	29	4.6	593562	2.6
酒店	22	3.6	23690	0.1
大型公建	22	3.5	286660	1.3

通过对国内已运行的部分项目案例进行分析可知，天然气分布式能源的节能减排效益明显，在合理的气电价格下，项目具有一定的经济效益；不同项目的气价、电价、冷价、热价差异较大，尤其冷价和热价有较强的业主自主性，定价偏低将影响项目经济性，建议采用气电冷热能源价格联动机制。氮氧化物排放等环保要求的提高，在一定程度上会增加项目初投资和运维成本，降低项目经济性。分布式能源与可再生能源融合，系统装机容量选择更加灵活，运营调节更加多样化，系统综合能源利用效率得以提高。国内投运的天然气分布式能源项目各有特点，应结合用户需求、能源价格和外部因素等因地制宜制定最优运行策略。

（二）产业发展条件

1. 政策环境

2014 年以来，国家和地方开始将燃气分布式能源明确纳入能源领域体制改革重点，先后发布了多项与燃气分布式能源相关的政策、法规及指导性文件，涉及能源价格、体制机制、市场化改革、试点应用推广、装备国产化等，对燃气分布式能源的发展起到了积极的促进作用。如电力接入方面的相关文件，要求简化并网手续办理流程，为分布式发电提供便捷、及时、高效的接入电网服务，放开用户侧分布式电源建设，建立分布式电源发展的新机制。多个地方政府公布了专项扶持办法，除了政策引导文件外，部分地区对分布式能源项目提出了一定的能源价格补贴，在项目前期设备投资和后期项目运行两个方面都给出了相应的经济补贴，如上海、长沙、青岛、郑州等地出台了明确的文件给予天然气分布式能源政府补贴。

2. 气源保障

我国天然气供给格局呈现西气东输、北气南下、海气登陆、就近供应的特点。“十三五”期间，天然气生产总量为 8137 亿立方米（见图 4），较“十二五”增长了 36.1%，年均增速为 8.56%。2021 年，天然气产量持续保持稳定增长，为 2053 亿立方米，比上年增长 8.2%，连续 5 年增产超百亿立方米；进口天然气 12136 万吨，比上年增长 19.9%；消费天然气量 3671 亿立方米，比上年增长 12.7%（见图 5）；天然气对外依存度为 44.1%。

据《2060 年世界与中国能源展望（2021 年版）》预测：中国天然气需求将在 2040 年前保持较快增长，峰值将近 6500 亿立方米，而后平稳下降，2060 年约 4100 亿立方米。随着勘探开发的投资力度加大，以及油气行业科技进步的推动，中国天然气产量将保持较快增长，预计 2030 年突破 2500 亿立方米，2060 年近 3500 亿立方米，但还是有很大的缺口需要依赖进口。从全球/区域经济一体化和外循环角度看，天然气进口多元化是我国的必然选择。我国天然气资源勘探潜力巨大，天然气产量稳步增加，天

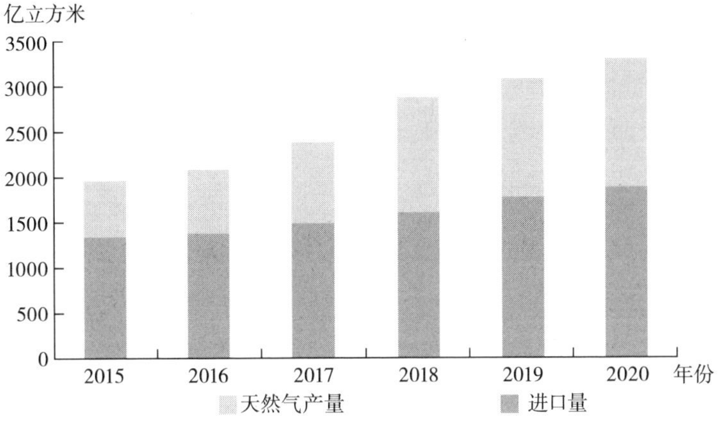

图 4　2015—2020 年我国天然气产量及进口量

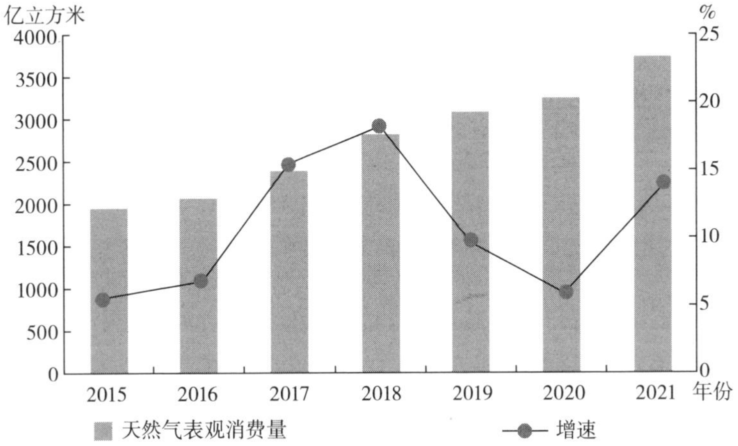

图 5　2015—2021 年天然气表观消费量及增速

然气管网建设趋于完善，LNG 接收站、储气等设施建设加快，形成了多元的供应体系，产供储销体系建设取得成效，为燃气分布式能源的发展提供了气源保障。并且，页岩气、煤层气等非常规气，生物天然气，氢能等燃气的增加，为燃气分布式能源提供了更多的气源选择。

3. 技术标准规范

自 2009 年国家能源局下达制定能源领域的行业标准计划以来，燃气分布式行业的标准规范逐步完善。截至 2021 年 12 月，燃气分布式能源已制定了自身的系统设计导则、工程技术规程、接入电网技术规定、能源站调试、验收及运行规程等。虽然因标准编制的牵头企业和单位不同导致了部分规范内容兼容性不好，但是随着技术规程逐渐丰富，燃气分布式能源的项目设计和施工要求已不断明确、清晰。

（三）燃气分布式能源技术路线和核心装备

燃气分布式能源系统的主要设备包括发电设备、余热锅炉、吸收式冷（热）水机组、脱硝设备等。根据发电设备的不同可以分为燃气轮机分布式能源系统、燃气内燃机分布式能源系统、微燃机分布式能源系统，其中微燃机分布式能源系统应用较少，本文重点分析采用燃气轮机和燃气内燃机的分布式能源系统。

1. 燃气内燃机分布式能源系统

（1）典型工艺流程。

燃气内燃机的余热形式包括高温烟气和缸套水冷却水、润滑油冷却水3种。根据余热设备不同，可采用以下几种典型工艺流程：①燃气内燃机+余热溴化锂机组；②燃气内燃机+水－水换热器+烟气－水换热器；③燃气内燃机+余热溴化锂机组+水－水换热器；④燃气内燃机+余热锅炉+换热器；⑤燃气内燃机+余热锅炉+热水型溴化锂机组（见图6）。

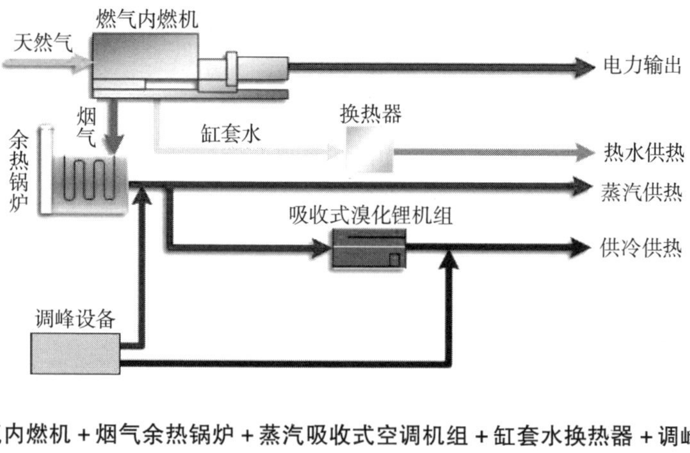

图6　燃气内燃机+烟气余热锅炉+蒸汽吸收式空调机组+缸套水换热器+调峰设备

（2）核心设备。

燃气内燃机发电机组具有发电效率高、余热利用形式多、燃料适应性强、运行灵活性强等特点，主要用在医院、宾馆、公共交通枢纽、商业综合体、数据中心等小型工业用户场景。目前，已建和在建燃气内燃机分布式能源项目的发电设备仍以国外进口设备为主，主流品牌燃气内燃机发电机组功率范围已覆盖 20～10000 千瓦。主要品牌有 MWM、卡特彼勒、颜巴赫、瓦克夏、MTU、康明斯、川崎等。

国内自主研发的燃气内燃机的功率范围主要集中在 200～1000 千瓦，部分厂商已研发出 1000 千瓦以上的燃气内燃机，但 2000 千瓦以上的燃气内燃机仍几乎全部依赖进口。目前，国产燃气内燃机在增压前预混模式、增压中冷技术、稀薄燃烧技术、磁电机点火、数字点火、自诊断等技术方面取得了突破，在沼气、油田伴生气、焦炉煤气等领域的应用，充分验证了国产燃气内燃机的动力性、经济性、可靠性和安全性方面的部分性能指标达到了国际先进水平。国内从事燃气内燃机研发及生产制造的厂家，主要有中船重工七一一所、湖南力宇、济柴、华气动力、潍柴、胜动集团、河柴重工、淄柴、广柴、上海航天等，以传统油气发动机生产制造厂家为主力。

燃气内燃机技术正朝着效率提升、高海拔燃烧、降低润滑油耗量、结构紧凑化及模块化、燃料低碳及零碳化、零污染物排放等方面发展。目前，国产燃气内燃机已在燃气增压前预混、电控空燃比可调稀薄燃烧技术、磁电机点火或数字点火电子调速的高能量点火系统、具有联网与通信功能的程控器等方面获得突破，部分主要性能指标达到了国际先进水平，但在长寿命周期原材料、机械精密加工技术、涡轮增压技术、气源变化适应性等方面仍存在一些技术难题尚未攻克，也是未来技术攻关方向。

2. 燃气轮机分布式能源系统

（1）典型工艺流程。

根据发电方式和余热利用形式不同，燃气轮机冷热电分布式能源系统可分为单循环发电和燃气－蒸汽联合循环发电。常见的工艺流程有：①燃气轮机＋余热锅炉；②燃气轮机＋余热溴化锂机组；③燃气轮机＋余热锅炉＋余热溴化锂机组（见图7）。

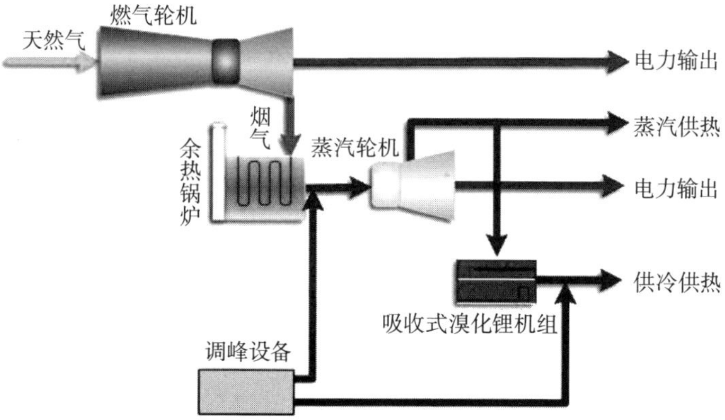

图7　燃气－蒸汽联合循环＋吸收式空调机组＋调峰设备

（2）核心设备。

燃气轮机具有发电功率大、电压等级高、排烟温度高、余热利用系统简单等特点，主要应用在工艺用户及工业园区、交通枢纽及区域能源中心等场景。目前，已建和在建燃气轮机分布式能源项目的发电设备几乎全部为进口设备。世界范围内燃气轮机市场主要被GE公司、西门子能源、曼恩、索拉透平、川崎公司、三菱重工、罗—罗公司等和俄罗斯企业占有。

我国燃气轮机研发生产能力仍相对薄弱，通过引进先进技术和自主创新，我国已掌握部分先进燃气发电装备的制造技术和工艺，国产F级燃气轮机零部件国产化率可达到80%～90%。国内燃气轮机生产厂商主要包括：通过技术引进和自主创新与国外知名品牌合作、航空发动机厂商自主研发改造和中小型工业燃气轮机自主研发生产3类。目前，主流品牌燃气轮机发电机组功率范围已覆盖2～340兆瓦，而应用于燃气分布式能源领域的燃气轮机发电机组功率主要集中在2～50兆瓦范围内。

燃气轮机的发展趋势包括：先进材料与制造、燃气轮机机组设计、提高部件性能、高效清洁燃烧、研发高温材料、拓宽燃料范围、氢燃料燃气轮机等。

（四）燃气分布式能源发展存在的问题

尽管燃气分布式能源取得了较大的进展，但由于气源保障困难较大、长效机制尚待健全、行业壁垒较为坚固、技术手段不够先进，燃气分布式能源行业的发展仍面临诸多挑战。

1. 行业发展问题

（1）产业基础保障仍需加强。

我国天然气对外依存度高、国内开发成本大、管输价格偏高、燃气成本偏高、储气能力欠缺、淡旺季价格波动大，对天然气分布式的生存发展造成很大压力，产业发展基础保障仍待加强。

（2）发展空间受可再生能源影响。

可再生能源在能源结构中的占比快速增长，在一定程度上压缩了燃气产业的发展窗口期与发展空间。

2. 技术问题

行业技术水平仍需提升。技术标准和体系仍存在提升空间。国产化机组在自动化管理技术、发电效率、大功率以及整机技术水平、核心材料、热处理技术和高精度加工等方面，与国外尚存在差距，仍需不断提升主机和配套设备质量水平。运营管理专业化水平仍需从技术及管理方面持续提升，实现有效监控、管理及优化，充分发挥燃气分布式能源节能减排、节约用户能源成本等优势。

3. 体制机制问题

（1）行业壁垒亟须打破。

电力市场化仍在推动，燃气分布式能源参与电力市场交易政策在正式推进过程中遭遇重重阻碍，难以发挥其同时具有发电和用电属性的产销合一作用，使买卖双方都能从中获利。

（2）缺乏跨领域的协调机制。

燃气分布式能源横跨油气、电力、热力等多个行业，存在不同部门利益博弈、不相适应和协调问题，造成燃气、电网、供热等企业对发展燃气分布式能源的积极性不高，甚至有抵触情绪。

4. 市场问题

项目竞争力还需提升。近年来，许多燃气分布式能源项目由于受初始投资大、运营成本高、产能未达预期等各种因素影响，未能实现理想的经济效益，市场对于燃气分布式能源的投资趋于谨慎。电力辅助服务市场和碳市场尚不完善，环保、减碳和灵活性价值无法体现。

三、燃气分布式能源发展展望

（一）燃气分布式能源发展预测

从近中期看，燃气分布式能源将发挥其低碳、稳定、灵活等优势，为构建新型能源体系和可再生能源发展提供支撑和保障，并通过氢能、生物天然气等低碳燃气应用推动技术创新；从长期看，燃气分布式能源也将朝利用低碳燃气和碳捕集封存与利用等方向发展，助力能源系统脱碳。

1. 天然气分布式能源发展预测

根据中国城市燃气协会分布式能源专委会、北大能源研究院联合行业内企业编写的《燃气分布式能源产业发展报告 2022》，基于天然气分布式能源发展现状对其发展前景进行了预测。按照低、中、高 3 种情景分别对 2025 年和 2030 年天然气分布式能源总装机规模进行预测，预测结果如表 2 所示。

表 2　天然气分布式能源发展潜力预测

预测情景	低情景	中情景	高情景
年份	2021—2025		
年均增速/%	5.7	9.7	13.6

续表

预测情景	低情景	中情景	高情景
2025 年装机规模/万千瓦	3001	3605	4297
年份	2026—2030		
年均增速/%	6.2	10.1	14.2
2030 年装机规模/万千瓦	4050	5843	8363

2. 沼气分布式能源发展预测

中国沼气学会发布的《中国沼气行业“双碳”发展报告》中预测，到2030 年可获得沼气生产潜力约为 1690 亿立方米，实现温室气体减排量为 3.0 亿吨 CO_2 当量。到 2060 年，可获得沼气生产潜力 3710 亿立方米，实现温室气体减排量为 6.6 亿吨 CO_2 当量，相当于可以替代 2020 年全国 68% 的天然气消费量，或 2020 年天然气进口量的 1.5 倍以上；如全部用于发电可形成 7420 亿千瓦·时发电量，相当于 2020 年全国用电量的近 10%；若折算成能源，则相当于 2020 年全国近 6% 的能源消费量。

3. 氢能分布式能源发展预测

由中国氢能联盟发布的《中国氢能源及燃料电池产业白皮书 2020》预测，氢气和氢相关燃料对中国能源转型的贡献将在 2021—2060 年逐步增大，2030 年以后尤为显著。该白皮书指出，在 2030 年“碳达峰”情景下，我国氢气的年需求量将达到 3715 万吨，在终端能源消费中占比约为 5%，可再生氢产量约为 500 万吨，部署电解槽装机约 80 吉瓦。在 2060 年“碳中和”情景下，我国氢气的年需求量将增至 1.3 亿吨左右，在终端能源消费中占比约为 20%。其中，工业领域用氢占比仍然最大，约 7794 万吨，占氢总需求量 60%；交通运输领域用氢 4051 万吨，建筑领域用氢 585 万吨，发电与电网平衡用氢 600 万吨。

（二）燃气分布式能源发展趋势

1. 技术、装备优化升级，促进燃气分布式能源创新融合

随着新一轮技术革命的深入推进，各类技术将不断创新突破，单项技

术、多能耦合技术、能源数字化技术等的发展为燃气分布式能源模式和业态创新提供了更加丰富的技术手段。燃气分布式能源从单一模式向综合性、智慧化模式升级。

燃气分布式能源装备进一步朝着高效化、排放友好化、零碳化、商业化方向发展，充分激发燃气分布式能源的双碳潜能。燃气轮机等单项技术依托基础理论、关键材料上的不断突破，朝着更高效率、更低成本的方向发展，有效地提高了项目的经济性。新兴数字化技术的应用，加快了燃气分布式能源与用户侧服务有机融合，提升供需协同能力，有助于燃气分布式能源与可再生能源、金融等的创新结合。

2. 多元化气源并举，延伸燃气分布式能源业务方向

生物质能、氢能的发展延伸了燃气分布式能源新的业务方向，为燃气分布式能源产业注入了新的气源组成。

随着氢能灵活存储及输送技术的不断发展，燃氢分布式能源被广泛推广成为可能。氢燃料电池分布式能源将在未来燃气分布式能源乃至整个能源供应领域扮演重要角色，燃用混氢或者纯氢燃料的燃气内燃机、燃气轮机，实现从化石能源向低碳能源过渡，对于未来市场前景具有重要意义。

生物质能是重要的零碳可再生能源，稳步推进生物质能多元化开发，促进生物质能与分布式能源技术结合，有助于实现能源消费清洁低碳、全面绿色转型的发展目标。

3. 与可再生能源融合，打造多能互补综合能源系统

燃气分布式能源已经成为以多能互补、集成优化、信息互联为特征的能源互联网中的主要架构。燃气分布式与可再生能源耦合构建区域能源网络，既能实现区域性的能量平衡，又能最大限度地利用可再生能源。燃气发电技术成熟、清洁高效、稳定灵活，能够及时补齐可再生能源大规模接入电网可能出现的发电不连续、不稳定的短板，可起到积极的调峰、调频与波动补偿的作用。

随着智能电网、互联网等技术的发展，以互联、低碳、高效和多源协调等为特征的多能互补综合能源系统应运而生，其以数字化、智慧化能源生产、储存、供应、消费和管理与服务为主线，追求横向“电、热、冷、气、水、氢”和“水、火、核、风、光、储”等多种能源品种和供应方式的协同，实现纵向“源—网—荷—储—用”等各环节间的互动优化，向终端用户提供综合能源一体化解决方案。

4. 以数字化技术为依托，构建智慧能源管理体系

燃气分布式能源行业发展涉及能源战略调整、能源结构转变、能源体系优化、能源业务变革及节能减排行动，需数字化给予全面支撑。数字化和智能化将充分挖掘与利用燃气分布式能源全生命周期数据价值，新型通信及物联网技术可实现海量设备在线接入和数据采集，云计算和人工智能技术将提高能源大数据的计算、处理和分析效率，能源企业通过数据分析优化决策，提升能源生产、传输、交易与消费的运营效率，最终提升燃气分布式能源系统的整体效率与安全性。

能量管理平台依托海量数据采集平台，可实现对多种能源以及各类智能终端的数据采集、实时监控与分析统计，对能源系统进行多能协同控制、需求响应、能源大数据分析、能源客户服务，能够加快推进能源供给侧清洁低碳转型，以数字赋能实现智慧化和低碳化发展，并将服务前移，可以更好地贴近用户、服务用户，从而构建和谐共生的生态能源体系，将成为推动能源转型升级、创新发展模式的重要方向。

5. 能源市场化改革深入，丰富燃气分布式能源发展模式

电力市场建设的不断完善，交易规则和运行的持续优化，丰富了能源交易模式，燃气分布式能源的灵活可控性，使其参与调峰、调频、黑启动等电力辅助服务成为可能，进一步提升了燃气分布式能源竞争力，保障电力系统的稳定性和灵活性。

基于能源物联网和综合能源服务的新型模式，燃气分布式能源的商业模式也将从企业运营向平台运营转型、从资产核心向数据核心转型、从价值创造向共享赋能转型、从被动服务向主动对接转型。

四、推动燃气分布式能源产业发展建议

燃气分布式能源作为“双碳”战略下未来能源的重要组成部分，需找准产业发展定位和方向，创新管理体制和运营监管机制，完善产业协同创新体系，持续推进，实现行业可持续发展。从政策层面、市场层面和技术装备层面提出如下发展建议。

（一）政策层面

开展能源多元融合规划，各地政府在核准审批燃气分布式能源项目时，因地制宜考量项目体量和供能范围，放宽对设备单机容量和项目总装机规模的限制，在项目引进、审批、并网等多方面应给予大力支持并提供便利。

针对燃气分布式能源跨界发展的新趋势，建议能源领域内各主管部门加强协调合作，促进能源领域“证照分离”改革，简化经营审批程序，鼓励采取备案制，简化电力并网程序。鼓励能源企业跨界经营，在特定行政区域内综合电、热、气（氢）等多种能源，甚至结合能源、市政、环卫，推行一体化经营的试点。

继续加强核心技术和装备的政策推动，进一步加大资金和政策扶持力度，建设一批示范项目，优先采用自主技术装备，根据其自主化水平给予投资补贴或者奖励。进一步完善项目后评估机制，对于优质项目给予一定政策性表彰。

（二）市场层面

拓展思路、创新市场策略和商业模式，将燃气分布式能源项目的建设与新形势下产业转型升级、产业聚集相结合，因地制宜打造符合特定产业需求的能源供应体系，促成标准化、规模化发展。探索适合我国国情的农村能源项目发展机制，把燃气分布式能源等技术和农村广大的可再生能源

资源相结合。

持续深化燃气分布式能源上网电价市场化改革，建立和完善气电及气热市场化价格机制。鼓励以燃气分布式能源聚合商/虚拟电厂的方式参与电力市场化交易，优先在园区、负荷聚集区开展参与现货市场交易、电力辅助服务市场的试点示范，构建多主体参与、多能源交易、多种增值服务交易的能源互联网市场。

完善碳市场向燃气分布式能源的价格传导机制，制定燃气分布式能源参与碳市场的规则，规范方法学，将其列入自愿减排范畴，鼓励减碳部分参与碳交易市场，建立并完善燃气分布式能源参与碳交易的长效管理机制和监管机制。

（三）技术装备层面

技术升级，开发生物质天然气、沼气、氢气等多气源的燃气分布式能源项目。推动制定天然气管道掺氢、生物天然气生产及并网相关标准、指导性文件，鼓励天然气管道掺氢、生物天然气并入天然气管网进行试点示范并推广。

不断提高国产设备的性能水平，持续加强对燃气内燃机、燃气轮机等核心设备的研发制造、技术升级，提升主机和配套设备质量水平，质量标准需逐步向国际先进水平看齐。发展新兴技术，推进新型设备的研发、生产和应用，如氢燃料内燃机和燃气轮机、燃料电池等。

完善城市燃气输配管网，加强管网互通互连，提升输送能力和可靠性水平。优化储气设施布局，增强气源的调峰和保供能力。

推进数字化升级，打造燃气分布式能源智能管理系统，由传统燃气分布式系统向融合可再生能源、氢能、储能、碳管理的综合智慧能源领域拓展，工程技术服务企业拓宽专业领域、加强人才培养，由单一专业向跨专业发展，增强运营管理服务能力、扩大服务范围。

新 | 能 | 源 | 篇

可再生能源制氢：现状、前景与挑战

王 恰①

摘 要 可再生能源制氢是绿氢最主要的来源，积极发展可再生能源制氢对于增进能源系统的多元性、灵活性和稳定性具有重要意义。在当前全球化“碳中和”行动中，包括我国在内，许多国家和地区都将发展氢能纳入国家能源转型战略。本文介绍了世界主要国家的氢能战略、可再生能源制氢的产业发展现状、技术发展趋势及其经济性，分析了现阶段（试点示范阶段）我国可再生能源制氢行业发展面临的主要挑战。最后，建议各地区因地制宜推进可再生能源制氢项目试点示范，科学布局输氢管网，积极拓展氢能多元应用，综合运用价格、补贴、绿色金融等手段，多策并举支持可再生能源制氢产业发展，助力国家“碳达峰、碳中和”目标的实现。

关键词 氢能；绿氢；可再生能源制氢

① 王恰，中国社会科学院数量经济与技术经济研究所副研究员。

可再生能源制氢是21世纪最具发展潜力的清洁能源技术之一。2022年2月，北京冬奥会开创了国际奥运赛事大规模用氢的先例，不仅首次采用氢能作为全部火炬燃料，还投入运行超过1000辆氢燃料电池汽车，并配备30多个加氢站。相比纯电动汽车，氢燃料电池汽车因其耐寒性强、能量密度高、续驶里程长、加注时间更短等优势，备受消费者青睐。2022年3月23日，国家发展改革委和国家能源局联合印发《氢能产业发展中长期规划（2021—2035年）》（以下简称《规划》），提出了我国氢能产业发展的3个阶段性目标。第一，到2025年，形成较为完善的氢能产业发展制度政策环境，产业创新能力显著提高，基本掌握核心技术和制造工艺，初步建立较为完整的供应链和产业体系。氢能示范应用取得明显成效，清洁能源制氢及氢能储运技术取得较大进展，市场竞争力大幅提升，初步建立以工业副产氢和可再生能源制氢就近利用为主的氢能供应体系。燃料电池车辆保有量约5万辆，部署建设一批加氢站。可再生能源制氢量达到10万~20万吨/年，成为新增氢能消费的重要组成部分，实现二氧化碳减排100万~200万吨/年。第二，到2030年，形成较为完备的氢能产业技术创新体系、清洁能源制氢及供应体系，产业布局合理有序，可再生能源制氢广泛应用，有力支撑“碳达峰”目标实现。第三，到2035年，形成氢能产业体系，构建涵盖交通、储能、工业等领域的多元氢能应用生态。可再生能源制氢在终端能源消费中的比重明显提升，对能源绿色转型发展起到重要支撑作用。

根据生产来源的不同，氢能可以分为灰氢、蓝氢和绿氢三类[①]。相比灰氢和蓝氢，绿氢在生产过程中几乎不产生碳排放。在“多能互补”现代能源体系和“源网荷储”一体化新型电力系统中，绿氢的作用和价值非常突出。绿氢不仅是一种重要的二次能源，助力“难以减排领域”实现深度脱碳，还可以作为可再生能源高效利用的重要转化载体，促进绿色低碳能源跨地域、跨季节优化配置，增进能源系统的多元性、灵活性和稳定性。

一、我国积极发展可再生能源制氢产业的现实意义

《规划》明确指出了我国氢能产业发展的战略定位，“氢能是未来国家能源体系的重要组成部分”“氢能是用能终端实现绿色低碳转型的重要载体”“氢能产业是战略性新兴产业和未来产业重点发展方向”。在此背景下，加快可再生能源制氢产业发展的战略意义可以从以下三个角度诠释。

首先，推进可再生能源制氢产业发展，探索绿氢在多态场景的广泛应用，是我国实现“碳达峰、碳中和”愿景的必经途径。图 1 描绘了绿氢在能源体系中的生产、转换、运输和终端利用。从图 1 可以看出，绿氢作为一种“零碳”二次能源，既是可再生能源消纳的重要载体，也是冶炼、化工、长途运输、重型卡车、航空等难以通过电气化实现脱碳领域的理想替代燃料。推进绿氢产业“制、储、运、加、用”全产业链布局，使绿氢生产实现批量化、规模化，不仅可以充分发挥氢能作为可再生能源规模化高效利用的载体作用、增加绿色低碳能源供应，还有助于推动工业、运输、供热、发电等用能终端的能源消费转型、减少温室气体排放，对于整体提升能源体系的清洁性，形成多元互补融合的现代能源供应体系具有重要意义。

---

① 灰氢是指通过煤炭、石油、天然气等化石燃料或工业副产物制取的氢。蓝氢是在灰氢的基础上结合 CCUS 技术（二氧化碳的捕集、利用和封存技术）制取的氢。绿氢是指由非化石能源制氢，通常包括水电、风电、太阳能发电等可再生能源制取的氢。除此之外，绿氢还可以通过核电制氢、生物制氢（生物质通过气化和微生物催化脱氢方法制氢）等技术得到。

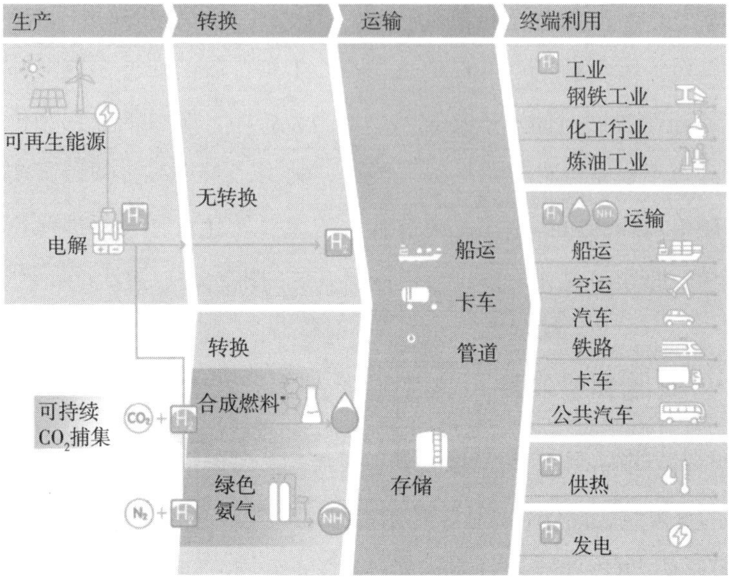

图 1　绿氢的生产、转换、运输和终端利用

其次，优化可再生能源制氢产业布局，扩大绿氢生产与存储规模，是我国提升能源系统和电力系统安全性水平的客观需要。当前，我国可再生能源消纳以电力形式为主，形式单一，而且由于风电、光伏等新能源具有间歇性、波动性的特点，大规模、高比例并网后，给电力系统的安全稳定运行带来较大挑战。结合“九大清洁能源基地”和“五大海风基地”建设①，适量配置一批可再生能源制氢项目，既可以进一步提升可再生能源消纳水平，还可以降低可再生能源波动性对电力系统的影响，使可再生能源实现跨地域、跨季节优化配置，这对于防范能源供给的系统性风险、促进“新能源安全可靠的替代”② 具有重要意义。

① “十四五”规划的九大清洁能源基地包括：松辽清洁能源基地、冀北清洁能源基地、黄河几字弯清洁能源基地、河西走廊清洁能源基地、黄河上游清洁能源基地、新疆清洁能源基地、金沙江上游清洁能源基地、雅砻江流域清洁能源基地、金沙江下游清洁能源基地。五大海风基地包括：广东海上风电基地、福建海上风电基地、浙江海上风电基地、江苏海上风电基地、山东海上风电基地。

② 2021 年 12 月，习近平总书记在中央经济工作会议上强调传统能源逐步退出要建立在新能源安全可靠的替代基础上。

最后，加速可再生能源制氢产业升级壮大，实现产业链良性循环和创新发展，符合全球新一轮科技革命和能源产业变革发展趋势。可再生能源制氢产业是战略性新兴产业和未来产业重点发展方向之一，加强氢能产业创新体系建设，加快突破氢能核心技术和关键材料瓶颈，加快培育新产品、新业态、新模式（如氨、甲醇和合成液体燃料），不仅有助于我国绿色低碳产业实现高质量发展，同时也有助于使我国在未来国际能源市场保持技术领先的竞争优势。

二、国内外可再生能源制氢产业发展现状

人类发现氢、应用氢，已有数百年的历史。18 世纪中期，人们开始对氢展开深入研究，并将这种可燃气体命名为“氢”①。1970 年，电化学家约翰·奥姆·博克里斯在通用汽车技术中心的一次讨论中创造性地提出“氢经济”一词，随后出版了《能源：太阳能氢替代品》一书。1973 年第一次石油危机爆发后，人们把氢能看作理想的石油替代燃料，开始更加重视氢能研究和氢燃料电池技术的推广应用。1974 年，国际氢能协会（IAHE）成立。随后，氢燃料电池技术逐步成为汽车、飞艇、飞机、火箭的动力来源之一。伴随氢燃料电池技术的飞速发展，氢能产业规模逐步壮大。

（一）全球可再生能源制氢产业发展现状

在当前全球化“碳中和”行动中，氢能作为能源系统实现深度脱碳的关键一环备受各国重视，氢能产业发展也由此迈进新的发展阶段。包括中

① 早在 16 世纪中叶，瑞士科学家 Paracelsus 就注意到一个现象，酸腐蚀金属时会产生一种可以燃烧的气体。1776 年，英国科学家 Henry Cavendish 通过锌金属与盐酸反应生成并收集到一种“易燃空气”。1788 年，法国化学家 Antoine - Laurent de Lavoisier 证明这种易燃气体是一种单质，并将它命名为“氢”。1800 年，英国科学家 William Nicholson 通过电解水实验，发现电池的一极有氢气析出，另一极有氧气析出。1838 年，瑞士化学家 Christian Friedrich Schoenbein 发现了燃料电池效应。1845 年，英国科学家兼法官 William Grove 发明“气体电池”。1889 年，Ludwig Mond 和 Charles Langer 利用空气和工业煤气建造了第一台燃料电池装置。

国在内，美国、欧盟、日本、韩国、印度、加拿大、澳大利亚、智利、挪威、德国、法国、西班牙、荷兰、葡萄牙等国家或地区均已发布国家氢能战略，把发展氢能产业提升到国家战略高度。根据各国情况的不同，这些国家或地区发展氢能产业的模式大致可以分为以下四类：①“碳中和”目标导向型（以欧盟国家、英国为代表）：通过支持可再生能源制氢产业的规模化发展，帮助工业、交通等部门实现降碳脱碳，从而减少本国对化石能源的依赖，助力“碳中和”目标的实现。②技术储备导向型（以美国和加拿大为代表）：这些国家的油气资源丰富，具有经济、低碳优势的页岩气在应用端与氢能存在较多重合，导致氢能市场扩展相对缓慢，氢能仅作为重要战略技术储备，并且灰氢、蓝氢和绿氢发展并举。③出口导向型（以俄罗斯、澳大利亚为代表）：依靠本国化石能源的资源优势大规模生产灰氢和蓝氢，并将其作为出口贸易新的增长点。④进口导向型（以日本、韩国为代表）：本国能源资源匮乏，能源供应高度依赖进口，通过鼓励氢能消费、扩大氢能进口，优化能源消费结构和能源进口渠道，提高能源安全水平，分化能源供应中断和价格波动的风险。

国际能源署（IEA）的氢能项目数据库（Hydrogen Projects Database）显示，截至2021年10月，全球有202个氢能项目已投入实际运行，其中水电制氢6项，陆上风电制氢19项，光伏制氢16项[①]；另外，还有67个在建氢能项目，其中陆上风电制氢7项，海上风电制氢3项，光伏制氢8项。中国已有9个氢能项目投入运行，其中陆上风电制氢2项（河北张家口海珀尔风电制氢项目一期工程、河北沽源风电制氢项目一期工程），光伏制氢2项（甘肃兰州新区精细化工园光伏制氢项目、辽宁大连同济—新源加氢站）；另外，还有6个在建氢能项目，其中包括河北沽源风电制氢项目二期工程、崇礼风光耦合制氢综合利用示范项目，等等。

① 这里仅统计数据库中明确记录有制氢方式的项目，还有很多项目用的是化石能源制氢、电网电力制氢以及制氢方式未知。

可再生能源制氢是当前新能源行业投资最活跃的领域之一。得益于过去10年以来陆上风电场发电和太阳能光伏发电价格的大幅下降，可再生能源成本也随之实现了快速下降，经济性愈加明显。在过去的两年中，全球可再生能源制氢领域投资持续攀升。仅欧洲地区，目前就有上百个在建设中的项目。2021年7月，全球首个海上油气平台绿氢项目PosHYdon获得荷兰政府360万欧元资助。除政府部门以外，一些国际能源巨头也纷纷斥巨资进入绿氢领域，使其成为公司的一项新业务，如英国石油公司BP、道达尔公司（Total Energy）、沙特阿美（Saudi Aramco）、雪佛龙（Chevron）、沃旭能源（Ørsted）、西门子能源公司等。

（二）我国可再生能源制氢产业发展现状

我国是当前全球最大的制氢国，年制氢产量约3300万吨。氢能制备、储运、加氢、燃料电池和系统集成等主要技术与生产工艺已经具备大规模普及的基础条件。全产业链规模以上工业企业超过300家，集中分布在长三角、粤港澳大湾区、京津冀等区域。然而，需要看到的是，我国氢能生产以灰氢为主，绿氢产量大约占氢能总产量的1.5%①。

我国可再生能源丰富且分布广泛，为可再生能源制氢产业发展奠定了坚实的基础。经过多年的不懈努力，我国可再生能源装机规模连续多年保持全球第一位，陆上风电和光伏发电成本已经与燃煤发电成本持平，部分地区甚至低于燃煤发电成本，各地“弃水”“弃风”“弃光”现象得到有效缓解。受可再生能源分布及其电价因素影响，我国现有运营中的可再生能源制氢项目主要集中在新疆、内蒙古、宁夏等西部地区，占全部绿氢生产的80.68%，而沿海地区的可再生能源项目进展则相对缓慢。

鉴于氢能对能源体系实现绿色转型的重要作用，氢能首次在我国“五

① 参考《中国氢能源及燃料电池产业白皮书（2020）》公布的2019年数据，“煤制氢产量最大，达到2124万吨，占比63.54%；其次为工业副产氢和天然气制氢，产量分别为708万吨和460万吨；电解水制氢产量约50万吨”，还有《中国氢能产业发展报告2022》中的内容，“中国电解水制氢仍处于发展初期，占全国氢气产量约1.5%，未来增长空间巨大”。

年规划”① 中被提及。“十四五”以来，国家层面出台了多项涉及氢能产业发展的政策文件，包括《“十四五”全国清洁生产推行方案》《综合运输服务“十四五”发展规划》《“十四五”工业绿色发展规划》《绿色交通“十四五”发展规划》《“十四五”现代能源体系规划》《“十四五”新型储能发展实施方案》《“十四五”能源领域科技创新规划》等。

在上述政策下，各地区可再生能源产业规划与发展开始提速。2021 年 9 月，安徽六安市兆瓦级氢能综合利用站联调试验顺利完成。该示范项目采用 PEM 水电解制氢技术，设计年制氢 72.3 万 Nm^3，氢发电 127.8 万千瓦·时，用于电力系统“削峰填谷”。2021 年 11 月 30 日，我国首个万吨级光伏绿氢示范项目——中国石化新疆库车绿氢示范项目正式启动建设。该项目将建设 30 万千瓦光伏电站（年均发电量约 6.18 亿千瓦·时），年产能 2 万吨的电解水制氢厂，储氢规模约 21 万标立方的储氢球罐，输氢能力 2.8 万标立方的输氢管线及配套输变电等设施。项目投产后，年产绿氢预计可达 2 万吨，成为全球最大的绿氢生产项目。2022 年 1 月，山西省首座氢储能综合能源互补项目正式签约。项目一期建设 6×25 兆瓦分布式光伏电站、100 兆瓦风电电站，配套建设 150 兆瓦电极锅炉供热系统和 10 兆瓦电解水制氢高压储氢系统；二期项目预计建设 1000 兆瓦光伏发电站，配套建设 50 兆瓦电解水制氢液态储氢系统。两期项目建成后，每天制取高纯度的氢气 10000 千克，可同时满足 20 座 500 千克加氢站的需求。2022 年 5 月 17 日，内蒙古规模化风光氢储一体化项目——华电达茂旗 20 万千瓦新能源制氢工程示范项目由中国能建广东院中标。该项目共建设风电 12 万千瓦·时，光伏 8 万千瓦，电化学储能 2 万千瓦·时，电解水制氢 12000 标立方，采用 100% 绿电制氢模式。项目建成后，预计每年将生产绿氢 0.78 万吨。截至

① 《中华人民共和国国民经济和社会发展第十四个五年规划和 2035 年远景目标纲要》指出，“十四五”期间要组织实施氢能产业孵化与加速计划，谋划布局一批氢能产业。在科教资源优势突出、产业基础雄厚的地区，布局一批国家氢能产业技术研究院，加强前沿技术多路径探索、交叉融合和颠覆性技术供给。

目前，内蒙古、甘肃、吉林、山东等地均已规划了大量的绿氢项目，预计2022年下半年，全国新开工或招标的可再生能源制氢项目将快速增加。

三、可再生能源制氢技术发展现状与未来趋势

（一）电解水制氢技术现状与发展趋势

目前，电解水制氢技术主要有碱性水电解（ALK或AWE）、质子交换膜水电解（PEM）、阴离子交换膜水电解（AEM）、固体氧化物水电解（SOE）4种技术（见表1）。

表1　4种水电解技术特性

	AWE	PEM	AEM	SOE
电解质隔膜	30% KOH石棉膜	质子交换膜	阴离子交换膜	固体氧化物
电流密度/（A/cm^2）	<0.8	1~4	1~2	0.2~0.4
电耗率/（$kW \cdot h/Nm^3$）	4.5~5.5	4.0~5.0	—	预期效率约为100%
工作温度/℃	≤90	≤80	≤60	≥800
产氢纯度	≥99.8%	≥99.99%	≥99.99%	—
相对设备体积	1	~1/3	—	—
操作特征	需控制压差，产气需脱碱	快速启停，仅水蒸气	快速启停，仅水蒸气	启停不便，仅水蒸气
可维护性	强碱腐蚀强	无腐蚀性介质	无腐蚀性介质	—
环保型	石棉膜有危害	无污染	无污染	—
技术成熟度	充分产业化	初步商业化	实验室阶段	初期示范阶段
单机规模/（Nm^3/h）	≤1000	≤200	—	—

注：A/cm^2表示“安培/平方厘米”；$kW \cdot h$表示千瓦·时；Nm^3表示在0℃1个标准大气压下的气体体积；Nm^3/h表示在0℃1个标准大气压下的标准流量，通常称为标立方

碱性水电解技术已经实现工业规模化制氢，是技术最为成熟、生产成本相对较低的电解水制氢技术，适用于电网电解制氢。

质子交换膜水电解技术则在欧美地区推进较快，采用该技术制得的氢气纯度高，能效高于碱性水电解技术，装置运行灵活性更高，对电力变化反应更快，与波动性和随机性较大的风电和光伏具有良好的匹配性，但由于需要使用铂（Pt）、铱（Ir）、钌（Ru）等贵金属催化剂等材料，导致成本较高。

阴离子交换膜水电解技术将传统碱性水电解技术与质子交换膜水电解技术的优点相结合，但目前国内外尚处于研发完善阶段，研发主要集中于碱性固体聚合物阴离子交换膜与高活性非贵金属催化剂。

固体氧化物水电解技术的电耗低于碱性水电解技术和质子交换膜水电解技术，但尚未被广泛商业化，国内仅在实验室规模上完成验证示范。由于需要高温环境，所以该技术较为适合产生高温、高压蒸汽的光热发电等系统。

（二）氢能储运技术现状与发展趋势

就储氢来看，目前较为成熟及前景较好的储氢技术主要有 4 种①：高压气态储氢、低温液态储氢、固态合金储氢和有机液态储氢（见表 2）。其中，高压气态氢气储运虽是目前应用最成熟的方式，但是仍然存在储气结构待改进、密封性以及快速装卸载等技术问题②。

就输氢来看，目前适用于大规模氢能运输的技术方案主要有集装管束运输、管道运输、液氢槽罐车运输。与集装管束、液氢槽罐车相比，管道

① 储氢技术按存储原理分为物理储氢和化学储氢两大类。物理储氢主要有：液化储存、高压储存、低温压缩储存等。化学储氢主要有：金属氢化物储氢、活性炭吸附储存、碳纤维和碳纳米管储存、有机液氢化物储氢、无机物储氢等。还有一些将要探索开发的技术有：玻璃微球储氢、无机物储氢、高压及液氢复合技术、储氢合金与高压复合技术以及地下岩洞储氢等。

② 高压气态储氢、液态储氢、管道输氢均需加压氢气，因而具有较高压力的 PEM 电解水制氢技术具有与储氢需求匹配的天然优势。

运输技术要求在中等范围，技术成熟度相对较高，且对市场价格敏感性低，不会因市场变化而发生较大波动。因而，加快氢能输送管网规划与建设，才可以从根本上解决氢能长距离输送问题。依据输送介质相态分类，氢能管道输送可分为气氢管道输送和液氢管道输送。

表2 4种储氢技术的优缺点

	高压气态储氢	低温液态储氢	固态合金储氢	有机液态储氢
优点	设备结构简单，压缩氢气制备能耗低，充放氢速度快，温度适应范围广，成本低	储氢体积密度高，液态氢纯度高，安全性相对较好	储氢压力较低，体积密度高，能耗低，安全性好，氢气纯度高，可逆循环	储氢体积密度高，液态氢纯度高，储运过程安全高效，可多次循环使用
缺点	储氢体积密度低，需要高压力储存。运输成本高，且有泄漏和爆炸的安全隐患	氢气液化能耗高（约为氢气能量的1/3）、易挥发，成本高，对储氢容器要求较高	技术不成熟，成本高，充放氢效率低，金属易粉化及重金属中毒	装置费用高，技术难点多，技术操作苛刻，有一定的毒性危害
应用	钢瓶；轻质高压储氢罐；车用储氢	航空航天		

气氢管道输送有掺氢输送和纯氢输送两种方式。掺氢输送是指将氢气以一定的比例掺入天然气中（掺杂15%～20%的氢），利用现有的天然气管道或管网进行输送，目的地可以直接燃烧这种混合气体，也可以采用膜技术隔离出纯氢。不过，掺氢输送对于管网材质有一定要求，塑料管道不能用于输氢，低碳钢更适合输送纯氢。我国目前有3条纯氢输送管道设计建设，分别在内蒙古、河南、陕西。折成电后，纯氢输送管道成本约为0.3元/kW·h，比特高压电力输送成本0.7元/kW·h更具经济性。

液氢管道输送也有两种方式，一种是通过化学反应把氢气加入有机液体中形成液体“氢油”后经管道输送，另一种是氢气液化后经管道输送。国家发展改革委、国家能源局于2022年发布的《关于完善能源绿色低碳转型体制机制和政策措施的意见》指出：在满足安全和质量标准等前提下，探索输气管道掺氢输送、纯氢管道输送、液氢运输等高效输氢方式。

四、可再生能源制氢技术的经济性

可再生能源制氢成本的构成主要包括生产成本与储运成本两部分。

（一）生产成本

绿氢的生产成本由多种因素决定，包括：能源成本（可再生能源电价）、水电解设备等设备成本、土地成本、建安成本、人工费、维修费、水费等。其中，能源成本的占比最大，其次是设备成本。专栏 1 对碱性水电解与质子交换膜水电解两种技术路线下的绿氢生产成本进行了比较。可以看出，绿氢生产成本主要受到电费成本的影响，所以降低电价和电解电耗是提高绿氢生产经济性的关键因素。

关于降低电解电耗，提升电解槽效率、增加设备耐用性等的技术创新可以有效减少产生单位氢气所需的电量。电解水制氢系统由电解槽及辅助系统组成，电解槽是电解反应发生的主要场所，辅助系统则包括电力转换、水循环、气体分离、气体提纯等模块。选择不同的电解槽设备，设备成本和性能会存在一定的差异。碱性水电解槽成本最低；质子交换膜电解槽占地面积较小，并具有更高的电流密度和输出压力；固体氧化物电解槽的电耗率最高。通常，碱性水电解槽设备费用在设备总成本中的占比为 40% ~50%。未来，随着技术创新和大规模应用，不同电解技术成本和性能的差距将会逐渐缩小（见表 3）。预计电解槽的学习率与光伏类似，可以达到 16% ~21%；基于这一学习率水平，并考虑到实现 1.5℃气候目标需要采取的行动，预计到 2030 年电解槽成本可降低 40% 以上。

除此之外，标准化和规模化也是提升绿氢生产经济性的重要因素。根据 IRENA 预计，到 2030 年绿氢将在许多国家和地区具备与蓝氢相当的经济性，到 2050 年可使绿氢生产成本最高降低 85%（见图 2），而中国将成为全球绿氢成本最低的国家之一（见图 3）。在中国，太阳能被认为更适合作为制氢的绿色电源来源，预计 2050 年中国光伏发电制氢成本将从 2020

年的 1.24 美元/千克下降至 2050 年的 0.7 美元/千克；陆上风电制氢成本将从 2020 年的 1.24 美元/千克下降至 2050 年的 0.85 美元/千克。

表 3　2020 年和 2050 年 4 种水电解技术的经济性

	2020 年				2050 年			
	AWE	PEM	AEM	SOE	AWE	PEM	AEM	SOE
电解槽压力/bara	<30	<70	<35	<10	>70	>70	>70	>20
系统效率/(kW·h/kg)	50～78	50～83	57～69	45～55	<45	<45	<45	<40
寿命/千小时	60	50～80	>5	<20	100	100～200	100	80
大型堆栈的投资成本/(美元/kW)	270	400	—	>2000	<100	<100	<100	<200
整个系统的投资成本/(美元/kW)	500～1000	700～1400	—	—	<200	<200	<200	<300

注：bara 表示绝对压力；kW·h/kg 表示生产每千克氢的用电量

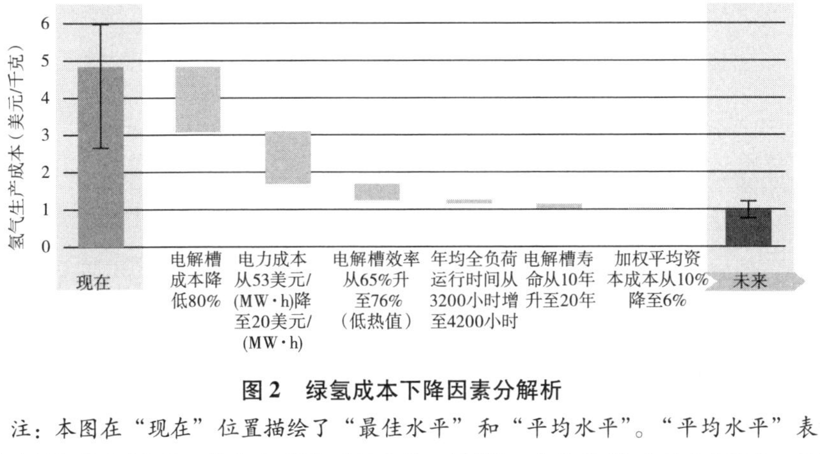

图 2　绿氢成本下降因素分解析

注：本图在“现在”位置描绘了“最佳水平”和“平均水平”。“平均水平”表示投资为 770 美元/千瓦，效率为 65%（低热值 - LHV），电价为 53 美元/（兆瓦·时），满载小时数为 3200（陆上风电），加权平均资本成本（WACC）为 10%（相对较高的风险）。“最佳水平”表示投资为 130 美元/千瓦，效率为 76%（LHV），电价为 20 美元/（兆瓦·时），满载小时数为 4200 小时（陆上风电），WACC 为 6%（与当前可再生能源发电成本基本相当）

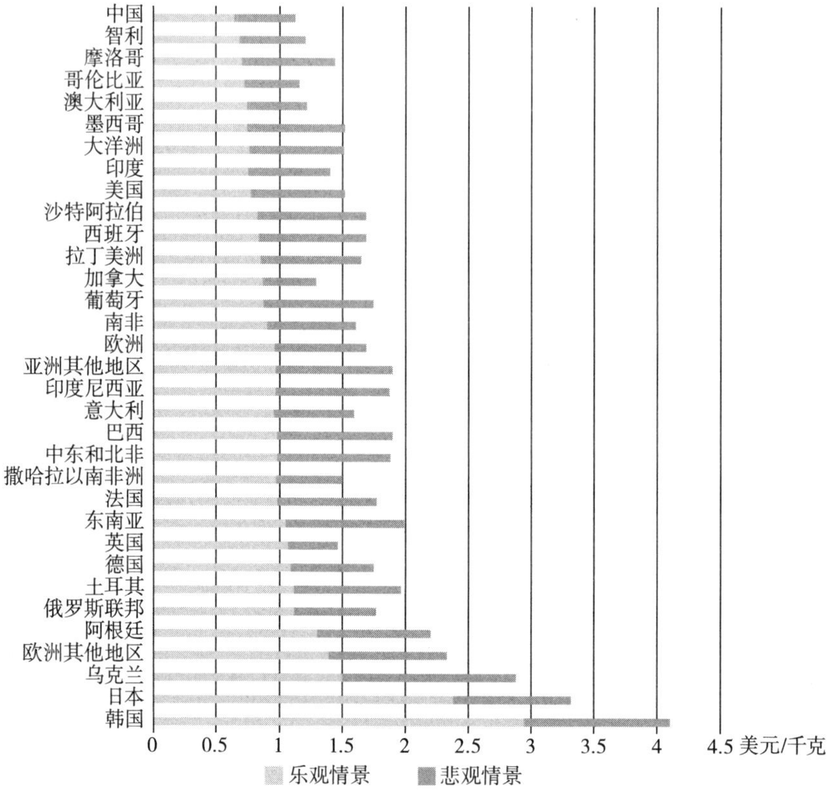

图 3　2050 年绿氢成本预测

专栏1

两种技术路线下的绿氢生产成本比较

假定某电解水制氢站占地面积 9 亩（6030 平方米）、额定产氢量为 $1000Nm^3$/小时。

一、固定投入

土地成本：一般征地费用按 6 万元/亩计算，土地成本约 54 万元。建筑工程投入按 1000 万元计算。

设备成本：

①当选择碱性水电解槽时，设备购置和安装的总投入估算合计为 1900

万元，其中碱性水电解系统成本占设备投入总成本的53%，氢气压缩机占32%。按25年进行设备折旧（以当前基准利率4.35%核算），每年设备折旧费126.16万元。

②当选择质子交换膜水电解槽时，设备购置和安装费用合计为7900万元，其中质子交换膜水电解系统成本占比达到89%。每年设备折旧费为524.57万元。

二、运维投入

电费：假定电解系统初始电耗为5千瓦·时/Nm^3，在全生命周期25年服役期间按照线性衰减至初始性能的80%，达到预期寿命时的综合电耗增加为6千瓦·时/Nm^3。电价取0.5元/（千瓦·时）[①]。

水费：制取绿氢理论耗水0.8升/Nm^3，假定制取效率为80%，则实际耗水量按1升/Nm^3计算。工业用水价格取4.1元/立方米。

人工费：12人（三班倒、每班3人），每人年支出工资8万元。进行全生命周期核算时，假定人工费根据基准利率增长。

维修费：按照3%核算。不计大修。

增值税税率为9%。

三、经济性比较

假设制氢厂按照100%负荷运行，年绿氢产量8803805Nm^3。

①当选择碱性水电解槽时，平准化成本为3.15元/Nm^3。其中，电费成本占89.1%，人工费占6.1%，设备投入占4.6%。

②当选择质子交换膜水电解槽时，平准化成本为3.60元/Nm^3。其中，电费成本占77.9%，人工费占5.3%，设备投入占16.5%。

① 此处电价为工业用电价格，相当于在加氢站（氢能应用端）制氢的用电费用。倘若在风电/光伏发电场制氢（发电后直接用于制氢，不并网），通过协议价格，部分地区的电价可以达到0.2元/（千瓦·时）。

（二）储运成本

目前，绿氢储运成本还十分高昂。以下结合具体案例，分4类情景阐述。①风电/光伏发电场制氢，用20MPa高压气氢长管拖车运输至加氢站①。电价为0.2元/（千瓦·时），当运输距离为100千米时，运输成本为5.2元/千克，绿氢成本为40.1元/千克（见表4）；运输距离为200千米时，运输成本为7.8元/千克，绿氢成本为42.6元/千克；运输距离为300千米时，运输成本为10.7元/千克，绿氢成本为45.6元/千克；运输距离为400千米时，运输成本为14.4元/千克，绿氢成本为49.3元/千克。②加氢站现场制氢，不计储运环节成本。不同电价下的绿氢成本见表4。③风电/光伏发电场制氢，氢气注入天然气管网。不同协议电价下的绿氢成本见表4。④采用质子交换膜电解水制氢和氢发电一体的设备参与削峰填谷，可以套利峰谷电价差。研究发现，全国大部分地区制氢储能再发电的度电成本高于峰电度电价格，只有北京地区例外，因而只有北京地区存在制氢储能套利的可能性。上述情景分析说明，管道运输绿氢的经济性较好，长管拖车运输仅在近距离范围内（100千米以内）才具有一定的经济性。

表4　不同情景下绿氢成本

电价/（元/（千瓦·时））	0.8	0.7	0.6	0.5	0.4	0.3	0.2	0.1
情景①/（元/立方米）				56.7	21.5	45.7	40.1	
情景②/（元/立方米）	63.8	57.7	52.9	47.5	42.5	36.5		
情景③/（元/立方米）				2.75	2.26	1.77	1.27	0.79

注：表内情景①假定运输距离为100千米

五、我国可再生能源制氢产业发展面临的主要挑战

《规划》给出了我国可再生能源制氢产业发展的阶段性目标和任务，

① 假设碱性水电解槽设备利用率为86%，终端70MPa氢气加注。情景②的经济性分析也建立在这一假设下。

近期目标是积极开展示范应用，提升可再生能源制氢及氢能储运技术水平，促进生产与储运成本的持续下降；中期目标是在全国范围内推进可再生能源制氢产业规模化发展，形成合理有序的产业布局；长期目标是促进绿氢的多元应用，提升绿氢在终端能源消费中的比重。真正实现上述目标，可谓任重道远、挑战重重。一些挑战是整个氢能产业共同面临的，例如降本增效、加快氢能基础设施建设、拓展氢能应用领域等；还有一些则是可再生能源制氢产业单独面对的，包括产业创新能力、装备技术水平、产业链与供应链建设、可再生能源制氢产业支持政策和制度保障体系建设等方面的挑战。以下从产业布局、技术创新、价格与补贴 3 个方面分析绿氢在现阶段，即示范应用阶段面临的主要挑战。

第一，可再生能源制氢产业布局、输氢管网布局亟须系统性、全局性规划。一直以来，氢能并没有受到国家和能源行业的足够重视，直到 2020 年《节约能源法》首次将氢能列入能源范畴，产业规划和政策相继出台，氢能产业发展才进入快车道。但是，现有的规划和政策并未区分绿氢与灰氢、蓝氢，目前我国仍然未出台专门的可再生能源制氢产业发展规划与产业政策，可再生能源制氢项目落地和运营在很大程度上受到了制约。例如，绿氢在我国与灰氢和蓝氢同属于危化品，按要求必须在化工园区内生产，导致可再生能源项目站内制氢和氢储能项目的推广严重受限。此外，由于我国氢能输送管网等基础设施相对薄弱，缺乏全面详细的设计与规划，所以绿氢远距离输送受到极大制约。例如，我国新疆、甘肃、内蒙古、东北三省等地区可再生能源资源丰富、可再生能源电价低廉，这些地区的绿氢生产潜力大、成本低，但是这些地区与氢能消费集中的中东部地区存在空间上的错位。那么，这些地区尤其需要进行系统科学的布局输氢管网，统筹兼顾“本地区就近消纳”与“跨区域输送”。

第二，可再生能源制氢产业发展亟须加快产业技术创新体系建设，以技术创新推动绿氢成本实现快速下降。首先，绿氢产业属于技术密集型产业，技术创新是降低绿氢成本的重要推动力。在水电解槽设备中，电极、膜片、双极板等成本占比较高，要加强关键材料核心部件的技术转化，加快形成具有完全自主知识产权的批量制备技术和建立产品生产线，全面实现关键材料核心部件的国产化与批量生产。其次，氢能储运降本潜力巨大，地方政府、企业、科研机构要重视氢能储运技术创新。另外，做好示范项目建设、发挥示范项目的引领作用，是建立产业技术创新体系的重要途径。曾经的风电和光伏特许权项目对推动风电和光伏设备国产化、摸索价格退坡机制、推进行业标准化建设、培养专业人才队伍等方面起到了积极作用，相关的政策措施同样值得绿氢行业在示范应用阶段参考和借鉴。

第三，可再生能源制氢产业发展仍需建立健全科学规范的价格和补贴制度。目前，我国已有不少地区尝试性地推出了投资补贴、优惠电价等地方扶持政策。例如，对绿电制氢项目给予一定的电费支持，并将对专门从事高压氢气/液氢存储的企业，以及新建、改建、扩建日加氢能力不低于500千克的固定式建设标准加氢站项目给予一定补贴①，等等。不过，需要看到的是，我国绿氢价格和补贴制度仍然存在不完善、不透明、不规范、不可持续等问题。地方政府还应更多地尝试减税退费、绿色信贷、绿色保险、碳交易等各种金融手段，促使有限的财力惠及更多的企业。

六、对策与建议

当前，我国可再生能源制氢产业正处在产业发展初期。坚持创新发展理念，加强全产业链与跨区域间的统筹协调，优化绿氢产业布局，加快输氢管网建设，拓展绿氢市场空间，引导绿氢产业走向成熟，是十分必要和迫切的。鉴于各地区可再生资源禀赋、氢能消费水平、产业结构存在较大差异，本文建议各地区制定差异化的政策措施，推进可再生能源制氢产业

① 《成都市优化能源结构促进城市绿色低碳发展行动方案》《成都市优化能源结构促进城市绿色低碳发展政策措施的通知》《成都市人民政府办公厅关于促进氢能产业高质量发展的若干意见》。

发展。

第一，因地制宜推进可再生能源制氢项目的试点示范，推动形成多元互补融合的现代能源供应体系。各地区应从各自的资源禀赋、产业基础、市场空间、地方财力等多方面因素理性规划，避免盲从。在西北、西南、东北、沿海等可再生资源丰富地区，要积极开展水电、风电、光伏发电以及风光互补发电制氢项目试点示范，优先选择弃水、弃风、弃光率相对偏高的地区，探索绿氢在季节性储能和电网调峰等场景的应用潜力，培育“风光发电＋氢储能”一体化应用新模式，提高能源综合利用效率。在氢能应用规模较大，且需要跨地区输送氢能的地区，要加快氢气输送管网的规划与建设，同时还要积极采取绿电直供制氢试点示范，促进“电、氢、气、冷、热”系统融合，探索氢能在交通、储能、发电、工业等领域的多元应用。

第二，统筹布局输氢管网，打通绿氢“生产—运氢/储氢—加氢/用氢”的全链条。强调需求导向原则，有序推进跨区域输氢管网、城市内供氢管网、加氢站网络等基础设施规划与建设，提高储运效率，降低储运成本，有效提高商业化水平。采取掺氢天然气管道、纯氢管道并举，提升绿氢长距离、跨区域输送能力。鼓励规划建设可再生能源“制氢—储氢—加氢”一体化项目（包括发电场、制氢、储氢、加氢等设施）试点示范，通过售氢增加项目收益。鼓励利用现有加油、加气站的场地设施改扩建加油站，探索站内制氢、储氢和加氢一体化的加氢站等新模式。

第三，加大对可再生能源制氢技术创新的政策扶持，打造具有完全自主知识产权的技术链条。鼓励企业积极参与可再生能源制氢关键技术研发，针对绿氢制取技术装备关键技术及材料研究和科技成果产业化应用设立科技专项，突破低成本、高灵活、高效率、规模化等工程技术难题，促进可再生能源制氢与上游波动性可再生能源发电、下游绿氢化工生产工艺以及碳捕集技术的衔接。加快省级以上绿氢制备技术创新平台建设，构建产学研用合作体系，加速高校、研究机构最新研究成果的产业化应用。完善可再生能源制氢管理与标准体系建设，明确绿氢生产、储运、应用等环节的归口管理部门，完善相关管理章程和法规。

第四，建立健全科学合理的绿氢价格与补贴机制，保障可再生能源制氢项目投资收益在一定合理范围。综合考虑本地区绿氢制、储、运、加等环节的实际经济性水平，探索可再生能源制氢项目投融资、税费减免、用电电价优惠、过网费优惠、消费终端补贴、氢储能价格补贴与电力市场交易等过渡期扶持政策。妥善处理好可再生能源发电与可再生能源制氢之间的关系，科学引导水电、风电、光伏发电企业积极参与可再生能源制氢项目试点示范，核定本地区绿氢最低保障收购年利用小时数并及时调整，保证项目的合理收益。

第五，激发绿色发展金融活力，拓展可再生能源制氢企业及相关设备制造企业的投融资渠道。建立可再生能源制氢技术评价标准体系，明确绿色项目资金使用的信息披露规则，提升产业整体的信息披露水平。鼓励银行业金融机构按照风险可控、商业可持续性原则支持氢能产业发展，运用科技化手段为优质企业提供精准化、差异化、多元化的金融服务。支持符合条件的氢能企业在科创板、创业板等注册上市融资。

参考文献

[1]国际可再生能源机构．绿氢政策制定指南[R]．阿布扎比，2020.

[2]中关村氢能产业联盟．全球主要工业国氢能战略概览[EB/OL]．[2021-09-02]．https://mp.weixin.qq.com/s/9HLCHLvmp4KxpFBz5ld9ZA.

[3]IEA. Hydrogen Projects Database[EB/OL]．[2021-10-31]．https://www.iea.org/data-and-statistics/data-product/hydrogen-projects-database.

[4]张茜，苗盛，陶光远．欧洲面向未来的氢能示范项目及借鉴[J]．能源，2022(1):52-56.

[5]能源发展与政策．海上制氢挑战低成本：氢能与海上风电、油气平台整合验证项目启动[EB/OL].[2021－07－30]．https://www.sohu.com/a/480422706_100070607.

[6]风能专委会．四大石油巨头不约而同大手笔入局氢能赛道，总投资数百亿美元[EB/OL].[2022－06－21]．https://mp.weixin.qq.com/s/D_ATZBbnkp_yuTQMEj2ZSg.

[7]风能专委会．多家欧洲巨头竞标荷兰1.4GW海上风电项目，方案含超大型绿氢项目[EB/OL].[2022－05－17]．https://mp.weixin.qq.com/s/jz9lTckEIMpVKmTOogeRng.

[8]风能专委会．西门子能源押宝绿氢，决定全球裁员7800人[EB/OL].[2022－02－03]．https://mp.weixin.qq.com/s/aTI265hfN－ktPJUQOGSi7g.

[9]符冠云，龚娟，赵吉诗，等．2021年我国氢能发展形势回顾与2022年展望 氢能产业版图出现重大变革[J]．中国能源，2022(3)：44－48.

[10]中国石化集团．全球最大光伏绿氢生产项目落户新疆库车[EB/OL].[2022－06－01]．http://www.chinacpc.com.cn/info/2021－11－30/news_5849.html.

[11]中国能建．100%绿氢！中标内蒙古规模化风光氢储一体化项目[EB/OL].[2022－05－17]．https://www.thepaper.cn/newsDetail_forward_18142625.

[12]国际能源网．92条！30省市！全国各地"十四五"规划氢能要点汇编！[EB/OL].[2022－06－01]．https://www.sohu.com/a/553219447_257552.

[13]俞红梅，邵志刚，侯明，等．电解水制氢技术研究进展与发展建议[J]．中国工程科学，2021，23(2)：146－152.

[14]央视网．对话：氢能基础设施怎样布局？[EB/OL].[2022－04－30]．http://tv.cctv.com/2022/04/30/VIDE0Rro5m2tfiUi6K1oUQDw220430.shtml.

[15]刘翠伟，裴业，韩辉，等．氢能产业链及储运技术研究现状与发展趋势[J]．油气储运，2022，41(5)：499－514.

[16]IRENA. Green hydrogen cost reduction：Scaling up electrolysers to

meet the 1.5℃ climate goal [R]. 2020.

[17] IRENA. Global hydrogen trade to meet the 1.5℃ climate goal (part iii): Green hydrogen cost and potential [R]. 2020.

[18]徐进,丁显,宫永立,等. 电解水制氢厂站经济性分析[J/OL]. 储能科学与技术. https://doi.org/10.19799/j.cnki.2095-4239.2022.0062.

[19] IRENA. Green hydrogen cost reduction: Scaling up electrolysers to meet the 1.5℃ climate goal [R]. 2020.

[20]邓甜音,何广利,缪平. 不同应用场景的电解水制氢成本分析[J]. 能源化工,2022,41(6):1-5.

先进生物液体燃料：交通领域实现碳中和的重要手段

薛晓舟　闵　剑　于　斌　王　梦　张国刚　武国庆[①]

摘　要　“双碳”既是环境问题，更是发展问题。实现“双碳”目标是我国向绿色可持续发展模式转型的重要契机。全球交通领域每年二氧化碳排放量已超过72亿吨，占排放总量的23%，其减排对实现“碳中和”意义重大。在相当长的时间内，化石能源仍将是交通领域能源供应的重要组成部分，推广使用减排属性优良的先进生物液体燃料能够有效降低交通领域的碳排放。未来，先进生物液体燃料将通过向氢能等领域不断拓展，保持与交通领域变革的同步。本文以先进生物液体燃料为核心，研究了交通领域对先进生物液体燃料的需求，重点分析了3种代表性产品生物燃料乙醇、生物柴油、可持续航空燃料的市场情况、技术现状及减排潜力。作为交通领域实现“碳中和”的重要手段，本文展望了我国先进生物液体燃料的未来。

关键词　交通领域减排；先进生物液体燃料；碳减排潜力

① 薛晓舟，工程师、博士，国投生物科技投资有限公司业务经理；闵剑，高级工程师、硕士，国投生物科技投资有限公司高级业务经理；于斌，工程师、硕士，国投生物科技投资有限公司业务经理；王梦，工程师、博士，国投生物科技投资有限公司业务经理；张国刚，高级工程师、硕士，国投生物科技投资有限公司总监；武国庆，正高级工程师、博士，国投生物科技投资有限公司副总工程师。

一、交通领域碳减排的背景

（一）碳达峰与碳中和

气候变化已成为当今世界面临的重大挑战。自工业革命以来，化石燃料用量快速增长，在推动社会经济发展的同时也对生态环境产生极大的影响。温室气体排放量激增造成全球气候变暖，极端天气频发，由此促使人类更加关注气候的变化。自 20 世纪 80 年代起，国际社会一直在努力推动构建公平合理、合作共赢的全球气候治理体系，致力于寻找控制温室气体排放、解决气候变化的途径。2015 年，全球 178 个缔约方共同签署了《巴黎协定》，作为全球气候治理的里程碑，传递了向绿色低碳转型的积极信号，为合作应对气候变化指明了方向和目标。

2020 年 9 月 22 日，习近平主席在第七十五届联合国大会一般性辩论中郑重宣布，中国将提高国家自主贡献力度，采取更加有力的政策和措施，二氧化碳排放力争在 2030 年前达到峰值，努力争取 2060 年前实现碳中和。在此之后，习近平总书记多次在国际会议上强调我国"碳达峰"目标与"碳中和"愿景，充分体现了我国坚定不移走低碳发展道路的决心。根据预测，我国 2030 年碳排放峰值在 110 亿吨左右。我国承诺在 30 年内实现"碳中和"将比发达国家面临更大的挑战，要在兼顾国民经济稳步增长的同时应对传统化石能源体系受到冲击、资源型地区产业结构调整困难加剧带来的诸多难题。

（二）交通领域的碳排放现状与挑战

国际能源署（IEA）2021年报告显示，全球能源燃烧和工业过程产生的二氧化碳排放量在2021年出现强劲反弹，较2020年同比增长6%，排放总量363亿吨，达到有史以来年度最高水平。2021年的二氧化碳排放量比2019年新冠疫情前的水平高出约1.8亿吨。

交通领域是化石能源消耗及温室气体排放的重点领域，也是支撑各国实现“碳中和”目标的关键领域。2020年，全球交通领域能源消耗约占全球能源消耗的30%，二氧化碳排放量为72亿吨，占碳排放总量的23%。受新冠疫情影响，自2020年起我国交通领域二氧化碳排放呈下降趋势，基于我国交通运输领域能源消费情况，交通运输领域二氧化碳排放总量从2005年的3.4亿吨增长到2019年的11.5亿吨，2019年交通领域二氧化碳排放约占社会二氧化碳排放总量的11%。预计新冠疫情过后将出现反弹。

目前，我国交通领域仍以化石燃料消耗为主，清洁能源使用比例依然较低，2030年实现“碳达峰”面临巨大挑战。交通运输总量仍在不断增长，随着国民经济水平的不断提升，居民对于出行的频次、时间、舒适度的要求逐步提升，碳排放总量也随之提升，总量控制难度增大。此外，交通领域化石能源使用占比高、基数大，短期内新能源和清洁能源难以形成规模化应用，在相关技术取得突破性进展之前，无法全面替代传统交通工具。未来，交通领域的排放增速可能会逐步超越其他终端用能行业，成为二氧化碳最大的排放源。

（三）我国交通工具未来发展趋势

生物液体燃料的主要应用领域为车用燃料。为践行“双碳”承诺，降低交通领域碳排放，我国陆续出台了《新能源汽车产业发展规划》《2030年前碳达峰行动方案》《节能与新能源汽车技术路线图2.0》等多项政策，制定了燃油车、电动车及其他清洁能源车辆的发展规划。

根据上述相关政策要求，预计到2025年（见图1），新能源汽车销售量达到汽车新车销售总量的20%；到2030年，新能源、清洁能源动力的交通工具比例达到当年新增总量的40%，新能源中重型货车年销售占比超过12%；到2035年，新能源汽车占当年汽车销售量的50%～60%，乘用车销售占比达到50%；到2050年，纯电动车在私家车领域的占比将达到85%，新能源中重型货车销量占货车销量的50%；到2060年，新能源车完全替代燃油乘用车。据此预测，我国燃油车保有量在2026年达到峰值，约为3.1亿辆；汽油车在2025年达到峰值，约为2.5亿辆。

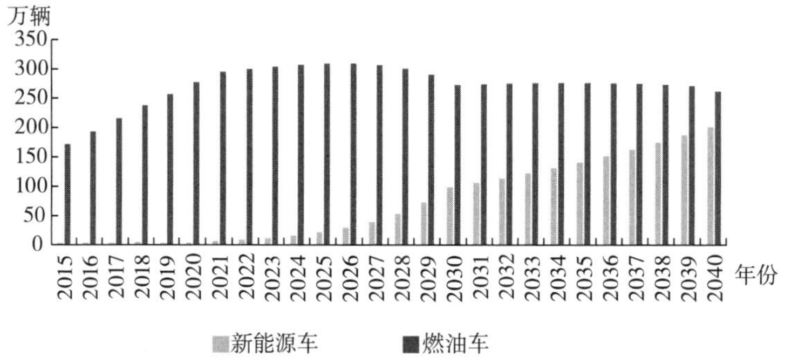

图1　我国车辆数量预测

（四）生物液体燃料是交通领域减排的重要手段

面对碳减排的巨大压力，具有良好降碳属性的生物液体燃料将成为交通领域减排的重要手段。生物液体燃料是化石燃料向电气化和氢燃料过渡阶段的理想替代燃料，作为可再生能源的重要组成部分，可为交通领域碳减排开拓新途径。

以纤维素乙醇、生物柴油及可持续航空燃料（SAF）等产品为代表的先进生物液体燃料是生物液体燃料的重要组成部分，相比传统生物液体燃料具有更好的减排效果。据统计，不同原料生产的燃料乙醇、生物柴油及SAF相比对应的传统化石燃料碳减排比例分别在50%～70%、45%～88%及75%～90%，推广使用前景广阔。在IEA 2050净零排放情景中，大部分生物燃料的增长来自先进生物液体燃料，在生物液体燃料中的占比将从

2020 年的不足 1% 分别跃升至 2030 年的近 45% 和 2050 年的 90%。基于我国当前生物液体燃料产业基础，以交通工具相关发展规划中提出的数量目标和平均能源消耗预测，到 2025 年，我国汽油需求量预计为 9500 万吨，生物燃料乙醇添加量为 10%，其需求量为 950 万吨；我国柴油需求量预计为 1.46 亿吨。按照生物柴油添加量 5% 考虑，需求为 734 万吨；到 2030 年，生物燃料乙醇的需求量为 830 万吨，生物柴油按添加量为 10% 考虑，需求量为 1648 万吨。由于可持续航空燃料（SAF）成本较高，并且处于起步阶段，因此国外政策规定一般掺混比例为 1% ~2%。2025 年按 1% 掺混比例计算，我国可持续航空燃料需求量为 49 万吨。

二、先进生物液体燃料产业现状

（一）先进生物液体燃料的定义与分类

先进生物燃料是根据碳减排量进行定义区分的。美国环保署（EPA）在可再生能源分类中，将先进生物燃料与纤维素燃料及可再生燃料加以区分，定义先进生物燃料为来源于生物质（不包括以玉米为原料的燃料乙醇），比石油基燃料排放减少 50% 以上的燃料。欧盟在 RED Ⅱ 附件Ⅸ中的 A 部分将先进生物燃料定义为原料来源于木质纤维素原料，如麦秆、玉米秸秆等农林废弃物，草类、藻类等非食用作物，以及工业和生活废弃物等生物质的生物液体燃料。尽管定义至今没有统一，但是各国发展的先进生物液体燃料都代表着原料来源更广泛，温室气体减排力度更大，产品能以更高比例掺混到化石燃料中。目前使用的先进生物液体燃料主要包括纤维素燃料乙醇、二代生物柴油和可持续航空燃料（SAF）。

（二）生物燃料乙醇

生物燃料乙醇是指由淀粉基、糖基或木质纤维素通过生物化学或热化学方法转化而成，在不同的国家和地区单独或与汽油混配制成乙醇汽油作为交通燃料使用。纤维素燃料乙醇是以玉米秸秆、麦秆等农林废弃物为原料生产的先进生物液体燃料，因其原料来源广泛，低碳减排特征突出，始终是学术界和产业界关注的热点。

1. 市场情况

全球已有 66 个国家和地区推广燃料乙醇和车用乙醇汽油，年消费乙醇汽油约 6 亿吨，乙醇汽油消费占世界汽油总消费量的 60% 左右，替代汽油约 7880 万吨，减少二氧化碳排放 9600 万吨。中国、加拿大、印度等国的生物燃料乙醇消费量近年有明显增长。根据美国可再生能源协会（RFA）统计，2021 年世界生物燃料乙醇产量达到 8157 万吨。其中，美国和巴西是最大的生产国，总量合计超过 6721 万吨，占全球产量的 82. 4% （见表 1）。

表 1　2021 年全球生物燃料乙醇产量

国家/地区	美国	巴西	欧盟	中国	印度	加拿大	泰国	阿根廷	其他	总计
产量/万吨	4481	2240	388	257	245	131	116	78	221	8157
占比/%	54. 9	27. 5	4. 8	3. 1	3. 0	1. 6	1. 4	1. 0	2. 7	100. 0

2021 年，我国汽油表观消费量为 1. 23 亿吨，比上年上升 5. 8% ，使用乙醇汽油约 3383 万吨，约占汽油消费总量的 27% 。随着乙醇汽油的进一步推广，预计未来需求量将会逐年攀升。我国已有 11 个省份使用乙醇汽油，包括天津、黑龙江、河南、吉林、辽宁、安徽 6 个省市全境和河北、山东、江苏、广西、广东 5 个省（自治区）部分地市。截至 2021 年底，国家布局规划内投产的生物燃料乙醇项目总产能已达 529. 5 万吨/年，2021 年消费量 330 万吨（见表 2）。随着纤维素乙醇生产技术的成熟，其成本不断下降，预计我国会将纤维素乙醇推广至目前未使用乙醇汽油区域，生物燃料乙醇的需求量将进一步增加。

表 2　2021 年我国生物燃料乙醇产需对比　　单位：万吨/年

省份	黑龙江	吉林	辽宁	天津	河北	河南	山东	安徽	湖北	江苏	广西	广东	江西	合计
需求	26	26	55	25	38	55	30	38	18	12	7	0	—	330
产能	150.0	150.0	30.0	—	4.5	70.0	5.0	75.0	—	—	20.0	15.0	10.0	529.5

2. 技术情况

传统生物燃料乙醇的主要原料为淀粉质作物、糖类作物，经发酵、精馏脱水后得到乙醇体积分数为 99.5% 的产品。纤维素乙醇的主要原料为农林废弃物，包括秸秆、皮壳、木屑、灌木枝、枯树叶、食品加工业残渣等，来源广泛、数量庞大。

纤维素乙醇生产技术有生物化学转化、热化学转化和化学转化 3 种方法，主要路径有：①酶法水解生产纤维素乙醇；②催化热解和加氢处理生物油生产碳氢化合物燃料；③气化和费托（F－T）合成生产碳氢化合物燃料；④气化和甲醇制汽油（MTG）合成生产碳氢化合物燃料；⑤稀酸水解、乙酸发酵和化学合成生产纤维素乙醇；⑥整合的生物工艺生产纤维素乙醇。

20 世纪 90 年代以来，欧美等发达国家已着手开发纤维素乙醇技术。历经 30 多年的研发，酶法水解生产纤维素乙醇技术具有能耗低、收率高等优点，技术较为成熟并逐步进入工业示范阶段。2010 年后，在美国、巴西等多国政府部门支持下，多家公司先后建设近 10 套以酶解发酵工艺路线为主的万吨级示范装置，虽已初具规模，但截至 2022 年初，尚未有装置实现长周期稳定运行，打通技术经济关（见表 3）。

表 3　国外有代表性的商业规模纤维素乙醇示范项目

国家	公司、规模、投资额	原料	技术方案	试车及现状
美国	Poet－DSM，7.5 万吨/年，2.5 亿美元	玉米秸秆、玉米芯	稀酸汽爆预处理，纤维素酶解，C5/C6 共发酵菌株	2014 年 9 月试车；2017 年 2 月建设在线纤维素酶生产线，产能负荷在 50%～60%；2019 年 11 月宣布停产，转向研发和技术许可

续表

国家	公司、规模、投资额	原料	技术方案	试车及现状
美国	Dupont, 9 万吨/年, 2.76 亿美元	玉米秸秆、玉米芯	氨爆预处理，纤维素酶解，共发酵菌株	2016 年试车；2017 年 11 月出售该装置给 VEBIO 公司，目前转产为气化装置
美国	Abengoa, 7.5 万吨/年, 3.5 亿美元	玉米秸秆、麦秸	稀酸汽爆预处理，纤维素酶解，Cargill 共发酵菌株	2014 年 10 月试车；2016 年 12 月出售给 Synata Bio 公司
巴西	Raizen, 3 万吨/年, 2.37 亿雷亚尔	甘蔗渣、甘蔗叶	Iogen 稀酸汽爆预处理，纤维素酶解，共发酵菌株	2014 年 11 月试车；2017 年产量突破 1 万吨，计划扩产，但未见进一步报道
巴西	Granbio, 6.5 万吨/年, 2.65 亿美元	甘蔗渣、秸秆	PROESA 预处理技术，Novozymes 酶制剂，DSM 共发酵菌株	2014 年 9 月试车。 未见进一步报道
意大利	Beta Renewable，6 万吨/年，2.5 亿美元	麦秸、芦竹、甘蔗渣等	PROESA 汽爆预处理，纤维素酶解，共发酵菌株	2013 年 1 月试车；2017 年 10 月 MG 集团宣布破产保护
意大利	ST1, 8000 吨/年, 0.4 亿欧元	木屑	Cellunolix ©技术，汽爆预处理，纤维素酶解，共发酵菌株	2016 年试车；乙醇产品定向提供给北欧石油贸易公司
德国	Clariant, 1000 吨/年, 5 万吨/年	小麦及谷物秸秆	Sunliquid ©技术，中性汽爆预处理，在线纤维素酶生产，共发酵菌株	2012 年 Straubing - Sand 中试厂运行；2021 年 10 月 5 万吨/年示范装置建成，于 2022 年 6 月宣布成功生产出首批商用纤维素乙醇，壳牌公司已订购了该批及未来数年全部产品

我国于 2002 年前后启动了纤维素乙醇的研发工作。如表 4 所示，历经 20 年时间先后建成多套中试及示范生产线。但是，截至 2022 年前仍没有一套以玉米秸秆为原料生产纤维素乙醇的示范装置实现长期稳定运行。2022 年 5 月，国投生物科技投资有限公司年产 3 万吨纤维素乙醇装置成功

产出产品，标志着我国纤维素乙醇进入工业化示范阶段，“卡脖子”技术攻关取得标志性进展，为未来纤维素乙醇商业化奠定坚实的基础。

表 4　国内工业规模纤维素乙醇主要中试及示范项目

公司名称	建设地点	乙醇产量	主要原料	目前情况
华东理工大学	上海奉贤	600 吨/年	秸秆类生物质	2005 年 12 月通过科技部组织专家的验收，工作结束
中粮集团	肇东	500 吨/年	玉米秸秆	2006 年建立，目前仍在间断运行试验
河南天冠集团	南阳市	3 万吨/年	小麦秸秆、玉米秸秆等	2009 年开建，2013 年建成，目前未运行
山东龙力生物科技股份有限公司	禹城市	5 万吨/年	玉米芯	2012 年建成投产，目前未运行
国投生物科技投资有限公司	海伦市	3 万吨/年	玉米秸秆	2021 年开建，2022 年建成，目前已打通整个工艺流程，得到乙醇产品，进入优化调试阶段

3. 减排潜力

国际能源署和国际粮农组织的综合研究表明，生物液体燃料均能在一定程度上减少温室气体排放。生物燃料乙醇在减少交通运输中的温室气体（GHG）排放方面有足够的长期记录。自 2008 年以来，根据可再生燃料标准要求使用的乙醇和其他生物燃料已使美国交通运输 GHG 的排放量减少了 9.8 亿吨；仅在 2021 年，生物燃料乙醇的使用就减少了 5450 万吨的 GHG 排放量。与汽油相比，以淀粉质为原料的生物燃料乙醇可以减少 50% 的 GHG 排放量。2021 年 7 月，RFA 协会主要参与者一致同意净零承诺，到 2030 年确保与直接使用汽油相比，GHG 排放量平均减少超过 70%；到 2050 年，确保生物燃料乙醇平均实现全生命周期 GHG 净零排放。相比以淀粉质为原料的生物燃料乙醇，纤维素乙醇具有更好的减排作用。诺维信公司 2022 年发布的白皮书显示，以中国年汽油表观消费量约 1.3 亿吨（2018 年数据）计算，车用乙醇汽油推广政策全面落地以后，如果纤维素燃料乙醇可以填补汽油年消费量的5%，可实现减少3690万吨二氧化碳排放。

（三）生物柴油

生物柴油作为一种重要的先进生物液体燃料，可直接替代或与石化基柴油调和使用，是石化基柴油的优良替代品。生物柴油具有良好的减排性能，发动机启动性能好，原料来源广泛。我国发展生物柴油是改善大气质量、降低交通领域碳排放、提高生态文明水平、落实可持续发展战略的必然选择。

1. 市场情况

近年来，全球生物柴油消费量快速增长，超过70个国家对传统生物燃料有混合授权，超过9个国家对生物燃料有授权或激励计划[4]。2000年，生物柴油在生物燃料中的比例仅为3.3%；2020年，全球生物柴油消费量达到4043万吨，占柴油消费总量的8%，在生物燃料中的占比接近32%。欧盟已成为全球生物柴油消费量最大的经济体。数据显示，2012—2019年，欧盟生物柴油消费量已从1479万吨提升至约1599万吨。2020年受疫情影响消费量略有下降，约为1547万吨。欧盟于2021年修订了《可再生能源指令》，并在同年7月正式执行，该指令要求2030年欧盟可再生能源消费比例达到32%，其中可再生燃料在运输部门的占比需达到14%，欧盟的生物柴油市场将进一步扩大。

2020年，全球生物柴油产量约为3978万吨，比2019年的3953万吨略有增长，11个国家的产量占全球总产量的80%（见表5）。

表5　世界主要生物柴油生产国产量概况　　单位：万吨

序号	国家或地区	2019年	2020年	2023—2025年年均预计	备注
1	欧盟	1335.0	1156.0	1402.5	
2	美国	714.0	572.8	1190.0	
3	印尼	612.0	676.3	892.5	
4	巴西	501.5	545.0	595.0*	*2025年
5	阿根廷	204.0	133.0	195.5	

2020 年我国柴油终端消费量达到了历史最高的 1.7303 亿吨[5]，但生物柴油市场仍处于培育期，用量较少。产品主要以出口为主，生产企业约 50 家，其中主要生产生物柴油的企业约有 28 家，总产能约为 230 万吨。2016—2020 年，中国生物柴油产量较为稳定（见图 2），2020 年中国生物柴油产量达 128 万吨，实现出口数量 93 万吨，预计 2021 年将达 150 万吨，同比增长 17.2%；出口数量达 120 万吨，同比增长 29%。根据中国海关统计，我国出口的生物柴油月度均价由 2021 年 1 月的约 6814 元/吨，增长至 2022 年 5 月的 11421 元/吨，涨幅近 68%；2022 年 1—5 月，出口总额超过 60 万吨，总金额 66.35 亿元，出口均价 10801 元/吨。

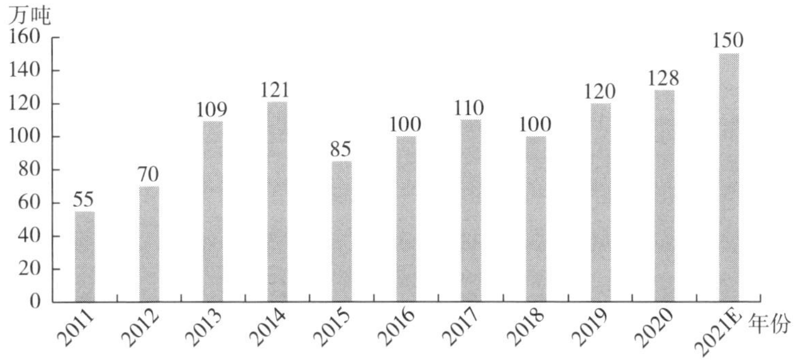

图 2　2011—2021 年中国生物柴油产量

2. 技术情况

生物柴油的生产技术分为三代，一代生物柴油生产技术为酯交换法，主要是脂肪酸低碳醇酯，其中尤以脂肪酸甲酯（FAME）为主，生产成本较低，是全球生物柴油的主要生产方式，占总量的 85% 以上。二代生物柴油虽与一代生物柴油原料相同，但采用了与一代不同的加氢路线（Hydrogenation of Esters and Fatty Acids，HEFA），二代生物柴油也被称为加氢植物油（HVO）。HVO 将油脂含氧基团脱除，转变成相对应的烷烃，烷烃再经过异构化降低凝点，改善生物柴油流动性[6]。二代生物柴油在化学结构上与柴油几乎完全相同，具有与柴油相近的黏度和发热值，具有较低的密度和较高的十六烷值、硫含量较低、倾点低以及与柴油相当的氧化稳定性，不影响储运、发动机和尾气处理。二代生物柴油技术产品 HVO 在世界市场上的份额约为 15%。

三代生物柴油采用高纤维含量的非油脂类生物质和微生物油脂作为原料，更具环保特性，目前仍处于研发阶段。2009 年，埃克森美孚与生物基因公司 Synthetic Genomics 合作，投资 6 亿美元用于微藻生物燃料研发，从 2018 年开始在美国加利福尼亚种植天然藻类进行室外实地研究。预计到 2025 年，每天可以生产 1×10^4bbl 藻类生物燃料。2019 年，埃克森美孚和可再生能源集团（Renewable Energy Group，REG）与瑞士 Clariant AG 公司合作，研究利用微生物通过一步发酵过程，将复杂的纤维素转化为低碳生物柴油。

3. 减排潜力

生物柴油是一种清洁可再生的低碳环保能源，减排效应显著。不同原料生产的生物柴油相对传统柴油的减排比例在 45% ~88% 不等。相关研究证明，菜籽油生产的生物柴油每替代 1 千克石化柴油可减少 2.7 千克的二氧化碳当量排放；废弃油脂生产的生物柴油每替代 1 千克石化柴油，可减少 1.9 千克的二氧化碳当量排放。考虑到以棕榈油为原料的生物柴油减排潜力较小，欧盟计划于 2030 年禁止使用。

（四）可持续航空燃料（SAF）

航空业与水泥、钢铁、塑料、公路运输、水运等并列为六大难以减排的行业。在航空领域实现电动飞机与氢能突破之前，SAF 能够完全适用于现存的飞行器和燃料基础设施，并被全球航空业视为能否实现减排突破的关键。SAF 的商业化生产已经初步具备可行性，处于行业快速发展的前期。

1. 市场情况

2020 年，全球 SAF 需求约 5 万吨，有 45 家航空公司，超过 25 万架次的商业航班使用了 SAF。根据国际能源署对全球主要 30 家航空公司的分析，如果航空业的活动恢复到 2019 年水平，且 SAF 的掺混比例提高到

2%，SAF 未来年需求将达到 27 亿升（230 万吨）。根据《国际航空碳抵消和减排计划（CORSIA）》实施方案，2021—2035 年，我国生物航煤需求总量可达 1600 万～1800 万吨。

2. 技术情况

目前，美国材料与试验协会（American Society of Testing Materials，ASTM）认可的非石油基航煤生产路线有 7 条（ASTM D7566，见表 6）。各条路线中都涉及生物质原料。

表 6 ASTM D7566 合成燃料技术路线

代号	技术工艺路线	标准原文表述及缩写	主要原料	掺混比例上限/%
A1	费托合成石蜡煤油	Fischer – Tropsch hydroprocessed synthesized paraffinic kerosine（FT – SPK）	林业残留物、杂草和城市固体废物	50
A2	甘油三酯和脂肪酸加氢合成石蜡煤油	Hydroprocessed esters and fatty acids（HEFA）	亚麻荠油、卡里纳塔油和废弃油脂	50
A3	发酵性糖加氢合成异构烷烃	Synthesized iso – paraffins from hydroprocessed fermented sugars（SIP）	甘蔗、蔗糖	10
A4	非石油来源的轻芳烃烷基化合成煤油	Synthesized Kerosine With Aromatics Derived by Alkylation of Light Aromatics From Non – petroleum Sources Y	林业残留物、杂草和城市固体废物的木质素	50
A5	醇合成石蜡煤油	Alcohol – to – jet synthetic paraffinic kerosene（ATJ – SPK）	农业废物、玉米和甘蔗、工业废气	50
A6	脂肪酸酯和脂肪酸水热转化合成煤油	Synthesized kerosine from hydrothermal conversion of fatty acid esters and fatty acids Y	大豆油、麻风果油、茶花油、亚麻荠油和卡里纳塔油	10
A7	碳氢化合物、酯与脂肪酸加氢合成石蜡煤油	Synthesized paraffinic kerosine from hydroprocessed hydrocarbons，esters and fatty acids Y	海藻油	50

SAF 目前主要通过二代生物柴油技术路径获取。拥有二代生物柴油生产技术的企业主要集中在芬兰、意大利、美国、丹麦、巴西等国，近年来我国的生产企业也在增多。主要的生物航煤生产装置见表 7。

表7　主要的生物航煤生产企业

序号	企业/装置	原料处理量/（万吨/年）	原料	投产年份
1	雀巢芬兰波尔沃炼厂	17	动植物油脂	2007
2	雀巢芬兰波尔沃炼厂	17	动植物油脂	2009
3	新加坡炼油中心	80	棕榈油、餐饮废油	2010
4	荷兰鹿特丹石化	80	菜籽油	2011
5	中国石化杭州炼油厂	2	棕榈油、餐饮废油	2011
6	北京三聚环保	12	棕榈酸化油、地沟油、潲水油	2019
7	河北常青集团	20	地沟油	2020

目前，SAF产业规模相对较小，商业化生产只有HEFA工艺路线。2020年全球SAF产能为20万吨/年，2025年有望达到500万吨/年。HEFA工艺路线最大的挑战是原料的缺乏。世界范围可用于HEFA工艺的废弃物原料能生产2000万吨/年的SAF，大约为2030年需求的5%。因此，未来还需要更多的工艺技术共同支撑世界SAF的需求。其中，生物质气化费托合成路线和ATJ路线的发展潜力较大。

2022年6月28日，我国首套生物航煤工业装置在中国石化镇海炼化首次产出生物航煤，意味着我国生物航煤向规模化生产及商业化应用迈出了重要一步。该套生物航煤工业装置采用中国石化石油化工科学研究院研发的生产技术，把使用过的烹饪用油、食用油，即“地沟油”作为原料生产生物航煤。中国石化方面表示，与传统石油基航空煤油相比，生物航煤全生命周期二氧化碳排放最高可减排50%以上，该装置年设计加工能力10万吨，一年基本能消化掉一座千万人口城市回收的地沟油，每年可减排二氧化碳约8万吨。

3. 减排潜力

国际民用航空组织（ICAO）2016年通过了《国际航空碳抵消和减排计划（CORSIA）》，提出生物基SAF将得到广泛使用。国际航空运输协会（IATA）认为发展生物航煤是航空业实现减排目标的重要手段。2021年10

月4日，国际航空运输协会第77届年会批准全球航空运输业于2050年实现净零碳排放的决议。根据决议的里程碑目标，2030年SAF产量为1800万吨（约230亿升，占总燃料需求的5.2%），2050年SAF产量达到3.5亿吨（4490亿升，占总燃料需求的65%）。当前，SAF主要为生物基燃料，消费量仍然很小，但是价格非常高，欧盟2021年底SAF价格约20747元/吨。远期的市场需求量与近期的高价格使SAF领域吸引了大量的投资兴趣。

SAF被全球航空业视为能否实现减排突破的关键。根据气候行动追踪组织CAT数据，2019年国际航空业总计排放了超过6亿吨二氧化碳，约占全球温室气体排放量的1.2%。为应对气候变化，航空业同样提出减排目标，即2050年将二氧化碳排放量降至2005年排放量的50%。SAF具有与常规喷气发动机所用燃料煤油几乎相同的特性，可以与最多50%的传统煤油混合。根据原料成分，SAF可减少75%~90%的碳排放。

三、先进生物液体燃料产业展望

（一）未来发展趋势

《3060零碳生物质能发展潜力蓝皮书》预测，到2030年前后，生物燃料乙醇和生物柴油将是公路运输重要减排方式之一，生物航空燃料也会逐渐在航空领域使用，预计生物液体燃料使用量超过2500万吨，为交通领域减排约1.8亿吨。2030年后，电动车和氢能车数量将会逐步提升，生物航空燃料在航空领域的使用占比将达到30%，生物液体燃料总使用量达到7000万吨，为交通领域减排约4亿吨。

生物燃料乙醇方面，不仅可以与汽油混配，为燃油车供能，还可以向下游继续延伸，进一步降低碳排放。生物燃料乙醇的下游产业中，氢能是新一轮世界能源技术变革的重要方向，在能源、交通、工业等领域具有广阔的应用前景。生物燃料乙醇作为优良的氢载体，有望成为氢气来源绿色化与解决氢气储运高成本的一个重要选择，也被公认为是制备绿色氢能的理想原料之一，其可采用现有加油站供应，能够灵活适用于加氢站内原位制氢和车载在线制氢。生物乙醇还可延伸制备生物航空燃料，一般通过生物质原料发酵得到的乙醇脱氢或脱水转化为可聚合的分子，然后通过低聚反应和加氢转化为航空燃料。目前，该技术已经通过含有合成烃组分的航空涡轮燃料规范 ASTM D7566 的认定，最大添加比例可达到 50% vol。

生物柴油方面，FAME 受限于调和比例，难以提高使用上限。HVO 是现阶段替代 FAME，提高生物柴油掺混比例的唯一产品。HVO 主要由 HEFA工艺生产，同时生产生物质 LPG、石脑油和航煤，将会带动生物基燃料行业的发展。未来，生物柴油和生物航煤原料发展趋势为农林废弃物和“地沟油”等非农作物。欧洲的 HVO 和生物航煤产业产能将会快速增长，但原料供应将成为瓶颈，欧洲将成为主要的原料进口地区。我国将有可能向该地区出口更多的“地沟油”和以“地沟油”为原料的 FAME。

SAF 方面，美国、加拿大、挪威、芬兰等国已经形成规模化市场，建立了“原料—炼制—运输—加注 + 认证”的完整产业链。美国、瑞典、挪威的 7 个机场已实现生物航煤常规加注，8 个机场进行了航空生物燃料的批次加注。随着全球减碳进程的加快，通过 SAF 带领航空业脱碳的需求更加迫切。根据国际会计准则委员会 IASC 基于美国能源信息署数据预测，到 2050 年，全球对 SAF 的需求将剧增至 2300 亿加仑（约 2 亿吨），市场规模或达万亿级人民币。

（二）推广模式

尽管我国先进生物能源产业具有很大的发展空间，但正处于发展初期，当前产业发展面临的主要问题是支持政策不完善，产品的低碳价值没有体现。先进生物液体燃料相比传统生物液体燃料具有更加良好的减排效果，但无论是纤维素乙醇、生物柴油还是 SAF，均处于产业发展的初级阶段。生物液体燃料产业中最成熟的产品是一代生物燃料乙醇，美国和巴西的经验值得参考。美国为推广生物燃料乙醇，政府通过多种行政手段如法规、关税壁垒、立法、财税、市场管理方面为产业发展创造了良好的环境。巴西生物燃料乙醇产业以市场化力量为主导，政府鼓励政策依然是重要的影响因素，特别是汽油中生物燃料乙醇的配比比重限制、乙醇生产的税收优惠以及为甘蔗种植和乙醇生产提供的优惠贷款。从市场化角度来看，美国和巴西为了构建可持续发展的市场化运营机制，不仅颁布了严厉的法律，还通过顶层架构设计了整套的机制来保证法律实施。除此以外，确保生物燃料乙醇业的上、下游相关产业都会获得利益，更是保证了生物燃料乙醇业的健康持续发展。对于我国，先进生物液体燃料是交通领域落实“双碳”战略的重要手段，在发展初期需要政策支持。待发展到一定阶段，要逐步走向市场化，通过碳交易和碳税体现产品低碳价值，提升产品市场竞争力。

（三）产业发展路径

通过对我国交通能源领域进行分析，生物液体燃料在交通领域中对远期的减排仍具有重要意义。2025—2035 年是我国温室气体减排的关键期，大量的交通工具仍需要使用数量可观的液体燃料，通过先进生物液体燃料替代一定的化石能源，应成为我国中长期交通领域减排的重要工作。

鉴于温室气体减排的紧迫性，我国需要加快先进生物燃料的商业化进程。我国的液体生物燃料发展仍处于初级阶段，首先应加快推动生物液体燃料使用的政策、法规落地，在 2025 年推动纤维素乙醇的商业化推广应用，开展 HEFA 工艺生物柴油、FT 生物柴油和航煤的工业示范，探索 ATJ 航煤等先进生物液体燃料技术路线的工业化放大，力争 2025 年在终端应用领域取得突破，实现汽油中纤维素乙醇的商业应用，先进生物柴油 B5 开始扩大使用范围，航煤以 1% ~2% 的低比例掺混。2025—2030 年，建议我国通过法规规范将交通领域碳减排与生物液体燃料使用比例关联，提高先进生物液体燃料的用量和比例，纤维素乙醇在燃料乙醇中达到 50% 的比例，在全国范围内应用B10柴油，SAF掺混比例达到5%。同时，将落实生物燃料掺混义务主体扩展到炼油商，制定相应的任务目标，落实相应的掺混目标和义务。产业层面，纤维素乙醇在汽油掺混市场全面满足需求，生物柴油领域不断拓宽适用原料和技术，满足全国B10柴油的市场需求。生物航煤应用比例达到消费量的5%。

参考文献

[1]李晓易,谭晓宇,吴睿,等. 交通运输领域碳达峰、碳中和路径研究[J]. 中国工程科学, 2021,23(6):15－21.

[2]齐景丽,申传龙,王凡,等. 我国石油消费格局与趋势研究[R]. 中国国际工程咨询公司, 2020.

[3]JIM LANE. The digest's biofuels mandates around the world 2021[R]. [2021－01－06]. https://www.biofuelsdigest.com/bdigest/2021/01/06/the－digests－biofuels－mandates－around－the－world－2021/.

[4]市场需求提升,废油脂生产更具优势[R]. 未来智库,2020.

[5]孔劲媛,齐超,罗艳托. 2022年中国成品油市场分析预测[J]. 油气与新能源,2022,34(3):11－18.

[6]李春桃,周圆圆. 第二代生物柴油技术现状及发展趋势[J]. 天然气化工－C1化学与化工,2021,46(6):8.

[7]Clean skies for tomorrow sustainable aviation fuels as a pathway to Net－Zero aviation. November,2020.

[8]Balancing growth in connectivity with a comprehensive global air transport response to the climate emergency: A vision of net－zero aviation by mid－century. Second Edition: september 2021.

[9]IEA. 可再生能源2020—2025年分析和预测[R]. 2020.

[10]张胜军,门秀杰,孙海萍,等."双碳"背景下生物液体燃料的机遇、

挑战及发展建议[J]. 现代化工,2022,42(6):1－5.

[11]Mosca L, Medrano Jimenez JA, Wassie SA, et al. Process design for green hydrogen production[J]. International Journal of Hydrogen Energy, 2020, 45:7266－7277.

中国氢能产业实践探索、思考建议与发展前景

龚　娟　张仲军　戴先知　邬佳益　陈文凤
金子儿　王子缘　赵吉诗[①]

摘　要　在《氢能产业发展中长期规划（2021—2035年）》正式发布、氢能战略定位明确以及燃料电池汽车示范应用城市群建设工作启动的背景下，各行各业对氢能产业的关注度持续提升，全国各地纷纷制定和完善氢能相关政策、加快示范应用，产业迎来新风口，呈现明显加速发展态势。文中从政策体系、核心技术、氢能供应、终端应用以及企业布局等方面对当前我国氢能产业发展实践进行了详细梳理，并总结出我国氢能产业在取得显著成效及迈上发展快车道的同时存在的一些问题和制约，文中就政策法规创新突破、氢能产输用多元耦合发展、核心技术自主可控以及充分发挥燃料电池汽车示范应用城市群带动作用等提出思考和建议。最后，从产业、技术、氢能供应以及终端应用场景等方面，对“十四五”时期氢能产业发展前景进行展望。

关键词　氢能；燃料电池汽车；实践；前景

① 龚娟，佛山环境与能源研究院，云浮（佛山）氢能标准化创新研发中心；张仲军，佛山环境与能源研究院；戴先知，佛山环境与能源研究院；邬佳益，佛山环境与能源研究院；陈文凤，云浮（佛山）氢能标准化创新研发中心；金子儿，佛山环境与能源研究院；王子缘，佛山环境与能源研究院，云浮（佛山）氢能标准化创新研发中心；赵吉诗，佛山环境与能源研究院，云浮（佛山）氢能标准化创新研发中心。

一、氢能产业实践探索

（一）政策体系持续完善

我国氢能顶层设计落地，能源战略属性逐步明晰。2022 年 3 月，国家发展改革委和国家能源局联合印发《氢能产业发展中长期规划（2021—2035 年）》，统筹布局氢能全产业链发展，明确氢能产业战略定位、发展目标及主要任务，为我国“双碳”目标的实现提供有力支撑。氢能顶层设计出台后，国家发展改革委、国家能源局围绕“推进氢能产业高质量发展”组织召开系列座谈会，重点围绕加氢基础设施及氢能在工业、电力、交通领域示范应用的现状及存在的痛点、难点展开讨论，积极听取产业各参与方的意见，为建立健全氢能“1 + N”政策体系，有序推动氢能产业高质量发展提供重要参考。

地方政府积极性持续高涨，产业发展环境不断完善。截至目前，全国已有超过 50 个省（自治区、直辖市）和地级市陆续出台氢能产业发展专项规划、实施方案、行动计划等指导政策，制定加氢站建设运营管理办法、加氢站及燃料电池车辆补贴政策等管理制度与扶持政策。多个省、市将发展氢能产业纳入“十四五”规划，多层面助力完善氢能政策体系。其中，京津冀、上海、广东、河南和河北五大示范城市群积极制定和完善政策体系，已累计出台超过 40 项政策、制度，一方面对照国家示范奖补政策出台配套政策，支持企业联合体等商业模式开展示范，探索构建高效的市场化推广机制；另一方面借助示范契机，探索出台能源用制氢项目可不进化工园区、非商服用地建加氢站、可再生能源制氢电价优惠等政策，突破现阶段制度瓶颈，支持以可再生能源制氢为核心的新型电力系统关键技术，积极构建和完善支撑氢能高效低碳供应的政策体系。

（二）核心技术显著进步

制储运加等环节的关键技术进步显著，降本提质增效明显。制氢方面，碱性电解槽技术国际领先，考克利尔竞立首套1300标方/小时碱性电解槽在苏州正式下线，中船集团派瑞氢能公司研制出单台设备产氢规模可达2000标方/小时；质子交换膜电解槽技术进步显著，但仍跟跑国际先进水平，大连化物所研制的兆瓦级制氢系统峰值产氢量可达到275标方/小时，山东赛克赛斯PEM单体500标方/小时的电解槽已完成中试。储氢容器方面，98兆帕全国产化固定式储氢容器和45兆帕（含以上）固定式储氢瓶组性能指标已达国际先进水平，35兆帕铝内胆纤维缠绕车载储氢瓶（Ⅲ型）技术成熟且实现全国产化，70兆帕塑料纤维缠绕瓶（Ⅳ型）初步具备量产水平。氢气运输方面，液氢、固态储氢技术与装备取得突破性进展，中科富海已实现我国大型氢液化设备首次出口，上海氢储、圣元环保、佳华利道等先后布局固态储氢技术并实现有关突破。加氢站装备方面，氢气压缩机、加氢机开发已实现国产化，核心部件取得突破性进展。厚普股份自主研发的加氢枪进入样机试用阶段，高压氢气质量流量计已具备量产能力，打破国际垄断，使加氢站建设成本逐年下降。

燃料电池技术自主创新取得突破，国产化步伐加快。膜电极、空压机、双极板等核心部件国产化进展迅速，正快速缩小与国际先进水平的差距。催化剂、质子交换膜等关键材料初步实现量产，自主研发的气体扩散层已处于验证阶段。电堆与系统集成水平大幅提升，并向高功率、高集成、低成本方向发展。当前，企业受补贴政策以及应用场景和适用车型变化影响，持续加快技术迭代，电堆功率普遍提高到百千瓦以上，随着煤矿、钢铁等重型运输车辆应用场景的不断拓展，多个厂家聚焦300千瓦以上产品的研发；固体氧化物燃料电池方面，由潮州三环和广东能源集团共同开发的国内首个百千瓦级系统连续稳定运行1000小时后，经国际权威第三方认证机构SGS现场检测，设备交流发电净效率高达64.1%，热电联供效率高达91.2%，无NO_x、SO_x等尾气排放，主要性能指标达到国际先进水平。

（三）氢能供应路径逐步多元

在氢气生产端，我国氢能资源分布不均，各地根据资源禀赋和产业基础，因地制宜探索低成本氢源保障路径是发展氢能产业的关键一环。如宁夏宁东能源化工基地依托自身煤炭及可再生能源资源优势，大力发展绿氢耦合现代煤化工，推动减煤加氢、减碳增效，助力推动自身产业转型升级。

在氢气储运端，我国30兆帕高压氢气管束技术逐步成熟，并积极开展探索液氢、管道输送、固态储氢等储运技术多元化示范应用。液氢方面，自2021年国家市场监管总局批准发布3项液氢国家标准以来，民用液氢项目加速落地，如中石化和湖南核电共同投资11亿元建设国内首座液氢工厂，中科昊海1.5吨/天液氢工厂项目已开工建设，鸿达兴业生产的液氢已完成首次国内长距离运输示范；管道输送方面，上海驿蓝加氢站率先示范应用管道（约800米）从化工专区输送氢气到站使用，甘肃省玉门油田5.77公里输氢管道正式开始建设；国内首个电解制氢掺入天然气项目“朝阳可再生能源掺氢示范项目”已进入试验阶段，山东、张家口、佛山南海等地亦陆续开展天然气掺氢示范项目，全面验证示范氢气“制取—储运—掺混—应用”产业链关键技术；固态储运方面，我国已在加氢站、燃料电池汽车及自行车等领域开展示范应用，但扶持力度有待加强；此外，中科院李灿院士团队提出“液态阳光甲醇”技术，已在兰州建成千吨级规模工业化示范工程；“氢—氨”技术近期成为业内热点，主要研究氢—氨储运、氢—氨燃料电池发电站、氢—氨燃气轮机等技术路径，其中通过合成氨进行氢气储运是重要的研究方向，全国已有项目处于谋划布局阶段。

在氢气加注端，针对加氢站运维成本高、用气规模小，难以实现盈亏平衡，致使加氢成本攀升的情况，我国多个省、市出台政策支持利用现有加油、加气站点改扩建加氢基础设施，且随着传统大型能源企业参与投资建设，油气氢电合建站正逐步成为当前主要的建站模式。根据相关行业机构统计数据，国内合建站占比逐年提升，从 2018 年的 0 上升至 2022 年 7 月初的近 60%。此外，为弱化储运制约的影响，广东、北京等地区积极探索站内制氢—加氢母站模式；首个液氢油电综合供能服务站在浙江省平湖市建成并正式启用，中石化与航天 101 所已开展战略合作，将加快液氢加氢站推广示范。

（四）终端应用不断拓展

自佛山开通首条商业化运营燃料电池公交车示范线以来，通过示范促应用的发展路径，不断促进燃料电池技术和产品迭代更新，我国燃料电池汽车的推广应用进入快速发展阶段并带动氢能产业快速发展。截至目前，我国已累计在公共交通、市政环卫、冷链物流、重卡等领域推广近 1 万辆燃料电池车辆。随着顶层设计的明确，以及示范政策的转变，终端应用推广模式从政府主导向市场化驱动改变已逐步成为各级政府以及行业企业的共识，推动探索可持续的商业模式（如龙头企业组建联合体等），进行与燃油、纯电动车辆差异化的市场竞争，方可进一步挖掘燃料电池汽车的推广应用空间。此外，国家、各地方政府以及企业正积极探索氢能在工业、建筑、储能等领域的推广应用，力争通过规模化、多元化应用带动全产业链降本增效。

化工领域，兰州新区、宁东基地、新疆库车、鄂尔多斯、山西太原等地积极开展液态阳光（绿氢制甲醇）、绿氢煤化工、绿氢炼化等绿氢耦合传统化工项目，推动传统化工行业低碳绿色转型。建筑领域，积极探索天然气掺氢及分布式能源系统的示范应用，辽宁朝阳可再生能源制氢掺氢示范项目、张家口天然气管道掺氢示范项目、宁夏天然气掺氢降碳示范化工程中试项目等展开先行探索，国内首套自主研发的100千瓦等级氢燃料电池热电联供系统，在东方锅炉德阳基地氢能源示范园区成功实现满负荷运行。冶金领域，河钢集团、宝武钢铁、内蒙古赛思普等企业率先开展氢冶金、氢炼钢等示范工程，探索减少/替代碳冶金、碳炼钢的实施路径。储能领域，我国已明确氢储能作为新型储能的重要组成部分，国内首座兆瓦级氢能综合利用示范站在安徽六安正式投运，实现兆瓦级“制氢—储氢—氢能发电”的全链条技术贯通。其他领域，天津、深圳、佛山等地区率先推广燃料电池两轮车、叉车、船舶、应急电源等的示范应用，持续拓展氢能应用场景。

（五）企业合作持续强化

目前，我国已引育超过2000家氢能企业，累计投资额突破3100亿元。在能源转型和氢能热潮的共同带动下，各行业企业纷纷布局发展氢能产业。传统能源企业（电力、煤炭、燃气、石油等）立足自身在资源、技术、资金等方面优势，通过与先进氢能企业、政府部门建立战略合作关系或组建产业联盟等形式，依托主营业务优势，聚焦氢能制、储、运、加等上游环节开展精准布局。传统工业企业（化工、制造等）则以转型开发氢能关键部件及装备、同步开展氢能推广应用为切入点布局氢能产业。如煤化工、石油化工等行业企业通过发展可再生能源制氢逐步替代化石能源制氢；整车企业正向开发燃料电池车型；管道企业开发适用氢气使用的管道材料并探索布局管道输氢等。针对系统、电堆、膜电极、催化剂等核心部件与材料，在地方政府的积极推动和支持下，通过引进国外高端人才团队、先进技术等方式，引育孵化出一批行业代表企业，并在央企、国企、大型民企的注资支持下快速成长。此外，民营资本积极投资建设和运营加氢基础设施，开展燃料电池车辆示范应用，着力推动建设终端产品运营市场。当前，康明斯、现代、丰田、空气产品公司、斗山、爱信等国外领先企业先后通过落地产业化项目、扩大既有产业板块、联合本土企业开展示范等方式，进入我国氢能市场。

从我国氢能企业引育方式、发展路径可以看出，我国氢能产业涉及各行各业以及各类资本的积极参与，覆盖产业各个环节，有利于壮大产业规模，激发企业竞争力及市场活力，培育一批龙头企业，推动产业高质量发展。

二、思考与建议

（一）亟须突破政策和法规的制约

虽然产业顶层规划已经发布，但是氢能产业链尤其是供应链各环节仍不同程度存在政策空缺和制度瓶颈，制约氢能规模化应用和产业健康可持续发展。

一是体制机制仍不明确。氢气生产、储运、加注等环节的归口管理部门尚未确定，各先发地区行政管理机制不同，产业链各环节缺乏统一、完善的审批、建设、运营管理流程机制。建议国家层面尽快建立健全氢能管理体制机制，明确氢能产业链各环节主管部门，建立跨部门协调机制，落实各部门职责分工，自上而下引导氢能产业形成统一规范的管理体系。

二是氢能法律法规缺失。长期以来，氢能是参照危险化学品进行管理的，尽管氢的能源战略属性已明确，但是当前尚未出台专门的氢能法律、法规，导致能源用氢在发展实践中遇到诸多法律、法规的制约。如制氢项目必须进化工园区才可申领生产、经营许可，并对外销售；部分城市由于化工用地紧张导致集中制氢项目无法落地，站内制氢、加氢一体化项目的推动也因此受阻。建议形成针对能源用氢的法律法规，构建包括项目审批、建设、运营管理、安全监管等完整的政策体系，以指导氢能的开发和利用。

三是标准体系尚待完善。虽然我国已发布氢能领域国家标准 101 项，涉及氢能和燃料电池技术、检测、安全等方面，但在氢能制、储、运、加等供应环节的标准较少（占比仅约10%），终端应用基于氢能交通建立，难以满足氢能规模化、多元化应用的需要。建议进一步完善氢能全产业链标准体系，重点围绕可再生能源电解水制氢、高压氢气储运、液氢制备和运输、管道输氢、加氢站系统和装备、氢能检测、氢能评价、氢储能等开展标准制（修）订，规范和引领行业发展。

四是现有政策尚未挖掘出氢能在应用端的减排价值。目前，我国氢能全产业链成本仍然较高，尚未形成清洁化、低碳化、低成本、规模化应用体系，清洁低碳氢的减排价值也未能体现，氢能相关碳减排核算方法学尚未开发。建议研究制定氢能参与碳排放权交易机制，鼓励产业主体控制碳排放，开发与氢能应用相关的中国温室气体自愿减排项目（CCER），在促进产业绿色发展的同时通过碳减排交易获取收益，推动全产业链降成本和规模化发展。

（二）支持氢能产输用多元化发展

我国当前氢能产业正逐步由示范导入期向快速发展期过渡，需因地制宜、因时制宜，支持氢能产输用各环节多元化、协同发展，在氢能产业不同阶段形成适合我国资源禀赋和产业基础的氢能发展路径。

在氢源端，可再生能源制氢是我国未来氢源的主要解决方案，但是目前阶段受各地资源禀赋、绿氢成本、储运技术水平以及基础设施等方面限制，不适宜忽略实际情况“一步到位”，过早追求氢源绿色化，应遵循宜绿则绿、宜蓝则蓝原则，保障氢气安全、高效、稳定供应。建议各地结合区域资源特点、产业布局以及应用场景，选择副产氢、天然气制氢耦合碳捕集与封存（CCS）、可再生能源制氢等多元化制氢路径。

输氢环节，受政策法规、技术水平、用氢规模等多方面因素影响，目前我国仍以20兆帕压缩气氢长管拖车运输为主，运输效率低且随距离增加运输成本大幅提升，难以满足未来大规模运氢需求。建议探索推动30兆帕及以上压缩气氢长管拖车，并因地制宜鼓励液氢、管道、天然气掺氢、固态储氢、有机液态储氢、液氨/甲醇等储运技术多元化示范应用，推动技术验证，加快技术迭代和产业化推广，为构建安全、经济、高效的储运网络和大规模输氢提供支撑。

在用氢端，目前我国氢能应用主要集中在交通领域，且以氢燃料电池汽车为主。但燃料电池汽车只是氢能利用的冰山一角，未来氢能将在交通、冶金、化工等领域替代化石能源，市场应用潜力巨大。建议在有序推动氢能交通领域示范的同时，拓展其在氢储能、分布式发电、工业、建筑等领域的应用，探索合适的应用场景和商业模式，形成有效的氢能产业商业化发展路径，推动氢能规模化应用。

（三）坚持推动核心技术自主创新

我国氢能全产业链的关键核心技术水平持续提升，燃料电池电堆及核心零部件、空压机、氢气循环泵等技术进步显著，部分核心零部件性能已达到国际先进水平，氢气制备及储运装备制造水平及性能稳步提升，整车正向开发集成能力显著增强，其他应用领域技术攻关也呈加速推进态势。在氢能产业链关键核心技术不断进步的同时，在推动技术自主创新方面也存在一些问题和挑战，如技术创新体系有待完善、技术实践验证缓慢阻碍了迭代升级、支撑氢能规模化发展的关键核心材料有待持续攻关，以及缺乏具备国际影响力的拳头产品和龙头企业等，亟须引起关注和思考。

创新体系构建方面，建议构建科学、高效、协同的氢能技术及装备创新体系。借助国家重点研发计划氢能专项以及省级重点研发项目，集中力量攻关制约产业发展的核心技术和关键装备，遵循国家规划中对主要技术攻关方面的引导，依托燃料电池汽车示范应用城市群以及氢进万家等项目的推动，鼓励具备创新能力的企业、研发机构等集聚发展，加大技术协同创新力度，助推“卡脖子”技术创新突破。

技术攻关及产业化验证方面，为满足氢能产业可持续发展、氢能终端的大规模商业化应用，对关键技术及核心装备攻关以及产业化发展提出了更高要求。如高效电解制氢与大容量氢气储运技术及装备，耦合大功率电堆的零部件及系统集成技术，氢能在船舶、氢储能以及热电联供等不同应用场景下的相关技术，亟须持续攻关和示范验证。建议加大氢能终端多元化应用支持力度，推动先进技术及装备的示范验证，提升技术成熟度及产品耐久性，加快实现迭代升级。

支持企业创新方面，推动各地加大对氢能领域企业创新的支持力度，增强企业创新发展的积极性，提升氢能产业创新能力，引领我国氢能技术及装备走出自主化创新发展之路，积极推动龙头企业及先进产品“走出去”，打造具有国际影响力的氢能品牌。

（四）发挥示范城市群的带动作用

随着奖补方案、产业政策等陆续出台，燃料电池汽车示范应用的持续深入，示范城市群的建设将对我国氢能产业培育、技术及商业模式创新、产业链降本、制度法规及政策标准体系的完善等起到极大的推动作用。充分发挥示范城市群带动作用对我国氢能全产业链高质量发展至关重要。

区域辐射方面，充分发挥示范城市群对内部氢能产业资源整合及周边地区氢能产业发展的辐射带动作用。一方面，切实推动示范城市群内部各城市之间的高效协同发展，找准制约燃料电池汽车产业发展的难点、痛点，精准匹配资源，积极规划实现示范目标的方法路径，加强各示范城市群之间的交流合作，学习借鉴优秀实践经验，多措并举提升地方及区域氢能产业竞争力，并为燃料电池汽车大规模推广提供重要的参考模板。另一方面，示范城市群氢能产业的快速发展将对周边地区产生一定的辐射带动作用，为周边地区依托自身优势支撑并融入示范城市群氢能产业的发展提供机遇。

产业联动方面，城市群建设将推动氢能全产业链技术创新、降本增效以及规模化发展。一方面，随着催化剂、碳纸、质子交换膜、膜电极、双极板、空压机、氢气循环系统及燃料电池电堆等八大零部件的技术攻关，将显著提升燃料电池系统及整车的国产化开发及运营水平，降低燃料电池汽车的购置成本；同时，不同应用场景下氢气供应模式的不断优化以及对示范应用的积极探索，将推动车辆全生命周期综合成本持续下降，带动整个氢能产业链快速发展。另一方面，燃料电池汽车产业的发展和氢能在其他领域应用的发展是充分联动以及相互促进的，建议发挥燃料电池汽车产业的示范带动作用，推动燃料电池技术在氢储能、发电、工业、建筑等领域的创新以及示范验证。氢能终端多元应用的发展将壮大氢能产业规模，有利于氢能供应体系的构建以及产业链经济性的提升。燃料电池汽车的示范应用，以及耦合氢能多元应用的发展是推动产业高质量跃升的重要路径。

三、发展前景

（一）产业步入规模化发展新阶段

近年来，我国氢能产业的支持力度显著提升，氢能发展意义达成共识。2022 年，作为碳达峰、碳中和“1 + N”体系重要组成的《氢能产业发展中长期规划（2021—2035 年）》正式出台，为未来氢能产业的规模化发展提供重要政策支撑。“十四五”期间，产业发展将实现从量的积累到质的跃升。随着燃料电池汽车示范应用城市群的深入开展，产业链集群发展效应更加显著，产业链趋于完备且布局合理，区域协同发展格局基本形成并向纵深推进。预计燃料电池汽车保有量将快速提升至 5 万辆以上，规模效应凸显，带动产业链降本增效，经济性快速提升。随着技术的逐步成熟，氢能在工业、建筑、电力等领域的应用将从试点示范扩大至规模化推广应用，为行业脱碳发挥重要作用。规模化氢能供应网络逐步建立和完善，工业副产氢得到有效开发和利用，可再生能源制氢规模显著扩大，成为氢能利用的主要增量，安全、多元、高效输运模式逐步建立，市场竞争力大幅提升，加氢站建成运营超千座，区域加氢站网络基本完善。预计“十四五”期末，我国氢能产业将实现跨越式发展，涌现出一批具有国际影响力的行业龙头企业，健康有序、可持续发展的产业生态基本形成，产值规模达万亿级。

（二）核心技术以及装备自主可控

“十三五”时期，科技部通过“可再生能源与氢能技术”重点专项支持了 27 个氢能研发项目，研发经费投入约 5 亿元。“十四五”期间，国家继续加大氢能研发投入，其中 2021 年科技部“氢能技术”重点专项共计支持 18 个项目，国家划拨经费 7.95 亿元，项目数量和经费明显增加。近年来，国企和民企纷纷加大核心技术和装备的研发投入，我国在氢能核心零部件和装备方面已经取得巨大突破，自主化和国产化能力显著提升，且部分装备对比国外技术已具备一定优势。“十四五”时期，我国将重点攻关“卡脖子”环节，实现氢能全产业链核心技术和装备的自主可控。随着燃料电池汽车示范应用城市群任务的顺利实施，将推动城市及企业间实现技术联合攻关，显著提升基础研究和关键共性技术攻关能力，其中大功率氢燃料电池系统集成和迭代能力将达到国际先进水平，系统一级和二次供应商将全部实现自主化，质子交换膜、催化剂、碳纸等基础材料方面的性能指标达到国际领先水平，具备较强的市场竞争力。氢气制备领域，我国可再生能源制氢领域将在保持碱性电解槽技术和规模领先的基础上，大力推进 PEM 电解槽技术和 SOEC 电解槽技术的研发和规模化应用。储运领域，规模化液氢、纯/掺氢管道等高效储运技术和装备将实现创新和突破，车载Ⅳ型高压储氢瓶技术显著进步，高性能碳纤维和瓶阀等实现高比例国产化替代，车载液氢瓶在重型车辆上实现示范应用。加氢站领域，实现加氢枪、压缩机、流量计等关键零部件逐步国产化替代。此外，我国将在氢能分布式发电、掺氢燃气轮机、氢内燃机等终端应用技术及装备方面不断创新，达到国际领先水平。

（三）氢能供应体系趋向高效低碳

“十四五”时期，我国氢能供应政策、标准法规、安全保障体系将不断完善，氢能制、储、运、加“卡脖子”的技术水平及核心装备性能不断提升，低碳清洁氢占比将大幅提高，有望实现氢气规模化低成本供应。供应体系制度建设方面，氢能生产、储运、加注以及应用等系列标准法规陆续出台，监管机制及安全保障体系逐渐完备。氢气制备方面，低碳制氢技术发展迅速，绿氢项目投资规模进一步加大，氢源结构进一步优化，传统能源企业发挥优势走蓝氢路线，副产氢、化石能源制氢配备碳捕集、利用与封存（CCUS）技术，新能源企业加大对绿氢的投资布局，着力推动陆上风电和太阳能发电、海上风电电解水制氢快速发展，提升绿氢占比。在储运方面，30 兆帕及以上压缩氢气、低温液氢、有机液态氢载体、天然气掺氢等储运方式得到推广示范，在综合考虑经济性的情况下选择公路、铁路、船舶以及管道输送等氢气运输路径，储运效率持续提升。加氢基础设施建设规模显著增长，加氢站建设审批及运营管理相关政策、法规标准持续完善，油气氢合建站、制氢加氢一体化站、大储量气氢/液氢加氢母站等多种建站模式并行发展，加氢站建设运营效率显著提升。

（四）氢能终端应用场景不断拓展

“十四五”时期，氢能终端应用场景不断拓展，氢能在交通、工业、储能、分布式发电等领域的示范效应显著，具备规模化推广条件。在交通领域，燃料电池汽车推广数量大幅增长，因地制宜引导多元化应用，除城市道路外，在工矿区、港区、海洋、园区等展开氢能交通多点示范，推动规模化发展，加快探索形成有效的氢能产业发展商业化路径。在工业领域，氢能在冶金、玻璃、水泥和陶瓷制造等行业的应用得到稳步推广，替代传统高碳燃料，实现由高碳工艺向低碳工艺的转变，推进高耗能行业脱碳生产。在储能领域，推广液化储氢、压缩储氢以及金属氢化物储氢等，发挥氢储能调峰优势，满足大规模长周期能量储存和多元化终端利用需求，探索为间歇性可再生能源（以风电、光伏为主）发电项目配置相应的氢储能设施，支撑新型电力系统建设。在分布式发电领域，氢进万家等示范项目取得显著进展，成功推动燃料电池（PEMFC、SOFC）分布式发电及热电联供系统示范应用，加快技术迭代升级，具备规模化示范的基础条件。在民用领域，逐步提高天然气掺氢比例，加大民用推广力度，探索发展燃氢轮机，开拓新的市场空间。

参考文献

[1] 符冠云,龚娟,赵吉诗,等. 2021 年我国氢能发展形势回顾与 2022 年展望 氢能产业版图出现重大变革 [J]. 中国能源,2022,44(3):44 -48.

[2] 杨燕梅,杜利锋. 双碳简报精选 | 深度观察:氢能标准进展[EB/OL]. [2022 -05 -19]. https://mp. weixin. qq. com/s/TycX3JNTWN238 - -Q24seQw.

[3] 赵吉诗,龚娟,戴先知,等. 当前我国氢能储运现状及建议 [J]. 能源决策参考,2022,545(14):5 -13.

[4]王子缘,赵吉诗,龚娟,等. 广东省氢能与燃料电池汽车产业发展现状分析 [J]. 广东科技,2022,31(6):82 -86.

中国 CCUS 产业发展现状及展望

郑博月　牛建杰　章凯强[①]

摘　要　碳捕集、利用与封存（CCUS）是缓解气候变化，助力我国实现“双碳”目标的战略选择，能够帮助我国构建生态文明从而实现可持续发展。本文首先从技术概况、国家政策、项目进展3个层面对 CCUS 产业发展现状进行调研。摸清捕集、运输、地质封存利用技术的发展现状，同时梳理了“十一五”时期以来国家出台的相关法律政策，以及现阶段我国实施的工程部署。其次，在此基础上，本文分别就技术、经济和社会环节的发展问题，剖析了目前各环节制约 CCUS 技术发展的关键问题。其中，高能耗、高成本、碳泄漏风险仍制约着 CCUS 技术的大规模实施。最后，本文就制约 CCUS 技术的关键问题，提出了未来 CCUS 技术的发展方向。CCUS 的全流程技术系统集成和大规模示范是 CCUS 技术发展的大势所趋，同时，未来中国 CCUS 项目的商业模式将逐渐摆脱垂直一体化模式，逐步过渡到合伙模式或运营商模式。应该探索制定符合中国国情的 CCUS 税收优惠和补贴激励政策，形成投融资增加和成本降低的良性循环，完善优化法律法规体系，制定科学合理的建设、运营、监管、终止标准体系。

关键词　CCUS；碳中和；政策；展望

① 作者均来自北京大学能源研究院。

一、CCUS 产业发展现状

1. 技术概况

随着全球变暖日渐明显、极端天气和气候事件频发，应对气候变化成为国际社会广泛关注的议题。在众多应对气候变化的方案和技术中，CCUS（Carbon Capture，Utilization and Storage）被视为一项有望实现化石能源大规模低碳化利用的新兴技术，是 CCS（Carbon Capture and Storage）技术的新发展趋势。CCS 是指将 CO_2 从工业过程、能源利用或大气中分离出来，注入地层以实现 CO_2 永久减排的过程；而 CCUS 在其基础上增加了利用（Utilization）的概念，主要包括地质利用、化工利用和生物利用，如图 1 所示。

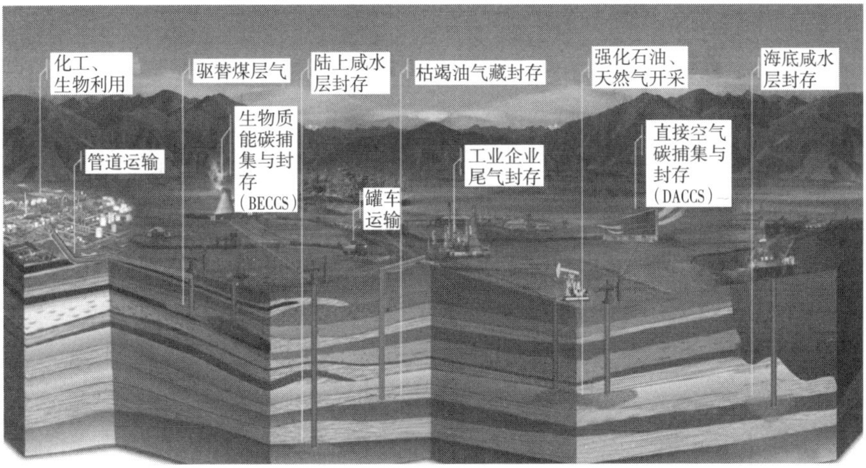

图 1　CCUS 技术及主要类型图

资料来源：中国二氧化碳捕集利用与封存（CCUS）年度报告（2021）

CCUS 按技术流程可分为捕集、输送、利用与封存等环节。

CO_2捕集是指将CO_2从工业生产、能源利用或大气中分离出来的过程，是 CCUS 产业耗能的主要环节，主要分为燃烧前捕集、燃烧后捕集、富氧燃烧和化学链捕集。燃烧前捕集是指将碳从未燃烧的燃料中脱离，该方法具有捕集纯度高、成本低的优点，但其系统相对复杂且设备成本相对较高，主要用于整体煤气化联合循环发电系统（IGCC）、多联产和部分化工过程。燃烧后捕集是指通过各类物理、化学方法从燃烧后的气体中分离CO_2，其中化学吸收法、物理吸收法和变压吸附法被认为具有较大的发展潜力，该方法具有集成方式简单、易于改造的优点，但能耗和成本较高。富氧燃烧是指通过提高氧化剂中氧气含量进行燃烧的技术，该方法具有捕集纯度高的优点，但其技术要求高且需增加制氧成本。不同类型CO_2捕集技术成本、发电效率损失及能耗如表 1 所示。

表 1　不同类型CO_2捕集技术成本、发电效率损失及能耗对比

捕集技术	捕集成本/（元/吨CO_2）	发电效率损失	能耗/（GJ/tCO_2）
第一代燃烧前捕集技术	250～430	7%～10%	2.2
第二代燃烧前捕集技术	—	3%～7%	1.6～2.0
第一代燃烧后捕集技术	300～450	10%～13%	3.0
第二代燃烧后捕集技术	—	5%～8%	2.0～2.5
富氧捕集	300～400	8%～12%	—

资料来源：中国碳捕集利用与封存技术发展路线图（2019）

CO_2输送是 CCUS 的中间环节，是指将捕集的CO_2运送到可利用或封存场地的过程，根据运输方式的不同可分为罐车输送、船舶输送和管道输送。罐车输送虽具有路线灵活、技术简单的优点，但存在输送量较小的不足，适用于小规模、短距离运输。目前，我国内陆罐车输送和内陆船舶输送已进入商业应用阶段，成本分别为 1.0～1.2 元/吨/千米和 0.30～0.50 元/吨/千米。船舶输送虽具有长距离和运送量大的优点，但需要装载和二次运输，成本为 200 千米以内约 1.0 元/吨/千米，200～250 千米 0.5 元/吨/千米；500～1000 千米 0.3～0.4 元/吨/千米。管道输送具有规模应用和经济性较好的优势，是最具有应用潜力的 CO_2 输送技术。我国已开展低压 CO_2 运输的工程应用，中国石化齐鲁石油化工 CCUS 项目和吉林油田强化石油开采（CO_2 – EOR）研究与示范均通过管道实现 CO_2 输送，但超临界 CO_2 运输仍处于研究阶段。目前，陆地管道输送的成本约为 1.0 元/吨/千米，海底管道输送的成本预测为 4.0 元/吨/千米。

CO_2 利用是指通过工程技术手段将捕集的 CO_2 实现资源化利用的过程。根据工程技术手段的不同，可分为地质利用、化工利用和生物利用等。地质利用是指通过将 CO_2 注入地下以强化石油、天然气、铀矿等地质资源开发，其中实现商业应用的 CO_2 地质利用技术为铀矿地浸开采，年产值已超 1 亿元；应用规模最大的为 CO_2 – EOR，我国累计开展 30 余个 CO_2 – EOR 项目，注入 CO_2 累计 500 余万吨。化工利用是指以 CO_2 为原料，通过化学反应将其转化为目标产物，从而实现 CO_2 的资源化利用。CO_2 化工利用技术目前整体处于中试阶段，发展较快的包括合成甲醇、合成聚合物多元醇和矿化利用技术，此外还有一些尚处于实验室阶段的 CO_2 化工利用技术，诸如 CO_2 电催化转化、CO_2 光催化转化等。近年来，国内 CO_2 化工利用研究热点主要集中在 CO_2 制甲醇及低碳数烯烃，而美国的 CO_2 化工利用研究热点则主要集中在 CO_2 制备合成气。生物利用是指以 CO_2 为原料，以生物转化为主要手段，实现 CO_2 资源化利用的技术，其产物包括食品、生物肥料、气肥等。生物利用技术的特点为附加值较高，具有较好的经济效益。目前已实现商业应用的生物利用技术为转化为食品和饲料的技术，其他技术仍处于中试或工业示范阶段。

CO_2 地质封存是指通过工程技术手段将捕集的 CO_2 注入深部地质储层，实现 CO_2 与大气长期隔绝的过程。按照地质储层不同，可划分为咸水层封存、枯竭油气藏封存、其他潜在地层（页岩、玄武岩地层）封存等。CO_2 地质封存技术具有封存量巨大的特点，全球地质封存的陆上理论封存容量为 6 万亿 ~ 42 万亿吨，海底理论封存容量为 2 万亿 ~ 13 万亿吨，而中国地质封存潜力为 1.21 万亿 ~ 4.13 万亿吨。我国目前已完成陆上咸水层封存工业示范，而其他地质储层封存技术尚处于理论研究和方案设计阶段。目前，普遍认为陆上咸水层封存成本约为60元/吨CO_2，海底咸水层封存成本约为300元/吨CO_2，枯竭油气藏封存成本约为50元/吨CO_2。

2. 国家政策

CCUS技术作为实现中国2060年“碳中和”的关键技术，早在“十一五”期间国家就对该技术的发展做出了相应的部署。2006年，国务院发布的《国家中长期科学和技术发展规划纲要（2006—2020年）》中明确提出，在先进能源技术方向提出“开发高效、清洁和二氧化碳近零排放的化石能源开发利用技术”。随后，国家发展改革委在2007年发布的《中国应对气候变化国家方案》中确认加快二氧化碳捕集、利用与封存技术开发和推广力度。因此，“十一五”期间，CCUS技术得到了大力支持和发展。

“十二五”期间，CCUS技术持续升温，我国也加快了对CCUS技术部署和相关政策的制定。科技部发布的《中国碳捕集、利用与封存（CCUS）技术》中首次提供了中国发展CCUS技术的基本原则和总体进展，重点分析其研发投入、试点示范项目和国际合作项目。同时，科技部、外交部等16部委联合发布的《国家“十二五”应对气候变化科技发展专项规划》中提出碳的增汇、捕集利用与封存是作为减缓气候变化的重要方向，并对相关技术环节进行指导和示范。随着CCUS技术的发展，一些重点行业也相继实施了CCUS技术。2012年，工信部、国家发展改革委、科技部和财政部4部委联合发布《工业领域应对气候变化行动方案（2012—2020年）》。该方案明确提出在化工、水泥、钢铁等行业中实施碳捕集、利用与封存一体化示范工程。国家能源局发布的《煤炭清洁高效利用行动计划（2015—2020年）》也鼓励现代煤化工企业与石油企业及相关行业合作，开展驱油、微藻吸收、地质封存等示范。同时，CCUS技术的环境风险也得到了国家重点关注。2013年，环境保护部发布了《关于加强碳捕集、利用和封存试验示范项目环境保护工作的通知》。加强了碳捕集、利用和封存试验示范项目环境保护工作，尤其在环境影响评价、环境监测、环境风险防控等方面做出了关键部署。

“十三五”期间，国家政策主要针对 CCUS 技术的重点开展行业、环境风险、工程实施等方面做出了进一步指导。2016 年，国家发展改革委和国家能源局发布的《能源技术革命创新行动计划（2016—2030 年）》中强调，要加强二氧化碳大规模低能耗捕集、资源化利用及二氧化碳可靠封存、检测及运输方面的技术攻关，同时对 2020 目标、2030 目标及 2050 展望做出规划。环境保护部的《二氧化碳捕集、利用与封存环境风险评估技术指南（试行）》进一步对环境风险评估工作程序、主要环境风险源等工作环节进行了规范指导。2016 年，国务院发布的《“十三五”国家科技创新规划》也重点强调加强燃煤二氧化碳捕集、利用与封存的研发，开展燃烧后二氧化碳捕集实现百万吨/年的规模化示范。

随着“双碳”目标的提出，“十四五”期间国家相关政策的出台进一步加强。2021 年，国务院发布的《2030 年前碳达峰行动方案》，在加快先进适用技术研发和推广应用方面建议建设全流程、集成化、规模化二氧化碳捕集、利用与封存示范项目。同时，《碳排放权交易管理办法（试行）》也旨在落实全国碳排放权交易市场的决策部署，在应对气候变化和促进绿色低碳发展中充分发挥市场机制作用。2022 年，国务院发布的《关于推进中央企业高质量发展做好碳达峰碳中和工作的指导意见》建议深入开展二氧化碳捕集、利用与封存等关键技术攻关，推动建设低成本、全流程、集成化、规模化的二氧化碳捕集、利用与封存示范项目。“十四五”期间发布的文件政策进一步强调了 CCUS 技术对“双碳”目标实现的重要性，同时对技术的部署也做出了规范性、全流程的指导，推动 CCUS 技术大规模发展。图 2 为国家发布的相关 CCUS 技术的政策文件。

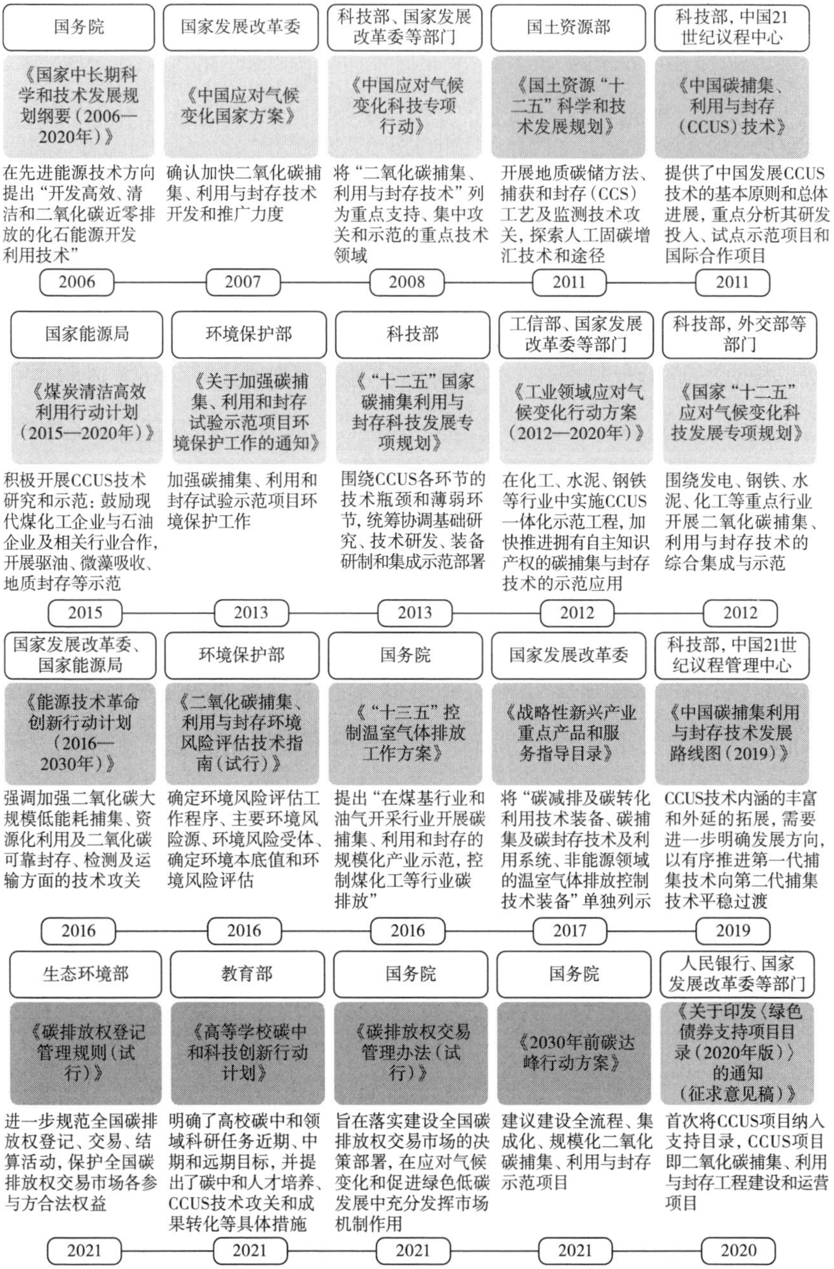

图 2　国家发布的 CCUS 相关政策

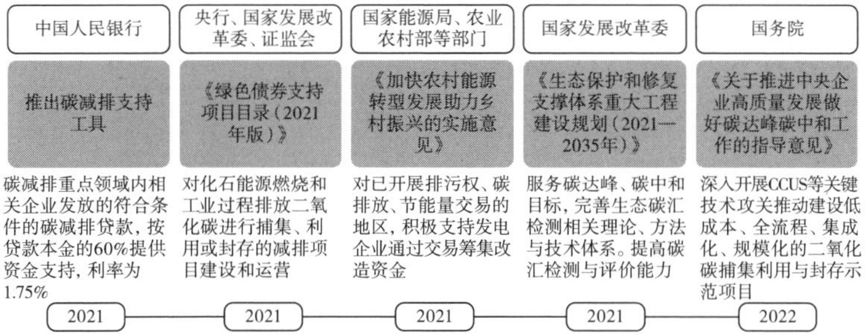

图 2　国家发布的 CCUS 相关政策（续图）

3. 项目进展

经评估，中国地质封存潜力为 1.21 万亿～4.13 万亿吨。目前，中国已投运或在规划过程中的项目有 40 多个，捕集能力 300 万吨/年，累计注入封存量超 2×10^6 吨。从技术环节来看，捕集类、化工与生物利用类、地质利用与封存类示范项目的占比分别为 39%、24%、37%。从行业分布来看，主要涉及电力、化工、水泥、钢铁等领域。其中，电力行业的捕集项目开展最多，化工行业项目通常和地质利用封存相结合，将化工行业高浓度二氧化碳捕集用于辅助石油或者天然气开采利用。目前，中国 CCUS 项目已经遍布 19 个省份，主要集中在华北和东北，碳源和封存利用类型正趋向多元化。由于目前 CCUS 技术成本等多方面原因，现阶段开展的规模普遍较小。其中，2010 年神华集团在鄂尔多斯开展的 10 万吨级 CCS 项目是我国最大的全流程咸水层封存项目。目前，我国大规模的 CCUS 项目正在筹备或建设之中。国华锦界电厂开展的 15 万吨二氧化碳捕集项目将成为燃煤电厂最大的全流程项目。中石化开展的齐鲁石化－胜利油田 CCUS 百万吨级项目已建设成为我国最大的 CCUS 示范基地。另外，中国海油也宣布恩平 15－1 油田群正式启动我国首个海上二氧化碳封存示范工程。表 2 所示为我国目前已投运和规划的 CCUS 项目。

表 2　中国已投运和规划的 CCUS 项目

项目名称	所在地	工业类型	捕集规模（万吨/年）	封存、利用方式	运行状态
国家能源集团鄂尔多斯咸水层封存项目	内蒙古鄂尔多斯	煤制气	10	咸水层封存	于 2016 年停止注入，监测中
延长石油陕北煤化工 5 万吨/年 CO_2 捕集与示范	陕西西安	煤制气	30	EOR	运行
中石油吉林油田 CO_2 - EOR 研究与示范	吉林松原	天然气处理	60	EOR	运行
华能绿色煤电 IGCC 电厂捕集利用和封存	天津	燃煤电厂	10	放空	实验验证完毕，停止封存
国电集团天津北塘热电厂	天津	燃煤电厂	2	食品应用	运行
连云港清洁能源动力系统研究设施	江苏连云港	燃煤电厂	3	放空	运行
华能石洞口电厂	上海石洞口	燃煤电厂	12	工业利用与食品	间歇式运行
中石化胜利油田 CO_2 - EOR 项目	山东东营	燃煤电厂	4	EOR	运行
中石化中原油田 CO_2 - EOR 项目	河南濮阳	化肥厂	10	EOR	运行
中电投重庆双槐电厂碳捕集示范项目	重庆	燃煤电厂	1	用于焊接保护、电厂、发电机氢冷置换等	运行
中联煤驱煤层气项目（柿庄）	山西沁水	外购气	—	ECBM	运行
华中科技大学 35 MW 富氧燃烧示范	湖北武汉	燃煤电厂	10	工业应用	运行
中联煤驱煤层气项目（柳林）	山西柳林	—	—	ECBM	运行

续表

项目名称	所在地	工业类型	捕集规模（万吨/年）	封存、利用方式	运行状态
克拉玛依敦华石油新疆油田 CO_2 – EOR 项目	新疆克拉玛依	甲醇厂	10	EOR	运行
长庆油田 CO_2 – EOR 项目	陕西西安	甲醇厂	5	EOR	运行
大庆油田 CO_2 – EOR 示范项目	黑龙江大庆	天然气处理	NA	EOR	运行
海螺集团芜湖白马山水泥厂 5 万吨级二氧化碳捕集与纯化示范项目	安徽芜湖	水泥厂	5	—	运行
华润电力海丰碳捕集测试平台	广东省海丰县	燃煤电厂	2	—	运行
中石化华东油气田 CCUS 全流程示范项目	江苏东台	化工厂	10	EOR	运行
中石化齐鲁石油化工 CCS 项目	山东淄博	化工厂	35	EOR	运行
国家能源集团国华锦界电厂 15 万吨/年燃烧后 CO_2 捕集与封存全流程示范项目	陕西榆林	燃煤电厂	15	咸水层封存	建设中
中石化齐鲁石化胜利油田 CCUS 项目	淄博市	化工厂	100	驱油封存	建成
大唐集团 100 万吨/年 CO_2 捕集与利用示范工程	黑龙江大庆市	燃煤电厂	100	EOR	规划
国家能源集团 50 万吨级碳捕集及资源化利用项目	江苏泰州	燃煤电厂	50	驱油/制甲醇	规划
中海油恩平 15 – 1 油田群二氧化碳封存项目	珠江口盆地	油田	146	海底储层封存	规划

资料来源：中国二氧化碳捕集利用与封存（CCUS）年度报告（2021）

二、CCUS 发展面临的问题

1. 技术环节

捕集环节：CO_2捕集面临的挑战主要是高成本和高能耗问题，而低浓度碳源的规模化捕集面临着诸多挑战，主要体现在溶剂性能、吸收/解吸设备。对于溶剂性能，低浓度化学胺捕集技术在国外已实现百万吨级商业应用，而我国尚处于工业示范阶段，且蒸汽消耗较国外更多。对于吸收/解吸设备，国外已有百万吨级水泥吸收塔设计和建造能力，但国内尚处于10 万吨级传统钢结构吸收塔设计和建造阶段。

输送环节：目前国内 CO_2输送以罐车输送为主，但罐车输送仅适合小规模的 CCUS 产业，而管道输送成本更优且适宜大规模的 CCUS 产业，但我国尚未形成长距离的 CO_2运输管道网线，且管道建设的前期投资较大。此外，高压、低温和超临界 CO_2管道输送相较低压 CO_2管道输送具有显著优势，但其在我国尚处于研究阶段。综上，我国 CO_2管道输送与国际相比，主要在管道建设、输送标准、输送工艺、管输设备、管道材料、输送安全保障等方面存在一定的差距，技术储备较为薄弱、关键设备不能自主生产、缺乏工程经验、没有建立相应的管输技术体系。

封存与利用环节：CO_2 – EOR 作为最具潜力的 CO_2地质利用技术，在国内多个油田均进行了现场试验，是当前最有希望进入商业应用的大规模 CO_2利用技术，但 CO_2 – EOR 在我国的应用仍存在下述问题：我国陆相沉积原油与 CO_2混相困难，混相压力高，即使混相原始地层压力也和最小混相压力差别小，致使油藏注采调控空间窄，开发效果差。此外，由于我国低渗油藏的非均质性导致 CO_2 – EOR 气窜严重，波及体积小，提高采收率幅度有限。对于地质封存技术而言，面临的主要问题是封存周期过长，以及该周期内封存稳定性。对于化工利用问题主要围绕 CO_2转化反应活化机理、高活性催化剂设计开发、催化效率和选择性提高等方面。生物利用的主要技术挑战来源于该过程中微生物代谢以及分离纯化的复杂性，一方面限制了规模化商业应用，另一方面也增加了生物利用的成本。

2. 经济环节

现阶段，我国 CCUS 技术应用多为小规模的示范工程，大规模 CCUS 技术商用工程较少。由于高能耗、高成本等原因，CCUS 技术较风电、光伏、水电等传统可再生能源竞争弱。CCUS 技术成本主要由固定成本、运行成本和环境成本组成。固定成本是指在 CCUS 技术实施前期的设备采购、安装、占地投资等。运行成本包括捕集、运输、封存、利用等全流程各个环节的投入。环境成本主要涉及 CCUS 技术各环节二氧化碳泄漏造成的环境风险，也包括 CCUS 技术实施带来更大能耗所造成的环境污染。

CCUS 技术链条长、投资规模大、运行周期长等特点限制了 CCUS 技术大规模的应用。例如，捕集成本作为 CCUS 产业成本的重要组成部分，不仅提高了能源、化工等碳排放行业的减排代价，而且造成的过高碳价也是限制 CCUS 产业发展的主要因素。对于化工装置、气田等高浓度碳源的捕集成本为 100 ~200 元/吨，而煤电、钢铁等低浓度碳源的捕集成本为 300 ~400 元/吨。CO_2 - EOR 作为主要的 CO_2 地质利用技术，相较于常规 3 次采油技术成本也有所上浮，主要体现在安全监测、设备防腐以及采出气回注设施等方面。由于地质情况、混相能力不同，导致我国 CO_2 - EOR 成本较高，为 47 ~55 美元/吨，而美国 CO_2 - EOR 成本为 15 ~30 美元/吨。对于地质封存技术而言，在缺乏类似 45Q 法案政策支持或没有高碳税反逼的情况下，并不具有经济价值，难以实现商业应用。但是，目前 CCUS 技术的盈利规模较小，暂时无法完全覆盖各项投入，并且很大程度上依赖政策补贴。同时，捕集、运输、封存、利用等环节存在二氧化碳泄漏风险。从封存规模和环境风险监管等多方面考虑，国外要求的地质安全封存期在 200 年以上。这在一定程度上也增加了 CCUS 技术实施的经济成本。另外，虽然我国已经开展了碳排放权交易系统的建设，但由于系统体系尚不完善，覆盖省份和行业较少，部分碳排放量大的省份和行业未被纳入碳排放交易系统。同时，总排放量核定、碳配额、碳价等制定体系不完善，导致 CCUS 技术商业化推广缓慢。因此，经济成本高昂、政策依赖性强等因素使 CCUS 技术难以通过碳减排获取可观收益，制约着 CCUS 技术大规模发展。

3. 社会环节

随着技术的发展和进步，公众的认可和接受程度越来越成为项目有利开展的重要环节。公众接受程度主要考虑社会政治、市场和社区 3 个层面。社会政治层面，主要是决策者对于新兴技术的接受程度和政策导向；市场层面，主要是投资者和相关利益者的投资欲望；社区层面，主要是当地居民的满意程度。

目前，CCUS 技术存在的生态环境安全风险增加了公众对该技术的担忧。具体来说，二氧化碳的地质封存可能与地质层中地下水、围岩、岩浆等介质发生反应，改变地质结构。长此以往存在地表变形、土壤酸化、诱发地震、地层矿物溶解等风险，间接对人民的生命财产构成威胁。面对上述问题，公众对于 CCUS 技术的实施，尤其是地质封存位点的选择会存有担心。

三、CCUS 未来预测

CCUS 作为未来温室气体减排的战略性技术和保障我国“双碳”目标实现的重要储备技术，实现其大规模产业化取决于技术成熟度、经济可承受性及环境风险性。

1. CCUS 技术发展趋势

总体来说，CCUS 的全流程技术系统集成和大规模示范是 CCUS 技术发展的大势所趋，但存在场地依赖性强、技术密集度高、技术组合方式多样等特点。因此，在开展前需进行源汇匹配、全流程系统仿真模拟、管网规划等工作。具体到 CCUS 全流程中的各个环节，其技术发展趋势如下所述：

捕集环节，捕集成本和能耗是重要的技术衡量指标，一般认为能耗和成本较之当前捕集技术显著降低的可归为第二代捕集技术，如新型膜分离技术、新型吸收技术、新型吸附技术、增压富氧燃烧技术和化学链燃烧技术等，这些都有望成为下一代重要的捕集技术。具体来说，包括燃烧后捕集：先进吸收剂、高效反应器和新型节能技术集成、膜分离和固体吸附、热集成与耦合优化。燃烧前捕集：煤气化、燃料气脱碳、大规模煤气化技术、系统集成技术的化工—动力多联产。富氧燃烧：制氧、全流程系统集成优化、化学链燃烧、增压富氧燃烧、富 CO_2 烟气压缩纯化。此外，火电、钢铁、水泥等工业行业是重要的捕集应用场景，其中又以火电行业占较大份额。因此，捕集技术的发展应当综合考虑火电行业特点后确定发展方向。

输送环节，综合考虑产业规模和经济效益，CO_2陆上管道输送技术将得到快速发展，随着百万吨级 CCUS 工业示范项目的推进，其输送成本将被平摊至更低。此外，对于 CO_2 输送管道的运营同样应当制定相应标准，如输送气质杂质、管道分级等。未来，海底咸水层封存项目的开展将是海上船舶输送技术和海底管道输送技术的发展推动力。

封存与应用环节，对于地质封存与利用，均需进一步发展场地精细勘查与表征技术，封存容量与利用潜力评价技术、动态监测与调控技术、环境与生产安全保障技术，以及气体压缩机装备等。而对于应用最广泛的 CO_2 - EOR 技术，还需在陆相油藏 CO_2 驱油与埋存理论方法和实验技术、陆相油藏 CO_2驱油扩大气驱波及体积技术、基于高效低耗安全环保的 CO_2 驱油地面工程技术等方面有所提升。对于 CO_2化工利用，成熟度较高的重整制备合成气和合成甲醇技术应当积极开展大规模工业示范；成熟度较低的化工利用技术应当进行深入的基础研究，为后续技术扩试提供理论支撑。对于 CO_2生物利用，应当加强藻种的筛选和遗传改良基础研究，形成高效微藻规模化生产技术；积极开发 CO_2 人工生物转化技术，通过改造微生物实现 CO_2向高附加值有机物转化。

2. CCUS 经济发展趋势

目前国内 CCUS 项目主要存在两种商业模式，即油企全流程独立运营模式和 CCUS 运营商模式。油企全流程独立运营模式为当前国内主流，在这种模式下，油田企业是 CCUS 全流程的独立运营商，这种商业模式使得风险与利润可以较为灵活地分担，并且各部门间的协调也更容易实现，因而具有较低的交易成本。CCUS 运营商模式为运营商灵活地将收购捕集的 CO_2 销售给 CO_2 使用方（油田），或是将 CO_2 直接封存获取补贴。除了以上两种商业模式外，国际上还有合伙模式和第三方运输模式。合伙模式是通过捕集单位（如电厂）、运输公司（如管道运营公司）和封存单位（油气公司）建立合资公司，负责全链条 CCUS 项目（如包括电厂、管道和封存设施）的投资和运行。产品销售收益（如售电收益、提高石油采收率收益）和减排二氧化碳的权益归属合资公司。这种模式能够利用跨行业不同企业的资源，比垂直一体化模式更有利于多方参与。第三方运输模式由运输单位衔接捕集和封存单位，如美国 Val Verde 天然气生产装置结合 CCS 项目、Shute Greek CCS 项目。捕集单位（如电厂）负责承担 CO_2 的资本成本和运营成本，并得到 CO_2 减排的收益。运输单位支付运输投资和运营成本，类似电网收费。封存单位也向捕集单位征收封存费用。如涉及 EOR 的油气公司向捕集单位购买 CO_2，并支付运输费用。由于在 CCUS 早期推广阶段，CO_2 的供应能力通常大于运输和封存能力，运输和封存单位都属于基础设施，可以由一家企业（如油气公司）负责以提高效率。

在“双碳”等 CCUS 产业激励政策下，随着技术进步带动项目经济竞争力提升，叠加激励政策的进一步完善以及碳市场的成熟，涉及废气产生企业、CO_2 捕集及分离服务企业、CO_2 的利用和封存的油田三方等多企业、多行业合作的 CCUS 运营商模式将有望得到迅速发展。根据国际 CCUS 项目的发展趋势可以预见，未来中国 CCUS 项目的商业模式将逐渐摆脱垂直一体化模式，逐步过渡到合伙模式或运营商模式。随着“碳中和”背景下 CCUS 价值的不断提高和 CCUS 项目部署的加速推进，CCUS 项目的商业模式也会随着技术的整体商业化而不断发展，合伙模式和运营商模式不仅可以合理地划分整个技术链条中各参与方的责任和风险，而且可以明确各参与方的盈利方式。

未来应加快 CCUS 技术商业化步伐，将 CCUS 纳入产业和发展目录，打通金融融资渠道，为 CCUS 项目优先授信和优惠贷款。探索制定符合中国国情的 CCUS 税收优惠和补贴激励政策，形成投融资增加和成本降低的良性循环，完善和优化法律法规体系，制定科学合理的建设、运营、监管、终止标准体系。同时，考虑采用 CCUS 技术的企业可以从碳市场获取一定收益，弥补当前成本较高的缺点。

3. CCUS 潜在的环境风险及对策

CCUS 技术潜在的环境风险主要来自捕集、运输、地质利用和封存过程中的二氧化碳泄漏。首先，二氧化碳捕集技术成熟度差异较大，燃烧后捕集是目前最为成熟的捕集方法。在捕集环节中，为了获取更高浓度的二氧化碳往往需要增加水耗和能耗，这在一定程度上增加了大气污染物的排放风险。另外，捕集过程中溶剂的挥发、降解和泄漏也会对环境造成危害。在二氧化碳运输技术中，中国大多数示范工程采用罐车运送，运送过程中的外力撞击或者压力过载可能诱发爆炸，从而泄漏二氧化碳造成环境污染。同时，管路运输也存在腐蚀、破裂等造成的二氧化碳泄漏风险。在地质利用和封存技术方面，由于难以预见和不可控制的地质运动以及二氧化碳的腐蚀性，二氧化碳泄漏可能会造成泄漏区地下水、土壤及大气等环境问题。其次，由于人为选区不当，可能发生二氧化碳突发性或者缓慢性泄漏，造成生态环境的破坏。

当前 CCUS 技术总体还处于研发和示范的初级阶段，面临上述多方面的困难和问题，今后需要加强 CCUS 技术的研究。首先，二氧化碳泄漏的环境风险可以通过进一步研究相关工艺技术，降低捕集环节的能耗，提出碳捕集综合优化方案，同时也要加强环保型溶剂的研究。其次，未来管路运输是二氧化碳运输技术的发展方向，需要加强管路抗腐蚀性研究，从而降低管路泄漏风险。最后，在地质利用和封存方面，完善选区评价体系，从地质、环境、政府规划、居民意愿等多方面考虑，形成潜力评估、封存选址的评价标准。

参考文献

[1]科学技术部社会发展科技司,中国 21 世纪议程管理中心．中国碳捕集利用与封存技术发展路线图(2019)[M]．北京：科学出版社，2019.

[2]董书豪．我国碳捕获、利用与封存(CCUS)技术的发展现状与展望[J]．广东化工，2021，48（17）：69－70.

[3]向勇，侯力，杜猛，等．中国 CCUS－EOR 技术研究进展及发展前景[J]．油气地质与采收率，1－17.

[4]郑征，何宏艳，王瑜，等．CO_2 化工转化利用领域文献计量分析[J]．科学观察，2022，17（2）：33－46.

[5]桑树勋，袁亮，刘世奇，等．碳中和地质技术及其煤炭低碳化应用前瞻[J]．煤炭学报，2022，47（4）：1430－1451.

[6]蔡博峰，李琦，张贤，等．中国二氧化碳捕集利用与封存(CCUS)年度报告(2021)：中国 CCUS 研究路径[R]．北京：生态环境部环境规划院，中国科学院武汉岩土力学研究所，中国 21 世纪议程管理中心，2021.

[7]张贤，李阳，马乔，等．我国碳捕集利用与封存技术发展研究[J]．中国工程科学，2021，23(6)：11.

[8]张娟利，杨天华．二氧化碳的资源化化工利用[J]．煤化工，2016，44（3）：1－5，15.

[9]苗军，阳国军．我国二氧化碳捕集和驱油发展现状及展望[J]．当代石油石化，2020，28（12）：32－37.

[10]北极星大气网．什么是碳中和背景下的 CCUS？[EB/OL]．[2021－08－02]. https://huanbao.bjx.com.cn/news/20210802/1167045.shtml.

[11]搜狐网．碳捕集利用与封存(CCUS)技术风险评估及应用展望[EB/OL].[2021－21－24]. https://www.sohu.com/a/511290369_121119270.

煤化工与绿氢耦合技术经济评估及未来可行性分析

杨卫东　韩雨佳　袁浩峻　闫奕好　李　想

摘　要　在中国"双碳"目标的大背景下，煤化工作为碳密集型产业面临巨大的减排压力。采用煤化工与绿氢耦合，实现对工艺中煤制氢环节的替代，将大幅减少煤化工的碳排放。本文梳理了煤化工以及氢能产业发展现状及相关政策，分析了煤化工与绿氢耦合相关技术的可行性及未来发展趋势，并通过自主开发的技术经济分析模型对绿氢耦合煤化工进行了经济性评估及未来可行性预测。研究结果表明，煤化工与绿氢耦合有望最早于2030年前后形成对煤制氢的成本竞争力，而相较煤化工加装碳捕集与封存技术（CCS），煤化工耦合绿氢有望在2035年前后达成平价；在省级层面，各省份由于风光资源、煤价、电价等条件不同，绿氢实现平价的年份存在一定差异，其中设备投资成本、电力成本及碳交易价格对绿氢未来可行性的影响较大。基于上述研究结论，本文提出如下建议：①国家层面在现有政策和规划基础上加强顶层设计，明确氢能在我国"双碳"目标下的战略地位；②地方政府在现有的氢能政策基础上加大力度，鼓励基础设施布局和商业模式创新，推进绿氢产业发展；③加强电解槽及可再生能源发电技术的自主研发和应用示范支持；④积极推动碳市场发展。

关键词　煤化工；绿电制氢；CCS；技术经济性；未来可行性

一、引言

随着人类社会的快速发展，温室气体排放造成的全球气候变化已引发一系列环境危机，并对人类未来的生存发展造成显著威胁。在此背景下，“碳中和”已逐渐成为全球共识。中国作为全球第一大排放国，也郑重宣布二氧化碳排放力争于2030年前达到峰值，努力争取2060年前实现“碳中和”。中国的能源结构呈现“富煤、缺油、少气”的特点，据相关数据统计，目前全国煤炭消费量约占能源消费总量的57.7%，可见煤炭消费处于我国能源消费的主体地位。同时，中国当前产业结构以工业为主，工业生产的二氧化碳排放约占总排放量的65.93%，可见中国工业低碳转型的必要性。

煤化工作为我国依托化石能源资源禀赋发展起来的特色化工产业，占据了我国化工产品产量的一半以上，且未来预计随着对甲醇、合成氨等初级化学品需求的持续增加，煤化工仍将长期在我国经济社会中占据重要地位。但随着“双碳”目标的提出，煤化工业的未来发展也将面临诸多挑战，降低碳排放、提高能效、降低资源消耗成为未来煤化工产业继续发展的必然选择。而探索绿电制氢在煤化工中的应用，是减少煤化工二氧化碳排放的重要途径，也是煤化工产业未来转型发展的可行方向。

氢能作为在减少碳排放、保证能源安全、促进经济增长等方面发挥重要作用的能源，在包括煤化工业在内的诸多工业领域得到应用。作为世界最大的制氢国，我国2020年制氢产量约3300万吨。在氢能供给侧，中国现阶段以化石燃料制氢为主（煤制氢），约占氢能总产量的64%，工业副产氢占32%，而电解水制氢仅占4%。煤制氢技术路线成熟高效，可大规模稳定制备，也是当前成本最低的制氢方式，但排放量约为天然气制氢的4倍。根据中国氢能联盟提出的《低碳氢、清洁氢与可再生能源氢的标准与评价》，低碳氢的单位排放阈值为14.51$kgCO_2/kgH_2$，而清洁氢和可再生氢为4.9$kgCO_2/kgH_2$。通过可再生能源发电并利用绿电电解水制得的绿氢，具有绿色环保、生产灵活、纯度高等优势。因此，作为碳密集产业的煤化工与绿电制氢工艺的耦合能极大地减少煤制氢过程中的碳排放，同时扩大绿色氢能的应用以促进未来氢能产业的发展。

除了煤化工与绿电制氢耦合外，煤化工在制氢工艺中加装CCS同样可作为煤化工的减碳技术选择。CCS技术对煤化工尾部烟气进行吸收提纯和压缩，并将捕集到的二氧化碳输送至指定地点进行封存。绿电制氢和部署使用CCS技术均可成为煤化工的低碳转型技术方案，因此通过技术经济评估，选取合适的减排工艺对未来煤化工产业的发展至关重要。

为实现对煤化工耦合绿电制氢可行性的系统分析，本文后续部分首先对中国的煤化工业及氢能产业现状和相关政策进行了梳理，分析了产业未来的发展趋势；其次，对煤化工与绿氢耦合相关技术工艺的现状、技术瓶颈等进行了分析；最后对绿氢的经济可行性进行了评估和预测。在对绿氢的技术经济研究分析中，本文同时对比了煤制氢（灰氢）以及煤制氢加装CCS（蓝氢）两种工艺未来的成本变化趋势。本文基于上述研究，给出了相应的政策及措施建议，以期为煤化工业的低碳转型和绿色发展提供支撑。

二、中国煤化工及氢能产业发展趋势

（一）产业发展现状

21世纪初，中国开始发展现代煤化工产业，从“十一五”期间鼓励大型煤化工成套研发与制造，“十二五”期间有序开展煤制液体燃料和煤基多联产研发，到“十三五”期间完善生产工艺和环保流程，中国的现代煤化工技术水平和设备装置正逐步发展成熟，其中煤制烯烃、煤油共炼、煤制芳香族化合物、煤制乙二醇等工艺技术达到世界领先水平。

我国煤化工依据就地发展一体化战略，产业主要分布在煤炭资源丰富的陕西、新疆、宁夏等西北地区。“十二五”期间，依托地区资源禀赋和商业开发，能源化工“金三角”——宁夏宁东、陕西榆林、内蒙古鄂尔多斯建设成型，随后逐步发展成为我国最大的现代煤化工产业集群，约占全国总产能的48%。

煤化工作为高碳排放产业，在2020年碳排放量达到了5.5亿吨。煤化工工艺过程中的碳排放主要集中在煤气化反应和变换反应制得氢气的环节，排放量占到总排放量的55%左右。因此，提高能源利用效率、降低煤制氢环节碳排放成为其未来发展的必然选择。而与绿色氢能相结合是煤化工产业低碳转型的可行方向。

目前，中国的氢能产业发展还处于初期阶段，未来在发展清洁氢能供给上具备巨大潜力。中国氢能产业虽已初步掌握氢能制备、储运、加氢、燃料电池和系统集成等主要技术和生产工艺，但仍存在产业基础滞后，技术创新能力不足等问题。氢能产业链主要包括上游制氢企业、中游氢能存储企业以及下游加氢站等运营商。在氢能供给侧，中国现阶段以化石燃料制氢为主，其中煤制氢占主体，而电解水制氢占比仍然较小。化石能源制取的灰氢成本较低，国内目前煤制氢成本普遍低于11元/kgH_2，并且同时具备高纯度及高制取效率，但每千克氢气制备需排放约14kg二氧化碳。在我国“双碳”目标下，低碳排的可再生能源制氢成为未来的主要发展方向。大力发展绿氢可有效替代化石能源的消耗及碳排放，同时可以促进可再生能源的消纳，是中国实现低碳转型的重要载体。与此同时，光伏、风力的发电成本随着风光产业规模和技术的发展，据预测，到2050年中国光伏和风力发电成本将降至0.1～0.2元/千瓦·时，将极大地推动制氢产业向绿色转型的步伐。

绿氢耦合应用是煤化工转型的可选路径，同时可以为可再生能源的就地消纳提供更多的应用场景。根据中国氢能联盟研究院数据，2019 年中国煤制氢产量为 2124 万吨，占氢能总产能的 63.6%；工业副产气制氢、天然气制氢占比分别为 21.2%、13.8%；电解水制氢产量相对较少，仅达 50 万吨，占比约为 1.5%，具备较大发展潜力。此外，内蒙古、宁夏、陕西等西北地区作为煤化工产业聚集区的同时，也拥有丰富的风光资源，因此在绿色氢能的制取与应用方面将具有更大优势。

（二）产业政策分析

《指南》指出我国现阶段煤化工行业先进与落后产能并存，企业间技术工艺差异较大。根据《高耗能行业重点领域能效标杆水平和基准水平（2021 年版）》，《指南》制定了 2025 年煤化工行业的产能基准，淘汰中小落后装置，提高行业集中度。根据《煤矿产业“十四五”现代煤化工技术经济蓬勃发展引导建议》，“十四五”时期是煤化工由煤炭作为单一燃料向燃料和原料并重的转变时期，是煤化工行业绿色转型的突破阶段。根据 IEA 发布的《中国能源体系碳中和路线图》，2060 年工业将成为氢能的主要消纳场景，占氢能总产能的 40%；电解制氢产能将从目前的不到 10 万千瓦增长到 7.5 亿千瓦，灰氢的煤炭原料将从 1.15 亿吨标煤下降到 0.9 亿吨标煤，其中 80% 以上与 CCS 结合使用。

2019 年氢能首次被写入政府工作报告，氢能全产业链配套政策在 2020 年后陆续出台，其在国家能源体系和低碳转型中的战略地位确立。在地方层面，已有政策更关注氢能需求侧的响应，对可再生能源制氢的资金技术支持有待进一步加强。2022 年中国发布《氢能产业发展中长期规划（2021—2035 年）》（以下简称《规划》），将合成氨、甲醇、炼化、煤制油气行业列入可再生能源制氢的主要工业应用场景。《规划》中强调氢能产业发展需聚焦重点领域和关键环节，未来将支持氢能应用的创新研究，鼓励行业优势企业牵头搭建氢能产业支撑平台和行业标准。同时，《规划》也指出氢能产业政策体系有待进一步完善，技术工艺的安全监管以及产业发展的投资和引导还需更加具体的监管流程和机制。国家层面的可再生能源发电制氢的电价政策、市场交易机制、标准体系需在“十四五”期间完善落实。据不完全统计，中国目前发布具体氢能专项规划的省区市包括宁夏、内蒙古、陕西、四川、山东、河北、北京；超过30个地级市提出氢能产业政策（表1）。目前各地方政府针对氢能产业政策主要集中于氢能应用场景，如燃料汽车和加氢站的建设，对氢能制取、存储和运输的关注相对有限，产业发展趋于同质化，在绿色氢能的技术突破和政策部署上还有待加强。2021年中国发布《关于完整准确全面贯彻新发展理念做好碳达峰碳中和工作的意见》和《2030年前碳达峰行动方案》，提出“1+N”政策体系，其中明确了氢能对能源转型的重要地位，强调了探索绿色氢能技术对未来能源转型的关键意义。

表1　地方氢能产业政策

省区市	政策文件	规划时间	具体政策要求
宁夏	《关于加快培育氢能产业发展的指导意见》（2020年发布）	2021—2025年	提出依托自治区现代煤化工、清洁能源聚集优势和石油化工产业基础，发展低成本氢源，将产业重点发展任务落实到具体责任单位
	《宁夏回族自治区氢能产业发展规划（征求意见稿）》（2022年发布）	2021—2030年	规划主要包括五大重点任务：系统构建氢能产业发展创新体系；构建绿色低碳氢能生产体系；有序推进氢能基础设施建设；积极打造氢能多元应用生态；建立健全氢能产业支撑体系。对2025年及2030年可再生能源制氢产能、氢能产业规模及创新体系提出了具体目标
内蒙古	《内蒙古自治区“十四五”能源发展规划》（2022年发布）	2021—2030年	规划将风能、太阳能、氢能和储能等四大新型能源产业列入重点四大产业，明确了氢能在自治区新旧动能转换中的关键地位，具体部署了自治区绿氢经济工程

续表

省区市	政策文件	规划时间	具体政策要求
内蒙古	《内蒙古自治区“十四五”可再生能源发展规划》（2022年发布）	2021—2030年	规划提出了自治区可再生能源开发利用的具体目标，提出拓宽可再生能源的应用场景，推广“绿电+绿氢”发展新模式。同时推动构建“制储运用研一体化”的氢能产业链
	《内蒙古自治区“十四五”氢能发展规划》（2022年发布）	2021—2025年	规划制定了到2025年氢能产业链条、风光制氢成本及产能、氢能应用示范项目、基础设施建设、技术创新等一系列政策目标，详细部署了区内产业集群，针对化工与绿氢耦合提出了发展要求，并在配套政策支持及引导安全监督体系方面给出了具体保障措施
陕西	《陕西省氢能产业发展三年行动方案》	2022—2024年	方案提出省内对氢能布局将优先风光资源配置，推进风光氢储一体化项目
四川	《四川省氢能产业发展规划（2021—2025年）》（2020年发布）	2021—2025年	规划针对氢能核心技术突破、优化产业链条、健全标准体系、示范应用等方面提出了宏观要求。围绕成渝地区双城经济圈进行了氢能产业布局，指出川内可依托富余水电资源开展电解水制氢，打造绿色氢路
山东	《山东省能源发展“十四五”规划》（2021年发布）	2021—2025年	规划将氢能列入省内重点发展的新产业，在燃料电车、储氢等方面有具体部署示范工程，在可再生能源制氢方面未有相应政策规划
	《山东省氢能产业中长期发展规划（2020—2030）》（2020年发布）	2020—2030年	规划针对氢能发展的技术研发、产业规模、推广应用提出了2025年及2030年的目标。省内氢能发展主要集中于氢能燃料电车的推广，在绿氢布局方面尚存在不足
河北	《河北省氢能产业发展“十四五”规划》（2021年发布）	2021—2025年	规划提出依托省内风光资源着重发展绿色氢能产业，对地区氢能产业有详细部署，在制氢、氢储运等方面都提出了应用示范及2025年发展目标

续表

省区市	政策文件	规划时间	具体政策要求
北京	《北京市氢能产业发展实施方案（2021—2025年）》	2021—2025年	作为氢能技术起步最早的地区，在“十四五”期间着重发展氢能技术研发创新，依托周围地区打造氢能全产业链生态系统。实施方案在制氢领域强调了绿氢的核心地位，在未来着重突破绿氢技术瓶颈

资料来源：各省市人民政府办公厅

三、绿氢耦合煤化工技术路线分析

（一）制氢技术路线

目前，国内较为成熟的制氢技术路线主要有两类：一是以煤炭、天然气为代表的化石能源制氢；二是电解水制氢。两种制氢路线的优、缺点对比以及适用范围见表2。

表2　两种主要制氢路线优、缺点对比

名称	原料及来源	优点	缺点	适用范围
化石能源制氢	煤	技术成熟；我国具有煤资源禀赋	碳排放较高；减排成本较高；需要进行气体提纯及除杂	合成氨、合成甲醇、石油炼制
	天然气	技术成熟		
电解水制氢	碱性电解（AKL）	已实现商业化；相关核心零部件国产化率较高，其主要性能指标接近国际先进水平；设备成本较低	负载范围较窄，需要与稳定电源结合；占地面积较大	结合可再生能源制氢、用于有色金属冶炼等对气体纯度有较高要求的行业
	质子交换膜电解（PEM）	负载范围较宽；产氢压力较大，方便对接下游用氢侧；占地面积较小	目前部署规模有限；其核心部件质子交换膜国产化率较低；设备成本较碱性电解更高	
	固体氧化物电解（SOEC）	高温环境电解能耗低；采用非贵金属催化剂；效率大于AKL槽与PEM槽	尚处于实验室阶段；设备成本很高；高温下耐久性下降明显；需额外加热	

资料来源：车百智库、IEA

（二）化石能源制氢技术及未来发展方向

传统化石能源制氢的碳排放较高，且含有硫、磷化物等腐蚀性气体，对于制氢设备的使用寿命影响较大。煤化工工艺过程中的碳排放主要集中在煤气化反应和变换反应环节，制氢环节后的工艺过程中尽管会消耗部分二氧化碳，但整体工艺过程仍然会产生大量碳排放。未来煤化工行业在低碳转型过程中，必须控制煤制氢的碳排放量。CCS 作为能有效吸收捕获二氧化碳并施以储存的技术，可以有效降低煤制氢的碳排放量，但目前由于成本原因还没有进行大规模部署。石油制氢与天然气制氢相比煤制氢的二氧化碳排放量较低，且工艺已经成熟，但由于国内缺乏廉价的石油资源和天然气源，因此配备 CCS 的煤制氢工艺可能在未来成为低排放氢能制取的路径选择之一。

（三）电解水制氢技术及未来发展方向

1. 电解水制氢技术

目前，国内被广泛应用与研究的电解水技术有：碱性电解（AKL）、质子交换膜电解（PEM）、固体氧化物电解（SOEC）。根据各自技术特点的不同，与可再生能源结合的应用领域有所差异，其技术的各自优劣势见表 3。可见未来电解水制氢的技术选择主要在于碱性电解槽和 PEM 电解槽两种。其中，PEM 电解槽更加适配于可再生能源的波动性，但由于造价昂贵短期内很难实现规模化部署；而碱性电解槽目前已实现国产化且已具备规模化部署能力，成本优势明显是实现绿电制氢经济可行性的有利选择。

表 3　3 种电解槽的性能及特点对比

主要参数	碱性电解	质子交换膜电解	固体氧化物电解
运行温度	70～90℃	70～80℃	600～1000℃
电流密度	0.2～0.4A/cm^2	1.0～2.0A/cm^2	1.0～10.0A/cm^2
单台装置制氢规模	0.5～1000Nm^3/h	0.01～500Nm^3/h	—
产氢压力	1～30 bar	＜ 70 bar	1 bar

续表

主要参数	碱性电解	质子交换膜电解	固体氧化物电解
电解槽耗能	4.5～5.5kW·h/Nm^3	3.8～5.0kW·h/Nm^3	2.6～3.6kW·h/Nm^3
系统转化效率	60%～75%	70%～90%	85%～100%
启停速度	热启停：分钟级 冷启停：>60 分钟	热启停：秒级 冷启停：5 分钟	启停慢
电源质量要求	稳定电源	稳定或波动电源	稳定电源
负荷调节范围	15%～100% 额定负荷	0～160% 额定负荷	—
电解槽成本	国产：2000～3000 元/kW 进口：7000～8000 元/kW	7000～10000 元/kW	仍处于实验室阶段
系统寿命	20～30 年	10～20 年	仍处于实验室阶段
特点	技术成熟、成本低、易于实现大规模应用，但是实际电耗较高、需要稳定电源	占地面积小、间歇性电源适应性高、易于实现与可再生能源结合，但设备成本较高	高温电解能耗低、可采用非贵金属催化剂，但存在电极材料稳定性问题、需要额外加热

资料来源：车百智库

2. 电解水技术目前技术难点及未来科研重点

AKL、PEM 和 SOEC 电解制氢技术可以利用不同的能源形式和各自的优势，实现氢气的高效率制备，可进一步拓展其在电力消纳、转换和储存领域的应用空间，有望成为未来衔接多能源体系发展的重要技术。然而，要将这些技术优势充分发挥出来，使其尽快实用化还需解决一系列技术难题。表 4 列举了 3 种电解制氢技术目前主要的技术难点及未来科研重点。

表 4　3 种电解制氢技术的核心难点及研发重点

技术名称	主要部件及技术	核心问题	未来科研重点
碱性电解水制氢技术	析氢析氧电极	析氢析氧电位高	高活性电极制备技术，电极耐久性处理技术
	新型隔膜	单位电阻高，阻气性差	有机无机复合隔膜制备技术，隔膜厚度控制技术
	碱性阴离子交换膜	碱性电解，电流密度低	高稳定性阴离子交换膜制备技术
	非金属极框	金属极框腐蚀，电解槽重量大	新型非金属极框结构设计，新型电解槽结构设计

续表

技术名称	主要部件及技术	核心问题	未来科研重点
质子交换膜电解水制氢技术	低贵金属纯水膜电极	贵金属担载量高，价格高	CCN 催化剂涂层膜技术，降低膜和催化层的接触电阻，增大膜和催化层接触面积的控制技术
	薄型质子交换膜	膜电阻较大	质子交换膜厚度从 200μm 减薄，膜电阻减小，在较高电流密度运行下，降低小室电压，提高系统效率
	薄金属双极板		薄金属板锻造技术
	大产气量纯水制氢设备	单台产氢量少	质子交换膜电解槽的结构设计及其模块化系统集成技术，MW 级质子交换膜制氢设备设计及制造
固体氧化物电解水制氢技术	抗氧化氧电极	氧电极存在氧化脱层现象，电压损失较高，需降低极化损失	使用如钙钛矿型氧化物双钙钛矿型氧化物等混合离子-电子电导材料，增加氧电极的活化程度
	长寿命玻璃—陶瓷密封材料	高温环境下玻璃—陶瓷寿命降低过快	保证抗氧化问题，同时精确控制进气中的水蒸气、氢气的含量，以维持电解反应的进行和防电极氧化
	薄膜化电解质技术	电解质欧姆损失较大	薄膜化技术，制备更薄、稳定性更好的电解质层，可以进一步减少电解的欧姆损失，大幅度提升电解制氢性

资料来源：IRENA、张文强等

（四）绿氢耦合煤化工技术路线分析

在传统煤化工工艺中，本文以经典的煤制甲醇为例进行技术路线分析。首先，将煤炭气化制含一氧化碳、二氧化碳和氢气的粗合成气，其次通过高温变换反应调整氢碳比，并在这个过程中补氢，混合气体氢碳比提升至2.1∶1，然后经过气体除杂，最后在一定条件下合成甲醇。图 1 为煤制甲醇的主要步骤示意图，可见大部分碳排放产生于调整碳氢比例的过程中，如果在此反应中使用绿氢替代水参与到粗合成气的反应中，则可以在很大程度上减少碳排放。

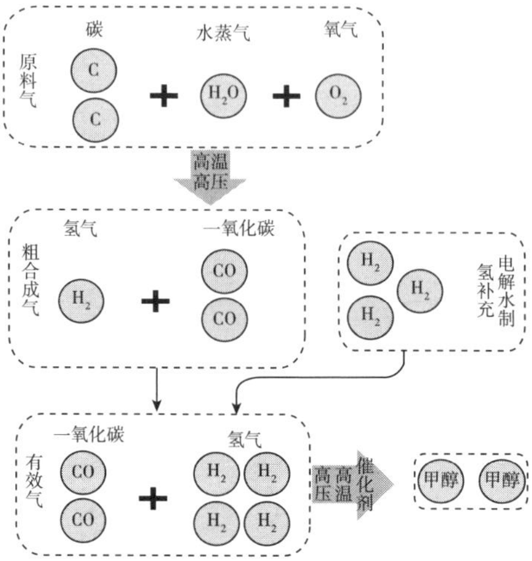

图 1　煤制甲醇工艺示意图

向粗合成气中添加氢气后，参加反应气体中的含氢量会增加，当恰好增加至合成甲醇所用有效气的比例时，则无须再通过变换反应生成氢气，因此足量加氢后可消除变换反应过程中产生的碳排放。同时，由于此过程减少了用于变换反应消耗的一氧化碳，因此也减少了原料煤的消耗。上述绿氢耦合煤制甲醇的工艺流程如图 2 所示。

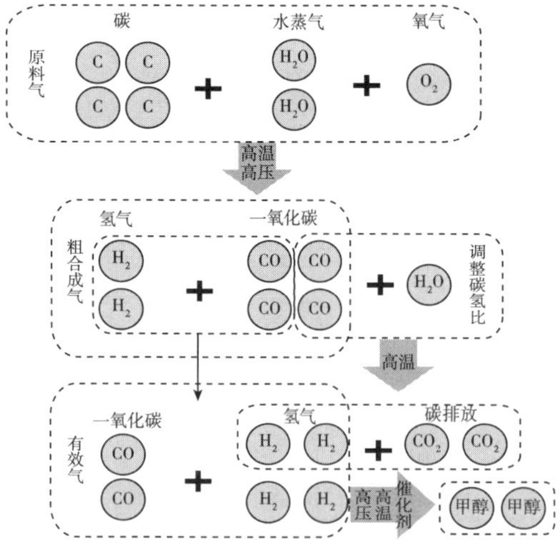

图 2　绿氢耦合煤制甲醇工艺示意图

四、绿氢耦合煤化工未来可行性分析

（一）绿氢成本结构及未来成本下降潜力分析

如前所述，尽管碱性电解制氢技术已具备市场可行性，但从资本支出和运营成本的角度与化石燃料制氢相比，绿电制氢经济性仍然不具有竞争力。如图3所示为绿氢成本的细分结构：绿氢成本主要由电力成本、电解槽设备的投资成本、其他成本以及碳排放成本构成。其中，电力成本占比较高，约为61%，其次为设备投资成本，占33%。由于国产碱性电解槽成本明显低于进口价格，所以设备投资成本相对国外占比偏低，而国内电力成本占比更高。因此，绿氢成本下降的潜力主要在于电力成本以及设备投资成本的下降。

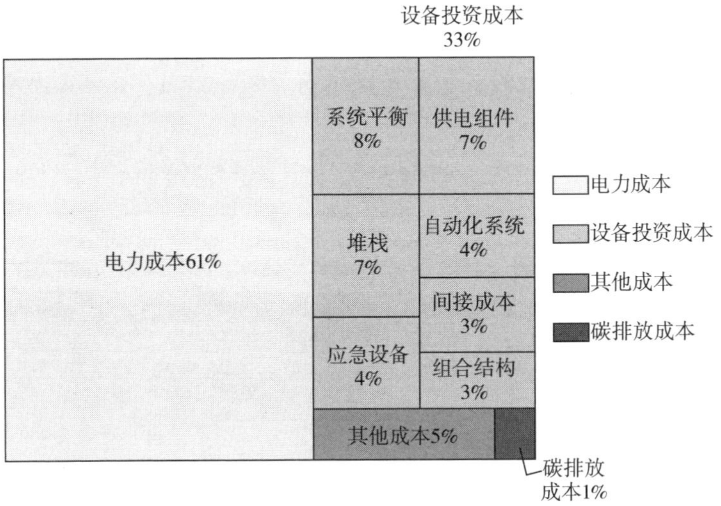

图3　绿氢成本结构示意图

目前，国产碱性电解槽已经实现商业化，学习率和规模化效应等因素可能对降低成本发挥重要作用。有研究指出，碱性电解槽设备成本的学习率为18%±6%。未来，随着电解槽的性能和市场份额的逐渐提高，将导致设备成本不断下降，从而更好地适配于可再生能源发电并促进绿电制氢技术的应用与发展。同时，未来供电系统中的新能源电力占比将越来越高，随着新能源发电成本的下降，不仅可以降低电网电力的碳排放，还将为电力成本的下降提供重要推力。预计到2060年，平均网电价格将有望下降36%左右，将大大降低绿电制氢的电力成本。此外，由于目前国内碳市场起步缓慢，所以碳排放成本占比较低，而如果未来碳市场快速发展并与国际接轨，碳排放成本预计将占据可观比重。

（二）绿氢耦合煤化工成本预测

1. 绿氢耦合煤化工成本分析

为了对绿氢未来的经济性进行预估，需要对绿氢的平准化成本进行测算。绿氢成本主要分4个部分：一是电解槽设备的投资成本；二是电力成本，主要包括网电成本和可再生能源发电成本；三是制氢过程中产生的其他费用，包括水费及设备安装维护等费用；四是使用部分电网电力时产生的额外碳排放成本。此外，暂不考虑压缩及储存费用，具体如图4所示。

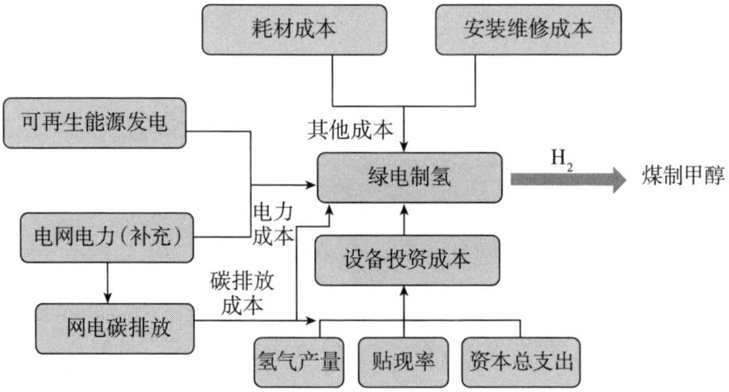

图4　绿氢耦合煤化工成本分析

中国主要的煤化工产业示范区分布于内蒙古、山西和宁夏等地，因此考虑到绿氢耦合煤化工项目的现实可行性，选择中国西北部地区作为基准，选取关键参数进行成本测算分析。我国西北部地区除了煤炭产业丰富以外，风电光伏条件也相对优越。在此情形下，可再生能源发电的成本也相对其他地区较低。同时有研究表明，当使用碱性电解槽时接入部分电网电力（如10% ~15%），绿氢成本将显著降低。这是因为风光资源的波动性会导致某些时间段电解槽运行负荷低于最小稳定运行负荷，此时电解槽不能继续稳定运行制氢，此时使用部分电网电力补充以满足电解槽负载要求、实现无间断制氢，能够有效提高产氢量降低单位成本（图 5）。电网电力的价格和排放因子选用西北部重点省份的平均值作为设定情形。而碳交易价格参考了壳牌公布对中国未来碳价的预测结果，报告中表示国内碳价在 2030 年前将缓慢上升至 300 元/吨 CO_2，随后会在几十年内快速上升，在 2060 年达到 1300 元/吨 CO_2的价格。

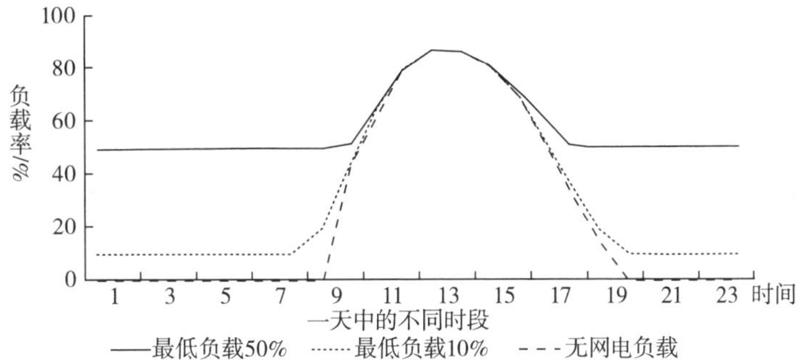

图 5　补充网电条件下无间断制氢示意图

2. 绿氢耦合煤化工成本预测结果

根据上文所述的模型框架及参数选取，对绿电电解水制氢的平准化成本进行了测算，并对未来成本变化趋势进行了预测。目前国内碱性电解槽价格在 2000 元/kW 左右，效率约为 65%。未来随着光伏发电和电解制氢设备的规模化部署，电解槽成本有望下降到 600 元/kW 以下，同时可再生能源发电成本也可能降至 0. 15 元/kW 左右。碳市场价格将从目前的 50 元/吨，到 2060 年升高至 1300 元/吨左右的水平。

综上，在设定情形下，目前国内绿电制氢平准化成本约为 23. 1 元/kgH_2。未来随着可再生能源发电和电解制氢设备成本的降低、电力成本的下降以及碳价的不断升高等因素的共同影响，预计在2030年绿氢平准化成本将降至14.7元/kgH_2，2060年为8.6元/kgH_2。其中，电解槽的设备投资成本和电力成本的下降是使绿氢在未来具备竞争力的主要驱动因素。在未来若实现相关技术的突破或者可再生能源能快速部署，那么绿氢的成本下降趋势将更加显著。另外，由于国内碳市场刚刚起步，碳价较为低廉，因此在近些年内不会对绿氢的成本产生明显影响，但随着未来碳价趋近国际水平的快速提高，将成为经济可行性的重要影响因素。

（三）煤化工加装CCS成本预测

如前所述，煤制氢工艺主要包括：原料气化、水煤气转化、气体脱酸等生产工艺。而煤制氢+CCS工艺则是在煤制氢工艺的基础上增加了碳捕集、运输与封存环节。具体工艺流程及成本测算边界如图6所示。

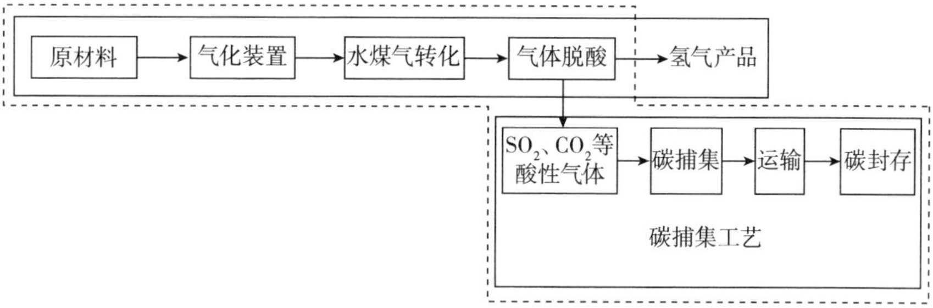

图6　煤化工加装CCS工艺示意图

同样以西北地区主要煤产地的煤价为基准，包括考虑到生产带来的电耗、水耗和维护成本，综合得到传统煤制氢成本约为9元/kgH_2。此外，由于煤化工属于高浓度CO_2排放工业，因此捕集环节成本较低，且未捕集到的CO_2作为额外排放通过碳交易市场购买碳配额进行补充。碳封存环节成本主要考虑注入前的勘探成本、钻井注入成本以及维修监测成本。CO_2运输方设定为规模化管道运输。此外，碳捕集设备成本、封存成本和管道运输成本在未来都会随着部署规模的扩大呈现逐年递减趋势。在设定情景下，得到目前在加装CCS工艺后的煤制氢成本约为15.5元/kgH_2，且根据成本趋势预计在2030年煤制氢加装CCS成本为14.6元/kgH_2，2060年为13.9元/kgH_2。整体成本下降趋势较缓，主要由于运输及封存成本下降空间有限，同时未来碳市场的发展使碳价快速提高，使得成本下降速度逐步放缓。由此可见，除了CCS未来规模化部署，碳市场价格水平对煤化工业的低碳转型也有显著的影响。

（四）绿电制氢与煤制氢未来可行性对比

1. 无碳价条件下的制氢成本对比分析

在上文所述情景下，若煤价保持稳定的水准，那么单位煤制氢的成本也将维持在9元/kgH_2左右。因此在不考虑碳价的条件下，煤制氢的综合成本可认为是恒定的。而绿氢的平准化成本在不计入碳排放成本的条件下为22.8元/kgH_2，预计2030年降至14.5元/kgH_2，2060年为8.3元/kgH_2。从成本变化趋势来看，由于绿氢成本较高不具备竞争力，且没有碳市场相关政策支持很难与煤制氢形成平价。预计到2050年前绿氢相对传统煤制氢才可能具备一定竞争力。具体成本趋势对比如图7所示。

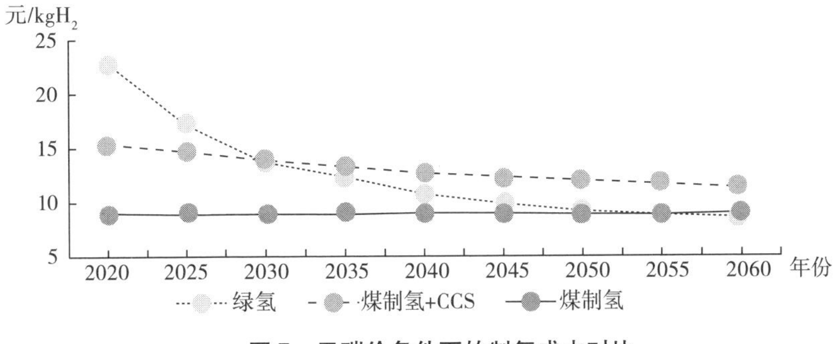

图7　无碳价条件下的制氢成本对比

如果为煤制氢加装CCS工艺后，目前成本约为15.4元/kgH_2，较煤制氢成本有所提升，但仍远低于绿氢的平准化成本。预计2030年成本为13.9元/kgH_2，2060年为11.4元/kgH_2，较绿氢成本整体下降趋势较缓。因此在该情形下，绿氢最早将在2030年左右与煤制氢加装CCS达成平价。

2. 有碳价条件下的制氢成本对比分析

在考虑碳交易价格的情形下，绿氢与煤制氢的平准化成本趋势的改变较为明显。绿氢成本在计入碳排放成本后下降趋势明显放缓，从目前约23.1元/kgH_2下降至2060年的12.3元/kgH_2。这是由于在电力成本中含有一定比例的电网电力，而随着未来碳价的快速升高，这部分网电带来的排放成本也将显著提高，因而使得绿氢总体成本的下降趋势变缓。而煤制氢工艺由于其高碳排特点，受碳价影响尤其显著，成本从目前的10.3元/kgH_2快速增长至2060年的34.9元/kgH_2。综上所述，在考虑碳价的情形下，绿氢预计最早将在2030年前后具备与煤制氢的成本竞争力，具体成本趋势对比如图8所示。相较于无碳价情形，平价年份有了明显的提前，可见未来碳市场相关政策对氢能产业将具有重要影响。

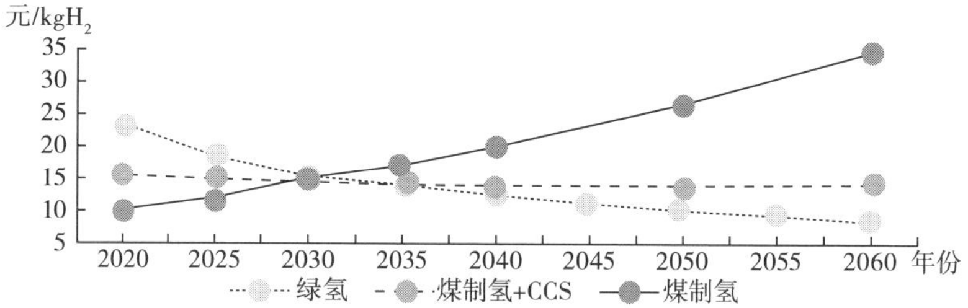

图8　含碳价条件下的制氢成本对比

同时由图8可见，煤制氢加装CCS的成本在考虑碳排放成本后，下降趋势会进一步减缓，预计到2030年下降为14.5元/kgH_2，2050年为13.8元/kgH_2。这主要由于碳价未来在该情形下将快速增长，未捕集到而产生的额外碳排放成本愈加昂贵，使得煤制氢加装CCS的工艺成本无法快速下降，甚至在2050年之后可能还会有回涨的趋势。虽然绿氢成本也受到碳价一定程度的影响，但仍然保持一个相对较快的下降趋势。预计最早在2035年之前，煤化工与绿氢耦合将具备一定竞争力且在未来优势将不断增大。

3. 各省绿氢与煤制氢成本对比分析

根据不同省份的煤价、网电价格以及风光资源等条件的不同，分别对全国各省份的煤制氢及绿电制氢的成本进行了测算和对比，具体结果见表5。依据上文分析结果，重点展示2020年（现状年份）、2030年（绿电制氢与煤制氢平价年份）、2035年（绿电制氢与煤制氢加装CCS平价年份），以及2060年（“碳中和”年份）省级层面的成本数据对比。

表5　全国各省份煤制氢与绿氢的成本对比　　单位：元/kgH_2

省份	2020年		2030年		2035年		2060年					
	绿氢	煤制氢	煤制氢+CCS	绿氢	煤制氢	煤制氢+CCS	绿氢	煤制氢	煤制氢+CCS	绿氢	煤制氢	煤制氢+CCS
河北	30.5	10.0	16.1	18.1	14.6	15.3	15.9	17.0	14.9	9.5	34.6	14.6
山西	28.0	9.2	14.2	16.6	13.8	13.4	14.6	16.2	13.0	8.7	33.8	12.7
内蒙古	24.9	8.9	13.9	14.9	13.5	13.0	13.1	15.9	12.7	7.7	33.5	12.4
辽宁	30.9	10.5	15.6	18.2	15.1	14.7	15.9	17.5	14.3	9.6	35.1	14.1
吉林	30.8	10.7	15.7	17.9	15.3	14.9	15.6	17.7	14.5	9.6	35.3	14.2
黑龙江	30.2	10.5	16.0	17.7	15.1	15.2	15.5	17.5	14.8	9.4	35.1	14.5
上海	33.6	10.3	15.4	19.7	14.9	14.5	17.2	17.3	14.1	10.6	34.9	13.8
江苏	31.7	10.4	16.0	18.5	15.0	15.1	16.2	17.4	14.7	9.9	35.0	14.4
浙江	33.3	10.7	15.7	19.3	15.3	14.9	16.8	17.7	14.5	10.5	35.3	14.2
安徽	31.5	10.7	15.7	18.5	15.3	14.9	16.2	17.7	14.5	9.9	35.3	14.2
福建	31.6	10.4	21.9	18.1	15.0	19.8	15.7	17.4	19.0	9.9	35.0	17.9
江西	33.5	11.2	22.7	19.6	15.8	20.6	17.1	18.2	19.8	10.5	35.8	18.8
山东	32.6	10.5	15.5	19.2	15.1	14.6	16.9	17.5	14.3	10.2	35.1	14.0
河南	31.1	10.2	15.3	18.3	14.8	14.4	16.1	17.2	14.0	9.7	34.8	13.7
湖北	33.4	10.7	15.8	18.9	15.3	14.9	16.4	17.7	14.6	10.6	35.3	14.3
湖南	35.1	10.9	16.4	20.1	15.5	15.6	17.4	17.9	15.2	11.1	35.5	14.9
广东	35.3	10.6	22.0	20.3	15.2	19.9	17.6	17.6	19.2	11.1	35.2	18.1
广西	34.4	11.6	23.0	19.8	16.2	21.0	17.2	18.6	20.2	11.0	36.2	19.1
重庆	34.4	10.7	16.2	20.2	15.3	15.4	17.7	17.7	15.0	11.1	35.3	14.7
四川	30.8	10.6	15.7	17.3	15.2	14.8	14.9	17.6	14.4	9.7	35.2	14.2
贵州	30.2	10.3	15.8	17.8	14.9	14.9	15.5	17.3	14.6	9.6	34.9	14.3
云南	29.3	9.9	15.0	17.0	14.5	14.1	14.8	16.9	13.7	9.4	34.5	13.4
陕西	29.6	9.5	14.6	17.5	14.1	13.7	15.3	16.5	13.3	9.2	34.1	13.0
甘肃	26.2	10.1	15.2	15.2	14.7	14.3	13.2	17.1	13.9	8.1	34.7	13.7

续表

省份	2020 年		2030 年			2035 年			2060 年		
	绿氢	煤制氢	煤制氢+CCS	绿氢	煤制氢	煤制氢+CCS	绿氢	煤制氢	煤制氢+CCS	绿氢	煤制氢	煤制氢+CCS
青海	25.9	10.2	21.3	14.4	14.8	19.2	12.3	17.2	18.4	8.0	34.8	17.4
宁夏	23.4	9.3	14.4	14.0	13.9	13.5	12.3	16.3	13.1	7.1	33.9	12.8
新疆	22.8	8.7	13.4	13.6	13.3	12.6	12.0	15.7	12.2	7.0	33.3	11.9
海南	32.9	10.3	15.3	18.8	14.9	14.4	16.3	17.3	14.1	10.2	34.9	13.8

由表5可见，全国各省份绿氢成本差异较明显，其中主要体现为西北地区成本普遍较低，而部分南方省份成本较高。这主要由于风光资源禀赋及各省份网电电价的差异，导致绿氢生产过程中的电力成本差距明显。从结果可以看出，2030年部分省区市如内蒙古、甘肃、青海、宁夏和新疆的绿氢成本与煤制氢相当，可能已具备一定成本竞争力。到2035年，大部分省份已实现绿氢的成本优势。同时，部分西北省份的绿氢成本已经与煤制氢加装CCS相当，具备了一定竞争力。而到2060年，预计全国各省份的绿氢都将具备经济可行性，成为煤化工低碳生产的重要技术路径。

五、结论与建议

综合上文，总结得出以下几点结论：

（1）煤化工业作为碳密集型产业，采用绿电制氢耦合并替代工艺中的煤制氢过程能大幅减少生产过程的碳排放，同时降低原料煤消耗。因此，该工艺对于煤化工的低碳转型发展具备一定的技术可行性，且在未来具有较大的发展潜力。

（2）鉴于现阶段较高的电解槽成本与网电电力成本，绿氢的成本与煤制氢对比尚不具备经济性。然而，未来随着风光发电成本降低、绿电制氢设备能效提升、制氢成本持续下降，并考虑到国内碳市场的发展，本研究预测绿电制氢最早将在2030年前后相对煤制氢形成成本竞争力，而相对煤制氢加装 CCS 形成成本竞争力则出现在 2035 年前后。同时，由于各省份间资源禀赋和电力市场的差异，风光资源丰富且电价较低的省份将更快实现绿氢的成本竞争优势。

（3）在绿氢的成本结构中，设备投资成本和电力成本占主要部分。碳排放成本随着中国碳市场发展及碳价的升高，在未来也将成为绿氢成本竞争力的重要影响因素。因此，电解槽及可再生能源发电装机规模的进一步扩大，相关技术创新和设备性能改善，以及碳市场的快速发展将成为绿氢在未来具备经济可行性的主要驱动力。

（4）目前，我国已出台煤化工产业发展规划以及氢能产业发展规划，但针对煤化工产业低碳转型以及绿色氢能相关产业政策有待进一步明晰。

综合以上结论，本文提出如下建议：

（1）国家层面，在现有政策和规划基础上加强顶层设计，明确氢能在我国“双碳”目标下的战略地位。政府应强化能源和环境政策监管，建立健全氢能政策、法规和标准体系。在确保我国能源安全的前提下合理控制煤炭消费，加快提升能源消费中的清洁能源消费占比。同时，引导地方根据各自条件和产业基础，合理规划布局氢能产业。

（2）地方政府，在现有的氢能政策基础上加大力度，鼓励基础设施布局和商业模式创新，加速推进绿氢产业发展。地方层面应根据当地实际条件出台支持绿色氢能和煤化工转型的发展规划，制定具体的支持政策以推动绿色氢能产业的发展。采用财政补贴等手段鼓励企业投资发展绿氢，降低行业的投资风险，推动绿氢产业布局。

（3）加强电解槽等关键技术的自主研发和应用示范支持。关键技术的研发创新对未来改善电解槽设备性能、延长使用寿命、降低电力成本具有重要意义。因此，应加强核心技术研发，推广氢能的应用示范并鼓励对相关示范项目的投资。

（4）积极推动中国碳交易市场的发展。在有关碳市场的政策制定、机制建立和市场运行方面借鉴国际先进经验，提出切实可行的“中国方案”。

碳市场的发展在推动煤化工业等高碳排放行业的低碳转型的同时，也将促进绿色氢能等清洁能源的快速发展。

参考文献

[1]中国绿色碳汇基金会．中国各行业碳排放特征及科技支撑碳中和实现路径[N/OL]．[2022－03－11].http://www.thjj.org/sf_0A619512D00F413E899E594820B78FBC_227_8C0B6735583.html.

[2]国家发展和改革委员会．氢能产业发展中长期规划(2021—2035年)[N/OL]．[2022－03－23].https://www.ndrc.gov.cn/xxgk/zcfb/ghwb/202203/t20220323_1320038.html? code=&state=123.

[3]陈文广,等．碳中和系列:2021年中国氢能产业链研究[R]．2021.

[4]阳国军，刘会友．现代煤化工与绿电和绿氢耦合发展现状及展望[J]．石油学报(石油加工),2022,38(4):995－1000.

[5]刘东凯，魏东，巨文章．“双碳”背景下现代煤化工的发展前景[J]．石河子科技，2022(3):51－53.

[6]中国驻美国大使馆．中国西部有望形成能源化工“金三角”[N/OL]．[2010－09－15].https://www.mfa.gov.cn/ce/ceus//chn/zt/xbdkf/t752817.htm.

[7]中国煤炭工业协会．“双碳”目标下,煤化工何去何从？[N/OL]．[2022－01－05]．http://www.coalchina.org.cn/index.php? m=content&c=index&a=show&catid=43&id=135699.

[8]IEA．Energy technology perspectives 2020－special report on carbon capture utilisation and storage[R]．2020.

[9]蔡博峰，等．中国二氧化碳捕集利用与封存(CCUS)年度报告(2021):中国CCUS路径研究[R]．2021.

[10]蒋珊．绿氢制取成本预测及与灰氢、蓝氢对比[J]．石油石化绿色低碳,2022,7(2):6－11.

[11]光大证券．能源转型进程加速,我国风电行业迎发展良机:能源结

构转型系列报告之风能[R]. 2022.

[12]国家发展和改革委员会. 主动适应新形势新变化新要求,扎实推进现代煤化工行业节能降碳改造升级[N/OL]. [2022 - 03 - 23]. https://www.ndrc.gov.cn/xwdt/ztzl/ghnhyjnjdgzsj/zjgd/202203/t20220323_1320102.html?code=&state=123.

[13]IEA. An energy sector roadmap to carbon neutrality in China[R]. 2022.

[14]中国氢能联盟. 中国氢能源及燃料电池产业白皮书:2019 版[R]. 2019.

[15]国家生态环境部. 关于政协十三届全国委员会第四次会议第 0586 号(资源环境类 059 号)提案答复的函[N/OL]. [2021 - 08 - 17]. https://www.mee.gov.cn/xxgk2018/xxgk/xxgk13/202112/t20211202_962620.html.

[16]相宏伟,杨勇,李永旺. 碳中和目标下的煤化工变革与发展[J]. 化工进展,2022,41(3):1399 - 1408.

[17]IRENA. Green hydrogen cost reduction: Scaling up electrolysers to meet the 1.5C climate goal, international renewable energy agency[R]. 2020.

[18]孟翔宇,顾阿伦,邬新国,等. 中国氢能产业高质量发展前景[J]. 科技导报,2020,38(14):77 - 93.

[19]孟文亮,李贵贤,周怀荣,等. 绿氢重构的粉煤气化煤制甲醇近零碳排放工艺研究[J]. 化工学报,2022,73(4):1714 - 1723.

[20]中信证券研究部. 宝丰能源(600989.SH)深度跟踪报告[R]. 2021.

[21]Md Mamoon Rashid, Mohammed K. Al Mesfer, Hamid Naseem, et al. Hydrogen production by water electrolysis: A review of alkaline water electrolysis, PEM water electrolysis and high temperature water electrolysis[J]. International Journal of Engineering and Advanced Technology, 2015,4(3):80 - 93.

[22]Hurtubia B, Sauma E. Economic and environmental analysis of hydrogen production when complementing renewable energy generation with grid electricity[J]. Applied Energy,2021, 304.

[23]壳牌中国. 壳牌能源远景:中国能源体系 2060 碳中和[R]. 2021.

中国可持续航空燃料发展现状与展望

丁奕如　郑　平　杨　雷　王倩钰　韩沁珂[①]

摘　要　航空业是“难减排”行业之一，同时也是潜在的重要碳排放源。如若不做出额外减排努力，仅国际航空业务在2020—2050年累积产生的二氧化碳（CO_2）排放就将占到全球同期总排放的7.0%。全球航空业要实现2050年净零排放的目标，加快应用可持续航空燃料（SAF）将是最重要的措施。中国SAF市场目前还处于初期阶段，由于没有明确的强制性政策要求，需求市场尚未形成，产业链各环节多处于知识储备状态。不过，无论是原料可获得性还是供给端产能潜力，都可以在一定程度上满足中国的SAF市场需求。中国政府若提前布局SAF产业化发展，释放积极的政策信号，并辅以针对性的政策扶持，将有利于引导产业链协同行动，促进疫情后中国航空运输业的绿色复苏，并为实现中国碳达峰碳中和目标及增强能源安全做出重要贡献。

关键词　可持续航空燃料；生物燃料；航空碳排放；航空碳减排；净零排放

①　丁奕如，北京大学能源研究院科研外事主管；郑平，北京大学能源研究院特聘副研究员；杨雷，北京大学能源研究院副院长；王倩钰，北京大学能源研究院分析师；韩沁珂，北京大学能源研究院分析师。

一、全球航空业发展与碳减排

2020 年，全球航空业经历了一个极其特殊的时期。受新冠疫情（COVID－19）影响，航空运输业出现了有史以来最严重的业务衰减。到 2022 年，随着疫情逐渐受到控制，旅客出行缓慢恢复，航空业务也逐渐回升。在争取市场复苏的同时，航空业还面临着控制自身碳排放的挑战。

（一）航空业发展

1. 全球航空市场较新冠疫情前缓慢恢复

根据国际民航组织（International Civil Aviation Organization，ICAO）统计，2021 年全球范围旅客数量为 23 亿人次，比疫情前（2019 年）的水平下降 49%，与 2020 年 60% 的降幅相比有所回升（见图 1）。

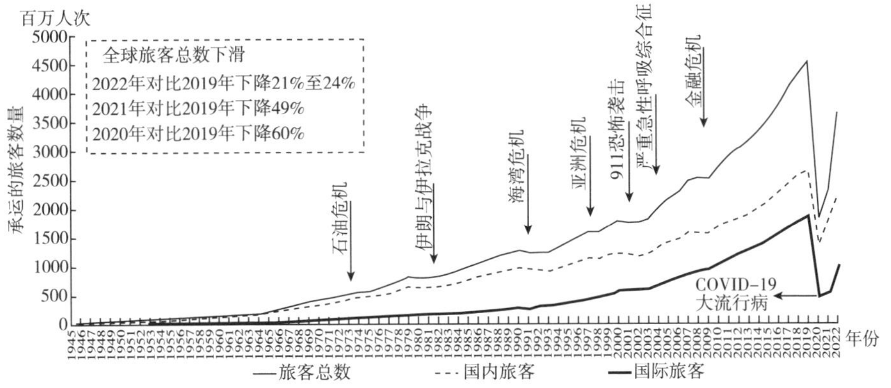

图 1　全球航空客运量变化（1945—2022 年）

资料来源：ICAO，2022 年 6 月

相较2019年，2021年和2020年的全球航空公司客运收入分别损失了3240亿美元和3720亿美元（表1）。

表1 COVID－19对全球航空客运业的影响

对比2019年的变化率	2020年	2021年	2022年（预计）
可用客座数减少	50%	40%	15%～18%
乘客人数减少（百万人次）（下降比例）	2703（下降60%）	221（下降49%）	921～1079（下降21%～24%）
客运业务损失/亿美元	3720	3240	1330～1550

资料来源：ICAO，Effects of Novel Coronavirus on Civil Aviation：Economic Impact Analysis，2022年6月

航空业务低迷、收入降低，对航空业产生多方面影响。其中，是否会影响航空公司推进碳减排的意愿和进度，目前还存在不确定性，尤其是针对用可持续航空燃料（SAF）替代当前的化石燃料，在短期内势必会增加用油成本，这对于航空公司是一个挑战。

2. 中国市场随疫情影响波动较大

受新冠疫情影响，2020年运输量较2019年大幅下降，2021年有小幅回升。2020年，中国全行业完成旅客运输量4.18亿人次，比疫情前(2019年)下降36.7%。2021年，完成旅客运输量4.41亿人次，比上年增长5.5%（见图2）。

2020年全行业运输总周转量为798.51亿吨千米，同比下降38.3%；其中，国内航线运输周转量同比下降29.2%，国际航线下降54.5%。2021年，完成运输总周转量856.75亿吨千米，比上年增长7.3%；国内航线比上年增长9.1%，国际航线比上年增长2.3%。

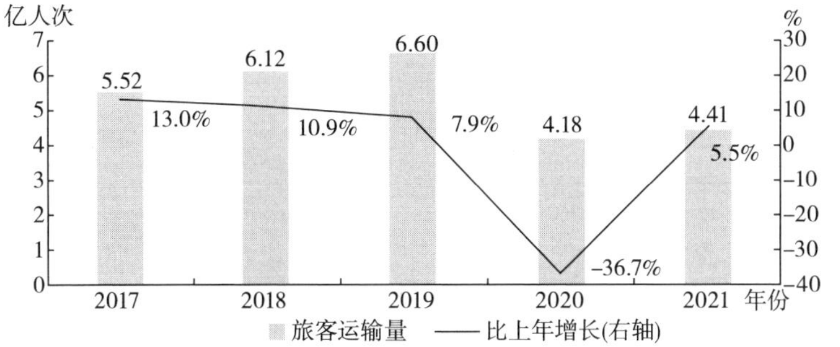

图 2　中国航空客运量变化（2017—2021 年）

资料来源：中国民用航空局，2021 年中国民航行业发展统计公报，2022 年 5 月

（二）航空业碳减排与可持续航空燃料

1. 航空业温室气体减排挑战巨大

航空领域产生的温室气体排放占全球整体排放的 1.8%（约 10.6 亿吨二氧化碳当量，2019 年数据）。其中，国际航空占 1.1%，国内航空占 0.7%[①]（见图 3）。

随着航空业未来的发展，其产生的温室气体排放绝对量和占比预计将不断增大。国际民航组织航空环境保护委员会（ICAO's Committee on Aviation Environment Protection，CAEP）在 2022 年 3 月发布的国际民用航空二氧化碳减排长期理想目标（LTAG）可行性报告中指出，在 1.5℃温升情景下，如果航空业不做出额外减排努力，那么国际航空产生的累积碳排放将

① 关于航空业 CO_2 排放量及其在全球总排放中的占比，不同机构在统计口径和方法上有所不同，所得结果亦有差异。如 IEA 称 2019 年航空业 CO_2 排放量约为 10 亿吨，占全球化石燃料燃烧所产生 CO_2 排放总量的 2.8%（https：//www. iea. org/reports/tracking - aviation - 2020）。Air Transport Action Group（ATAG）称全球航空业 CO_2 排放量占所有人为 CO_2 排放量的 2.1%（https：//www. atag. org/facts - figures）。Our World in Data 网站参考其他不同来源，采用的数据称 2016 年航空业温室气体排放量占全球所有温室气体排放量的 1.9%，2018 年 CO_2 排放量占全球的 2.1%（https：//ourworldindata. org/co2 - emissions - from - aviation）。D. S. Lee 等学者认为如果考虑所有 CO_2 和非 CO_2 温室气体对于全球温升的影响，航空业所占的贡献会占到 3% ~ 4%（https：//www. sciencedirect. com/science/article/pii/S1352231020305689）。综合考虑各类不同数据来源，本文采用 IPCC 数据。

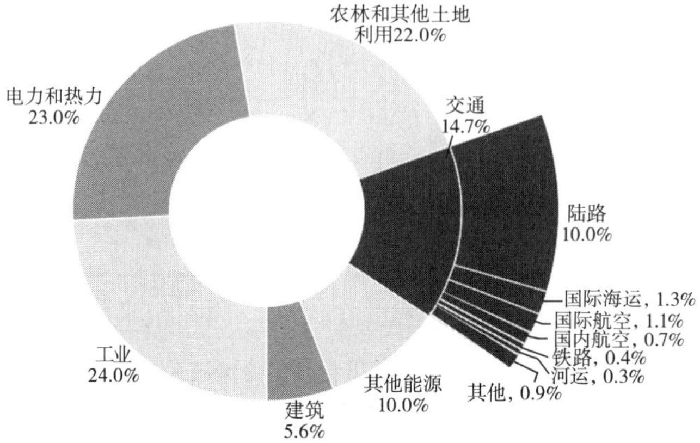

图 3　航空业温室气体排放在全球总排放中占比

资料来源：IPCC，Mitigation of Climate Change 2022，2022 年 4 月

占全球总排放的 7.0%；如果采取不同程度的努力，可减少到 3.1% ~ 5.6% 的范围。

中国是全球最主要的航空市场之一，航空业务整体处于持续增长阶段，其产生的碳排放也不断上升（新冠疫情后碳排放随业务量下降而有所下降，表 2）①。

与欧美等成熟市场以及其他新兴市场一样，中国航空业需要在业务增长的同时，应对降低碳排放的挑战。

表 2　中国航空业 CO_2 排放量（2016—2021 年）

指标	2016 年	2017 年	2018 年	2019 年	2020 年	2021 年
航空运输总周转量/亿吨千米	962.5	1083.1	1206.5	1292.7	798.5	856.8
航油②油耗/（万吨/亿吨千米）	2.93	2.93	2.87	2.85	3.16	3.09

① 关于中国不同行业（包括航空业）的碳排放，国内外有研究机构根据不同方法学和数据源进行推算，结果会有差异。本文采用中国民航局公布的相关数据进行测算。

② 业界一般也将航油称为“航煤”（航空煤油），本文主要称“航油”。

续表

指标	2016年	2017年	2018年	2019年	2020年	2021年
航油消费量/万吨	2820	3173	3463	3684	2523	2647
CO_2排放量/万吨	8883	9996	10907	11605	7948	8339

注：根据历年中国民航行业发展统计公报公开的航空运输总周转量和航油油耗数据计算航油消费量，进而计算 CO_2 排放量（碳排放因子：3.15kgCO_2/kg）

2. 航空业制订了积极的碳减排计划

考虑到航空领域对全球碳排放的影响，航空业制定了自愿性的碳减排目标。2022 年 10 月，ICAO 各成员国在第 41 届会员大会上确定了长期气候目标，即在 2050 年前实现国际航空业务的净零排放（Net – Zero Carbon Emissions）。

截至 2022 年 7 月，在 ICAO 所有 193 个成员国中，已有 133 个国家自愿提交了《国家行动计划》（*State Action Plan*），这些国家市场代表全球 RTK 的 98%。多家航空公司也公布了“碳中和”计划，飞机厂商和重要零配件供应商也发布了支持行业减排的计划。

2021 年，IATA 在第 77 届年会上批准了全球航空运输业于 2050 年实现净零碳排放的决议，这比之前提出的“2050 年较 2005 年实现 50% 碳减排”的目标更进一步。为了实现这一目标，预计 2050 年航空业在满足 100 亿人次飞行需求的同时，当年需要减少至少 18 亿吨碳排放；从现在到 2050 年将累计减少 212 亿吨碳排放。

3. 应用 SAF 是最重要的减排举措

航空业可以通过多种措施减少碳排放，如开发新的飞机技术以提高能效或者能使用电力和氢能驱动的新机型，提高运营和基础设施的效率，以及使用可持续航空燃料（SAF）等。对于航空业自身无法完全消除的碳排放，还可通过碳抵消计划（Offsetting）以及碳捕获、利用与封存（CCUS）（见图 4）进行中和抵消。

在诸多措施中，研发飞机新技术及提高运营与基础设施效率这两项措施是一个需要长期持续且不断进步的过程。过去十多年，机队的燃油效率在稳步提高，不过，常规技术领域的优化所能产生的碳减排效果相对有限。未来，最重要的碳减排措施在于应用更大比例的 SAF。

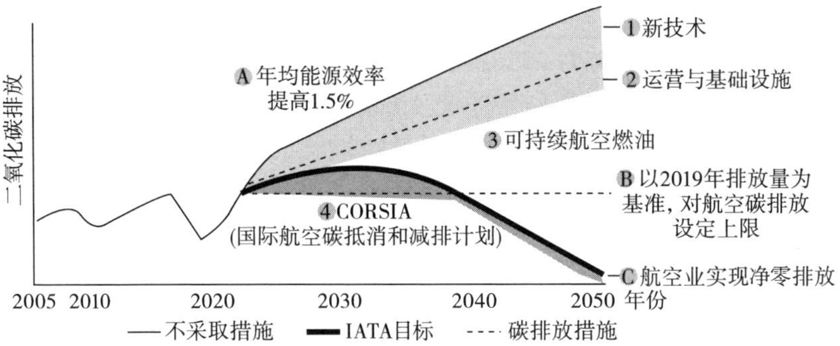

图 4　不同减排措施对航空业减排的贡献

资料来源：IATA，ATAG World Economic Forum

SAF 是一种可持续航空燃料（Sustainable Aviation Fnel，SAF），用于商业航空，与目前主要在用的航空燃料（主要由石油炼制而成）相比，可减少至少 80% 的 CO_2 排放。生产 SAF 的原料包括废油脂、农林废弃物、城市废弃物以及非粮食作物等，还可以通过把氢气和捕获的 CO_2 合成的方法生产。SAF 被称为“可持续的”，是因为从全生命周期角度来看，其原料（如废弃的生物质）在生长过程中或者合成过程中所吸收的 CO_2 要超过其在使用过程中所排放的 CO_2；同时，其原料也不与粮食作物或水供应竞争，也不造成森林退化或生物多样性方面的损失。为满足“可持续性”，SAF 产品一般需要通过业界认可的一些可持续性标准认证。

在技术和安全性方面，SAF 产品只要通过相关标准（如 ASTM - D7566）的认证，就被认为可以与目前的化石航空燃料直接进行掺混，不需要对现有的发动机和其他基础设施做太多改造。目前，SAF 的掺混比例一般被要求不超过 50%，不过从技术角度来说，未来实现 100% 使用 SAF 并不存在太大难度。例如，波音公司在 2018 年就已经测试过飞机 100% 使用 SAF。

4. 需要大幅提高 SAF 的生产和消费

要使 SAF 的作用充分发挥出来，就意味着其应用量需要从 2020 年的 6300 万升（约5 万吨）和2021 年的1 亿升（约8 万吨），大幅提高到2025 年的近 79 亿升（约 630 万吨），再到 2050 年的 4490 亿升（约 35830 万吨）[①]（图5）。

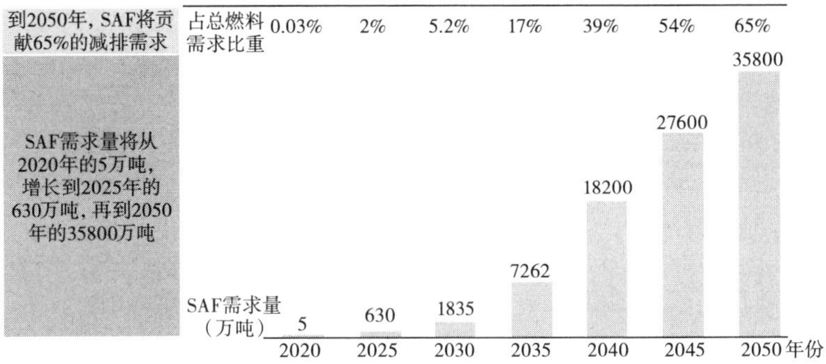

图5 IATA（国际航协）规划的 SAF 发展目标

资料来源：IATA，2021 年

这种规模的增长对航空业来说是一个挑战，不过也并非不可实现。过去 5 年内，航空业在发展 SAF 方面已经取得了一定进展。目前，已经有挪威奥斯陆机场、瑞典斯德哥尔摩机场、美国洛杉矶机场和西雅图机场等机场开始供应 SAF。

二、中国可持续航空燃料产业链发展现状

中国 SAF 市场整体处于初期阶段，围绕其生产、销售、使用，以及监管等环节的运营模式，基本与传统航油一致。相较传统航油，SAF 原料的可选性更大，因此生产商和原料供应方也更加多元化（见图6）。

① 不同的情景分析对 SAF 的需求预测会有所不同，如 ATAG 在其报告 Waypoint 2050 中的一个情景中，SAF 在 2050 年的应用量将达到 44500 万吨，占总航空燃料的 90%。https：//aviationbenefits. org/environmental - efficiency/climate - action/waypoint - 2050/。

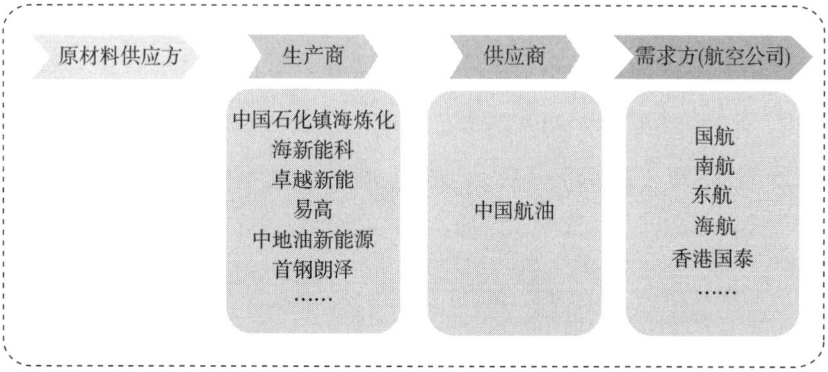

图 6　中国 SAF 市场产业链

（一）生产商

中国目前具备 SAF 实际产能的企业较少，但与欧美市场类似，生产生物柴油（尤其是烃基生物柴油，HVO）的企业一般都具备转产 SAF 的能力，可以根据市场需求调整产品线①。

截至 2022 年 6 月，中国 HVO 在运营产能和规划产能总计约 235 万吨/年；SAF 在运营产能和规划产能总计约 15 万吨/年，涉及 2 个工厂和生产设施。

目前，中国 SAF 与 HVO 市场比较活跃的企业有中国石油化工股份有限公司镇海炼化分公司、易高环保投资有限公司、北京海新能源科技股份有限公司②、中地油新能源（山东）有限公司、北京首钢朗泽新能源科技有限公司、龙岩卓越新能源股份有限公司、石家庄常佑生物能源有限公司等。其中，易高、镇海炼化已在进行小规模 SAF 试产；海新能科、中地油

① 一代生物柴油通过将动植物油脂、地沟油等原料中的脂肪酸甘油三脂与小分子醇（如甲醇）发生酯交换反应，生成脂肪酸甲酯。HVO（烃基生物柴油或氢化植物油，有时也被称为二代生物柴油）是在一代生物柴油的基础上进行加氢脱氧处理和异构化处理所得，主要成分为烷烃。HVO 生产工艺与一代生物柴油有较大差异，但与 SAF 生产工艺相似。在具备加氢和异构装置后，生产 HVO 的装置可较容易制备 SAF。

② 北京海新能源科技股份有限公司：原名为“北京三聚环保新材料股份有限公司”，于 2022 年 7 月 15 日变更为现名。

新能源等企业有计划新建 SAF 产能或者改扩建现有生物柴油产能用以生产 SAF；首钢朗泽在推动利用富含 CO 和 CO_2的工业尾气通过生物发酵直接转化为生物乙醇技术的商业化生产，并计划进一步用乙醇试产生物柴油或 SAF；卓越新能等企业也在生产一代生物柴油的基础上，进一步新建 HVO 产能。另外，杭州能源工程技术有限公司等企业参与了中国早期的 SAF 研发项目，中国科学院广州能源研究所等科研单位也在积极研究从农林废弃物中制取 SAF 的工艺路线①。

1. 镇海炼化

中国石油化工股份有限公司镇海炼化分公司（以下简称镇海炼化）目前是中国最大的炼化一体化企业，也是大型油气企业涉足 SAF 的具体案例。

中国石油化工股份有限公司（以下简称中国石化）既是中国最大的传统航油生产商，也是中国最早开展 SAF 系统性研发和生产的企业（2009 年开始启动 SAF 研发）。在中国石化内部，镇海炼化不仅每年供应约 200 万吨传统航油（在新冠疫情前），也是中国石化探索 SAF 的实施主体。

镇海炼化目前的 SAF 生产装置，每年可处理原料 10 万吨，2022 年已经开始试生产。与 BP、Shell 等大型跨国石油公司类似，中国石化在 SAF 领域整体还处于小规模探索阶段，未来是否会进一步加大投入，还需视市场需求而定。

2. 易高

易高环保投资有限公司（以下简称易高）是香港中华煤气集团的全资附属公司，成立于2000 年，其业务主要集中在中国开发新能源项目，包括资源开发、煤基化工、煤层气液化、车用清洁燃料等。此外，易高的业务和设施还包括香港的液化石油气加气站、垃圾堆填区沼气利用，以及香港

---

① 此处所列企业和机构并未囊括所有涉足 SAF 和 HVO 的单位，比如有媒体报道其他企业也有 SAF 规划，但由于未经核实具体项目情况，故未包含在本文中。

国际机场航油储存库等。

易高是除中国石化之外另一个大型传统能源企业涉足 SAF 领域的案例。其母公司香港中华煤气集团以经营城市燃气为主业，业务范围以香港和内地为主。

2021 年，香港中华煤气集团在香港共计供应航空燃料约 300 万吨，在内地生产 HVO 约 18 万吨。其 2021 年 HVO 销售额达到 26 亿港元，显著高于 2020 年的 9.6 亿港元，这也是其燃气主营业务（包括燃气销售、报装、燃具销售和维修）之外最大的收入来源，超过了其水费有关收入以及石油、煤炭等化石能源的销售收入。

3. 海新能科

北京海新能源科技股份有限公司（以下简称海新能科）成立于 1997 年，北京市海淀区国资委是其主要股东。

自 2019 年以来，HVO 成为海新能科的一个重要业务，当前产能约 35 万吨/年，产品全部销往欧洲；计划未来超过 100 万吨/年。其目前尚未生产 SAF，未来视市场需求情况，有可能新建 SAF 产能，或在现有 HVO 产能基础上改扩建。

4. 中地油新能源

中地油新能源（山东）有限公司（以下简称中地油新能源）成立于 2020 年，位于山东沾化经济开发区（山东滨州市）。

中地油新能源的业务重点是利用其自主研发的 PRO 沸腾床（Plant Residue to Oil，PRO）等技术，将山东较落后的炼化产能中的加氢装置升级为生产液体石蜡、HVO 和 SAF 等生物燃料。其借助山东省炼化行业新旧动能转换的契机，通过输出技术和工艺，与当地企业合作生产生物燃料。

中地油新能源于 2021 年 8 月试生产 HVO，以棕榈酸化油为主要原料，产能 40 万吨/年；产品符合 ISCC 欧盟标准，全部销往欧洲；未来产能目标为 100 万～200 万吨/年。

5. 卓越新能

龙岩卓越新能源股份有限公司（以下简称卓越新能）成立于2001年，主营业务为利用废油脂（“地沟油”、酸化油等）从事生物柴油、衍生产品工业甘油、生物酯增塑剂、水性醇酸树脂等的研发、生产与销售。

卓越新能是在生产一代生物柴油的基础上增产HVO的案例。2021年，卓越新能生物柴油（一代生物柴油）产能40万吨/年，产量35.8万吨，较上年同期上升54.65%。其计划用3～5年时间提高生物柴油产能到75万吨/年。其位于福建龙岩的美山生产基地10万吨HVO项目尚在建设中。

6. 首钢朗泽

北京首钢朗泽科技股份有限公司（以下简称首钢朗泽）成立于2011年，是由首钢集团控股的中外合资企业。其业务重点是以含CO、CO_2的工业尾气为原料，通过生物发酵生产乙醇和饲料蛋白。

首钢朗泽已于2018年建成并投产首个工业尾气生物发酵制乙醇及蛋白商业化工厂。其在曹妃甸和宁夏的已投产项目，产能均为4.5万吨/年；在贵州和宁夏新建的两个项目产能均为6万吨/年；“十四五”期间计划乙醇总产能达到100万吨/年。

在工艺上，从乙醇到SAF的技术路线已经打通，但尚未有工业化应用的实例。首钢朗泽在美国的合作伙伴LanzaTech公司已经完成该路线的中试，目前正在建设年产3万吨乙醇制SAF的工业示范项目，预计2023年下半年投产。近期，首钢朗泽计划引进该技术在中国建设工业化项目。从前后整体的工艺来看，技术路线属于AtJ或G+FT，如果能引入中国市场，将有利于促进中国在此类技术路线上的发展。

（二）供应商

中国航空油料集团有限公司（以下简称中航油）是目前中国内地最主要的集采购、运输、储存、检测、销售和加注于一体的航油供应渠道商，负责超过95%以上的航油供应。预计其在未来SAF的采购、销售和加注等环节仍是主要参与方。

国内航班的航油主要来源于中国石油天然气集团有限公司（简称中石油）、中国石油化工集团有限公司（简称中石化）、中国海洋石油集团有限公司（简称中海油）。国际航班（包括国内航空公司飞往境外的航班）的航油来源则主要是进口油（保税油），中国航油（新加坡）有限公司（简称中航油新加坡公司）负责将航油进口到中国内地后再加注。

就中国内地而言，航空公司目前还没有规模化应用 SAF，中航油目前也没有提供常规化的 SAF 采购和加注服务。不过，中航油曾经全面参与了中国 4 次试飞和商飞的航油供应，尤其是 2011 年第一次与国航的试飞项目，专门在北京首都机场建设了用于 SAF 的收、储、混、发设施。

同时，中航油还参与了 SAF 相关的研发项目。2019 年、2020 年和 2021 年，中航油分别与中科院广州能源所和民航二所合作开展生物航油的研发项目，但目前距离市场化应用尚有一段距离。

除中航油外，少量境外企业也参与了中国内地航油供应和加注服务，如 BP 集团的子公司 Air bp。Air bp 通过与中航油成立 4 家合资公司的形式，在广东、广西、湖南、湖北、河南、四川、贵州和重庆等地提供航油相关服务。

在 SAF 加注方面，Air bp 目前给全球 7 个国家共 20 个地区提供 SAF 加注服务。虽然 Air bp 在中国内地尚未开展 SAF 相关业务和项目，但由于中国航空市场举足轻重，因此从 2021 年开始，Air bp 便开展了在中国的 SAF 研究，以更好地在中国推动 SAF 发展。

同时，Air bp 在全球范围内已投资开展 3 个 SAF 项目，包括在北美的 Fulcrum 利用 FT 路径制 SAF 项目，西班牙的卡斯特利翁（Castellon）炼厂项目，以及与 Neste 合作采购其 SAF 产品的项目。

另一家全球性的航油供应商壳牌，也在为阿姆斯特丹机场、洛杉矶机场等多个国家和地区的机场供应 SAF。其中，在亚洲地区，壳牌将首先为中国香港和新加坡供应 SAF。

壳牌在全球范围内开展了一系列 SAF 投资与合作项目。2020 年 10 月，壳牌与红岩生物燃料公司签订协议，为该公司现有航空公司客户供应 SAF；同月，与 Neste 签署合作协议，旨在显著扩大 SAF 供应；2021 年 1 月，ECB 集团与壳牌签订 5 年合同，从 2024 年开始每年向壳牌提供超 5 亿升可再生柴油和 SAF。

此外，壳牌计划到 2025 年在全球范围内生产 200 万吨 SAF。为此，壳牌也在投资改造炼厂以加入 SAF 生产队伍，例如在荷兰鹿特丹建厂生产 SAF 和生物柴油，预计于 2024 年投产，年产能为 82 万吨；宣布将在新加坡投资建立生物燃料设施以生产 SAF，年产能为 55 万吨。

（三）需求方（航空公司）

中国航空公司大部分属于国有企业，一般会根据政府的相关政策和规划，统一落实 SAF 相关工作。目前，中国航空公司整体处于知识储备阶段，尚无公开明确的 SAF 商业飞行计划。

在试飞方面，国航、东航和海航分别于 2011 年、2013 年、2015 年和 2017 年进行过 SAF 的相关飞行活动（见表 3）。不过，在试飞后中国的航空公司并未趁热打铁加大力度推行商飞，导致国际上各航空公司在积极参与 SAF 推广的时候，中国航空公司依旧停留在 SAF 应用的起步阶段。

表 3　中国航空公司 SAF 飞行记录

时间	航空公司	SAF 原料	掺混率/%	生产商	航班描述
2011 年 10 月 28 日	国航	麻风果油	50	中石油	北京首都机场试飞
2013 年 4 月 24 日	东航	棕榈油和废弃食用油	—	中石化	上海虹桥机场试飞 1.5 小时
2015 年 3 月 21 日	海航	废弃食用油	50	中石化	上海飞北京，国内首个利用 SAF 的客运航班
2016 年 5 月 28 日	国泰	甘蔗	10	道达尔/阿米瑞斯	图卢兹飞香港（接收新飞机）

续表

时间	航空公司	SAF 原料	掺混率/%	生产商	航班描述
2017 年 11 月 22 日	海航	废弃食用油	15	中石化	北京飞芝加哥，国内首个利用 SAF 的洲际客运航班
2019 年 2 月 28 日	南航	甘蔗	10	道达尔	图卢兹飞广州（接收新飞机）

相比之下，国际上各航空公司对于 SAF 的应用较中国航空公司要积极（见表 4）。

·2008—2011 年，全球航空公司处于 SAF 技术测试飞行阶段。

·2011—2015 年，全球共有 22 家航空公司使用 SAF 进行了约 2500 架次的商业客运飞行。

·2011—2022 年 7 月，商业 SAF 航班已超过 43 万架次，有超过 45 家航空公司拥有使用 SAF 经验。

表 4 全球航空公司 SAF 整体飞行规模

时间	商业 SAF 航班架次	有使用 SAF 经验航空公司
2008—2011 年	全球范围内 SAF 大量试飞阶段	
2011—2015 年	超过 2500 架次	22 家
2011—2022 年 7 月	超过 43 万架次	超过 45 家

资料来源：IATA，Aviation Benefits Beyond Borders

目前，中国内地大型航空公司尚未明确提出未来应用 SAF 的计划、目标或路线图。预计在中国政府出台相关政策或具体要求前，各航空公司整体仍会处于知识储备阶段。

在使用 SAF 方面，香港国泰航空行动相对积极。自 2016 年起，国泰航空从法国图卢兹空中客车公司厂方接收新飞机使用可持续航空燃料，至今已使用超过 200 吨 SAF。其还承诺在未来 10 年购入 110 万吨 SAF，2025 年将 SAF 使用量提升至总航油消耗量的 2%，2030 年目标上升至 10%，2050 年实现净零碳排放。2022 年 4 月，国泰航空开展“企业可持续航空燃油计划”，向相关供应商表达了 SAF 需求，中石油和壳牌将为该计划提供燃油。

三、中国 SAF 发展展望

中国 SAF 行业整体处于发展初期，虽有良好前景，但当前面临较多挑战。在国家层面尚缺乏明确的发展目标和顶层设计，政策信号还不明朗，主要的市场参与方更多地处于准备阶段。在产能、技术、原料供给和成本等方面，目前还存在一定障碍和瓶颈。同时，中国 SAF 行业也面临一定机遇并具有一定优势，如果充分利用内外部有利条件，逐步发挥 SAF 的减排潜力，将在降低航空业碳排放、实现中国“碳达峰、碳中和”目标，增强能源安全方面做出贡献。

（一）技术路线

目前，业界讨论较多的制备 SAF 的技术路线主要有 4 类，包括酯类和脂肪酸类加氢工艺（Hydroprocessed Esters and Fatty Acids，HEFA）、费托合成工艺（Gas + Fischer - Tropsch，FT 或 G + FT）、醇喷合成工艺（Alcohol to Jet，AtJ）和电转液工艺（Power to Liquid，PtL）（见图 7）。

HEFA 是中国 SAF 和 HVO 市场上已投产项目或示范项目中唯一被运用的路线，其工艺技术也相对成熟。易高和镇海炼化的 SAF 项目均采用该路线，海新能科和中地油新能源目前的 HVO 项目同样采用 HEFA（卓越新能将投产的 HVO 项目亦同）。

G + FT 和 AtJ 两条路线在欧美已有示范项目，但在中国尚未探索。一些生产燃料乙醇及相关化学品的示范项目采用了这两条技术路线，如在东北地区，一些企业利用秸秆生产乙醇，以及首钢朗泽在河北、宁夏等地利用工业尾气合成乙醇。不过，目前中国市场还未出现从醇类转化到燃油的工业级项目。

类似于欧美地区，PtL 路线目前在中国还处于“概念”阶段。不过，用绿氢（利用可再生能源生产的氢）制甲醇项目在中国已有示范。中国科学院技术团队在甘肃兰州建设的千吨级绿氢制甲醇的规模化示范工程已于2020年试车成功，目前正在开展10万吨级的工业化项目。

	HEFA	AtJ① G+FT	PtL
机遇描述	安全、可靠、先进技术	·发展中期具备潜力 ·技术经济不确定性	·2025年后获得理论证实 ·主要在有大量低价绿电供应的地方应用
技术成熟度	成熟	商业试点	研发中
原材料	·废气油脂、能源油料植物② ·可运输并可利用现有供应链 ·可满足航油总需求的5%~10%	·农林废弃物、城市固体废物④、纤维素能源作物 ·便宜且原料供应广，但收集零散	·二氧化碳、绿电 ·原料可从空气中捕获，几乎不受限
相较化石燃料的温室气体减排比例	73%~84%⑤	85%~94%⑥	99%⑦
中国市场的机遇	·原材料丰富 ·产业基础较好	原材料丰富	·可再生能源产业发展基础 ·已有较好探索
中国市场的挑战	原料分布分散，收集成本高	缺乏技术储备和研发基础	缺乏技术储备，成本较高

图7　不同SAF技术路线在中国发展的机遇与挑战

资料来源：World Economic Forum，Clean Skies for Tomorrow：Sustainable Aviation Fuels as a Pathway to Net－Zero Aviation，2021. 中国专家调研

注：①乙醇路线；②在低间接土地利用变化退化土地的或作为轮作油料覆盖作物的油籽树；③不包括所有食用油料作物；④主要采用G＋FT路线；⑤作为轮作覆盖作物；⑥不包括所有可食用糖作物；⑦借助完全脱碳的供应链，减碳比例最高可达100%

中国的HEFA路线中，普遍采用的是废弃油脂而非粮食作物，具有较好的可持续性，在减排效果方面具有优势。同时，中国在该领域的产业基础较好，对于未来SAF的产能扩张可以形成积极支撑。

中国企业在G＋FT和AtJ两条路线上的技术储备还有待加强，如果今后加强技术研发，或采取中外合作的形式，有可能使G＋FT和AtJ路线的项目落地实施。这两条路线的原料在中国分布较为广泛，具有很大潜力。

PtL路线是国际上寄予厚望的中长期路线，在中国亦是如此。中国光伏发电和风力发电资源丰富且产业发展快，政策支持导向明确，这会带动绿氢产业发展，从而促进PtL路线有望于2025年前在中国出现示范项目。

（二）产能

中国现有 SAF 产能（HEFA 技术路线）15 万吨/年，暂没有其他已经有明确规划的新建项目①。

由于 SAF 产能规模受市场消费端需求规模的影响较大，因此当需求增长时，产能也可以随之扩大。对于工艺比较成熟的 HEFA 技术路线来说，无论是新建 SAF 产能，还是从现有 HVO 产能进行改扩建，实施可行性较大，效率较高。

HEFA 路线要求具备加氢装置（如果没有氢气来源，还需具备制氢装置），这也是产能建设过程中耗时较多、投资比例较大的环节。从目前中国市场的实践来看，以 10 万吨/年的 HEFA 路线的 SAF 产能为例，新建一套装置，建设周期为 2～3 年。如果对现有 HVO 产能进行改扩建，对已经具有制氢加氢装置的炼化设施来说，建设可以在数月至 1 年的周期内完成。

不过，由于一代生物柴油的生产工艺和装置与 HVO、SAF 有显著不同，因此从一代生物柴油产能转产 SAF 的可行性和经济性较低。

2025 年前，假设没有新增 SAF 或 HVO 产能，且需要对现有的在运或 2025 年前可以建成的 SAF/HVO 产能进行改扩建以最大化生产 SAF，那么预计 2025 年 SAF 的总产能约为 205 万吨②（见图 8）。

在需求侧，2019 年中国航油消费量为 3684 万吨，2020 年由于疫情原因业务量下滑，航油消费量也下降到 2523 万吨，2021 年略回升至 2647 万吨。假设中国航空业务量在 2024 年回到疫情前水平，2025 年继续小幅上升，届时航油消费量约为 4120 万吨。如上述 205 万吨/年的 SAF 潜在产能可提供 185 万吨产品供应市场，SAF 供应量将可达航油总消费量的 4.5%（图 9）。

---

① 部分企业在新闻报道中有新建 SAF 产能计划，但具体规划不详，不确定性较大，故未被纳入本文分析中。

② 除了 HEFA 路线的可能产能外，AtJ 或 G + FT 路线在 2025 年前也有可能出现首批产能，但尚存在较大不确定性，故暂未包含在本文的分析中。

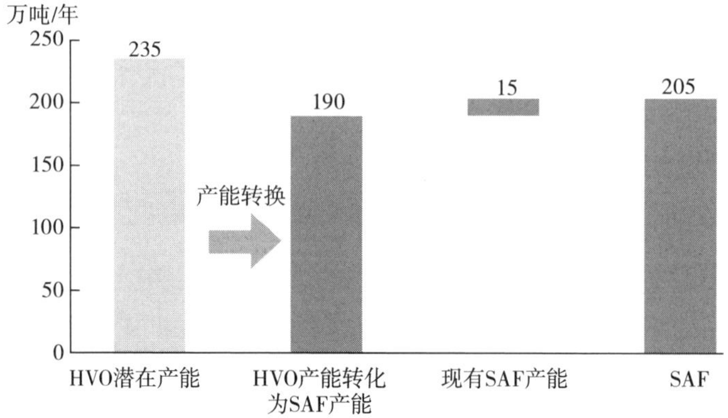

图 8　2025 年中国 SAF 理论上可达产能规模

注：①假设在已公布的 SAF 或 HVO 产能之外，2025 年前没有新增产能；②假设对在运或 2025 年前可以建成的 SAF/HVO 产能全部进行改扩建以最大化生产 SAF；HVO 产能按 80% 的比例转换为 SAF 产能

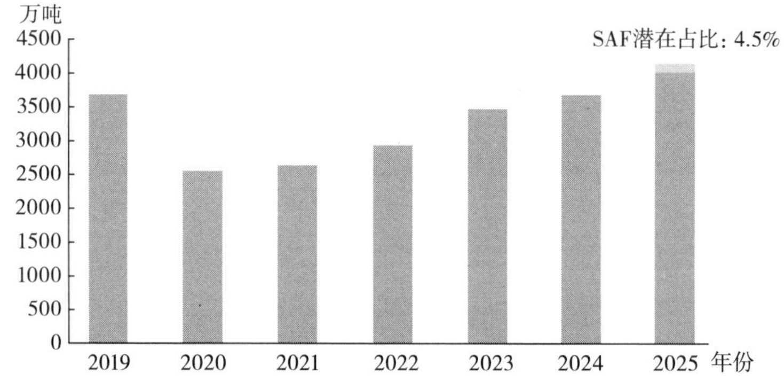

图 9　2025 年中国航油消费量预计及 SAF 理论上可达占比

注：假设 2025 年 SAF 总产能可达 205 万吨，且可向市场提供约 185 万吨

（三）原料可获得性

可用于生产 SAF 的原料在中国分布较为广泛，理论可利用量较大，包括废弃油脂、农业废弃物、林业废弃物、城市有机固体废物、工业尾气、能源作物、绿氢等①。

① 绿氢生产 SAF 的技术路线在中国距离商业化尚远，能源作物在中国发展的前景具有较大不确定性，故其原料分析均未包含在本文中。

废弃油脂（俗称“地沟油”）是目前中国生产生物柴油的主要原料，预计是未来至少 10 年生产 SAF 的主要原料。中国废弃油脂分布较分散，预估可回收以资源化再利用的量为 340 万吨（2019 年）。其中，大部分被用于在国内加工成生物柴油或出口到欧洲市场，一小部分被用于生产肥皂、增塑剂或农药乳化液等。未来 SAF 需求市场扩大后，这些废弃油脂可同样被用于生产 SAF。

农业废弃物，一般包括农作物秸秆，以及农作物加工时产生的稻壳、玉米芯、花生壳和甘蔗渣等农产品初加工剩余物，主要集中于东北、华北和长江中下游等农业主产区。其中，可能源化利用的秸秆资源量约为 14500 万吨，农产品初加工剩余物 6200 万吨，合计 20700 万吨①。

林业废弃物，包括森林采伐剩余物、木材加工剩余物及清林育林剪枝剩余物等，主要集中于东北和西南等地区。其中，可能源化利用的量约为 19500 万吨②。

城市生活垃圾中，有机垃圾占 20% ~35%，对这些垃圾进行处理，也可作为 SAF 的原料。全国城市生活垃圾清运量 2.35 亿吨（2020 年），假设其能源化可用率为 10%，则可用量为 2350 万吨。

中国工业尾气资源丰富，如果加以利用制成乙醇，每年可产乙醇 500 万吨，甚至可达千万吨级；利用乙醇，可以进一步制备 SAF。

虽然中国有可观的边际土地③（如盐碱地），可以用来种植能源作物，但考虑到中国整体后备土地资源和水资源有限，利用能源作物生产 SAF 等燃料存在很大不确定性，本文暂不考虑其潜在的可利用量。

上述原料的整体可利用量见表 5。分类来看，虽然废弃油脂目前是最成熟的 SAF 原料，但其总量有一定限制；农林废弃物原料充足，发展潜力

① 业界关于农业和林业废弃物可利用量的估算相差较大，本文采用相对保守的估算。

② 另有研究认为可能源化利用的林业生物质资源可达 3 亿吨（https://www.engineering.org.cn/ch/article/20101206001），本文采用较保守的预估量 1.95 亿吨。

③ 边际土地指不能用于粮食生产但可以种植抗逆性强的能源作物的荒地和低质农田。

巨大，不过未来需综合考虑原料在多种用途（如还田、供热或发电、发展液态燃料等）之间的协调发展。

表5　中国 SAF 生产原料的潜在可利用量

原料	可利用量/（万吨/年）	生产 SAF 的综合产出率/%	SAF 产量/（万吨/年）
废弃油脂	340	40（HEFA）	136
农业废弃物	20700	10（AtJ 或 G + FT）	2070
林业废弃物	19500	10（AtJ 或 G + FT）	1950
城市有机固体废物	2350	10（AtJ 或 G + FT）	235
工业尾气所制乙醇	500	50（AtJ 或 G + FT）	250
合计	43390	—	4641

资料来源：原料可利用量来自田宜水等、住房和城乡建设部等；产出率来自 McKinsey Global Energy Practice；ICCT；International Renewable Energy Agency（IRENA）及中国行业专家

注：①采用不同原料和生产工艺，在产出 SAF 的同时，一般均会产出不同比例的生物柴油或汽油及石脑油等。虽然可以调节产出率以产出最大比例的 SAF，但同时也会产出更多价值较低的石脑油等副产品。因此，综合考虑目前的技术水平及经济性，表中的产出率体现的是最优化产出 SAF 的一个综合比例。随着技术的进步，上述比例有可能进一步提高。②针对农林废物或城市固体废物等不同原料，AtJ 或 G + FT 的产出率会在 10% ~15% 浮动，表中统一为 10%；③工业尾气所制乙醇再产 SAF，设定产出率为 50%。④理论上来说，PtL 路线的原料（二氧化碳和可再生能源电力）的来源可能是无限的，因此表中没有列出对 PtL 途径的原料评估

（四）标准制定

作为可持续燃料的一种，SAF 既要满足航空燃料在安全和质量方面的“工艺和性能”标准的要求，也要满足在“可持续性”方面的要求。目前，各国主要基于 GB 6537、ASTM D7566 以及 DEF STAN 91 –091 等标准，对已批准工艺生产 SAF 的产品性能是否满足航空器适航要求进行验证。同

时，通过 RSB、ISCC 等标准和认证体系对 SAF 产品进行可持续性方面的认定。欧美是生物燃料的主要生产方和消费方，在标准制定方面处于领先地位。

在过去 10 多年，中国国内使用的 SAF 量少，主要用于一些航空公司的试飞，及仅有的两次载客商业飞行。在此阶段，主要参照相关的传统航空燃料标准进行运输、存储及加注。

目前，中国在生物航油的工艺和性能方面的标准体系已经初步建立，可持续性方面的标准还在研究阶段。

中国境内生产的生物燃料（主要为生物柴油）目前主要销往欧洲，未来可能生产的 SAF 产品如果也要销往欧洲，那么将适用于欧美的相关标准和认证体系。

航空公司和潜在的 SAF 生产企业对中国官方标准的制定和完善以及中外标准的协调统一抱有较大期望。考虑到目前中国在生物航油领域的标准体系已经建立，并与 ASTM 等国际上其他标准保持了较好的统一，整体来看，标准问题不会成为 SAF 发展的阻碍。未来，随着 SAF 生产和应用规模不断扩大，国内外标准体系都将不断扩充与完善。

四、政策建议

（一）进一步明确政策方向

SAF 的应用和推广涉及航空业整体碳减排，也涉及产业链能源转型和技术革新。目前，ICAO、IATA、飞机和发动机生产厂家、航空公司、传统油企和新型油企、欧美等国政府都在积极推动 SAF 应用，力图在全球相关产业、技术、贸易等方面成为新规则的制定者和主导者。

中国民航业在快速增长的预期下，碳排放总量也将相应增长。航油是造成碳排放的主要来源，也是碳减排的主要突破口。提前布局 SAF 产业化发展、释放积极的政策信号，不仅有利于完善上下游产业链，促进疫情后中国航空运输业绿色复苏，也能为中国参与全球航空业碳减排规则的制定与完善赢得更主动的地位。

目前，中国虽然有2025年前累计消费5万吨SAF的近期目标，但还没有具体行动方案，中长期政策方向亦不明朗，相应的政策支持力度不足。

建议政府统筹制定更清晰明确的产业发展规划与扶持政策，借助财政资金并引导社会资本，支持SAF相关产业发展。明确SAF纳入碳排放权交易，减排量纳入航空公司CO_2排放强度下降指标考核体系。民航、能源、工商、质检等相关监管部门共同做好产业发展监管工作，持续跟踪、定期总结分析SAF生产与推广使用情况，针对存在的突出问题和矛盾，提出相应措施和解决办法。

（二）组建跨部委工作组并制订行动计划

加强组织领导，建立SAF推广部际协调机制，协调解决SAF发展重大问题，研究制定相关配套政策，统筹推进。建议在政府主导下，由行业协会或平台性机构牵头，联合SAF产业链上下游利益相关方，如航空公司、炼化企业、航油销售企业、机场、科研院所等，共同参与产业发展规划和行动方案的制定；健全航空业及SAF相关行业的温室气体排放监测、报告、核查管理体系，建立相应的认证认可机制；积极参与CORSIA框架下的国际规则制定与实施。

（三）加强原料基础信息评估与经济性分析

加强各类技术路线所需原料的基础信息收集和更新，有效掌握不同原料的资源分布与可利用性，促进行业资源的优化配置。针对不同原料的收集难度、加工技术水平和成本变化曲线，进行经济性分析，据此完善相应的政府资金扶持政策。

（四）引导产业链集体行动

促进产业链上下游各方充分沟通与交流，使燃油需求侧与供给侧之间形成联动。支持各类主体开展 SAF 应用的协同创新；鼓励油料炼制企业、航空运输企业、航空制造企业联合投资 SAF 项目，通过市场化方式享受收益，实现 SAF 应用的常态化和规模化。

（五）支持技术创新

支持建设 SAF 技术研发体系，促进油脂基技术、纤维素基技术和绿氢技术等不同 SAF 技术路线的多元化发展，引导企业和科研机构强化技术创新、开展工业化示范，支持生产企业提高具备自主知识产权的 SAF 产品产能及国际竞争力。

虽然在“油脂基航油”领域，中国具有较好的产业基础，但在“纤维素基航油”和“绿氢路线航油”领域还鲜有企业涉足，应加大在这些领域的科研投入、产业联合和国际合作。

（六）积极开展试点应用

基于 SAF 不同原料、技术路线和产业布局等实际情况，结合航空油料加注使用特性，在部分机场开展试点应用。根据试点应用经验，结合各地原料供给条件、SAF 制备基础设施条件和区域航空运输发展情况，从需求侧加大对 SAF 应用的支持力度，扩大可加注 SAF 机场范围。对主动应用 SAF 且占比高的航空运输企业，在机队、投资、价格、信用、招投标等管理政策方面进行统筹考虑。坚持以市场促进良性竞争，降低 SAF 应用成本，形成可复制可推广的经验，推动全产业链条良性循环。

参考文献

[1]ICAO. Effects of novel coronavirus (COVID－19) on civil aviation: economic impact analysis [EB/OL]. (2022－06－10) [2022－07－27]. https://www.icao.int/sustainability/Documents/COVID－19/ICAO_Coronavirus_Econ_Impact.pdf.

[2]ICAO. 2021 global air passenger totals show improvement from 2020, but still only half pre－pandemic levels [EB/OL]. (2022－01－17) [2022－07－27]. https://www. icao. int/Newsroom/Pages/2021－global－air－passenger－totals－show－improvement. aspx.

[3]ICAO. Economics impacts of COVID－19 on civil aviation [EB/OL]. [2022－03－21]. https://www. icao. int/sustainability/Pages/Economic－Impacts－of－COVID－19. aspx.

[4]中国民用航空局. 2020年民航行业发展统计公报[R/OL]. (2021－06－10) [2022－06－10]. http://www. caac. gov. cn/XXGK/XXGK/TJSJ/index_1214. html.

[5]中国民用航空局. 2021年民航行业发展统计公报[R/OL]. (2022－05－18) [2022－06－10]. http://www. caac. gov. cn/XXGK/XXGK/TJSJ/index_1214. html.

[6]IPCC. Climate change 2022: Mitigation of climate change (full report, final draft version) [R/OL]. [2022－04－04]. https://www. ipcc. ch/report/ar6/wg3/.

[7]ICAO. ICAO－LTAG report Appendix R3: Results in the climate science context [R/OL]. [2022－03－28]. https://www. icao. int/environmental－protection/LTAG/Pages/LTAGreport. aspx.

[8]ICAO. Long term global aspirational goal (LTAG) for international aviation [EB/OL]. [2022－10－11]. https://www. icao. int/environmental－protection/Pages/LTAG. aspx.

[9]ICAO. State adopt net－zero 2050 global aspirational goal for international flight operations[EB/OL]. [2022－10－11]. https://www. icao. int/Newsroom/Pages/States－adopts－netzero－2050－aspirational－goal－for－international－flight－operations. aspx.

[10]ICAO. State action plans and assistance [EB/OL]. [2022－08－02].

https://www.icao.int/environmental-protection/Pages/ClimateChange_ActionPlan.aspx.

[11] ICAO. Aviation net zero [EB/OL]. https://www.icao.int/environmental-protection/SAC/Lists/Aviation%20Net%20Zero/ProjectViewNZ.aspx#InplviewHashfaf64a02-c0cb-4e19-a273-65956a587e8c=.

[12] IATA. Net-Zero carbon emissions by 2050 [EB/OL]. (2021-10-04) [2022-04-15]. https://www.iata.org/en/pressroom/2021-releases/2021-10-04-03/.

[13] Aviation Benefits Beyond Borders. Waypoint 2050 [EB/OL]. [2022-04-11]. https://aviationbenefits.org/environmental-efficiency/climate-action/waypoint-2050/.

[14] Aviation Benefits Beyond Borders. Aviation industry reducing its environmental footprint [EB/OL]. [2022-04-11]. https://aviationbenefits.org/environmental-efficiency/climate-action/.

[15] WEF. Deploying sustainable aviation fuels at scale in India: A clean skies for tomorrow publication [R/OL]. (2021-06-10) [2022-04-07]. https://www.weforum.org/reports/deploying-sustainable-aviation-fuels-at-scale-in-india-a-clean-skies-for-tomorrow-publication/.

[16] IATA. Net-Zero carbon emissions by 2050 [EB/OL]. (2021-10-04) [2022-06-24]. https://www.iata.org/en/pressroom/2021-releases/2021-10-04-03/.

[17] ICAO. ICAO global framework for aviation alternative fuels [EB/OL]. [2022-06-24]. https://www.icao.int/environmental-protection/GFAAF/Pages/default.aspx.

[18] IATA. Fact Sheet-Sustainable aviation fuel [EB/OL]. [2022-06-24]. https://www.iata.org/en/programs/environment/flynetzero/.

[19] 易高. 公司简介 [EB/OL]. [2022-04-28]. http://www.eco.

com. cn/cn/about_overview. aspx.

[20]香港中华煤气有限公司. 2021 年年报[R/OL]. [2022 - 04 - 22]. https://www. towngas. com/tc/Investor - Relations/Financial - Information? type = Annual - Report&year = all.

[21]港华智慧能源有限公司. 2021 环境、社会及管治报告[R/OL]. [2022 - 04 - 22]. https://www. towngassmartenergy. com/sc/Social - Responsibility/Environmental, - Social - and - Governance - Report - (1).

[22]海新能科. 公司简介[EB/OL]. [2022 - 03 - 28]. http://www. sanju. cn/corporate/.

[23]龙岩卓越新能源股份有限公司. 企业简介[EB/OL]. [2022 - 04 - 22]. http://www. zyxny. com/text_12. html.

[24]龙岩卓越新能源股份有限公司. 龙岩卓越新能源股份有限公司 2021 年年度报告[R]. [2022 - 04 - 22].

[25]安信证券. 碳减排生物柴油龙头,对标 NESTE 有望快速成长[R/OL]. (2022 - 02 - 14)[2022 - 04 - 22]. https://pdf. dfcfw. com/pdf/H3_AP202202141546983938_1. PDF.

[26]中国航空油料集团有限公司. 集团介绍[EB/OL]. [2022 - 06 - 10]. https://www. cnaf. com/index. html.

[27]Shell. Cutting emissions from aviation[EB/OL]. [2022 - 04 - 28]. https://www. shell. com/energy - and - innovation/the - energy - future/decarbonising - aviation. html#vanity - aHR0cHM6Ly93d3cuc2hlbGwuY29tL0RlY2FyYm9uaXNpbmdBdmlhdGlvbi5odG1s.

[28]Shell. 航空脱碳:壳牌的航空之路[R/OL]. (2021)[2022 - 04 - 28]. https://www. shell. com. cn/zh_cn/energy - and - innovation/the - energy - future/decarbonising - aviation. html.

[29]Shell. Sustainable aviation fuel[EB/OL]. [2022 - 04 - 28]. https://www. shell. com/business - customers/aviation/the - future - of - energy/

sustainable – aviation – fuel. html.

[30] Shell. Sustainable aviation fuel [EB/OL]. [2022 – 04 – 28]. https://www. shell. com/business – customers/aviation/the – future – of – energy/sustainable – aviation – fuel. html.

[31] IATA. Developing sustainable aviation fuel (SAF) [EB/OL]. https://www. iata. org/en/programs/environment/sustainable – aviation – fuels/.

[32] Aviation Benefits Beyond Borders. Sustainable aviation fuel [EB/OL]. [2022 – 05 – 24]. https://aviationbenefits. org/environmental – efficiency/climate – action/sustainable – aviation – fuel/.

[33] 国泰航空. 企业可持续航空燃油计划 [EB/OL]. [2022 – 06 – 27]. https://www. cathaypacific. com/cx/zh_HK/about – us/sustainability/climat e – action/corporate – sustainable – aviation – fuel – programme. html.

[34] 黄海华,林梅. 我国开展十万吨级液态阳光工业化 [EB/OL]. (2022 – 02 – 28) [2022 – 06 – 21]. https://www. cas. cn/kx/kpwz/202202/t20220228_4826431. shtml.

[35] 田宜水, 单明, 孔庚, 等. 我国生物质经济发展战略研究[J]. 中国工程科学, 2021, 23(1): 133 – 140.

[36] 住房和城乡建设部. 2020 年城乡建设统计年鉴[EB/OL]. https://www. mohurd. gov. cn/file/2021/20211012/dae27f9eb22debfd6d1e7965040b76ff. zip.

电 | 力 | 篇

新一轮改革下的我国电力市场分析

杨乾纯　付广斌　秦治圆　龚凯军①

摘　要　在实现“双碳”目标和建设全国统一大市场的背景下，我国电力市场改革步伐显著加快。2021 年 10 月，国家发展改革委印发《关于进一步深化燃煤发电上网电价市场化改革的通知》（发改价格〔2021〕1439 号），要求有序放开全部燃煤发电电量上网电价，扩大市场交易电价上下浮动范围，推动工商业用户都进入市场，保持居民、农业用电价格稳定，这标志着电力改革步伐进一步加快。我国目前已经分两批在 14 个省份推进电力现货市场建设，并预计很快在全国所有省份推行，一系列配套政策措施相继推出。根据国家现有政策，未来我国将在建立全国统一电力市场、继续推进电力市场化改革、逐步完善电力现货市场、推进电力清洁低碳转型等方面进一步发力。

关键词　电力市场；现货市场；绿电交易；碳交易

① 杨乾纯，中国石化上海石油化工股份有限公司设备动力部电气设备管理主管师，主要研究方向为电力系统运行和电气设备管理；付广斌，硕士，中国国际石油化工联合有限责任公司市场战略部分析员，主要研究方向为电力市场交易；秦治圆，博士，中国国际石油化工联合有限责任公司市场战略部业务副经理，主要研究方向为电力市场交易和电力政策；龚凯军，硕士，中国国际石油化工联合有限责任公司市场战略部分析员，主要研究方向为电力市场交易。

一、我国电力市场概况

2021 年，我国电力市场继续呈现稳步推进、持续优化的总体趋势。电力消费回暖，消费结构优化；电力装机绿色转型持续推进，能耗指标继续下降；电力总投资创近 10 年新高，电网建设规模逐步扩大。

（一）2021 年全社会电力消费回升，结构日益优化

1. 全社会用电量增速创近 10 年新高

2021 年，在整体经济回暖、外贸出口增长拉动，以及叠加 2020 年因疫情导致的用电量低基数效应影响下，全社会用电量 83128 亿千瓦·时，同比增长 10.3%，比 2019 年同期增长 14.7%，增速创近 10 年新高（见图 1）。

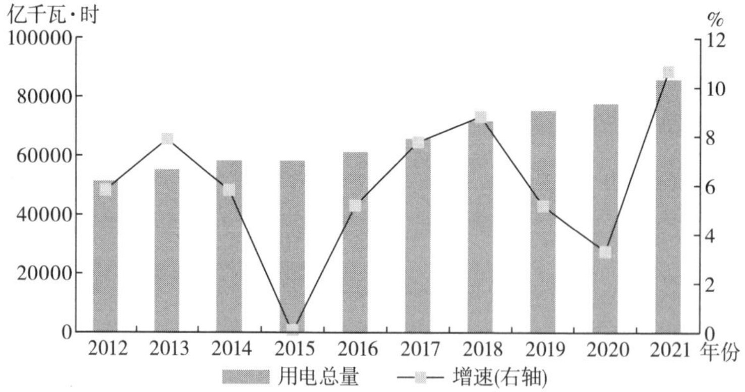

图 1　2012—2021 年全社会用电量及增速情况

资料来源：国家能源局，中国电力企业联合会

2. 电力消费结构持续优化，第二产业用电占比下降

2021 年，全社会电力消费结构进一步优化。随着乡村用电条件的改善，高新技术及装备制造业、充换电等新兴服务业的快速发展，以及第二产业用电效率的持续优化，使得第二产业用电比重下降，第一产业、第三产业和居民用电占比增大。

表 1　2017—2021 年全社会用电结构　　%

产业类别	2017 年	2018 年	2019 年	2020 年	2021 年
第一产业	1.8	1.1	1.1	1.1	1.23
第二产业	70.4	69.3	68.6	68.2	67.52
第三产业	14.0	15.6	16.3	16.1	17.12
居民用电	13.8	14.0	14.1	14.6	14.13

资料来源：国家统计局

（二）电力装机规模持续提升，非化石能源占比首次超过煤电

1. 全国电力装机规模增速放缓

根据国家能源局数据，截至 2021 年底，全国发电装机容量 23.8 亿千瓦，同比增长 7.9%。从过去 10 年的表现来看，近 10 年我国发电装机容量持续增长。2012—2021 年，发电装机容量从 11.5 亿千瓦增长到 23.8 亿千瓦，其中 2012—2015 年持续增长，2015—2019 年装机增速下降，2020 年装机容量大幅上升，主要原因是风电新增装机容量创历史新高。2021 年，随着陆上风电进入平价之年，装机容量有所下滑（图 2）。

2. 绿色转型持续推进，非化石能源装机占比首次超过煤电

根据国家能源局数据，截至 2021 年底，全国火电装机容量 13.0 亿千瓦（煤电 11.1 亿千瓦），占总发电装机容量的 53.7%；水电装机容量 3.9 亿千瓦（常规水电 3.5 亿千瓦，抽水蓄能 3639 万千瓦），占总发电装机容量的 16.1%；风电装机容量 3.3 亿千瓦（陆上 3.0 亿千瓦，海上 2639 万千瓦），占总发电装机容量的 13.6%；太阳能发电装机容量 3.1 亿千瓦（集中式光伏 2.0 亿千瓦，分布式光伏 1.1 亿千瓦），占总发电装机容量的 12.8%。风电并网装机容量连

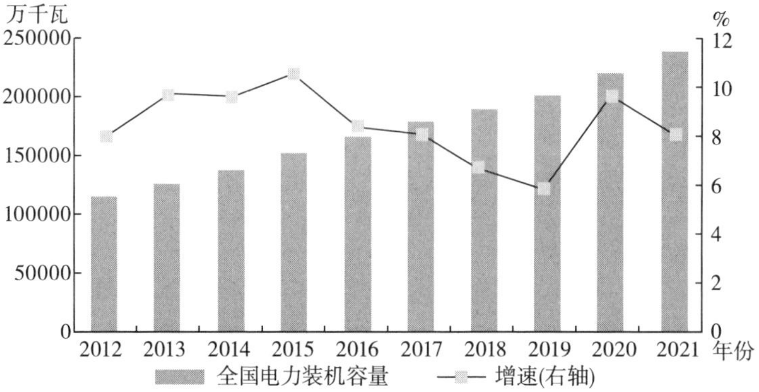

图 2　2012—2021 年全国电力装机及增速情况

资料来源：国家能源局

续 12 年稳居全球第一位，光伏发电并网装机容量连续 7 年稳居全球第一位，海上风电装机跃居世界第一位。核电装机 5326 万千瓦，占总发电装机容量的 2.2%；生物质发电装机 3798 万千瓦，占总发电装机容量的 1.6%（图 3）。

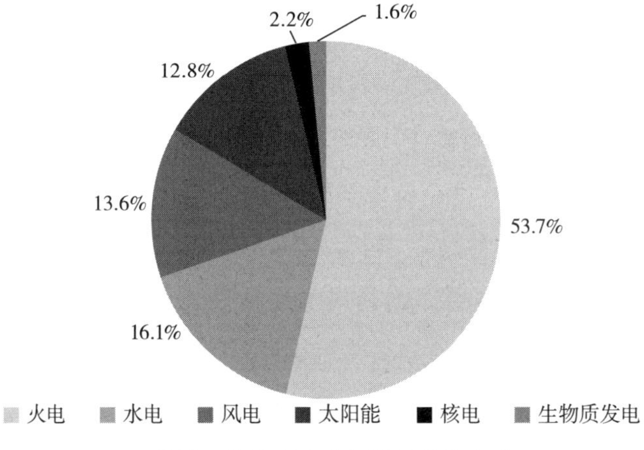

图 3　2021 年末全国装机类型比重

资料来源：国家能源局

2021 年，全口径非化石能源装机 11.2 亿千瓦，同比增长 13.4%，占总发电装机容量比重的 47.0%，首次超过煤电装机规模。2021 年，可再生能源发电累计装机容量 10.3 亿千瓦，与 2015 年底规模相比实现翻番，占全国总发电装机容量的比重达到 43.2%，比 2015 年底提高 10.9 个百分点。

（三）电力供需整体偏紧，能耗指标持续下降

1. 2021 年电力供需形势偏紧，有序用电时有发生

2021 年初，受极端寒潮天气影响，浙江、江苏、湖南、江西、蒙西、安徽、新疆和四川 8 个地区电网采取了有序用电措施。6—8 月迎峰度夏期间，广东、广西、河南、云南、湖南、贵州、江西、蒙西、浙江、重庆、陕西、湖北 12 个地区电网采取了有序用电措施。9—10 月，受电煤等燃料供应紧张、四川等地水电发电量同比减少、电力消费需求较快增长，以及部分地区加强“能耗双控”等多重因素叠加影响，全国共有超过 20 个省级电网采取了有序用电措施，个别地区少数时段出现拉闸限电。

2. 供电标准煤耗持续下降，《全国煤电机组改造升级实施方案》实施

国家能源局数据显示，2021 年全国供电标准煤耗 302. 5 克/千瓦 · 时（图 4），同比下降 2. 4 克/千瓦 · 时，较 2011 年下降 26. 5 克/千瓦 · 时。2021 年 10 月 29 日，国家发展改革委、国家能源局发布《全国煤电机组改造升级实施方案》，规定新建煤电机组，原则上供电煤耗应低于标准煤 270 克/千瓦 · 时。到 2025 年，全国火电平均供电煤耗降至标准煤 300 克/千瓦 · 时以下。

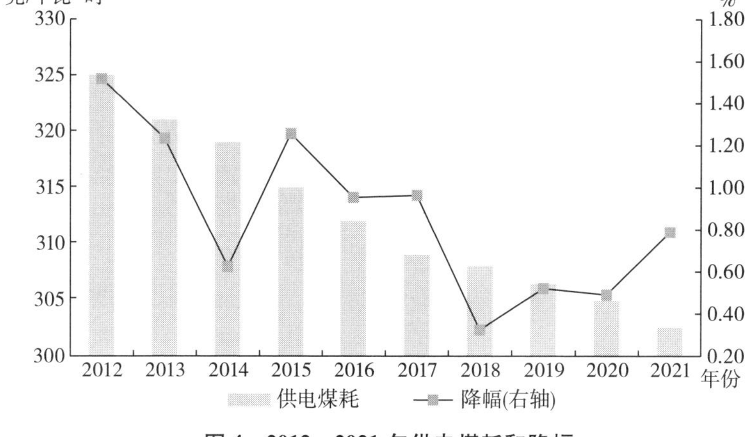

图 4　2012—2021 年供电煤耗和降幅

资料来源：国家能源局

3. 低排放改造稳步推进，碳和污染物减排效果显著

电力行业碳排放量增长有效减少。据中电联数据，2021 年，全国单位火电发电量二氧化碳排放约为 828 克/千瓦 · 时，比 2005 年降低 21.0%；全国单位发电量二氧化碳排放约为 558 克/千瓦 · 时，比 2005 年降低 35.0%。据统计，2006—2021 年，电力行业累计减少二氧化碳排放量约为 215.1 亿吨。其中，非化石能源发展减排贡献率为 56.7%，降低供电煤耗减排贡献率为 41.3%，降低线损率减排贡献率为 2.0%。

燃煤电厂超低排放改造持续推进，截至 2021 年底，全国煤电总装机容量的 93% 实现超低排放。根据中电联统计数据显示，2021 年全国电力烟尘排放总量约为 12.3 万吨，同比降低 20.7%；二氧化硫排放总量约为 54.7 万吨，同比降低 29.9%；氮氧化物排放总量约为 86.2 万吨，同比下降 1.4%（表 2）。污染物排放下降明显。近 10 年间，单位火电发电量的烟尘排放量、二氧化硫排放量、氮氧化物排放量分别由每千瓦时 0.4 克、2.3 克和 2.4 克下降到每千瓦时 0.022 克、0.101 克和 0.153 克。

表 2　2011—2021 年电力行业污染物排放总量情况　　单位：万吨

污染物	2011年	2012年	2013年	2014年	2015年	2016年	2017年	2018年	2019年	2020年	2021年
烟尘	155	151	142	98	40	35	26	21	18	15.5	12.3
二氧化硫	913	883	780	620	200	177	120	99	89	78.0	54.7
氮氧化物	—	948	834	620	180	155	114	96	93	87.4	86.2

资料来源：国家能源局，中国电力企业联合会

（四）全国电力投资创 10 年新高，电网建设规模逐步扩大

1. 电力总投资持续增加，电源投资占比高于电网

国家能源局数据显示，2021 年全国电力行业总投资 1.05 万亿元，同比增长 2.9%，为近 10 年最高水平。其中，电源建设投资 5530 亿元，电网建设投资 4951 亿元。2018 年以来，电力总投资额连年增长，2021 年全国电源建设投资占电力投资的比重为 52.8%，电网建设投资占电力投资的比重为 47.2%。

从近10年数据看，电网投资占比在“十二五”期间整体呈上升趋势，“十三五”期间整体呈下降趋势，“十四五”开年持续降低（图5）。2018年，电网投资接近电源投资2倍，为近10年峰值，随后电网投资占比持续降低。2021年，电网投资完成4951亿元，同比降低1.1%，较上年少投资55亿元。电源投资连续升高，2020年电源投资占比超过电网，2021年占比继续提升，较电网多投资579亿元。

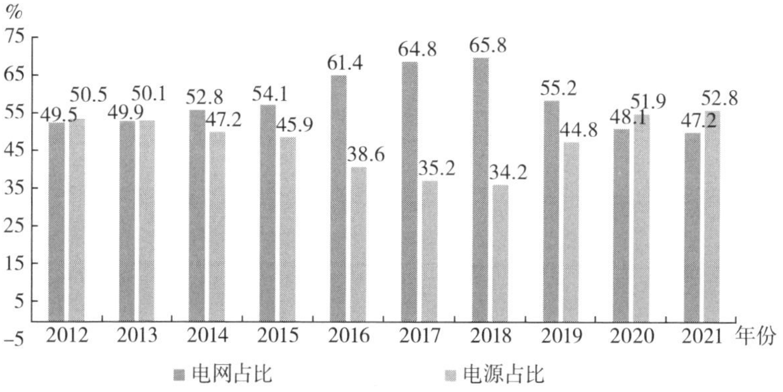

图5　2012—2021年电网和电源投资占比情况

资料来源：中电联

2. 电网投资整体呈现下降趋势，投运规模平稳增长

2021年，全国电网基本建设投资完成4951亿元，同比降低1.1%。从近10年数据看，电网投资占比在“十二五”期间整体呈现上升趋势，“十三五”期间整体呈现下降趋势，“十四五”开年继续降低。

2021年，全国新增220千伏及以上变电设备容量24334万千伏安，比上年多投产2046万千伏安，同比增长9.2%；全国新增220千伏及以上输电线路回路长度3.2万千米，较上年少投产2809千米，同比减少8%；新增直流换流容量3200万千瓦，比上年少投产2000万千瓦，同比下降38.5%。截至2021年底，全国220千伏及以上变电设备容量共49.4亿千伏安，同比增长5.0%；220千伏及以上输电线路回路长度共84万千米，同比增长3.8%。

二、我国电力市场改革及体系建设

（一）我国电力市场的改革

2002 年 4 月，国务院下发《电力体制改革方案》（国发〔2002〕5 号）（以下简称《方案》），正式开启了 21 世纪的第一轮电改。《方案》中规定“开展发电企业向大用户直接供电的试点工作，改变电网企业独家购买电力的格局”，按照确定“厂网分开、主辅分离、输配分开、竞价上网”的原则，成立国家电网、南方电网两大电网公司和华能、大唐、国电、华电、中电投五大发电集团和四家辅业集团公司等，为电力市场化改革奠定了基础。

2015 年 3 月 15 日，中共中央、国务院发布《关于进一步深化电力体制改革的若干意见》（中发〔2015〕9 号），标志着新一轮电改正式拉开序幕。针对中长期市场，国家发展改革委、国家能源局在 2016 年 12 月印发《电力中长期交易基本规则（暂行）》（发改能源〔2016〕2784 号），此后于 2020 年 7 月发布《电力中长期交易基本规则》（发改能源规〔2020〕889 号），对各地区组织开展年、月、周等日以上电力直接交易、跨省跨区交易、合同电量转让交易，以及辅助服务补偿（交易）等方面建立了制度框架。

针对现货市场，2017 年 8 月，国家发展改革委、国家能源局联合下发《关于开展电力现货市场建设试点工作的通知》（发改办能源〔2017〕1453 号），选择南方（以广东起步）、蒙西、浙江、山西、山东、福建、四川、甘肃等 8 个地区作为第一批试点，加快组织推动电力现货市场建设工作。2019 年 7 月，国家发展改革委、国家能源局印发《关于深化电力现货市场建设试点工作的意见》（发改办能源规〔2019〕828 号），对电力现货市场模式、衔接机制、规范运作、系统建设等方面提出了指导意见。2021 年 4 月，国家发展改革委、国家能源局联合印发《关于进一步做好电力现货市场建设试点工作的通知》（发改办体改〔2021〕339 号），拟选择上海、江苏、安徽、辽宁、河南、湖北等 6 省市为第二批电力现货试点，引导新能源项目 10% 的预计当期电量通过市场化交易竞争上网，市场化交易部分可不计入全生命周期保障收购小时数。

2021 年 10 月，国家发展改革委印发《关于进一步深化燃煤发电上网电价市场化改革的通知》（发改价格〔2021〕1439 号）（以下简称《通知》）。《通知》指出，按照电力体制改革“管住中间、放开两头”总体要求，进一步深化燃煤发电上网电价市场化改革，是发挥市场机制作用保障电力安全稳定供应的关键举措，是加快电力市场建设发展的迫切要求，是构建新型电力系统的重要支撑。《通知》明确了 4 项重要改革措施：一是有序放开全部燃煤发电电量上网电价。燃煤发电电量原则上全部进入电力市场，通过市场交易在“基准价 + 上下浮动”范围内形成上网电价。二是扩大市场交易电价上下浮动范围。将燃煤发电市场交易价格浮动范围由现行的上浮不超过 10%、下浮原则上不超过 15%，扩大为上下浮动原则上均不超过 20%，高耗能企业市场交易电价不受上浮 20% 限制。三是推动工商业用户都进入市场。有序推动尚未进入市场的工商业用户全部进入电力市场，取消工商业目录销售电价。对暂未从电力市场直接购电的工商业用户由电网企业代理购电。鼓励地方对小微企业和个体工商户用电实行阶段性优惠政策。四是保持居民、农业、公益性事业用电价格稳定。居民（含执行居民电价的学校、社会福利机构、社区服务中心等公益性事业用户）、农业用电由电网企业保障供应，保持现行销售电价水平不变。《通知》要求，强化保障措施，确保改革平稳落地。一是全面推进电力市场建设。有序放开各类电源发电计划，健全电力市场体系，加快培育合格售电主体。二是加强与分时电价政策衔接。加快落实分时电价政策，出台尖峰电价机制，做好市场交易与分时电价政策的衔接。三是避免不合理行政干预。要求各地严格按照国家相关政策推进电力市场建设，对市场交易电价的合理浮动不得进行干预。四是加强煤电市场监管。及时查处违法违规行为，维护良好的市场秩序；指导发电企业特别是煤电联营企业合理参与电力市场报价。

（二）我国电力市场体系建设概况

我国电力市场体系包括市场主体、交易对象、交易类型、价格形成机制等诸多方面的内容，根据市场性质、交易品种、时间等不同维度又可以划分为不同的子市场。在时间维度上，电力市场可以分为中长期市场和现货市场，我国将多年、年、季、月、周等日以上时间尺度的市场定义为中长期市场，而将日前、日内、实时等时间尺度的市场定义为现货市场。电力中长期市场和现货市场两者互为补充并相互协调。现货价格为中长期交易提供参考，现货价格、中长期价格逐渐趋同维持市场动态平衡。

目前，我国的中长期市场主要开展电能量交易、发电权交易与合同转让交易。在实践过程中各省开展了年度电量交易、月度电量交易、月内（多日）电量交易等针对不同交割周期的电量交易。电能量交易包括集中交易和双边协商交易两种方式，其中集中交易又包括集中竞价交易、滚动撮合交易和挂牌交易 3 种形式。按照《电力中长期交易基本规则》，我国政府部门应当在每年 11 月底前确定并下达次年跨区跨省优先发电计划、省内优先发电计划和基数电量，各地按照年度（多年）、月度、月内（多日）的顺序开展电力交易。

目前，我国电力现货市场仍处在试点阶段，各试点市场根据自身特点采取的现货交易规则也存在一定差异。在市场模式的选择上，广东、浙江、山西、山东、甘肃、四川等省在一开始便选择了集中式市场模式，而蒙西和福建则采用了分散式市场模式。但随着试运行的推进，福建最新的现货交易规则显示其也已开始采用集中式来组织现货交易。这两种市场模式在交易规则上的差异主要体现在中长期和现货市场的衔接方式上，集中式模式的省内中长期交易采用差价合约管理市场风险，无须物理执行，配合现货交易采用全电量集中竞价。而分散式模式以中长期实物合约为基础，需要物理执行，发用双方在日前阶段自行确定日发用电曲线，通过中长期交易电量日分解机制实现中长期交易和现货交易。此外，各试点市场在现货市场定价机制（节点电价、区域电价等）、市场组成（日前市场、实时市场等）、报价机制（发用两侧单边或双边报价）等方面均存在一定的差异。除试点市场外，其他非试点地区也已全面启动现货市场建设，当前我国各地区的电力现货市场处于加快推进阶段。

三、我国电力市场发展趋势和方向

自 2015 年新一轮电力体制改革以来，我国电力市场建设稳步有序地推进，市场化交易电量比重大幅提升，多元主体竞争格局初步形成，尤其是电力现货试点建设取得重大进展，首批试点中山西、山东、广东等地已实现长周期连续运行，市场在资源优化配置中的作用显著增强。但是，我国电力市场仍然存在体系不完整、功能不完善、交易规则不统一、跨省跨区交易留有壁垒、新能源消纳能力不足等问题，需进一步完善有关功能。2021 年 11 月 24 日，中央全面深化改革委员会第二十二次会议审议通过了《关于加快建设全国统一电力市场体系的指导意见》（以下简称《指导意见》）。《指导意见》在国家“双碳”战略目标指引下，为解决我国当前电力市场改革过程中面临的深层次问题指明方向，更好地厘清市场与政府的关系，有助于统筹衔接各级市场机制，充分发挥市场在价格形成、价格传导和资源配置中的决定性作用。

（一）建立全国统一电力市场

根据《指导意见》，我国将通过加快建设国家电力市场、推进省（自治区、直辖市）/区域电力市场建设和推进跨省跨区市场间开放合作来健全多层次的统一电力市场体系；通过规范统一的市场基本交易规则和技术标准，加强信息共享与披露，破除跨省跨区电力交易壁垒。建设目标设定为到 2025 年，全国统一电力市场体系初步建成，国家市场与省区市场协同运行，电力中长期、现货、辅助服务市场一体化设计、联合运营；到2030年，全国统一电力市场体系基本建成，国家市场与省区市场联合运行，新能源全面参与市场交易，电力资源在全国范围内得到进一步优化配置。《指导意见》按照“宜省则省，宜区则区”的原则，从“两个层面”“两个维度”提出统一市场体系建设的具体方向：在国家层面，研究适时组建全国电力交易中心，构建适应国家电力市场发展的交易平台；在地区层面，稳步推进省/区域市场建设，提高省域内电力资源配置效率。在各级市场协同运行方面，引导多层次电力市场协同运行，支持省级市场与国家市场融合发展，支持多省联合形成区域市场后与国家市场融合发展。在跨省跨区交易融合方面，将有序推进跨省跨区市场间开放合作，分类放开跨省跨区优先发电计划，推动将国家送电计划、地方政府送电协议转化为政府授权的中长期合同。

（二）电力现货市场逐步完善

近年来，我国电力现货市场建设进展迅速，规则不断完善，市场运行逐渐趋于成熟。2017年，南方（以广东起步）、蒙西、浙江、山西、山东、福建、四川、甘肃8个地区作为第一批试点地区启动电力现货市场建设，上海、江苏、安徽、辽宁、河南、湖北6个省市在2021年启动第二批现货试点，目前14个地区均已开展长周期结算试运行或模拟试运行。此外，非试点地区也在加快推进现货市场建设，全国27个省份陆续开展现货市场方案研究及试验，大部分非试点省份计划于明后年启动现货市场试运行。市场建设运行方面，市场主体逐渐丰富、规则进一步完善，市场衔接更趋成熟。首先，参与现货市场的主体不断扩大，所有工商业用户、绝大部分发电机组进入市场，分布式光伏等新兴主体涌入，抽水蓄能、储能、虚拟电厂、需求弹性用户等调节性资源为市场注入更多灵活性，售电市场机制与规则也将同步完善，市场主体交易意识增强。其次，现货市场交易规则不断完善，政策性发用电计划有望全部放开，一次能源成本传导机制逐步完善，现货属性的中长期曲线合约将更好地衔接市场时序，辅助服务市场种类更加全面丰富，并将逐步过渡到与电能量市场联合出清，市场出清方法与机制更加科学，促进市场平稳有序发展。最后，多层级现货市场有序衔接，区域间资源要素合理流动。区域电网建设与特高压输电通道建设统筹发展，科学经济规划电力传输网络，促进跨省跨区电力现货交易物理条件逐步完善，为合理疏导电网建设成本、优化电源建设及能源传输使用、提升新能源消纳能力发挥建设性作用。

（三）推动电力市场清洁低碳转型

习近平总书记强调，要持续推进能源结构调整，积极推进水电、气电等清洁能源开发，保持风电、太阳能发电快速发展，积极安全有序地发展核电。“十四五”时期及今后一段时期是能源电力转型的关键期，可再生能源将逐步成长为装机的主力电源。预计到2025年和2030年，全国风电装机分别达到4.0亿千瓦和5.8亿千瓦，太阳能发电装机分别达到5.0亿千瓦和7.8亿千瓦，常规水电装机分别达到3.7亿千瓦和4.4亿千瓦。随着新能源电力占比逐步提高，电力系统需求多元化、供应随机化、平衡概率化、资源时空匹配难度大等特点凸显。与此同时，当前市场交易的电能主要还是煤电，以风电、光伏发电为代表的新能源电力仅少量参与绿电专场交易，新能源进现货市场交易机制仍不健全，环境价值和出力曲线价值难以体现，新能源跨区跨省交易途径未全面打通，储能匹配及微电厂的支持作用未全面发挥，市场机制促进新能源消纳仍有潜力。因此，以火电灵活性改造、智能数字电网、低成本高效储能、特高压输电线路为物理基础，以多元市场主体参与、多时空层次灵活衔接、现货与辅助服务全面发展的市场机制为基础，以网架结构广泛互联、调节能力灵活柔性、通信运营智能互动、支撑基础安全可控为目标的新型电力系统建设刻不容缓。

（四）打通绿电交易和碳交易互认环节

绿色电力是降低碳排放、助力“双碳”目标实现的重要手段，但在当前实际情况中两者在溯源、统计、传递及市场机制等方面还存在很多不相容的地方，且碳排放和电力的管理分属不同主管部门，国家层面尚未出台正式文件明确碳排放权和绿电、绿证之间的互认关系。在企业实际操作过程中，还无法实现通过使用绿电或购买绿证获得零排放的认证，在碳盘查核算时无法抵销相应的碳减排量。2022 年 4 月，湖北省在电碳协同方面实现突破，在年内首场绿电交易中，湖北电力交易中心、湖北碳排放权交易中心对参与交易的 8 家电力用户颁发了共同认证的“绿色电力交易凭证”，这是全国首批电碳市场双认证的“绿电交易凭证”。预计，国家将加快出台相关政策明确绿电、绿证和碳交易的关系，打通互认的关键环节，积极推动企业开展绿电交易和碳交易，促进绿电消纳和企业低碳战略转型，助力绿色低碳的新型电力系统建设。

参考文献

[1] 中国电力企业联合会. 中国电力行业年度发展报告2022[R]. 2022.

[2] 王雪辰,崔晓利. 我国电力发展与改革形势分析2022[R]. 2022.

[3] 孙庆南. 现状和趋势:鸟瞰中国电力市场[R]. 2022.

[4] 陆皓勇. 新形势下电力市场风险日益增强,如何应对[R]. 2022.

新型电力系统建设背景下我国新能源发展面临的主要挑战与应对措施

吴　迪　康俊杰　杨富强　杨　雷①

摘　要　我国有丰富的新能源资源禀赋，过去10年借助政策支持和技术进步，新能源产业得到高速发展。我国目前是全球最大的新能源装机国，具备世界领先的产业链和供应链制造能力。未来新能源行业的高质量发展是我国实现电力行业清洁、低碳、安全、高效发展，积极落实“碳达峰”与“碳中和”目标的重要途径之一。然而，在构建以新能源为主体的新型电力系统过程中，我国将面临经济性、高效性、安全性等一系列问题，具体表现为新能源高速发展背景下系统整体并网消纳成本的大幅增加，不健全的市场机制导致的电力资源无法实现良好的优化配置和互济支援，波动性电源大规模并网对系统安全稳定运行造成冲击，新能源制造业中矿产资源和稀土资源的供应安全风险等。为了应对这些挑战，我国要持续加强电力系统的灵活调节能力、构建公平高效的电力市场、充分发挥电力多元转换（Power－to－X）的互补效应、强化分布式能源与微电网的发展格局，以及促进循环经济和“新能源＋”的发展。

关键词　新能源；经济性；安全性；市场机制

①　吴迪，硕士，北京大学能源研究院电力分析师；康俊杰，博士，北京大学能源研究院副研究员；杨富强，博士，北京大学能源研究院特聘研究员；杨雷，博士，北京大学能源研究院副院长。

一、我国新能源发展现状

（一）我国新能源资源禀赋丰富

相较“富煤、贫油、少气”的化石能源资源禀赋，我国各种新能源资源禀赋丰富。风能方面，2021年全国陆上70米和100米高度年平均风速分别约为5.5米/秒和5.8米/秒，年平均风功率密度约为197瓦/平方米和235瓦/平方米。2020年，近海主要海区70米和100米高度年平均风速分别约为8.1米/秒和8.3米/秒，年平均风功率密度约为573瓦/平方米和632瓦/平方米。我国100米高度风能最丰富的地区（前10%）平均风速和功率密度分别达8.93米/秒和669瓦/平方米，高于德国的595瓦/平方米、8.45米/秒，略低于美国的991瓦/平方米、8.97米/秒。

太阳能方面，2021年全国水平面年平均总辐照量为1493千瓦·时/平方米。根据我国太阳能资源总量的划分，2021年全国太阳能资源属于很丰富。我国太阳能资源地区差异性较大，呈现西部地区大于中东部地区，高原、少雨干燥地区大于平原、多雨高湿地区。我国太阳能资源最丰富带（年辐射总量大于1750千瓦·时/平方米）的国土面积占比约为22.8%，很丰富带（年辐射总量在1400~1750千瓦·时/平方米）的国土面积占比约为44%，较丰富带（年辐射总量在1050~1400千瓦·时/平方米）的国土面积占比约为29.8%，一般带（年辐射总量在1050千瓦·时/平方米以下）的国土面积占比约为3.3%。此外，我国每千瓦太阳能装机的最大功率在2.21~5.82千瓦·时，高于德国的2.72~3.32千瓦·时，与美国的太阳能资源禀赋相当（2.32～5.47 千瓦·时）。

（二）新能源装机快速增长，产业链水平不断提升

“十三五”时期以来，在政策推动和技术进步等因素的综合作用下，我国新能源装机与发电量快速上升。装机方面，风电装机从 2015 年的 13075 万千瓦增至 2021 年的 32871 万千瓦，光伏装机从 2015 年的 4318 万千瓦增至 2021 年的 30654 万千瓦。风电、光伏装机占总装机的比重分别从 2015 年的 8.6% 和 2.8% 上升至 2021 年的 13.8% 和 12.9%。发电量方面，风电发电量从 2015 年的 1858 亿千瓦·时增长到了 2021 年的 6558 亿千瓦·时，光伏发电量从 2015 年的 395 亿千瓦·时增长到了 2021 年的 3270 亿千瓦·时（图 1）。风电、光伏发电量占总发电量的比重分别从 2015 年的 3.2% 和 0.7% 上升至 2021 年的 7.8% 和 3.9%。我国目前是全球最大的新能源装机国，风电和光伏装机分别占世界总装机的 40% 和 36%。

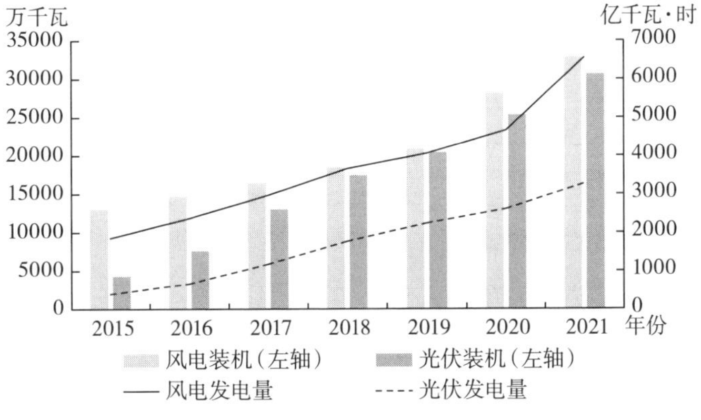

图 1　我国风电与光伏装机与发电量变化情况（2015—2021 年）

资料来源：中电联

我国还拥有世界领先的新能源全产业链和供应链制造能力。光伏形成了从上游原材料采集加工、中游电池片组件制造以及下游光伏电站建设运营的全球最完善的产业链。我国生产的多晶硅、硅片、电池片、组件产量

分别占全球的76%、96%、83%和70%。我国晶硅电厂转换效率和电池组件功率持续提升,2021年规模化生产的p型单晶电厂均采用发射极和背面钝化电池(PERC)技术,平均转换效率达到23.1%,PERC电池片市场占比也进一步提升至91.2%。采用166毫米、182毫米、210毫米尺寸的PERC单晶电池的组件功率已分别达到455瓦、545瓦和660瓦。

风电方面,我国是全球最大的装备基地,产量占全球的2/3以上,建成了涵盖风电开发建设、设备制造、技术研发、检测认证、配套服务的成熟产业链。我国风电机组单机容量和塔筒高度进一步增大,陆上风电5兆瓦级机组进入商业化时代,海上10兆瓦级机组并网成功。

(三)新能源利用率处在较高水平,市场化程度稳步提升

2021年,我国风电平均利用率为96.9%,同比提高0.4个百分点,较2015年提升12.4个百分点。全国有14个省份风电利用率达100%,其中湖南、甘肃和新疆风电利用率同比显著提升。湖南风电利用率为99%、甘肃风电利用率为95.9%、新疆风电利用率为92.7%,同比分别提高4.5个百分点、2.3个百分点、3.0个百分点。此外,我国风电设备利用小时数达2232小时,较上年提高154小时,创10年新高。

2021年,我国光伏平均利用率为98%,与上年基本持平,较2015年提升8.8个百分点(见图2)。全国有14个省份光伏利用率达到100%,仅有青海和西藏的光伏利用率低于95%。太阳能发电设备利用小时数为1281小时,高于过去5年平均水平。利用小时数较高的地区分别为东北地区和华北地区,分别为1471小时和1229小时。

此外,为了促进新能源的开发利用,新能源电量市场化程度逐渐提高。各地新能源市场化交易的方式主要包括新能源与大用户直接交易、新能源与火电发电权交易、新能源跨省区外送等中长期交易、新能源跨区和省内现货交易以及建立调峰辅助服务市场等。2020年,新能源市场化交易电量为1572亿千瓦·时,同比增长8.3%,占新能源发电量的21.6%。

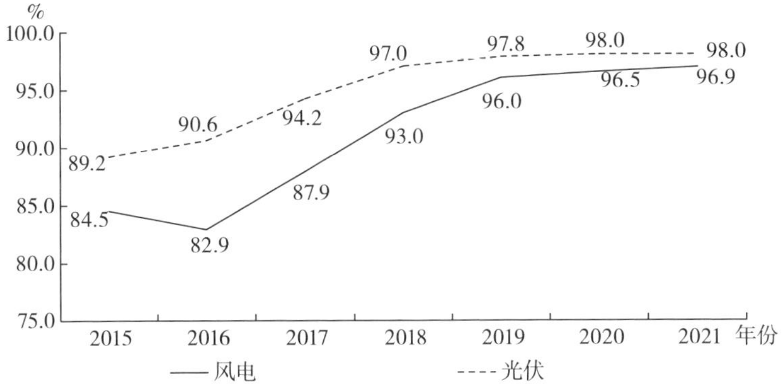

图 2 我国新能源利用率情况（2015—2021 年）

资料来源：国家能源局

二、我国新能源发展面临的挑战

2021 年 3 月 15 日，中央财经委员会第九次会议提出，要“实施可再生能源替代行动，深化电力体制改革，构建以新能源为主体的新型电力系统”。加快构建适应新能源占比逐渐提高的新型电力系统，已经成为电力行业清洁、低碳、安全、高效发展的主要途径。

新型电力系统是未来以新能源为主的我国能源系统的主体，将根本改变目前我国以化石能源为主的发展格局，实现能源消费的电气化和电力消费的清洁化。在新型电力系统建成后，我国电能在终端用能的比重在 70% 以上，非化石能源发电量占总发电量的比重在 95% 以上。我国构建新型电力系统总体分为两个阶段，第一阶段到 2035 年，第二阶段到 2060 年，分别称为构建新型电力系统的 1.0 阶段和 2.0 阶段。在 1.0 阶段，电力在我国能源系统中的地位得到持续加强，增量能源消费以电力消费为主。在 2.0 阶段，新能源开始大规模替代存量化石能源，电力系统和能源系统之间的界线逐渐模糊。

我国在构建新型电力系统的过程中，在不同时期将面临不同的挑战与困难。在 1.0 阶段，我国将主要面临经济性和高效性的问题。一方面，在新能源高速发展背景下系统整体并网消纳成本大幅增加；另一方面，不健全的市场机制导致电力资源无法实现大范围的优化配置，以及灵活性资源无法有效发挥对新能源的调节支撑作用。在 2.0 阶段，随着新能源制造成本和消纳成本的持续下降，以及市场机制建设的不断完善，我国将主要面临安全性问题，包括波动性电源大规模并网对系统的安全稳定运行造成的冲击，以及新能源制造业中矿产资源和稀土资源安全稳定供应的问题。

（一）经济性

在新型电力系统的 1.0 阶段，我国新能源度电成本不断下降，但消纳成本不断上升，预计总体利用成本仍将保持上升态势。在政策推动、技术进步和规模效益的综合作用下，可再生能源度电成本在过去 10 年持续下降。2021 年全球光伏、陆上风电、海上风电的初始成本较 2010 年水平分别下降了 82%、35% 和 41%，平准化度电成本（LCOE）相较 2010 年水平分别下降了 88%、68% 和 60%（见表 1）。

表 1　全球风光发电价格变化（2010—2021 年）

	初始投资成本（USD/kW，2021 年价格）			利用小时数/h			平准化度电成本（USD/kWh，2021 年价格）		
	2010 年	2021 年	变化率/%	2010 年	2021 年	变化率/%	2010 年	2021 年	变化率/%
光伏	4808	857	-82	1226	1489	25	0.417	0.048	-88
光热	9422	9091	-4	2628	7008	167	0.358	0.114	-68
陆上风电	2042	1325	-35	2365	3416	44	0.102	0.033	-68
海上风电	4876	2858	-41	3328	3416	3	0.188	0.075	-60

资料来源：IRENA

在成本持续下降的全球大背景下，我国新能源发电上网电价经历了固定电价、竞争性配置指导价和无补贴上网 3 个阶段。2021 年，我国陆上风电、光伏的 LCOE 分别为 31～59 美元/兆瓦·时和 31～61 美元/兆瓦·时，低于燃煤电价 56～76 美元/兆瓦·时（见图 3），风光已在 2021 年实现了全面平价上网。

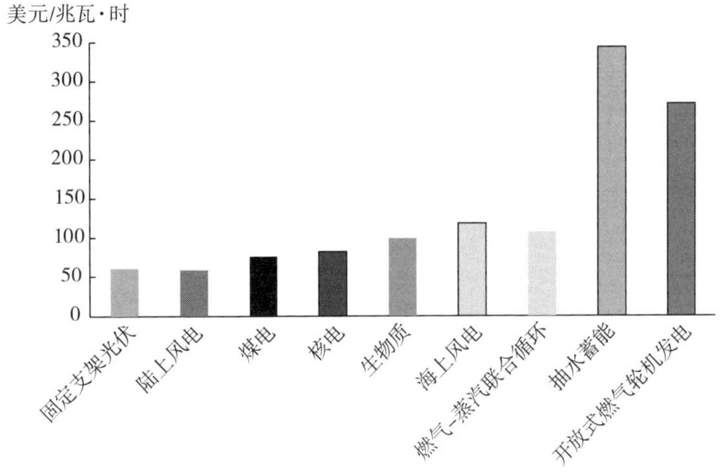

图 3　2021 年中国不同电源平均度电成本

资料来源：Bloomberg

然而，在新能源大规模平价，甚至折价上网的同时，电力系统整体的消纳成本却不断上升，这包括灵活性电源的投资与改造成本、系统调节运行成本、大电网扩展及补强投资成本，以及接网及配网投资成本。

灵活性电源的投资与改造成本包括煤电、核电等传统基荷电源的改造成本和气电、抽水蓄能等灵活性电源的建设成本。以煤电为例，灵活性改造单位千瓦调峰容量成本为 500～1500 元，一台 30 万千瓦的煤电机组增加 20% 的最小出力的改造成本约 6000 万元。系统调节运行成本包括煤电深度调峰增加的运行成本以及抽水蓄能、新型储能等运行成本。煤电机组的频繁启停和低负荷运行不仅影响机组寿命，还将导致煤耗增加、能效下降。煤电机组每降低负荷 10%，煤耗约增加 5%，度电成本约上升 3.5%。当前抽水蓄能和新型储能的运行成本也相当昂贵，抽水蓄能的度电成本与开放式燃气机组相当。装机规模 20%、储能时间 2 小时的电化学储能将导致光伏和风电企业初始投资成本分别提高 8%～10% 和 15%～20%。另外，两者为大电网和配电网的改造和投资成本，包括变电站的改造扩容、输电线路建设、与数字基础设施的融合发展等，以持续提高电网对新能源的接纳能力。

在新型电力系统1.0阶段，当新能源的渗透率超过10%以后，系统整体消纳成本将快速增长，有关研究预计2025年、2030年的消纳成本分别约为2020年的2.4倍和4倍。随着新能源的大规模发展，面对高昂的消纳成本，我国势必要将一部分成本转嫁至下游，由企业和消费者承担。但在我国刚刚完成全面脱贫，还有6亿人口月收入不足1000元的情况下，提升能源价格将对我国能源可及性、能源公平性、经济社会稳定发展带来不可预知的不利影响。

（二）市场机制建设

在新型电力系统1.0阶段，我国市场机制建设的滞后限制了电力市场的高效有序运转。中共中央、国务院于2015年发布的《关于进一步深化电力体制改革的若干意见》（以下简称“9号文”）的出发点和指导思想是理顺价格形成机制，并通过市场化竞争的方式努力降低电力成本，然而改革在实际执行过程中却违背了“市场化”的初心，逐渐被简单粗暴地理解并执行成了降低电价水平，“降电价”甚至成为改革的最主要目标。过分强调“降电价”不仅与建设有效还原电力商品属性的市场机制不符，而且难以满足当前我国构建新型电力系统、落实“碳达峰”与“碳中和”目标的要求，进而致使进入“深水区”的电改走进死胡同。

一方面，我国仍未建立起高效运转的电力现货市场和辅助市场。2021年，我国市场化交易电量达3.78万亿千瓦·时，占全社会用电量的45.5%（见图4）。另一方面，我国电力市场化交易仍以中长期交易为主，占总交易电量的比重超过80%。现货市场和辅助市场的不完善导致新能源机组不能利用边际成本低的优势在现货市场获得稳定收益，各灵活性资源无法获得良好的投资回报，缺乏提供辅助服务的内生动力，无法为支撑新能源大规模并网消纳做出积极贡献。

现货市场方面，我国只有8个省级现货市场试点（广东、浙江、山

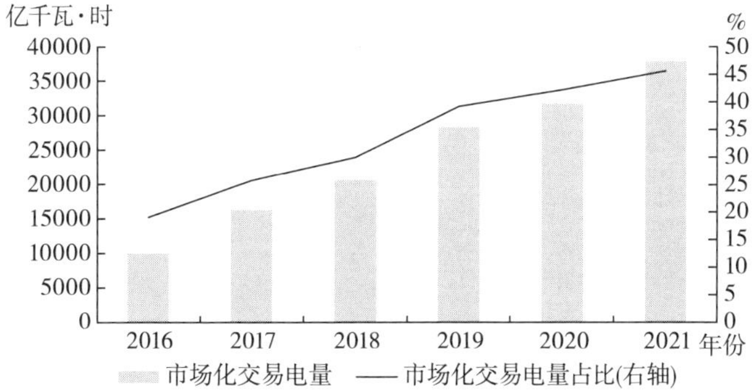

图4　我国市场化交易电量的变化情况

资料来源：中国电力企业联合会

西、甘肃、山东、福建、四川、蒙西)，完成了短周期和长周期的结算试运行工作。第二批6个试点省份正加紧完善交易规则（上海、江苏、安徽、辽宁、河南、湖北)。目前，我国仍未建立起全国和区域范围内的现货市场，试点城市的现货市场也仍处于探索阶段，深入推进面临诸多挑战。例如，参与各地现货市场的机组包括电量、电价由市场决定的市场化机组（主要为煤电、自备电厂等）和“保量保价”的非市场化机组（主要为新能源、核电、跨省跨区外送电等)，尤其是目前新能源仍需依靠带有很强计划经济色彩的“合理利用小时数”进行补贴确权和“保障性并网规模”保障上网消纳。市场电和计划电“双轨制”的存在，及其带来的大量的不平衡资金和分担问题，已经对电力现货市场的深入改革造成了严重阻力。

辅助市场方面，我国虽自2019年以来陆续启动了区域和省级电力辅助服务市场，初步形成了调峰、调频、备用等辅助服务产品体系，但在市场初期，我国试点区域辅助服务市场建设仍面临辅助性质产品单一、补偿机制不合理、省间壁垒严重等一系列问题。例如，东北辅助服务市场试点方案主要围绕调峰服务开展，辅助服务的提供方也只考虑火电和水电机组。方案规定火电机组的出力系数为40%～50%时，竞价为0～0.4元/千瓦·时；火电机组的出力系数小于40%时，竞价为0.4～1元/千瓦·时。该成本由风电、光伏、核电和其他不提供辅助服务的火电机组支付，其中供热期风电场、光伏电站和核电厂的分摊费用更是按照其电量的 2 倍计算。这种竞价限制和成本分摊机制所产生的问题将随着新能源的规模化发展逐步显现出来。竞价限制将导致火电机组提供辅助服务的意愿降低，而成本分摊机制将迫使新能源和提供基荷服务的核电所承担的经营成本逐渐增加，影响项目回报率，乃至其长久稳定地发展。

再如，2022 年南方区域新版“两个细则”虽扩大了辅助服务的参与主体（包括传统能源机组、新能源机组、储能电站等），增加了辅助服务的品种（包括调峰、调频、稳定切机、稳定切负荷、转动惯量、快速爬坡等），但辅助服务仍采用固定补偿机制，较大地依赖人为设定，没有通过市场化竞价机制实现资源的优化配置，发现各辅助服务费用真正的成本。此外，新型储能电站、抽水蓄能电站能获得更高的调峰补偿标准和调用优先级，而风电、光伏不参与调峰辅助服务也有违市场的公平公正性。

此外，考虑到未来将有越来越多的传统能源机组转变为调峰机组，还有相当一部分的煤电机组“关而不拆”，转为应急备用电源。而我国还未建立起成熟有效的容量市场，容量市场的缺失将导致传统能源机组在利用小时数不断走低的情况下出现大面积亏损风险，无法发挥对我国电力系统的兜底保障作用。

一方面，2021 年 12 月国家能源局印发的《电力辅助服务管理办法》和 2022 年 1 月国家发展改革委、国家能源局印发的《关于加快建设全国统一电力市场体系的指导意见》拉开了我国新一轮电力体制改革的序幕，政策旨在深化电力辅助服务市场机制建设，加快建设全国统一的电力市场体系，提升电力系统稳定性和灵活调节能力，发挥电力市场对电力清洁低碳转型的支撑作用。政策具备前瞻性的指导思想，但具体细化措施和执行效果仍有待进一步观察。

另一方面，“9 号文”明确提出要有序向社会资本放开配售电业务，鼓励以混合所有制方式发展配电业务，但 7 年来电网统购统销和输配一体化的局面并未发生根本性改变，这导致我国建设改造配电网、开展隔墙售电、培育售电公司等一系列举措困难重重，进展十分缓慢。例如，售电公司因在电力用户面前缺乏“结算权”和权威性，无法有效集聚相关技术、人才和资本，为用户带来真正有市场竞争力的服务项目和产品；“隔墙售电”由于用户不缴纳上一级电压等级的输电价格，且涉及切割电网原有利益，导致电网抵触情绪较大，开展困难。

此外，我国现有的终端用户电价普遍较低，存在严重的交叉补贴问题，构建新型电力系统过程中的经济成本无法有效向需求侧传导，这不仅不利于电价反映用户用电的真实成本，也对促进新能源长久稳定发展和保障供电安全稳定造成严峻挑战。2020 年，我国平均工业电价和居民电价分别为 0. 087 美元/千瓦·时和 0. 08 美元/千瓦·时，仅分别为 OECD 国家的 70% 和 40%，甚至低于经济发展程度不如我国的新型工业化国家（见图 5）。2021 年波及 20 余省的“拉闸限电”与我国电价无法向终端用户传导关系密切，彼时我国煤炭现货价格一度突破 2000 元/吨，煤电厂仅燃料成本就超过了 0. 6 元/千瓦·时，加上日常维护检修、人员工资等费用，总成本远超我国平均 0. 4 元/千瓦·时的煤电标杆电价。成本倒挂、入不敷出导致煤电厂资

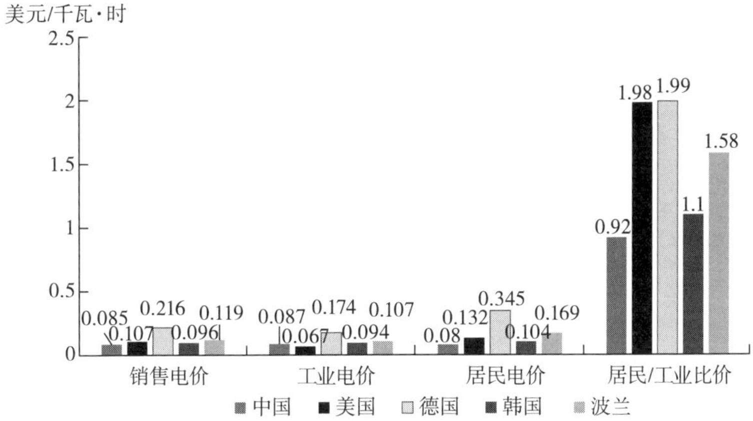

图 5　2020 年我国与其他国家电价比较

资料来源：国网能源研究院

金链濒临断裂风险，电厂虽有保供职责，但增加出力的动力明显不足，甚至为避免亏损宁可选择停机检修，最终加重了本轮“拉闸限电”的危害程度。

2021 年 7 月和 2021 年 10 月先后印发的《国家发展改革委关于进一步完善分时电价机制的通知》和《国家发展改革委关于进一步深化燃煤发电上网电价市场化改革的通知》彰显了我国深化电价改革的决心，但市场传导尚需时日，建立公平合理、反映电力商品属性的电价机制的道路仍然任重道远。

（三）电力系统安全性

新型电力系统 2.0 阶段将呈现“高比例新能源 + 高比例电力电子装备”的双高特征，再叠加未来负荷侧峰谷差不断扩大的发展趋势，我国电力系统运行的安全性和可靠性将面临重大挑战。

由于新能源出力与天气和气候密切相关，造成新能源发电固有的随机性、波动性和间歇性。随机性方面，“靠天吃饭”的先天特征造成风电、光伏的出力置信系数分别仅为 5% ~15% 和 0 ~15%，而火电、核电等传统机组的置信系数达 90% 以上。2021 年 9 月底，风电短时出力大幅减少，加剧了东三省“拉闸限电”的影响范围和影响程度。波动性方面，新能源的日波动性较大。国网区域风电和光伏的最大波动率分别约为 23% 和 54%。以我国光伏装机第一大省山东为例，大规模分布式光伏并网后造成负荷呈“鸭型曲线”，傍晚光伏发电量随日落减弱，而负荷骤增，对系统的快速向上爬坡能力提出了严苛要求。间歇性方面，2021 年我国并网风电、光伏的利用小时数分别为 2232 小时和 1281 小时，与火电机组设计利用小时数 5500 小时相距甚远。此外，风、光等波动性电源都通过电力电子装置并网，造成了系统转动惯量减少、频率调节能力下降，整体降低了电网的抗扰动能力，导致容易引发脱网和次同步振荡等问题，给电力系统的安全稳定运行带来了重大挑战。

此外，我国已进入新的发展阶段，正全面贯彻新的发展理念和新的发展格局。随着未来我国产业结构不断优化、居民生活水平不断提高，第三产业和居民生活用电量将成为用电需求增长的主要带动因素。2021 年，我国第三产业和城乡居民生活用电量分别同比增长 17.7% 和 7.5%，占我国全社会用电量比重达 30%。但是，与发达国家 60% 以上的占比相比，未来仍有较大增长空间。随着第三产业和居民用电量的持续增长，我国负荷峰谷差将进一步被拉大。当前，全国用电峰值负荷和用电低谷负荷相差已达 30%，广东和湖南冬季和夏季典型日最大负荷与最小负荷之比都超过 1.5。

然而，当前我国电力系统灵活性调节能力欠缺，导致系统难以完全适应新形势要求，对构建新型电力系统进程中的供电安全性和可靠性构成较大隐患。现阶段我国灵活性电源发展远未达到预期。2020 年我国煤电灵活性改造机组、气电、抽水蓄能分别为 8000 万千瓦、9972 万千瓦和 3149 万千瓦，均未完成“十三五”规划提出的 2.2 亿千瓦、1.1 亿千瓦和 4000 万千瓦的发展目标（见表 2）。即便长期以来我国电力系统发展规划中保留较高的电力电量裕度，能够对近中期吸纳风、光等波动性电源的新增装机提供重要支撑，但在中远期，如果仍采用旧有发展模式，我国随机性电源过高、灵活性电源不足，电力系统安全稳定运行风险增大的问题会逐渐显现。

表 2　我国“十三五”电力规划完成情况

	电源类型	“十三五”规划目标	2020 年实际情况	完成情况
灵活性电源	气电	1.1 亿千瓦	9972 万千瓦	未完成
	抽水蓄能	4000 万千瓦	3149 万千瓦	未完成
	灵活性改造机组	2.2 亿千瓦	8000 万千瓦	未完成
随机性电源	风电	2.1 亿千瓦	2.81 亿千瓦	超额完成
	光伏	1.1 亿千瓦	2.53 亿千瓦	超额完成

在新型电力系统 2.0 阶段，以光伏、风电为主的新能源实现爆发式增长，预计到 2060 年风、光等波动性可再生能源发电占总发电量的比重将超

过55%。在某些时刻，波动性可再生能源发电量足以满足系统全部用电需求，甚至超过总电力需求。同时，在面对数周乃至数月风光出力不足或遇到极端天气的情况下，如何满足电力需求的挑战。在这个阶段，如果没有更加先进的系统运维模式和技术手段，电力系统的安全可靠性将面临巨大的挑战。

(四) 供应链安全

在新型电力系统2.0阶段，随着新能源的规模化发展，我国在逐渐摆脱油气供应安全风险的情形下，将面临新能源制造业带来的供应链安全问题。新能源和电动汽车的规模化发展将促使我国关键矿产资源需求大幅上升，包括17种稀土资源和铜、锂、镍、钴、锰、石墨等矿产资源。新能源行业对矿产资源的需求量是传统能源的数倍，陆上风电的矿产资源需求量是天然气发电厂的9倍以上、煤电厂的4倍以上，电动汽车矿产资源的需求量是传统汽车的6倍以上（见图6、图7）。

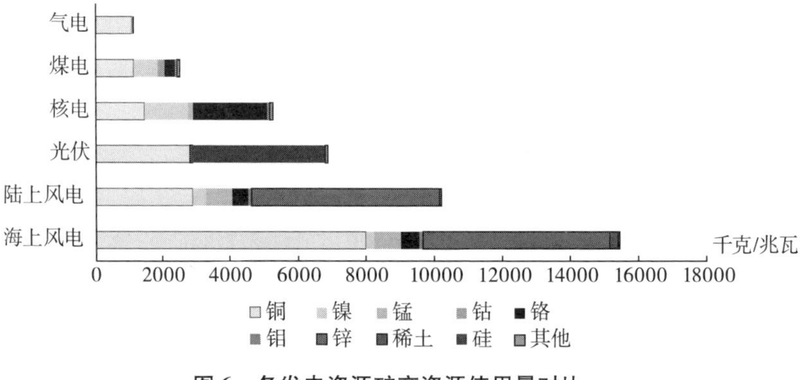

图6 各发电资源矿产资源使用量对比

资料来源：IEA

由于可再生能源的快速发展，2010年以来全球单位新增发电装机的矿产资源需求量已上升了50%。在满足《巴黎协定》2℃温控目标的情景下，预测到2040年锂的绝对需求量增长最快，将是2020年的40倍以上，石墨、钴和镍也将是2020年需求量的20~25倍，锰和稀土资源的需求量达

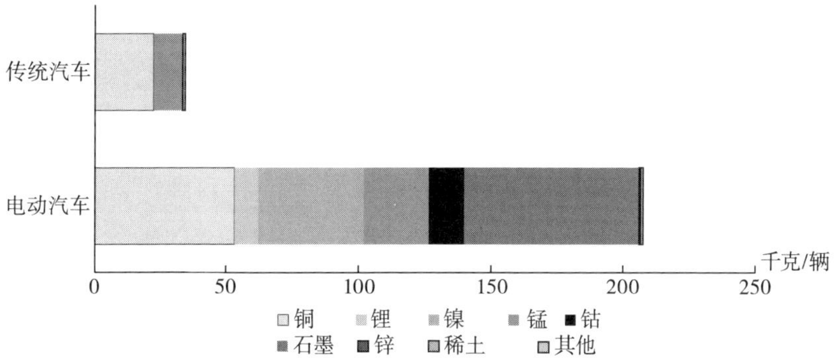

图7　传统汽车和电动汽车所需矿产资源量对比

资料来源：IEA

到目前的7～8倍。我国目前已是全球第一大风、光和电化学储能装机国，同时还是全球电动汽车保有量最大的国家，在利用这些新能源和新技术的过程中，我国未来相关关键矿产资源的需求量也将大幅提升。

另外，我国稀土资源相对丰富，但锂、钴、镍、锰资源匮乏，对外依存度大。我国锂资源储量约150万吨，仅占世界总储量的约7%。2019年，我国锂资源产量7500吨，是世界最大的锂资源消费国和进口国，对外依存度约为75.8%。我国钴资源储量8万吨，仅占世界总储量的约1%。2019年，我国钴消费量达7万吨，是世界最大的钴消费国，但钴资源产量仅2000吨，对外依存度超过97%。我国镍、锰资源储量分别为280万吨和5400万吨，仅占世界总储量的3%～4%。2019年，我国钴、镍、锰资源的对外依存度高达90%以上（见表3）。

此外，风电、光伏、电网建设还需要大量的铜、锌、硅。每兆瓦陆上风电、海上风电和光伏装机分别需要铜8000千克、2900千克和2822千克。每兆瓦风电和光伏还分别需要5500千克的锌和3948千克的硅。面对我国与日俱增的相关矿产资源需求，以及先天不足的资源禀赋，如何保障关键矿产资源供应的稳定安全，成为未来构建新型电力系统摆在面前不得不解决的现实难题。

表3　2020年我国关键矿产资源情况

	产量/吨	消费量/吨	对外依存度/%	储量/吨	储量占全球的比重/%
锂	7500 *	35000 *	78.5 *	1500000	7.14
钴	2000 *	70000 *	97.1 *	80000	1.13
镍	110000 *	1300000 *	91.5 *	2800000	2.98
精炼铜	9800000	12084000	18.9	26000000	2.99
锌	4200000	7000000	40	44000000	17.6
锰	1300000 *	130000000 *	91 *	54000000	4.15
稀土资源	132000 *	147400 *	10.5 *	44000000	36.67

注：* 为2019年数据

资料来源：USGS，Song Hu et al

三、我国新能源发展的保障措施

（一）增加电力系统的灵活调节能力

我国需增强电力系统的可预测性和灵活性，实现新能源渗透率逐渐提高情况下电力系统的安全稳定运行。在电源侧，一方面，我国要加大资金投入力度，增加风光发电出力的预测精度。通过聘请气象学家、开发基于神经网络预测分析算法和软件、打造小地域空间、多时间尺度的精细化预报系统、定期评估和调整预测机制等措施，实现对风光出力的精准预测，从源头上增加电力系统的可预知性，减少灵活性的需求。另一方面，我国要加快布局抽水蓄能、气电、光热等作为灵活电源，从电源侧提高电力系统灵活性，最大限度避免落后煤电借灵活性改造之机得以继续保留和发展。

在电网侧，一方面，我国需构建特大型互联电网，推进特高压骨干网架建设，充分发挥大电网的优化和互济作用，满足新能源在全国范围内大规模开发、配置和使用的要求。另一方面，我国要大力建设和改造微电网与配电网，有效满足新能源就地消纳、多元负荷差异化用能需求、网荷深度灵活互动的要求。

在需求侧，我国各省份要将需求侧资源纳入地方电力系统规划，通过设计有效的电价机制和反映资源稀缺性的电力市场，促进分布式光伏与风电、新型储能、电动汽车，以及可中断、可调节负荷等各类需求侧灵活性资源的有效整合和系统管理，平抑电网峰谷差，满足东部、中部等省份的尖峰负荷缺口，在提升电力系统安全保障水平的同时，最大限度地避免新建煤电机组和输配电设施满足尖峰负荷所导致的资金损失。此外，我国需实现不同时间尺度的储能技术的创新与突破，包括响应时间在秒级的电化学储能、飞轮储能、超导储能、超级电容储能等，响应时间在分钟级的压缩空气储能，以及满足长周期储能需求的热储能和化学品储能等。

（二）构建公平高效的电力市场

我国需转变电力体制改革的整体思路，将以应对气候变化和推动能源转型为主要推动力。一是不断提高新能源参与市场化交易的比重，利用现货市场充分发挥新能源边际成本低的优势，实现优先上网，并利用统一的市场出清价格保障“平价时代”的新能源能够获得稳定收益。

二是利用辅助服务市场有效保障源网荷各个环节的灵活性资源，在提供调峰、调频、备用等服务时获得合理的投资回报和激励，促使其承担保障高比例新能源接入下，电网系统安全稳定运行的主力作用。

三是逐步打破电网公司统购统销的局面，并大力培育售电公司，推动工商业用户、居民用户全部经售电公司直接参与市场化交易。售电公司向终端用户提供多样化的电价套餐，并明确相应的权利义务，约定交易、服务、收费、结算等事项。我国要不断完善终端价格机制，发挥电价机制作为促进源网荷储协同互动的润滑剂和催化剂作用。逐步提高电价水平，建立起包括峰谷电价、尖峰电价、深谷电价、季节性电价、实时电价等一揽子电价政策，配合以高比例新能源为主体的新型电力系统的电价传导，并引导用户科学用电、节约用电，改善电力供需状况，提高能源利用效率，为电力系统的安全稳定运行提供支撑。

（三）充分发挥电力多元转换（Power－to－X）的互补效应

通过大规模发展电力多元转换技术，我国一方面可以实现在新能源外送和消纳面临困局情况下的中长周期储能，促进富余电力跨地域和跨季节的优化配置。另一方面，还可以通过电力多元转换技术替代化石能源在工业和交通部门难以电气化领域的燃料和原料功能，促进形成多元互补融合的现代能源供应体系。

氢能将在电力多元转换的互补效应中发挥核心作用，我国可将富余新能源电力用于电解水制氢，发挥氢能作为规模化储能的载体，实现大规模、高效率的新能源消纳。然后以绿氢为载体合成各类燃料与原材料，如与二氧化碳合成制作甲烷、甲醇，并进一步制取乙烯、丙烯、苯等，与氮气反应制取氨等，推动高耗能行业的绿色低碳发展。在新能源出力不足的时候，我国还可以通过氢能发电反哺电网，保障电网安全稳定。未来，我国需逐渐形成电、氢、氢制衍生品的多能互补的低碳发展格局，并推动氢能、电能和热能系统的深度融合。

（四）强化分布式能源与微电网的发展格局

在国土资源规划日趋严格（土地征用成本高、生态环境约束力强）、输电通道走廊资源愈加稀缺（河西走廊最窄处仅数公里）的情况下，我国“大电网＋大基地”的粗放发展模式虽能促进新能源在全国范围内开发利用，但这不仅仍无法充分满足东部、中部地区高速增长的电力需求，而且区域大电网在极端天气或人为事故下，一旦发生瘫痪将给地区的经济发展和人民的日常生活造成严重冲击。

在东部、中部地区，我国要加强海上风电、核能（供热与供电）、分布式能源的发展，降低对外部资源的依赖，大幅度提高地区用电的可靠性和可及性，同时减少长距离输电带来的损耗和资本浪费。在有条件地区，加快建设以消纳新能源为目标的“源网荷储”一体化的配电网和微电网，能够因地制宜地为楼宇、小区等民用用户以及工业用户进行电、热、气三联供和开展综合能源服务。

（五）促进循环经济和“新能源 +”的发展

在我国矿产资源禀赋不足、生态环境红线约束愈加严格的大背景下，我国需加强废弃新能源设备的循环利用，大幅减少其作为垃圾填埋和焚烧的处理方式。风电行业，风机叶片未来可用新型可回收树脂作为原材料，替代玻璃纤维和碳纤维，降低回收利用的成本和困难程度。老旧风机可以拆解，将其转化为颗粒和纤维板产品，用于墙壁和地板。叶片还能就地在风电场打碎，减少运输成本，之后作为制作水泥的沙砾、黏土等成分，用于建筑行业。

光伏行业，晶体硅光伏组件中的玻璃、铝和半导体材料的比重高达90%以上，薄膜光伏组件中还含有碲、铟、镓等稀贵金属，未来需通过物理分离法、化学处理法等实现再回收，用于制造新的光伏组件或建筑材料与工业原料，促进行业可持续绿色化发展。

此外，新能源的能量密度低，产生同等程度的电量需要占用传统能源数十倍的土地资源，这在我国日趋严格的土地资源规划的大背景下，将与农业、畜牧业等其他土地利用方式形成竞争。

未来，我国需加速形成“新能源 +”的发展模式，扩大新能源在各种应用场景的规划，有效节约土地资源。例如，促进“光伏 + 农业”的发展模式，形成棚顶发电、棚下种植，将太阳能发电应用于农业种植、灌溉、病虫害防治及农业机械动力、观光旅游等各领域，实现在不改变原有土地性质的情况下农业的科技化、产业化、现代化发展。

在高速公路上打造“光伏走廊”，不仅能为高速行驶的电动汽车提供动力来源，还能解决电动汽车充电时间长、续航里程短的难题。“陆上风电 + 畜牧业”可以将牧场主获取经济收益的途径多样化，并大幅降低风电场的土地资源浪费。光伏建筑一体化（BIPV）则是使用太阳能光伏材料取代传统建筑材料的一种应用方式，使建筑物本身成为巨大的能源来源，包括光电瓦屋顶、光电幕墙和光电采光顶等。

“海上风电＋海洋牧场”的发展模式是一种海上生态修复方案，为海洋生物提供繁殖、生长、庇护场所的同时，提升海洋资源的利用效率，促进渔业资源的可持续发展。海洋牧场的开发也将帮助风电企业节省用海成本，提供额外的经济效益。

参考文献

[1]中国气象局风能太阳能中心．中国风能太阳能资源年景公报[R]．北京:中国气象局风能太阳能中心，2022.

[2]水电水利规划设计总院．中国可再生能源发展报告[R]．北京:中国水利水电出版社，2021.

[3]Energy Data. Info. Global wind atlas [EB/OL]. [2022－07－11]. https://globalwindatlas. info/area/United%20States.

[4]国家能源局．我国太阳能资源是如何分布的？[EB/OL]. [2013－08－03]. http://www. nea. gov. cn/2014－08/03/c_133617073. htm.

[5]EnergyData. Info. Global solar atlas [EB/OL]. [2022－07－11]. https://globalsolaratlas. info/map? r=USA&c=42. 682435，－117. 949219,3.

[6]中能传媒研究院．中国能源大数据报告(2021)[R]．北京:中电传媒,2021.

[7]中国电力企业联合会．中国电力行业年度发展报告2022[R/OL]．[2022－07－11]. https://news. bjx. com. cn/html/20220711/1240019. shtml.

[8]bp. bp Statistical Review of World Energy [R]. London:bp，2022.

[9]中国光伏行业协会:我国光伏产业已基本满足全球供应链[EB/OL]. [2021－07－21]. https://solar. ofweek. com/2021－07/ART－260018－8120－30511415. html.

[10]中国光伏行业协会．中国光伏产业发展路线图[R]．北京:中国光伏行业协会，2022.

[11]秦海岩．“十四五”时期风电产业发展之策[EB/OL]．[2022－02－21]．http://www.nengyuanjie.net/article/53828.html.

[12]中能传媒研究院．中国能源大数据报告(2022)[R]．北京:中电传媒,2022.

[13]国网能源研究院．2021 中国新能源发电分析报告[R]．北京:中国电力出版社，2021.

[14]IRENA．Renewable power generation costs in 2021[R]．Abu Dhabi:IRENA，2022.

[15]Bloomberg NEF．H_2 2021 LCOE Update[R]．New York:Bloomberg-NEF，2021.

[16]能源杂志．为什么煤电不可缺失(下):市场机制的重要性[EB/OL]．[2021－07－20]．https://mp.weixin.qq.com/s/uOfNojomZUIbArVu87yZNg.

[17]中国能源报．都不想买单！储能成本分担可行吗？[EB/OL]．[2021－02－22]．https://mp.weixin.qq.com/s/BrVg9iNGCWvzR3CSMzI5_g.

[18]中电联．中电联发布《2021—2022 年度全国电力供需形势分析预测报告》[EB/OL]．[2022－01－27]．https://mp.weixin.qq.com/s/PDCC-wxVXkbAzT0jid3K78w.

[19]中国电力企业联合会．中国电气化年度发展报告[M]．北京:中国建材工业出版社,2021.

[20]国网能源研究院．2021 国内外能源与电力价格分析报告[R]．北京:中国电力出版社,2021.

[21]赵文瑛．新型电力系统构建的挑战及思考[EB/OL]．[2021－11－02]．https://mp.weixin.qq.com/s/dmAeFwsJ－iCRL－qd1Xjwaw.

[22]落基山研究所．电力增长零碳化(2020—2030):中国实现碳中和的必经之路[M]．北京:落基山研究所,2021.

[23]IEA. The role of critical minerals in clean energy transitions[R]. Paris:IEA, 2021.

[24]USGS. Mineral commodity summaries 2021[R]. Reston: USGS, 2021.

[25]Song HU et al. Forecast and suggestions on the demand of lithium, cobalt, nickel and manganese resources in China's new energy automobile industry [J]. IOP Conference Series: Earth and Environmental Science, 769 042018.